U0452801

中国社会科学院刑法学重点学科暨创新工程论坛

社会变迁与刑法知识演进

刘仁文 主编
焦旭鹏 张志钢 副主编

中国社会科学出版社

图书在版编目(CIP)数据

社会变迁与刑法知识演进/刘仁文主编.—北京：中国社会科学出版社，2020.10

ISBN 978 – 7 – 5203 – 7043 – 1

Ⅰ.①社… Ⅱ.①刘… Ⅲ.①刑法—法制史—研究—中国—现代 Ⅳ.①D924.02

中国版本图书馆 CIP 数据核字（2020）第 157694 号

出 版 人	赵剑英
责任编辑	许　琳
责任校对	鲁　明
责任印制	郝美娜

出　　版	中国社会科学出版社
社　　址	北京鼓楼西大街甲 158 号
邮　　编	100720
网　　址	http://www.csspw.cn
发 行 部	010 – 84083685
门 市 部	010 – 84029450
经　　销	新华书店及其他书店
印　　刷	北京君升印刷有限公司
装　　订	廊坊市广阳区广增装订厂
版　　次	2020 年 10 月第 1 版
印　　次	2020 年 10 月第 1 次印刷
开　　本	710×1000　1/16
印　　张	28.25
字　　数	445 千字
定　　价	168.00 元

凡购买中国社会科学出版社图书，如有质量问题请与本社营销中心联系调换
电话：010 – 84083683
版权所有　侵权必究

主　编　刘仁文
副主编　焦旭鹏　张志钢

前　言

本书是一年一度的中国社会科学院刑法学重点学科暨创新工程论坛2019年的会议论文集精选，共收入论文22篇及一篇会议综述。收入会议综述的主要考虑是，有的与会嘉宾和学术大咖虽然没有提交论文，但在嘉宾发言、主持和评论环节都发表了一些很有见地、很有价值的观点，还有一些与会代表的论文，受篇幅限制没有收入本书，但其中也不乏精彩观点，若能通过综述形式有所反映，也是一种纪念和记录。正因此，近年来我们加强了会议综述这项工作，有的没能与会的学界同仁甚至说，很爱看社科院法学所的刑法会议综述，通过它能了解会议的大概和刑法学界的一些前沿话题。

我们的刑法学重点学科暨创新工程论坛起源于陈泽宪教授早年发起的"刑事法前沿"，现在虽然每年框定一个选题，但还是尽可能选一个大一点的主题，这一方面与社科院法学所"做大题目"的科研传统有关，另一方面也便于会议设置较为多元的分议题以便吸纳尽可能多的专家与会。2019年的会议主题是"社会变迁与刑法学发展——庆祝新中国成立70周年"，当时承蒙社会各界垂青，我们从众多的来稿中挑选66篇编入会议文集，此次出书受篇幅限制，只好忍痛割爱，再从中选出22篇。全书共分五个版块："新中国成立70年来我国刑法的回顾""社会变迁与刑法扩张""罪刑关系与刑罚结构的完善""网络犯罪前沿问题""刑事一体化与立体刑法学"，基本涵盖了会议讨论的主要方面。

时间节点是人类仪式感的一个组成部分，人们总是喜欢在逢五逢十特别是逢十这样的年份来纪念某一历史事件。新中国成立70年来，我们的刑事法治建设和刑法学研究在曲折中前进，有许多值得总结的经验教训。当下的社会发展日新月异，刑事立法和刑事司法也颇有应接不暇的意味，但如同一个人一样，一门学科的发展有时也需要驻足回望。当然，回首过往是为了更好地展望未来，我们不能"畏影恶迹"，问题就是时代的口号，刑法学作为一门经世致用之学，我们必须脚踏祖国的大地，倾听时代的声音。

本书最终取名为《社会变迁与刑法知识演进》，旨在与我们学科团队于2018年编辑的《社会变迁中的刑法发展》（法学所所庆60周年刑法学科文集）、2019年出版的《社会变迁与刑法科学新时代》（2018年论坛文集）相呼应，表明我们持续关注中国社会变迁与刑法发展之间的关系这一课题。这也是我本人的学术兴趣之一，多年前我就撰写过《社会转型与刑事政策》的论文，早些年还想把自己相关的学术论文出个集子，题目就叫《社会转型与刑法发展》，此事拖到现在，反倒想起用"社会变迁"来替换"社会转型"了，个中理由容后再表。

由衷感谢社会各界对一年一度的中国社会科学院刑法学重点学科暨创新工程论坛的支持和关爱。在我利用国庆假期补写这个前言时，听会务组说，我们今年即将举办的年度论坛迎来了更多刑法界大咖的来稿。本书在编辑过程中，除焦旭鹏副研究员和张志钢副研究员两位副主编付出甚多外，还得到许琳副编审、贾元助理研究员、孙禹博士后和庄绪龙博士后的大力协助，谨在此一并致谢。

国庆长假，偶尔打开电视，不时听到"我和我的祖国"等歌声传出，一种家国情怀油然而生。经历了新冠肺炎这场疫情的特殊体验，对人类命运的不确定性又增添许多感受。家有家运，国有国运，愿我们都能安顿好自己的身心，在各自的专业领域里为使人类的未来更美好而贡献我们各自的力量。

是为前言。

刘仁文　谨识
2020年国庆假期于北京西郊寓所

目 录

第一编　新中国成立 70 年来我国刑法的回顾

新中国刑法立法的演进与完善
　　——庆祝中华人民共和国成立七十周年 ……………… 高铭暄（3）
新中国社会结构深刻变化背景下的犯罪与刑法制度的
　　发展完善 ………………………………………………… 戴玉忠（12）
迈向良法善治
　　——70 年来我国刑法与刑法学的演进与省思 ………… 刘仁文（35）
我国刑法立法的回顾与思考 ……………………………… 曾粤兴（60）
回顾与展望：新中国刑法立法七十年 …………………… 焦旭鹏（71）

第二编　社会变迁与刑法扩张

论我国犯罪圈的未来走向 ………………………………… 王志祥（95）
论稳健型刑法立法观 ……………………… 黄云波　黄太云（123）
风险社会理论引入刑事立法的反思性审视 ……………… 叶良芳（148）
刑法扩张的立法技术及其边界
　　——基于犯罪结构类型的分析 ………………………… 张志钢（160）
"预备行为实行化"的立法检视与困境反思
　　——以"准备实施恐怖活动罪"为论域 ……………… 王胜华（178）

第三编　罪刑关系与刑罚结构的完善

再论罪刑均衡 ………………………………………… 白建军（203）
论微罪 ……………………………………… 何　群　储槐植（225）
治安违法行为犯罪化之检讨 …………………………… 李　婕（241）
预防性监禁制度的理论基础与正当性根据
　　——从传统刑法理论到现代风险社会 ……………… 贾　元（254）

第四编　网络犯罪前沿问题

帮助信息网络犯罪活动罪的核心问题研究 …………… 孙运梁（271）
网络知识产权犯罪的挑战与应对
　　——从知识产权犯罪的本质入手 ………… 王志远　陈　昊（298）
互联网传销的刑法规制 ………………………………… 时　方（315）
论网络服务提供者的合规规则
　　——以德国《网络执行法》为借鉴 ………………… 孙　禹（332）

第五编　刑事一体化与立体刑法学

刑法结果归属问题研究中的社会科学哲学 …………… 刘　涛（361）
论涉枪行为的刑法内外协调治理 …………… 石经海　金　舟（382）
刑民交叉案件中财产权益保护若干问题研究 ………… 郭世杰（409）
民事赔偿的现代刑法学意义及其拓展 ………………… 张　伟（420）

附录　超越刑法的刑法学
　　——"社会变迁与刑法学发展"学术研讨会综述 …… 孙　禹（431）

第一编

新中国成立 70 年来我国刑法的回顾

新中国刑法立法的演进与完善
——庆祝中华人民共和国成立七十周年

高铭暄*

刑法是规定犯罪、刑事责任和刑罚的法律规范的总称，是国家以宪法为根本的整个法律体系的极重要组成部分。任何国家、任何朝代都不可能没有刑法，中国共产党领导的社会主义新中国也不例外。新中国的刑法是治国理政的重器，是国家惩罚和预防犯罪、保卫国家安全、维护经济社会秩序和保护公民权利利益的不可缺少、不可替代的强大的法律武器。

一 新中国刑法立法的变迁

1949年10月1日，中华人民共和国宣告成立。中华人民共和国成立之初，国家根据革命和建设的需要，就制定了一系列单行刑法，如1950年的《关于严禁鸦片烟毒的通令》，1951年的《妨害国家货币治罪暂行条例》《惩治反革命条例》《保守国家机密暂行条例》，1952年的《惩治贪污条例》，等等。① 这些单行刑法在同反革命和贪污、贩运毒品、伪造国家货币、泄露国家机密等犯罪做斗争中起了重要的作用。在颁布实施单行刑法的同时，我国也开始了刑法典的起草工作。

刑法典最初的起草准备工作，是由当时的中央人民政府法制委员会来进

---

* 中国人民大学荣誉一级教授，北京师范大学刑事法律科学研究院名誉院长，中国刑法学研究会名誉会长。

① 参见《中华人民共和国刑法参考资料》第二辑，中国人民大学1953年版，第3—7、242—244、480—482、488—493、505—506页。

行的。自1950年至1954年9月，法制委员会写出了两个稿本：一是1950年7月25日的《中华人民共和国刑法大纲草案》（共12章157条，其中总则33条，分则124条）；二是1954年9月30日的《中华人民共和国刑法指导原则草案（初稿）》（除序言外，共3章76条，其中第一章犯罪7条，第二章刑罚19条，第三章几类犯罪量刑的规定50条）。① 这两个稿本没有拿出来征求意见，也未进入立法程序。实际上，刑法典的正式起草工作，应是在1954年《宪法》颁行之后，由全国人大常委会办公厅法律室于1954年10月组织起草班子开始的。这个班子于1957年6月28日写出第22稿，② 于1963年10月9日写出第33稿，③ 随后因政治运动的冲击而未能公布。

1978年10月，国家组成刑法草案修订班子，对第33稿进行修订，先后写出两个稿本。④ 其间，中共中央召开具有重大历史意义的十一届三中全会，明确指出要发扬人民民主，加强社会主义法制，做到有法可依、有法必依、执法必严、违法必究。十一届三中全会的精神，有力地推动了刑法典的起草工作。1979年2月，全国人大常委会成立法制委员会，接手主持刑法典的起草工作，继续搞了三个稿本。⑤ 其中第三个稿本即第38稿，作为《中华人民共和国刑法（草案）》提交第五届全国人民代表大会第二次会议进行审议，最后于1979年7月1日会议上获得一致通过，同年7月6日正式公布，1980年1月1日起施行。至此，我国第一部系统的刑法典正式诞生。第一部刑事诉讼法典也于同日诞生。这标志着我国刑事法制步入了一个新阶段。

1979年刑法典的颁布实施有着重大的意义。

其一，它使新中国刑法规范第一次得以体系化，换句话说，它奠定了我国刑法体系的基础。

---

① 参见高铭暄、赵秉志编《新中国刑法立法文献资料总览》上册，中国人民公安大学出版社1998年版，第136—188页。
② 参见高铭暄、赵秉志编《新中国刑法立法文献资料总览》上册，中国人民公安大学出版社1998年版，第252—281页。
③ 参见高铭暄、赵秉志编《新中国刑法立法文献资料总览》上册，中国人民公安大学出版社1998年版，第337—365页。
④ 参见高铭暄、赵秉志编《新中国刑法立法文献资料总览》上册，中国人民公安大学出版社1998年版，第365—434页。
⑤ 参见高铭暄、赵秉志编《新中国刑法立法文献资料总览》上册，中国人民公安大学出版社1998年版，第435—490、496—524页。

其二，它使我国刑事司法办案工作做到有法可依。过去的办案主要依靠政策，只有少量犯罪可以找到法律依据，此后就不同了，基本上能做到罪刑法定。办理每个刑事案件都有罪刑规范可依。

其三，它颁行之后的刑事司法文书（包括起诉意见书、起诉书、判决书、裁定书等）都要引用法律条文，不引用法律条文的刑事司法文书一去不复返了。

其四，它带动了我国刑法学教学研究从停滞状态走向复苏乃至逐步繁荣。刑法典的颁布实施，无论对注释刑法学、比较刑法学还是沿革刑法学等，都提供了丰富的思想源泉和现实的规范依据。

1979年刑法典从整体上说是一部保护社会主义现代化建设的好法，但由于受当时历史条件和立法经验的限制，难免在体系结构、规范内容和立法技术上存在一些缺陷。1981年至1996年，国家最高立法机关先后通过了25个单行刑法（如《中华人民共和国惩治军人违反职责罪暂行条例》《关于惩治走私罪的补充规定》《关于惩治贪污罪贿赂罪的补充规定》《关于惩治生产、销售伪劣商品犯罪的决定》《关于惩治违反公司法的犯罪的决定》《关于惩治破坏金融秩序犯罪的决定》等），[①]并在107个非刑事法律（如《中华人民共和国海洋环境保护法》《中华人民共和国兵役法》《中华人民共和国邮政法》《中华人民共和国森林法》《中华人民共和国铁路法》等）[②]中设置了附属刑法规范，对1979年刑法典实质上作出了一系列的补充和修改，丰富和发展了刑法立法，对刑事司法实践起了一定的指导和规范作用。但是，由于在刑法典之外，存在如此众多的单行刑法和附属刑法，罪名已由79刑法典的130个增加到263个，缺乏一个体系上的归纳，显得有些凌乱，而且有的单行刑法出台以后，刑法典原有条文规定是否废除也不甚明确：比如，1979年刑法典第155条贪污罪条文，在1988年《关于惩治贪污罪贿赂罪的补充规定》颁行后实际上被废除了；1979年刑法典第141条拐卖人口罪条文，在1991年《关于严惩拐卖、绑架妇

[①] 参见高铭暄、赵秉志编《新中国刑法立法文献资料总览》上册，中国人民公安大学出版社1998年版，第559—714页。

[②] 参见高铭暄、赵秉志编《新中国刑法立法文献资料总览》上册，中国人民公安大学出版社1998年版，第714—818页。

女、儿童的犯罪分子的决定》颁行时是否还存在？就值得质疑。如此等等。加之考虑到随着社会主义市场经济体制的建立，犯罪现象上出现了新情况、新特点和新问题，所以确有必要对1979年刑法典做一次全面系统的修订。于是从1988年7月开始，就将刑法典的修订工作正式列入全国人大常委会的立法规划。全国人大常委会法制工作委员会于1988年9—12月草拟出3个稿本；后来从1996年4月下旬起多次召开规模不同的刑法修改研讨会，并集中时间邀请一些专家学者与立法机关同志一起认真推敲具体的修改问题。在此基础上，全国人大常委会法工委于1996年8月31日推出《刑法总则修改稿》和《刑法分则修改草案》。经进一步修改，全国人大法律委员会和全国人大常委会法工委又于1996年10月10日编印了《中华人民共和国刑法（修订草案）》（征求意见稿），发往各地立法机关、司法机关、法律院校、科研机构等征询意见，后在北京召开大型的刑法修改座谈会，广泛征求意见。根据这些意见，形成了1996年12月20日《中华人民共和国刑法（修订草案）》，提交给八届全国人大常委会审议。刑法典全面修订工作，从此进入立法审议阶段。全国人大常委会审议了两次：一次是1996年12月24日至30日召开的八届全国人大常委会第二十三次会议，另一次是1997年2月19日至23日召开的八届全国人大常委会第二十四次会议。每次审议后都对修订草案做了一些修改。

1997年3月1日至14日，八届全国人大第五次会议在北京召开，审议通过刑法修订草案是这次会议的最重要的议程。1997年3月14日，八届全国人大第五次会议通过了《中华人民共和国刑法（修订草案）》；同日，以国家主席令第83号予以公布，自1997年10月1日起施行。至此，一部崭新的、统一的、比较完备的、具有时代气息和多方面显著进展的《中华人民共和国刑法》即1997年修订的刑法典，正式诞生。这也就是新中国现行的刑法典。

97刑法典的显著特点，我个人认为有以下几点。

第一，97刑法典科学地概括了刑法的基本精神，明文规定了刑法的三大基本原则，即罪刑法定原则、适用刑法人人平等原则、罪责刑相适应原则，废止类推制度。这表明我国刑法已迈上现代化法治的轨道，筑起了人权保障的法治根基。刑法的三大基本原则是刑法的纲，贯穿于全部刑法规范之中，担负着指导和制约刑事立法和司法实践的重大使命。刑法立法工作必须遵循和符合刑法三大基本原则，当刑法典有必要修改补充时，一定要以三大基本原则为准绳，使罪刑规范更加具体、明确、清晰，既有利于保护社会，又有利于保障人权。刑事司法工作要大力贯彻刑法三大基本原则，强化法治意识、平等观念和公正无私、刚直不阿的品格，使所办的案件，既符合法律和政策，又能经得起历史和广大人民群众的检验。总之，刑法三大基本原则具有强大的威力，它们既有利于积极同犯罪做斗争，又有利于切实保障公民的权利和合法利益；既有利于推进法治化进程，又有利于维护法律的公正性和权威性。因此，它们必将推动新中国刑法立法的发展完善，促进新中国刑事司法的文明进步，从而更好地保障新时代中国特色社会主义事业的顺利进行。

第二，97刑法典具有承前启后、与时俱进的显著特色。97刑法典在起草修订时，将79刑法典及其实施以后17年时间内的所有单行刑法和附属刑法，经过研究、修改、整合后，编入刑法典有关部分，同时对于当时新出现的需要追究刑事责任的犯罪行为，增加到刑法典分则中去。在体系结构上做了适当调整，如在总则中增加"单位犯罪"一节，将"自首"一节改为"自首和立功"。在分则中，将"反革命罪"一章修改为"危害国家安全罪"，增设"危害国防利益罪""贪污贿赂罪""军人违反职责罪"三章，将"妨害婚姻、家庭罪"一章合并到"侵犯公民人身权利、民主权利罪"一章中去，对"破坏社会主义市场经济秩序罪"和"妨害社会管理秩序罪"两章，因内容繁复，分设八节和九节。97刑法典通过时，共有15章、452条，其中刑法总则5章、101条，分则10章、350条，附则1条。包含的罪名有412个，其中源自79刑法典的罪名有116个，源自单行刑法和附属刑法的罪名有132个，修订中新增的罪名有164个，可以说97刑法典是以往刑法规范的集大成者，它的公布实施，基本实现了新中国刑法的统一性和完备性。当然，说它具有"完备性"也只是相对的。事实上，随着国家建设和改革事业的发展，根据同犯罪做斗争的需要，国家立法机关与时俱进，对97刑法典陆续做了一系列的修改补充。1998年12月以来，截止到目前，全国人大常委会通过1个"决定"和10个"刑法修正案"，先是对刑法典分则具体罪，后来从《刑法修正案（八）》开始，既对分则具体罪，也对刑法典总则某些规定，做了补充和修改。据统计，97刑法典的条文数已由最初的452条增加到现在的490条（增加条文39条，删去第199条），罪名数已由最初的412个增加到现在的469个（含《关于惩治骗购外汇、逃汇和非法买卖外汇犯罪的决定》中规定的骗购外汇罪1个罪名）。从现有490条条文来看，属于新增设的或内容、文字上有过修改的共151条，占30.8%，未变动过的有339条，占69.2%，说明97刑法典是基本稳定的。

对97刑法典进行修正，其中比较重要的修正内容，举例说，有以下一些。

1. 取消了22个死刑罪名。并提高死缓犯执行死刑的门槛：由"故意犯罪，查证属实"修改为"故意犯罪，情节恶劣"。如果故意犯罪，未执行死刑，死缓期间重新计算。

2. 增设75周岁以上老年人从宽处罚的规定。

3. 将"坦白"规定为法定从宽处罚情节。

4. 明文在法条上规定对判处管制、宣告缓刑、裁定假释的犯罪分子，依法实行社区矫正。社区矫正先是由实务部门借鉴国外经验、结合本国情况进行试点，而后写入刑法有关部分。社区矫正规定在刑法上的重大意义是：其一，从刑事立法精神上有力地回应了国际社会行刑社会化的要求；其二，确立了相辅相成的两大矫正体系；其三，进一步促进了刑罚配置结构的合理化；其四，带动社区矫正的专门立法即"社区矫正法"的尽快出台；其五，促进了行刑权的统一，即监狱矫正和社区矫正均由司法行政部门管辖执行。

5. 将有期徒刑在特定情况下（数罪并罚时，死缓减刑时）的最高刑期由20年提高为25年。

6. 规定了不同自由刑（包括有期徒刑、拘役、管制）之间如何并罚的原则。

7. 增设了"禁止令"和"职业禁止"这两种非刑罚的预防性措施。

8. 系统地规定了恐怖主义、极端主义的罪名。

9. 完善贪污受贿犯罪的定罪量刑标准。如果贪污受贿数额特别巨大并使国家和人民利益遭受特别重大损失而被判处死缓的，人民法院可以同时决定在其死缓二年期满依法减为无期徒刑后，终身监禁，不得减刑、假释。

10. 完善信息网络犯罪的罪名体系。

11. 回应社会公众的强烈要求，将收买被拐卖妇女、儿童的行为一律入罪，将虐待被监护、看护人的行为予以入罪。

12. 为维护以审判为中心的司法程序，有力保障司法工作的顺利进行，对于以捏造的事实提起民事诉讼的虚假诉讼行为，泄露不应公开的案件信息情节严重的行为，披露、报道不应公开的案件信息情节严重的行为，均予以入罪。

13. 为保护国家考试这个培养、选拔人才的主渠道的公正、公平性，对组织考试作弊的行为，非法出售、提供试题、答案的行为，代替考试的行为，规定为犯罪。

通过以上的修正，就使得刑法典的体系更加完善，此罪与彼罪的界限更加明确、具体，法定刑之间更加平衡，可操作性更强。

第三，97刑法典开启了刑法理论研究的新局面。新中国刑法学发展进程，大体上可划分为三个阶段，即起步与草创阶段（1949年10月—1957年上半年），萧条与停滞阶段（1957年下半年—1976年10月），复苏与繁荣阶段（1976年10月—现在）。而这种演变的规律背后，79刑法典的颁行，是新中国刑法学研究得以复苏的标志，97刑法典的颁行，是新中国刑法学研究得以繁荣的前提。刑法典的有效贯彻实施，是刑法学研究的立论基础和发展条件，也是新中国刑法学在不断回应立法课题和司法实践课题中不断前进的源泉和动力。所以，为了更新刑法理念，提高刑法学研究水平，提升刑法学人发现问题、分析问题和解决问题的能力，必须高度重视刑法典的有效贯彻实施。这是推进和繁荣刑法学的必由之路。

第四，97刑法典奠定了中国刑法学走向世界的基础。97刑法典是开展比较刑法学研究的基础性样本，也是推动刑法文化对外交往的"名片"。如果没有一部成熟的刑法典，很难展开实质性的对外交流，国际社会也难以有效地通过这一最基础而且最具含金量的通道来观察和了解新中国刑事法治事业的进步。不可否认的是，97刑法典已逐步受到国际刑法学界和外国一些刑法学家的关注、重视和评论。随着新中国治国理政的成功、各项建设事业的欣欣向荣和大国地位的不断提升，新中国刑法学事业必将进一步健全地走向世界，而与时俱进的新中国刑法典，仍将起到最基础的作用。

综上所述，新中国刑法已走过 70 年的征程，刑法典也已颇具规模，深入人心，逐步走向世界。现行刑法不仅对刑法基本原则、定罪、归责、量刑、行刑的原则和制度作出规定，而且对分则 469 个罪名（其中也涵盖 206 个单位犯罪的罪名）的罪状和法定刑也都作出比较明确的规定。这就使得新中国办理刑事案件的司法机关，能够做到有法可依、有法必依、执法必严、违法必究。因此，新中国刑法立法的成就是伟大的！

二　新中国刑法立法的完善

回顾过去，展望未来，新中国刑法立法还需要怎样进一步完善呢？我个人主要有以下几点思考。

第一，坚持以"刑法修正案"修正刑法典的修法模式。新中国刑法典的修正模式经历了一个发展变化的过程。1979 年刑法典颁布实施以后，由于社会经济和治安形势的发展变化，需要进行一些修正。当时修法的模式不是对刑法典本身的条文进行修改或补充，而是在刑法典之外，另行制定单行刑法或者在非刑事法律中设置附属刑法规范，来解决对刑法典实质上的补充和修改问题。如上所述，从 1980 年到 1997 年刑法典生效之前，全国人大常委会通过了 25 个单行刑法，并在 107 个非刑事法律中设置了附属刑法规范，对 1979 年刑法典进行了一系列实质上的补充和修改。但是，1997 年修订的刑法典实施以后情况就不同了。除了制定一个单行刑法即 1998 年 12 月 29 日全国人大常委会通过的《关于惩治骗购外汇、逃汇和非法买卖外汇犯罪的决定》外，其他的修正都是通过"刑法修正案"的模式进行的，从 1999 年 12 月到 2017 年 11 月，约 18 年时间出台了 10 个"刑法修正案"。看来，采用"刑法修正案"的模式来修正刑法典的某些规定，事实上已经被确立为新中国刑法修正方式的主流。这种修法模式的显著优点是：1. 不打乱刑法典的体系结构和法条的次序排列，有利于保持刑法典的统一性和完整性；2. 有利于适应犯罪态势和刑事政策变化的需要，充分实现刑法典的社会价值；3. 有利于司法工作的实际操作和掌握运用；4. 便于广大公民的学习和遵守；5. 较好地容纳各种新型犯罪的增补，合理地解决刑法的稳定性和适应性之间的关系。因此，我认为这种修法模式应当继续坚持下去。

第二，坚持罚金刑要有数额规定。我国现行刑法中规定有罚金刑的罪名大概有205个（占全部罪名的43.7%）。其中有数额规定的仅占1/3，包括明示数额或倍比数额。其他2/3挂罚金的罪名只表明判处罚金，但具体数额则没有规定。特别是单位犯罪对单位判处罚金，只有骗购外汇罪和逃汇罪这两个罪有数额规定，其他所有单位犯罪对单位判处罚金，一概都没有数额规定。对罚金刑不作数额规定，严格讲是不符合罪刑法定原则的。罪要法定，刑也要法定。刑的法定不光是种类的法定，还要有内容的法定。对财产刑来说，应该有量的规定。罚金刑没有数额规定，对司法实践来讲就难以掌握，也不符合世界其他法治国家刑法中罚金刑的通例。往往造成判罚随意、各地悬殊，民众也难以预测，感到疑惑。案例中见到过有的法院判处被告单位50亿人民币！需要明白一点：罚金和追缴违法所得是两个概念，违法所得有多少追缴多少，罚金是刑种，按刑罚体系由轻到重的排列次序，它是附加刑中最轻的。它是针对犯罪人的犯罪情况和拥有的财产状况来判处的。在判处罚金之前，该财产是被告人的合法财产，判处罚金，就是要剥夺被告人合法财产中的一部分，所以必须在数额上作出明确规定。这个数额可以是具体的人民币数额，也可以是一个比例或者倍数，比如，根据违法所得数额、销售数额、经营数额、应纳税数额等来确定一个比例或者倍数。既有下限，也有上限，可以考虑最低数额由刑法总则规定，最高数额由刑法分则根据不同具体罪的各自状况分别规定。

第三，坚持刑法体系和立法技术的进一步科学化。比如，可否在总则第二章中将孕妇、哺乳新生儿的母亲、未成年人、老年人、精神障碍人列为特殊群体之人，增设"特殊群体之人犯罪的刑事责任"专节？可否增设"正当行为"专节？可否在总则第四章第八节中补充规定单位犯罪的追诉时效？在分则中可否考虑信息网络犯罪是当前世界性无国界的新型犯罪，为此单设一章？另外，中国提出建立人类命运共同体的主张，要不要与国际公约衔接，增设"危害人类和平与安全罪"专章，内容包括灭绝种族罪、危害人类罪、战争罪等，置于刑法分则最后作为第十一章？这些问题都值得我们进一步思考和研究，逐步作出合理的选择。

新中国社会结构深刻变化背景下的
犯罪与刑法制度的发展完善[*]

戴玉忠[**]

犯罪是一种社会现象。刑法是规定犯罪、刑事责任和刑罚的法律规范的总称。任何一个国家都需要有刑法制度，用刑罚同犯罪作斗争。不同社会结构背景下，犯罪有不同的表现和特点。刑法制度，也应随着社会的发展和社会结构的深刻变化，发展完善。

新中国成立七十年，在中国共产党的坚强领导下，中国人民经历了站起来、富起来、强起来的发展历程。1949 年，中国人民在中国共产党的领导下，摧毁了半封建半殖民地社会的旧制度，建立了人民当家作主的新制度，社会结构发生了根本性的变化，中国人民从此站立起来了；改革开放，使社会结构发生进一步深刻变化，国家经济发展，国力增强，社会和谐稳定，人民生活水平不断提高，中国人民富起来了；七十年风雨兼程，沧桑巨变，中国共产党领导中国人民探索出一条符合国情、适应时代的中国特色社会主义道路，壮阔七十载，奋进新时代，今天的中国巍然屹立在世界东方，没有任何力量能撼动我们伟大祖国的地位，强起来的中国已经开启伟大的中国特色社会主义新时代。

在社会发展、社会结构深刻变化的背景下，犯罪出现了一些新情况新特点，应对犯罪的刑法制度也随着国家的政治、经济和社会发展而逐步发展和完善。新中国成立七十年，"刑法制度的建立、发展经过了三个重要

---

[*] 本文系教育部人文社会科学重点研究基地项目基金资助"当代中国社会结构与犯罪问题研究"（项目编号：08JJD820162）成果中的部分内容。

[**] 中国人民大学刑事法律科学研究中心咨询委员会主席，教授，博士生导师。

阶段：第一阶段是从新中国1949年成立，到1979年7月第一部刑法典出台，经历了近三十年没有刑法典的历史时期；第二阶段是从第一部刑法典1979年颁布到1997年刑法全面修订；第三阶段是1997年刑法典颁布实施至今"①。

一　新中国成立初期的刑法制度

七十年前，中国人民在中国共产党的领导下，取得了解放战争和人民革命的伟大胜利，使帝国主义、封建主义和官僚资本主义在中国的统治时代结束，中国人民由被压迫的地位变成新社会新国家的主人，人民民主专政的共和国代替了封建买办法西斯专政的国民党反动统治，社会制度发生了根本变化。社会制度、社会结构根本变化的基本国情，决定了新中国成立初期刑法制度的特点：

（一）废除旧中国刑法制度，颁行单行刑法。1949年秋天，国民党的军事力量已经土崩瓦解，革命即将获得全国胜利。但当时大陆还未全部解放，战争尚在进行，还不能立即召开全国人民代表大会并制定一部完善的正式宪法。在这种情况下，中国共产党邀请各民主党派、人民团体、人民解放军、各地区、各民族以及国外华侨等各方面代表635人，组成中国人民政治协商会议；1949年9月29日中国人民政治协商会议第一届全体会议选举了中央人民政府委员会，宣告了中华人民共和国的成立，通过了起临时宪法作用的《中国人民政治协商会议共同纲领》。其中第十七条明确指出："废除国民党反动政府一切压迫人民的法律、法令和司法制度，制定保护人民的法律、法令，建立人民司法制度。"因此，新中国一成立，就宣布废除了旧法统，废除旧中国的刑法制度。"新中国成立之初，国家根据革命和建设的需要，就制定了一系列单行刑法，如1950年的《关于严禁鸦片烟毒的通令》，1951年的《妨害国家货币治罪条例》《惩治反革

---

① 戴玉忠：《中国刑法学三十年（1978—2008）》，载中国人民大学出版社2008年12月出版的教育部人文社会科学重点研究基地——法学基地（9+1）合作编写的《中国法学三十年》（1978—2008）第164页。

命条例》，1952年的《惩治贪污条例》，等等"①。当时，"单行刑法覆盖面不大，办案主要靠政策"②。这样的单行刑法制度状况一直延续了三十年。

（二）1950年2月发布《关于严禁鸦片烟毒的通令》。自帝国主义侵略我国，强迫输入鸦片，到新中国成立，为害我国已百年有余。在封建买办的官僚军阀统治的旧中国，对于烟毒，非但不禁止，反而强迫种植；尤其在日本帝国主义侵略中国期间，曾有计划地实行毒化中国，戕杀人民生命，损耗人民财产。新中国成立后四个月，中央人民政府政务院就于1950年2月24日发布《关于严禁鸦片烟毒的通令》，宣布"从《通令》发布之日起，全国各地不许再有制造、贩运及销售烟土毒品之情事，犯者不论何人，除没收其烟土毒品外，还须从严治罪。"对于"散存于民间之烟土毒品，应限期令其缴出"，"如逾期不缴出者，除查出没收外，并应按其情节轻重分别治罪"③。这是新中国成立后发出的第一个关于治罪的具有刑事实体法作用的规定。《通令》发布后，大体经历了三年时间，到1952年底，在旧中国肆虐的种植、制造、贩卖、吸食烟毒活动被基本禁绝。

（三）1951年2月颁布《中华人民共和国惩治反革命条例》。新中国成立之初，社会阶级矛盾错综复杂，敌我斗争十分尖锐，反动势力的颠覆破坏活动十分猖獗；社会秩序还不够稳定，遭受长期战争破坏的国民经济尚未恢复，危害新生政权的犯罪时有发生。依法惩治危害新生政权的犯罪，巩固新生的人民政权，是新中国的一项重要任务。为此，中央人民政府于1951年2月颁布了《中华人民共和国惩治反革命条例》，以单行刑法的形式规定："以推翻人民民主政权，破坏人民民主事业为目的"的行为，为反革命罪。"纵观中外历史上规定的反革命罪，可以发现无一不是在急

---

① 高铭暄：《新中国刑法立法的变迁与完善》，《检察日报》2019年10月8日第3版。
② 高铭暄：《中华人民共和国刑法的孕育诞生和发展完善》，北京大学出版社2012年版，第1页。
③ 《关于严禁鸦片烟毒的通令》是1950年2月24日，由时任中华人民共和国政务院总理周恩来同志签发的，共8条，上述"引用"为《通令》第4条和第5条的内容。有学者认为《通令》是行政性命令，属于政务院发布的规范性文件。著名刑法学家高铭暄教授在2019年10月8日《检察日报》第3版发表的《新中国刑法立法的变迁与完善》一文中指出："制定了一系列单行刑法，如《关于严禁鸦片烟毒的通令》……"将其列为单行刑法。

风暴雨式的暴力革命之后规定的，不可避免地带有强烈的时代和政治的色彩，并大多在新生政权稳固以后制定的刑法中易名为危害国家安全罪或国事罪"①。反革命作为刑法上的概念，首先出现于1793年3月法国资产阶级大革命时期，国民大会颁布的《创设革命法庭的命令》第1条："特别刑事法庭设于巴黎，它审理一切反革命企图、一切危害自由、平等、共和国的统一与不可分性和有关国家内外安全的罪刑，以及一切旨在恢复王政或建立其他任何危害自由、平等和人民主权政权的阴谋，不论被告为文武官吏或者普通公民"。在我国，最早将反革命这一概念用于刑事法律中的，是1927年武汉国民政府制定的《国民政府反革命罪条例》；国共两党分裂后，南京国民政府为镇压共产党人及其他人民群众的革命活动，于1928年颁行了《暂行反革命治罪法》②。承袭1934年4月8日中华苏维埃共和国政府颁布的《中华苏维埃共和国惩治反革命条例》和新中国惩治反革命罪的需要，1951年2月颁布了《中华人民共和国惩治反革命条例》，这是新中国第一部比较系统的单行刑法。

（四）1951年4月颁布《妨害国家货币治罪条例》。按照通说，货币是在商品交换过程中自发地从商品中分离出来的，充当一般等价物的特殊商品。国家通过建立货币制度，使货币流通的各个要素形成一个有机的整体，以保持币值稳定、金融秩序稳定和国民经济的正常发展。新中国成立初期，妨害货币的犯罪活动相当突出。用刑罚手段惩治和预防妨害货币的犯罪，保护国家货币，巩固国家金融，维护新中国的经济秩序，是当时国家面临的一个迫切问题。为此，中央人民政府政务院于1951年4月19日公布了《妨害国家货币治罪暂行条例》，对伪造国家货币、变造国家货币、贩运、行使伪造、变造国家货币以及破坏国家货币信用等行为的犯罪、刑事责任、刑罚做了规定，其中一些妨害国家货币犯罪行为的法定最高刑为死刑。

（五）1952年4月颁布《中华人民共和国惩治贪污条例》。反腐败、

---

① 参见梁华仁、周荣生《论反革命类罪名的修改》，载高铭暄、赵秉志主编：《新中国刑法学五十年》（中册），中国方正出版社2000年版，第909页。

② 参见《外国法制史选编》，北京大学出版社1982年版，第553页；张晋藩教授主编《中国法制史》，第410—411页；《中国法制史资料选编》（下册），群众出版社1988年版，第1082—1085页。

依法惩治国家工作人员贪污贿赂犯罪,保障新生政权的廉洁性,是新中国成立后面临的一项重要任务。1951年12月,中共中央作出《关于实行精兵简政、增产节约、反对贪污、反对浪费和反对官僚主义的决定》,"三反"运动在全国展开。1952年1月中共中央发出《关于首先在大中城市开展"五反"斗争的指示》,要求在全国大中城市向违法的资本家开展反对行贿、反对偷税漏税、反对盗骗国家财产、反对偷工减料和反对盗窃经济情报的斗争。"1952年2月至4月,全国大部分地区的'三反'、'五反'运动已开始转入清查和处理严重的贪污分子阶段,即所谓打'大老虎'阶段"。"为了慎重而严肃处理揭发出来的贪污、浪费和官僚主义问题,特别是准确而及时地处理贪污分子,重点打击大贪污犯,中共中央于1952年3月5日发出了《关于处理贪污浪费问题的若干规定》";"同年3月11日政务院颁发了中央节约检查委员会《关于处理贪污、浪费及克服官僚主义错误的若干规定》";"3月28日,政务院作出了《关于在三反运动中成立人民法庭的规定》";"3月31日,政务院批准了中央节约检查委员会《关于追缴贪污分子赃款赃物的规定》";"在此基础上,同年4月18日,中央人民政府委员会第十四次会议讨论并批准了《惩治贪污条例》,4月21日颁布施行,成为当时惩治贪污犯罪的统一标准和法律武器"[①]。《中华人民共和国惩治贪污条例》是新中国第一部具有刑事实体法特征的惩治贪污贿赂犯罪的单行刑法,对惩治贪污贿赂犯罪,发挥了积极的作用。

(六)1956年11月颁布《关于对反革命分子的管制一律由人民法院判决的决定》。当时所指的反革命分子,是指《中华人民共和国惩治反革命条例》所规定的实施了"以推翻人民民主政权,破坏人民民主事业为目的"的犯罪行为的罪犯。管制作为刑罚的一种方式,其决定的权限应由法律规定。1956年11月,全国人民代表大会常务委员会第五十一次会议通过了《关于对反革命分子的管制一律由人民法院判决的决定》,这是由国家最高权力机关常设机构作出的关于对反革命罪犯的管制问题决定权限的法律规定。

(七)1957年7月颁布《关于死刑案件由最高人民法院判决或者核准

---

① 戴玉忠:《打"大老虎"与"惩贪条例"》,《检察日报》1999年6月5日第1、2版。

的决议》。死刑作为剥夺人生命的最严厉的刑罚方式，应当就其适用的权限作出法律规定。为严格死刑案件的判决和核准权限，1957年7月第一届全国人民代表大会第四次会议通过了《关于死刑案件由最高人民法院判决或者核准的决议》，明确了死刑由最高人民法院判决，由高级人民法院判决的死刑案件，必须报经最高人民法院核准。以最高国家权力机关立法的方式，严格了死刑案件判决、核准制度。

（八）新中国成立初期的刑法立法体制与刑法稿的搁浅。新中国成立之初，打击烟毒犯罪、惩治危害国家政权和安全的犯罪、打击破坏国家金融秩序、妨害国家货币管理的犯罪、惩治国家工作人员的贪污贿赂犯罪，是十分重要而又特别急迫的任务。但当时尚不具备召开全国人民代表大会的条件，不具备制定刑法典的条件，所以采取了制定单行刑法的方式建立刑法制度。1949年9月29日中国人民政治协商会议第一届全体会议通过的起临时宪法作用的《中国人民政治协商会议共同纲领》第12条规定："中华人民共和国的国家政权属于人民。人民行使国家政权的机关为各级人民代表大会和各级人民政府"。"国家最高政权机关为全国人民代表大会。全国人民代表大会闭会期间，中央人民政府为行使国家政权的最高机关。"当时的几个单行刑法是中央人民政府委员会通过或由中央人民政府政务院制发的。

新中国成立之初，中央人民政府法制委员会也曾集合法律专家起草过刑法文本稿，但没有向社会征求过意见，也没有进入立法程序。1954年9月召开第一届全国人民代表大会制定《中华人民共和国宪法》等法律以后，刑法的起草工作由全国人大常委会办公厅法律室负责，到1957年6月28日形成了第22稿。之后，这个稿子经过中共中央法律委员会、中共中央书记处审查修改，又经过全国人大法案委员会审议，并在第一届全国人民代表大会第四次会议上发给全体代表征求意见。这次会议还曾作出决议：授权人大常委会根据人大代表和其他方面所提的意见，将第22稿进行修改后，作为草案公布试行。决议作了，征求意见的工作也做了，但刑法典草案并没有公布。[①] "原因是1957年下半年开始进行'反右派'斗

---

① 参见高铭暄、赵秉志主编《中国刑法立法文献资料精选》，法律出版社2007年版，第247页。

争,之后还有各种名目的政治运动,给立法工作带来不小的冲击,足足有三四年时间,刑法典起草工作停止了。""从1962年5月开始,对刑法典草案第22稿进行全面修改工作","到了1963年9月,拟出第33稿。但是,很快'四清'运动就起来了,接着又开始了为期10年的'文化大革命'。在这种猛烈的政治运动的冲击下,刑法典草案第33稿也就不得不束之高阁了"①。

二 1979年刑法典是新中国第一部刑法典

新中国成立后的三十年,国家以单行刑法和刑事政策为刑事实体问题依据,没有刑法典,没有系统的刑法制度。1979年刑法典的颁布结束了新中国成立三十年没有刑法典的历史。

(一) 1979年刑法典颁布的社会背景

1976年,中国结束了"文化大革命",结束了无法无天的时代。历经十年磨难的中国人民,重新燃起了希望,开始医治心理的创伤,憧憬新的生活,探索新的发展之路。1978年12月,党的十一届三中全会召开,这是一次划时代的历史性会议,是中国社会改革、变迁的动员会。党的十一届三中全会认为"实行全党工作中心转变的条件已经具备",会议一致同意"把全党工作的着重点和全国人民的注意力转移到社会主义现代化建设上来";会议指出:"实现四个现代化,要求大幅度地提高生产力,也就必然要求多方面地改变同生产力发展不相适应的生产关系和上层建筑,改变一切不适应的管理方式、活动方式和思想方式,因而是一场广泛、深刻的革命"②。1978年12月13日,邓小平同志在中央工作会议闭幕会上作的重要讲话中指出:"为了保障人民民主,必须加强法制。必须使民主制度化、法律化,使这种制度和法律不因领导人的改变而改变,不因领导人的

---

① 高铭暄:《中华人民共和国刑法的孕育诞生和发展完善》,北京大学出版社2012年版,第2页。

② 《中国共产党第十一届中央委员会第三次全体会议公报》,《三中全会以来重要文献选编》,人民出版社1982年版,第4页。

看法和注意力的改变而改变","应该集中力量制定刑法、民法、诉讼法和其他各种必要的法律","做到有法可依,有法必依,执法必严,违法必究。"① 党的十一届三中全会公报指出:"从现在起,应当把立法工作摆到全国人民代表大会及其常务委员会的重要议程上来。"当时的中国,"文化大革命"刚结束、改革开放刚起步,法制原则已明确,在这样的社会结构背景下,需要通过立法建立与之相适应的完备的刑法制度。

(二) 1979 年刑法典是中国现代刑法制度建设的开端

1979 年 2 月,全国人大常委会开始了刑法典制定工作。刑法典草案以第 33 稿为基础,结合新情况、新经验和新问题,征求了中央有关部门的意见,做了较大的修改;之后,于 1979 年 7 月 1 日,经第五届全国人民代表大会第二次会议审议通过,决定自 1980 年 1 月 1 日起施行。1979 年刑法典共 192 条,分为总则和分则。总则包括刑法的指导思想、任务和适用范围,以及犯罪、刑罚、刑罚的具体运用等基本问题;分则设立八章,按照犯罪行为侵害的客体,将犯罪分为八类。第一部刑法典系统规定了犯罪、刑事责任和刑罚的基本问题。新中国第一部刑法典的颁行,结束了新中国成立三十年来没有刑法典的历史。同时颁布实施的还有刑事诉讼法典,结束了新中国成立三十年来没有刑事诉讼法典的历史。这是新中国现代刑事法律制度建设的开端。与第一部刑法典、刑事诉讼法典同时颁布的还有人民法院组织法、人民检察院组织法,完善了新中国的司法制度,意义重大。

(三) 1979 年刑法典对刑事正义的追求

刑法是根据宪法制定的国家基本法。"1979 年刑法典作为新中国第一部刑法典,在立法时就明确了它的主要任务和立法原则:一是保护社会主义社会的公共财产和个人合法财产。二是保护公民的人身权利、民主权利和其他权利,不受任何人、任何机关非法侵犯。三是刑法对各种刑事犯罪做了比较明确的规定,严格限制类推,明确规定适用类推定罪,一律报最

---

① 邓小平:《解放思想,实事求是,团结一致向前看》,人民出版社 1982 年版,第 25—26 页。

高人民法院核准。四是在保留死刑制度的情况下，设置了28个判处死刑的条款，以法典方式确立了具有中国特色的死刑缓期执行制度，并明确规定死刑一律由最高人民法院判决或核准，体现了少杀慎杀的刑事政策。五是一些罪名的刑罚较轻，一般受贿罪法定最高刑5年、致使国家或者公民利益遭受严重损失的受贿罪法定最高刑15年；盗窃罪最高法定刑为无期徒刑、行贿罪法定最高刑3年。六是为使社会安定有序，刑法要切实维护社会秩序、生产秩序、工作秩序、教学科研秩序和人民群众生活秩序。这些刑法任务和原则，都有相应的刑法条文规定"①。1979年刑法典的颁布施行，是中国刑事法制的进步。"1979年刑法典从整体上说是一部保护人民、惩罚犯罪、维护社会秩序、保障改革开放和现代化建设的好法。但是，由于受当时历史条件和立法经验的限制，这部刑法典不论在体系结构、规范内容还是立法技术上，都还存在一些缺陷。"② 某些问题是当时立法观念、社会结构状况等国情的反映。一是在总则中没有确定罪刑法定、罪刑相适应和任何人在法律适用上一律平等等重要原则，并保留了类推制度，设置了渎职罪、流氓罪、投机倒把罪等"口袋罪"。二是在分则第一章仍沿用中华人民共和国成立初期单行刑法"反革命罪"的提法，将分则中的类罪名称表述为"反革命罪"，设立了相应的罪名。三是一些问题的规定不够明确，一些犯罪没有规定，以至于法典颁行不久，即用大量的单行刑法进行补充。

（四）对1979年刑法典关于国家工作人员职务犯罪的重大修改和补充

随着社会的发展和国家的改革开放，犯罪出现一些新情况，需要对刑法典进行修改补充。自1981年至1997年刑法修订，全国人大常委会"先后通过了24个单行刑法，并在107个非刑事法律中设置了附属刑法规范，对1979年刑法典做了一系列的补充和修改"③。1979年刑法典颁行后至

---

① 戴玉忠：《中国刑法学三十年（1978—2008）》，载姜明安主编《中国法学三十年（1978—2008）》，中国人民大学出版社2008年版，第169页。
② 高铭暄：《中华人民共和国刑法的孕育诞生和发展完善》，北京大学出版社2012年版，第3页。
③ 高铭暄：《中华人民共和国刑法的孕育诞生和发展完善》，北京大学出版社2012年版，第3页。

1997年刑法修订前，对国家工作人员职务犯罪做了三次重大修改。

第一次是1982年3月8日，第五届全国人民代表大会常务委员会第二十二次会议通过了《关于严惩严重破坏经济的罪犯的决定》。"决定"对国家工作人员受贿犯罪做了重大修改：一是增加了索贿罪的规定；二是修改了1979年刑法典受贿罪最高法定刑15年有期徒刑的规定，规定为："国家工作人员索取、收受贿赂的，比照刑法第155条贪污罪论处；情节特别严重的，处无期徒刑或者死刑；"三是对国家工作人员利用职务犯走私罪等罪行，情节严重的从重处罚。体现了对国家工作人员犯罪立法从严的精神。

第二次是1988年1月21日，第六届全国人民代表大会常务委员会第二十四次会议通过了《关于惩治贪污罪贿赂罪的补充规定》。"补充规定"对1979年刑法规定的贪污贿赂等职务犯罪作出了新规定：一是明确规定了贪污受贿犯罪的数额标准，一般为二千元构成犯罪，不满二千元，情节较重的也构成犯罪，这是改革开放以来，第一次以立法形式规定贪污受贿犯罪数额标准；二是明确规定了与国家工作人员、集体经济组织工作人员或者其他经手、管理财物的人员、从事公务人员勾结，伙同贪污、受贿的，以共犯论处；三是在受贿罪构成要件的规定中，在要求利用职务便利，非法收受他人财物的同时，增加规定了"为他人谋取利益"，严格了受贿罪构成的条件，实际上缩小了受贿定罪的范围，只收受了财物，没有为行贿人谋取利益的，不构成受贿罪；四是增加了"国家工作人员、集体经济组织人员或者其他从事公务人员，在经济交往中，违反国家规定收受各种名义的回扣、手续费的，以受贿论处"的规定，这是关于受贿罪的新规定；五是增加规定了单位索贿、受贿犯罪，对"全民所有制企业事业单位、机关、团体，索取、收受他人财物，为他人谋取利益，情节严重的处罚金，并对其直接负责的主管人员和其他直接责任人员，处5年以下有期徒刑或者拘役"，这是第一次以刑法规范的形式，规定单位索贿受贿罪；六是提高了行贿罪的最高法定刑，1979年刑法典规定的行贿罪最高法定刑是有期徒刑三年，没有对行贿罪规定没收财产，"补充规定"第8条规定，犯行贿罪"情节特别严重的，处无期徒刑，并处没收财产"，严格了对行贿罪的惩处；七是新规定了挪用公款罪、巨额财产来源不明罪；八是对

1979年刑法典第155条贪污罪和第185条受贿罪的主体"国家工作人员"和第83条规定的"本法所说的国家工作人员，是指一切国家机关、企业、事业单位和其他依照法律从事公务的人员"的表述，修改为贪污、挪用公款和受贿罪的犯罪主体分别为"国家工作人员、集体经济组织人员或者其他经手管理公共财物的人员"和"国家工作人员、集体经济组织人员或者其他从事公务的人员"。

第三次是1995年2月28日，第八届全国人民代表大会常务委员会第十二次会议通过了《关于惩治违反公司法的犯罪的决定》。"决定"对公司董事、监事或者职工，索贿受贿罪、侵占公司财物罪、挪用公司资金罪做了新规定：一是对公司董事、监事和其他职工，利用职务上的便利，索取收受贿赂，数额较大的，不再定国家工作人员索贿受贿罪，改定公司企业人员索贿受贿罪；二是对公司董事、监事或者职工，利用职务上的便利，侵占本公司财物，数额较大的，不再定国家工作人员贪污罪，改定公司、企业人员职务侵占罪；三是对上述两罪的最高法定刑做了新规定，为有期徒刑15年，对这两类犯罪取消了死刑；四是规定了公司董事、监事或者职工挪用本单位资金罪。这是对职务犯罪刑法规范的一次重大调整。

（五）对严重刑事犯罪做了补充立法

改革开放初期，面对严重刑事犯罪十分猖獗的情况，为了维护社会治安，保护人民生命、财产安全，保障社会主义建设的顺利进行，国家加大了对严重危害社会治安的犯罪分子的惩治力度，对1979年刑法典的有关规定做了重大修改和补充。

一是作出关于劳改人员逃跑和劳教人员逃跑后重新犯罪加重从重处罚的规定。1981年6月10日，第五届全国人民代表大会常务委员会第十九次会议通过的《关于处理逃跑或者重新犯罪的劳改犯和劳教人员的决定》规定：劳改犯逃跑的，除按原判刑期执行外，加处五年以下有期徒刑；以暴力、威胁方法逃跑的，加处二年以上七年以下有期徒刑；劳改犯逃跑后又重新犯罪的，从重或者加重处罚；刑满释放后又犯罪的，从重处罚。

二是将1979年刑法典中关于走私、盗窃等犯罪的最高法定刑改为死刑。1982年3月8日，第五届全国人民代表大会常务委员会第二十二次会议通过的《关于严惩严重破坏经济的罪犯的决定》，对走私、盗窃、贩毒、盗运珍贵文物出口等犯罪，作出补充或修改：情节特别严重的，处十年以上有期徒刑、无期徒刑或者死刑，可以并处没收财产，提高了1979年刑法典关于这些犯罪的最高法定刑，情节特别严重的可以判处死刑。

三是对严重危害社会治安的犯罪分子可以在法定最高刑以上处罚，直至判处死刑。1983年9月2日，第六届全国人民代表大会常务委员会第二次会议通过的《关于严惩严重危害社会治安的犯罪分子的决定》，对严重危害社会治安的犯罪分子，规定："可以在刑法规定的最高刑以上处刑，直至判处死刑"，并增加规定了"传授犯罪方法罪"，情节特别严重的，处无期徒刑或者死刑。

四是修改了刑法典中关于拐卖、绑架妇女儿童犯罪的规定，情节特别严重的处死刑。1991年9月4日，第七届全国人民代表大会常务委员会第二十一次会议作出的《关于严惩拐卖、绑架妇女、儿童的犯罪分子的决定》，就拐卖、绑架妇女儿童的犯罪，作出七条补充修改，并规定，情节特别严重的处死刑，并处没收财产。

五是对劫持航空器的犯罪作出补充规定。20世纪90年代初，我国发生几起劫持飞机的严重刑事犯罪。为维护旅客和航空器安全，1992年12月28日，第七届全国人民代表大会常务委员会第二十八次会议作出的《关于惩治劫持航空器犯罪分子的决定》规定："以暴力、胁迫或者其他方法劫持航空器的，处十年以上有期徒刑；致人重伤、死亡或者使航空器遭受严重破坏或者情节特别严重的，处死刑；情节较轻的，处五年以上十年以下有期徒刑。"

（六）加强惩治破坏经济秩序和社会管理秩序犯罪立法

实行对外改革开放、对内搞活经济的政策，给经济和社会发展带来了活力。同时，破坏经济秩序和妨害社会管理秩序的犯罪大量增加。为惩治破坏经济秩序的犯罪和妨害社会管理秩序的犯罪，全国人民代表大会常务委员会从1988年1月至1995年10月，七年多时间制定了14个关于惩治破坏经济秩序和妨害社会管理秩序的单行刑法，为惩治这两类犯罪提供了法律依据，也体现了这一时期我国刑事犯罪和刑法立法的新特点。

1. 加强惩治经济犯罪的立法。20世纪80年代中期和90年代初期，国家进一步深化改革、扩大开放，经济十分活跃。其间，经济犯罪也十分猖獗。为此，全国人民代表大会常务委员会加强了惩治经济犯罪的立法。一是严惩走私犯罪。第六届全国人民代表大会第二十四次会议于1988年1月21日作出《关于惩治走私罪的补充规定》，对走私鸦片等毒品，走私武器、弹药，走私国家禁止出口的文物、珍贵动物及其制品、黄金、白银或其他贵重金属，走私货物、物品50万元以上的，均做了从严惩处的规定，情节特别严重的处死刑；还对以牟利或传播为目的，走私淫秽影片、录像带、录音带、图片、书刊等淫秽物品以及其他走私犯罪，做了明确规定。二是惩治生产、销售伪劣商品犯罪。1993年7月2日第八届全国人民代表大会常务委员会第二次会议作出《关于惩治生产、销售伪劣商品犯罪的决定》，严厉打击生产销售伪劣商品的犯罪活动。三是惩治违反公司法犯罪。为维护经济秩序，保护公司的合法权益，惩治违反公司法的犯罪行为，1995年2月28日第八届全国人民代表大会常务委员会第十二次会议作出《关于惩治违反公司法的犯罪的决定》。国家立法对新的经济犯罪作出了积极的反应。

2. 加强惩治破坏社会管理秩序犯罪的立法。为了加强社会管理，依法惩治破坏社会管理秩序的犯罪，全国人民代表大会常务委员会加强了惩治破坏社会管理秩序犯罪的立法。一是对捕杀国家重点保护的珍贵濒危野生动物犯罪做了补充规定。1988年11月8日第七届全国人民代表大会常务委员会第四次会议作出《关于惩治捕杀国家重点保护的珍贵、濒危野生动物犯罪的补充规定》，对1979年刑法典做了补充，有利于对国家重点保护的珍贵、濒危野生动物的保护。二是作出了禁毒的决定。为了严惩走私、贩卖、运输、制造毒品和非法种植毒品原植物等犯罪活动，保护公民身心健康，维护社会治安秩序，1990年12月28日第七届全国人民代表大会常务委员会第十七次会议作出了《关于禁毒的决定》，加大了对涉毒犯罪的惩治力度。三是作出了惩治走私、制作、贩卖、传播淫秽物品犯罪的决定。为了惩治走私、制作、贩卖、传播淫秽物品犯罪，维护社会治安秩序，1990年12月28日第七届全国人民代表大会常务委员会第十七次会议作出《关于惩治走私、制作、贩卖、传播淫秽物品的犯罪分子的决定》，为惩治这类犯罪提供了法律根据。四是作出了惩治盗掘古文化遗址古墓葬犯罪的补充规定。为补充刑法的不足，1991年6月29日第七届全国人民代表大会常务委员会第二十次会议作出《关于惩治盗掘古文化遗址古墓葬犯罪的补充规定》，对盗掘具有历史、艺术、科学价值的古文化遗址、古墓葬，具有"补充规定"中规定的特别严重情形的，处十年以上有期徒刑、无期徒刑或者死刑。五是作出严禁卖淫嫖娼的决定。为了严禁卖淫、嫖娼，严惩组织、强迫、引诱、容留、介绍他人卖淫的犯罪分子，维护社会治安和良好的社会风气，1991年9月4日第七届全国人民代表大会常务委员会第二十一次会议作出《关于严禁卖淫嫖娼的决定》。六是作出严惩组织、运送他人偷越国（边）境犯罪的补充规定。为了严惩组织、运送他人偷越（偷渡）国（边）境的犯罪分子，维护出入境管理秩序，1994年3月5日第八届全国人民代表大会常务委员会第六次会议作出《关于严惩组织、运送他人偷越国（边）境犯罪的补充规定》。改革开放，人口流动，就业机制调整，社会管理转型，社会结构在深刻变化，也出现了新的犯罪，这是刑法立法必须面对的问题，国家作出了积极的立法反应。

3. 加强惩治侵犯知识产权犯罪的立法。为保护企业和公民的合法权益，惩治假冒注册商标的犯罪行为，1993年2月22日第七届全国人民代表大会常务委员会第三十次会议作出《关于惩治假冒注册商标犯罪的补充规定》。为惩治侵犯著作权和与著作权有关权益的犯罪，1994年7月5日第八届全国人民代表大会常务委员会第八次会议作出《关于惩治侵犯著作权的犯罪的决定》。保护知识产权是改革开放、建立市场经济进行中必须面对的一个问题，也是国际社会普遍关注的一个问题；从刑法制度上保护知识产权，是刑法立法的一个新任务。

4. 加强惩治破坏金融秩序和税收秩序犯罪的立法。一是作出了惩治偷税、抗税犯罪的补充规定。为了惩治偷税、抗税的犯罪行为，1992年9月4日第七届全国人民代表大会常务委员会第二十七次会议作出《关于惩治偷税、抗税犯罪的补充规定》，加大了对偷税抗税犯罪的惩治力度。二是作出了惩治破坏金融秩序犯罪的决定。为了惩治伪造货币和金融票据诈骗、信用证诈骗、非法集资诈骗等破坏金融秩序犯罪，1995年6月30日第八届全国人民代表大会常务委员会第十四次会议作出《关于惩治破坏金融秩序犯罪的决定》。三是作出了惩治虚开、伪造和非法出售增值税专用发票犯罪的决定。为了惩治虚开、伪造和非法出售增值税专用发票和其他发票进行偷税、骗税等犯罪活动，保障国家税收，1995年10月30日第八届全国人民代表大会常务委员会第十六次会议作出《关于惩治虚开、伪造和非法出售增值税专用发票犯罪的决定》。金融秩序是市场经济发展的晴雨表。在我国社会主义市场经济建设和加入WTO的进程中，在全球一体化的形势下，打击金融和涉税犯罪十分必要。国家加强了对新经济犯罪，特别是对金融和涉税犯罪立法。

上述14个"决定""补充规定"，反映了当时经济犯罪和妨害社会管理秩序犯罪的突出情况，体现了国家对这些犯罪的立法态度，是当时社会结构背景下刑法立法对犯罪的应对，对于保障改革开放和经济发展，维护社会秩序，发挥了积极的作用，健全完善了关于经济秩序和社会管理方面犯罪的刑法制度。

三 1997年修订刑法典的颁行是新中国刑法制度的里程碑

法治作为政治文明发展到一定历史阶段的标志，凝结着人类智慧，为各国人民所向往和追求。20世纪90年代中期，我国的经济持续快速健康发展，改革开放取得丰硕成果，社会主义民主政治和精神文明建设成效显著，人民生活水平有较大改善和提高，现代化建设进入新阶段，中国共产党领导中国人民开始了建设社会主义法治国家的伟大事业。"20世纪90年代，中国开始全面推进社会主义市场经济建设，由此进一步奠定了法治建设的经济基础，也对法治建设提出了更高的要求。1997年召开的中国共产党第十五次全国代表大会，将'依法治国'确定为治国基本方略，将'建设社会主义法治国家'确定为社会主义现代化的重要目标，并提出了建设中国特色社会主义法律体系的重大任务。1999年，将'中华人民共和国实行依法治国，建设社会主义法治国家'载入宪法。中国的法治建设揭开了新篇章"[①]。"刑法是国家的基本法律，修订刑法是健全社会主义法制的一

[①] 国务院新闻办公室：《中国的法治建设》，外文出版社2008年版，第4—5页。

件大事，是完善我国刑事法律的重要步骤"①。

"1982年决定研究修改刑法，1988年提出了初步修改方案，到现在（1997年——引者注）修订工作已经搞了15年。在这期间，由于来不及也没有条件对刑法进行全面的、完整的修改，对需要修改补充的，全国人大常委会陆续对刑法作出了22个修改补充规定和决定"②。这次修订，认真总结了1979年刑法典实施17年来的实践经验，研究了国外有关刑事法律规定和现代刑事立法发展趋势，经广泛征求意见，草拟了刑法修订草案，并于1996年11月在北京召开了有中央和省、市、县四级公检法机关、中央有关部门、地方人大和刑法专家参加的座谈会，对草案逐条讨论研究修改③。之后，刑法修订草案经全国人大常委会审议，并进一步征求意见，经全国人大法律委员会、内务司法委员会审议修改，再次经全国人大常委会审议提请全国人民代表大会审议。

---

① 王汉斌1997年3月6日在第八届全国人民代表大会第五次会议上的报告——《关于中华人民共和国刑法（修订草案）的说明》。徐霞、王倩、王宁编：《适用刑法对照表——中华人民共和国刑法与原刑法、决定及有关法律的比较》，人民出版社1997年版，第297页。

② 王汉斌1997年3月6日在第八届全国人民代表大会第五次会议上的报告——《关于中华人民共和国刑法（修订草案）的说明》。徐霞、王倩、王宁编：《适用刑法对照表——中华人民共和国刑法与原刑法、决定及有关法律的比较》，人民出版社1997年版，第298页。关于1979年刑法颁行之后到1997年修订之前，全国人大常委会作出了多少个关于刑法的补充规定和决定，主要有四种说法：一是说22个。这里引用的王汉斌副委员长关于修订刑法的说明中即说"全国人大常委会陆续对刑法作出了22个修改补充规定和决定"。二是说23个。1997年3月14日第八届全国人大第五次会议通过的关于修订刑法的决定的附件一："全国人民代表大会常务委员会制定的下列条例、补充规定和决定，已纳入本法或者不适用，自本法实行之日起，予以废止"所列的15个规定，加上附件二"全国人民代表大会常务委员会制定的下列补充规定和决定予以保留，其中有关行政处罚和行政措施的规定继续有效；有关刑事责任的规定已纳入本法，自本法施行之日起，适用本法规定"所列的8个规定，合计为23个。三是说24个。本文前面引用的专著即表述为24个。应当是修订刑法附件一、二所列的23个决定、补充规定，加上第六届全国人大常委会第二十一次会议作出的关于"对于中华人民共和国缔造或者参加的国际公约所规定的罪行，中华人民共和国在所承担条约义务的范围内，行使刑事管辖权"的决定，这个决定已编入1997年修订刑法第9条。四是说25个。2019年10月2日《检察日报》第3版《新中国刑法立法的变迁与完善》一文说："1981年至1997年刑法典生效之前，全国人大常委会通过了25个单行刑法。"

③ 我当时作为最高人民检察院的代表参加了这次刑法立法研讨会。这是一次规格高、规模大、时间长的立法研讨会。所谓规格高，主管立法工作的王汉斌副委员长亲自到会听取意见，全国人大常委会法工委主要领导主持会议，中央政法各部门主要领导出席会议；所谓规模大，与会人员有中央和省、市、县四级公检法机关、中央有关部门、地方人大和刑法专家参加；所谓时间长，这次研讨会开了两个星期。

1997年3月14日，第八届全国人民代表大会第五次会议审议修订了《中华人民共和国刑法》。1997年修订刑法典是一部统一的比较完备的刑法典，是中国现代刑法制度的里程碑，"是我国进入刑法现代化历史阶段的标志，在服务中国特色社会主义和推进国家民主与法治建设方面具有历史性的地位和贡献"①。使中国刑事法律制度向刑事正义迈进了一大步。在随后的二十年时间里，全国人民代表大会常务委员会又做出了3个关于刑法问题的决定②和10个刑法修正案③，进一步完善了刑法制度。1997年修订刑法的意义和主要特点是：

（一）整合了刑法规范，实现了刑法的统一性。1979年刑法典颁布后，至1997年刑法修订前，全国人民代表大会常务委员会先后通过了24部单行刑法。这些单行刑法的分散性和不系统性，给人们学习、了解和认知法律，以及给法律的适用带来了不便和难度。1997年刑法修订，将1979年刑法典192条和24个补充规定，整合为统一的刑法典452条，实现了刑法的统一性和完整性。

（二）增加了罪刑法定原则等重要刑法原则，强化了对人权的保障。1997年刑法典，在第3条、第4条、第5条分别规定了罪刑法定原则、法律面前人人平等原则、罪刑相适应原则。罪刑法定原则是相对封建社会罪刑擅断而言的。罪刑法定原则是现代各国刑法的基本原则。有的国家在刑法第1条规定罪刑法定原则，有的国家在宪法中规定罪刑法定原则。罪刑法定原则是现代各国刑法的铁则，自其诞生伊始就展示出至高的地位与迷人的魅力。修订刑法典确立这个原则，是中国现代刑事法律制度的一个大进步，实行这个原则需要做到：一是不溯及既往；二是不搞类推；三是对各种犯罪及其处罚必须明确、具体；四是防止法官滥用自由裁量权；五是

---

① 黄京平：《新刑法实施十周年的走向及评价》，中国人民大学复印报刊资料《刑事法学》2008年第6期。

② 全国人大常委会于1998年12月29日作出《关于惩治骗购外汇、逃汇和非法买卖外汇犯罪的决定》，随后，在1999年10月30日作出《关于取缔邪教组织、防范和惩治邪教活动的决定》、2000年12月28日作出《关于维护互联网安全的决定》。后两个决定，没有设立新的罪刑条款，只对有关犯罪问题做了提示性规定；所以，有学者认为，自1998年以来，全国人大常委会对1997年刑法典的修改补充，作出了1个决定10个修正案，不包括这后两个决定。

③ 自1999年12月至2017年11月，全国人大常委会共通过了10个刑法修正案。

司法解释不能超越法律①。因此，修订刑法取消了类推的规定。法律面前人人平等是宪法确定的原则。这一原则，一方面要求做到刑事司法公正，包括定罪公正、量刑公正、行刑公正；另一方面，不允许任何人有超越法律的特权。罪刑相适应原则，就是要罪刑相当，罪重的刑罚重，罪轻的刑罚轻，要求各个法律条文之间量刑的规定，要统一平衡；对犯罪行为人量刑时，应根据其所犯罪行对社会危害程度来决定。这三个原则在刑法典中的确立，是中国刑法制度的一次重大改革和进步。

（三）修改了落后或不合适的规定，体现了刑法制度的进步。如，将1979年刑法典分则第一章反革命罪改为危害国家安全罪，并对该章相关条款和罪名做了修改；还对1979年刑法典中的投机倒把罪、流氓罪、渎职罪等"口袋罪"做了修改。

（四）扩大了刑法规范的范围，将国际公约的有关规定纳入刑法。1997年后的中国刑事立法，在国际化方面取得了突破性进展，将有关国际公约规定的犯罪纳入国内刑法。如，根据中国加入的《联合国反腐败公约》的规定，在修订刑法典第191条规定洗钱罪的基础上，通过《刑法修正案（三）》《刑法修正案（六）》，相继对刑法作出修订，扩大了洗钱罪上游犯罪的范围，体现了与国际社会刑事法律同步发展的趋势。

（五）采取"修正案"的立法方式，使刑法制度进一步科学化。1979年刑法典之后到1997年刑法修订之前，全国人民代表大会常务委员会作出了24个关于刑法的"决定"和"补充规定"，使人们感到眼花缭乱，既不利于人们学习掌握，也不利于处理案件时适用。1997年刑法修订后，改革了立法方式，全国人民代表大会常务委员会基本上采用了刑法修正案的方式进行补充立法；同时，也根据《中华人民共和国立法法》第42条的规定，加强了立法解释。1997年刑法修订至2017年11月，全国人民代表大会常务委员会已经作出10个刑法修正案，至2014年4月作出了13个刑法立法解释②，使刑法立法方式进一步科学化。

（六）修订刑法典中死刑条款的设置及修正案减少死刑。死刑制度，

---

① 胡康生、郎胜主编：《中华人民共和国刑法释义》，法律出版社2004年版，第4页。
② 李立众：《刑法一本通·中华人民共和国刑法总成》，法律出版社2019年版，第975—977页。

是一个备受国内外关注的热点问题。死刑制度是人类历史长期并在许多国家存在的最严厉的刑罚制度。1979年6月7日，时任全国人大常委会副委员长并主持刑法制定工作的彭真同志在其《关于〈中华人民共和国刑法（草案）〉的说明》中指出，中国"现在还不能废除死刑，但应尽量减少死刑的适用。"在这一政策的指引下，1979年刑法典将死刑罪名限制为28个。截至1997年刑法典颁行之前，在立法机关补充的20多个单行刑法中，共增设了49种死罪，有死刑的罪名急剧膨胀，其在罪名体系中所占比例也大幅度攀升。1997年刑法典仍在限制死刑立法方面进行了诸多努力，从而实际上重新确立和强调了"少杀、慎杀，可杀可不杀的坚决不杀"的政策。1997年刑法典在47个条文64个罪名中设置有死刑，分别占分则条文和罪名体系的13.4%和15.5%，较之此前的刑事立法均有所下降。之后的刑法修正案，取消了刑法典规定的22个罪名中的死刑。

四　完善刑法制度的几点思考

1997年修订刑法典是"一部崭新的、统一的、比较完备的、具有时代气息和多方面显著进步的"刑法典，连同其后的刑法修正案、刑法立法解释，构成了当今的中国特色社会主义刑法制度，在国家社会生活中，发挥着极其重要的、其他法律不可代替的国家基本法的作用。笔者认为，发展完善刑法制度，应当重视几个问题的研究。

（一）在刑法立法中树立科学立法的理念。党的十七大提出"要坚持科学立法、民主立法，完善中国特色社会主义法律体系"。党的十八大提出"要推进科学立法"。党的十八届四中全会要求"深入推进科学立法、民主立法"。党的十九大要求"推进科学立法、民主立法、依法立法，以良法促进发展、保障善治"。科学立法是党中央多年来对立法工作反复强调的立法要求，也是刑法立法应当遵循的重要原则。坚持刑法的科学立法，就是要从国情出发，符合国家发展和惩治犯罪的需要，实现刑法用刑罚同一切犯罪做斗争的任务，以保卫国家安全，保卫人民民主专政的政权和社会主义制度，保护国有财产和劳动群众集体所有的财产，保护公民私人所有的财产，保护公民的人身权利、民主权利和其他权利，维护社会秩序、经济秩序，保障社会主义建设事业的顺利进行。刑法的科学立法，要使刑法符合现代社会发展进步的要求，符合中国特色社会主义法治的要求；要求刑法严格依照宪法，结合我国同犯罪做斗争的具体经验和实际情况，进行立法；要求刑法的体系、结构、体例和立法表述具有科学性；要求刑法与其他法之间的关系科学、协调；要树立科学立法的理念，通过加强党对立法工作的领导和坚持民主立法、公开立法，保障刑法立法的科学性。

（二）落实罪刑法定原则法律制度问题。罪刑法定原则是反对罪刑擅断的法治成果，是当代刑事立法、刑事司法应当遵循的基本原则。著名刑法学家高铭暄教授指出："为世界各国普遍规定、最能体现现代法治精神、民主发展趋势的最重要的一个原则便是罪刑法定原则"[1]。罪刑法定原则在近现代法治国家建设中具有极其重要的价值。张明楷教授指出："实行罪刑法定主义是迈向法治国家的第一步，而且是最为重要、至为关键的一步。一个没有实行罪刑法定主义的国家，不可能是法治国家。"[2] 我国刑法第3条规定："法律明文规定为犯罪行为的，依照法律规定定罪处罚；法律没有规定为犯罪行为的，不得定罪处罚。"按照党的十八届四中全会提出的关于"健全落实罪刑法定"原则法律制度的要求，应当对刑法中规定不明确的条款，进行立法完善。如刑法第114条、第115条规定的"以其他危险方法危害公共安全"犯罪，是我国刑法分则中唯一作概括性表述的"兜底罪名"。陈兴良教授指出："这种以'其他'方法或者行为作为一个独立罪名的行为方式的情形，在我国刑法典中可谓绝无仅有。""立法者没有正面描述这种危险方法的具体特征，使其丧失了行为的形式特征，该罪名更多地是依赖'危害公共安全'这一本质特征而存在的。故在以危险方法危害公共安全罪的司法认定中，只有实质判断，而无形式判断，这就很容易扩张其犯罪的边界，使之成为一个名副其实的口袋罪。""口袋罪问题在我国刑法中并没有彻底解决。""基于罪刑法定原则，罪名的内容应当具有确定性，也就是构成要件的行为具有确定性，这种确定性恰恰是刑法明

---

[1] 高铭暄：《中华人民共和国刑法的孕育诞生和发展完善》，北京大学出版社2012年版，第171页。

[2] 张明楷：《罪刑法定与刑法解释》，北京大学出版社2009年版，第1页。

确性所要求的"①。刘仁文教授指出:"按照刑法总则确定的'罪刑法定原则'和法治社会的可预期性原则,刑法分则中的罪名和罪状应当尽可能明确化,惟此才能达到规范公众行为的目的。"② 这种"兜底罪名"的规定,在实践中成为一个筐,有的地方为选择重罪处罚犯罪行为人,把法律明文规定的醉驾致人死亡逃逸犯罪,适用"口袋罪名定罪处罚"。落实党的十八届四中全会"健全落实罪刑法定"等原则法律制度的要求,是刑法立法、刑事司法的一项重要任务。

(三)研究刑法中单位犯罪规定的科学性。"众所周知,在新中国成立以后的很长一段时间里,我国一直实行的是计划经济体制,法人组织数量少、所有制性质相对单一,参与社会活动的广度和深度都不是很大,因而历次刑法草案乃至1979年刑法典中均未规定单位犯罪。"③ 虽然1979年刑法典总则中没有专门规定单位犯罪,但其分则中第121条规定的偷税、抗税罪,实际上主要是指单位犯罪,只是没有用"单位"二字;在计划经济条件下,能构成偷税、抗税罪的一般是单位。自1987年海关法规定"企业事业单位、国家机关、社会团体犯走私罪"的刑事责任以后,在单行刑法中陆续对五十多种单位犯罪做了规定。到1997年修订刑法典时,在总则第二章中专设一节规定单位犯罪,在刑法分则一些条款中具体规定了单位犯罪的刑事责任问题,2014年4月全国人大常委会还就单位犯罪问题对刑法第30条做了立法解释。关于单位犯罪的规定,有几个问题需要研究:一是单位犯罪的称谓问题。按照通说,法律上的人,包括自然人和法人,传统的、大量案件的犯罪主体是自然人;法人是法律上的概念,法律可以规定法人犯罪,法人可以成为犯罪主体,国际上通用法人犯罪的概念。在市场经济条件下,"单位"是一个很难界定的概念,单位不是法律上的"人",是个含义模糊的概念,大单位有几万、几十万人,小单位可能就几个人,实践中难以认定犯罪主体范围。二是用"法人犯罪"这一表述,有

---

① 陈兴良:《口袋罪的法教义学分析:以以危险方法危害共安全罪为例》,《政治与法律》第3期。

② 刘仁文:《取消以危险方法危害公共安全罪》,《新京报》2009年7月25日。

③ 高铭暄:《中华人民共和国刑法的孕育诞生和发展完善》,北京大学出版社2012年版,第210页。

人担心那些没有法人资格的单位，无法以法人犯罪追究其刑事责任；这个问题可以这样解决：规定"不具有法人资格的企业、事业组织和机关等非法人组织犯罪的，以法人犯罪论处"；或者规定"追究直接其负责人和直接责任人的刑事责任"。三是现行刑法中对单位犯罪实行"双罚制"，对单位和直接责任人员均处以刑罚。单位犯罪的，对单位判处罚金的规定，涉及国家机关犯罪的罚金问题，如刑法第387条规定，国家机关"索取、非法收受他人财物，为他人谋取利益，情节严重的，对单位判处罚金"，单位的资金来自国家，罚金也是交国家，这等于从左边的口袋里罚钱，装入自己的右边口袋，意义何在？四是国家机关应当包括国家权力机关、行政机关、军事机关、监察机关、审判机关、检察机关等国家机构，把国家机关作为犯罪行为人，不仅不便于操作，也会有很多负面问题。对以国家机关名义实施了犯罪行为的，刑法规定追究其负责人和直接责任人的刑事责任，比较科学、适宜，也便于操作。

（四）研究刑法分则犯罪分类体系的科学性。1979年刑法典分则设八章，把犯罪分为八类，是按照犯罪行为侵犯的客体进行划分的，符合分类标准的同一性原则。1997年修订刑法典分则设十章，把犯罪行为分为十类，不是完全按照犯罪行为侵犯的客体进行划分的，不是按照同一标准划分的。主要有三种情况：第一，按照行为侵犯的客体分类。如分则第一章危害国家安全罪，规定了危害国家主权、政治、经济制度等国家利益和安全的犯罪行为；第二章危害公共安全罪，规定了危害公共安全的犯罪行为；第六章妨害社会管理秩序罪，规定了妨害国家机关对社会的管理活动、破坏社会正常秩序，情节严重的犯罪行为；第七章危害国防利益罪，规定了故意或者过失危害国防利益的犯罪行为；这四章基本上是按照犯罪行为侵犯的客体划分的。第二，按照犯罪主体分类。如分则第八章贪污贿赂罪，是国家工作人员的贪污贿赂等犯罪，既包括1979年刑法典第五章侵犯财产罪中第155条规定的国家机关人员贪污罪、分则第八章第185条规定的国家机关工作人员贿赂罪和分则第三章破坏社会主义经济秩序罪中第126条规定的国家机关工作人员挪用特定款物罪的从重处罚，及1988年的《关于惩治贪污罪贿赂罪补充规定》中规定的国家机关工作人员犯罪的其他罪名；这一章不是按照犯罪行为侵犯的客体划分的。这一章的类罪名称是贪污贿赂罪，但非国家工作人员贪污、受贿、挪用犯罪没有规定在这一章中，而是规定在分则第三章破坏社会主义市场经济秩序罪中；将公司、企业及其他单位人员职务侵占罪、挪用资金罪，以及挪用特定款物罪规定在第五章侵犯财产罪中。第八章名称是贪污贿赂罪，但实际是规定国家工作人员的贪污贿赂等犯罪，不是全部的贪污贿赂罪。再如，分则第九章类罪名称为渎职罪，实际上是规定的国家机关工作人员渎职罪，国有公司、企业、事业单位人员失职、滥用职权、徇私舞弊犯罪等渎职罪，规定在破坏社会主义经济秩序罪中。分则第十章军人违反职责罪，也是按照犯罪主体设立的。第三，主要是按照行为侵犯的犯罪客体分类，但加进去了非本类犯罪客体的部分罪名，如分则第四章，侵犯公民人身、民主权利罪，主要是规定侵犯公民人身和与人身直接相关的权利、非法剥夺或者妨害公民自由行使依法享有的管理国家事务和参加社会政治活动权利的犯罪行为；但也将妨害婚姻家庭的犯罪行为列入这一章中，这类犯罪在1979年刑法典中是单设一章的，其中有的罪名虽也涉及人身权利，如暴力干涉婚姻自由罪，但这类犯罪侵犯的主要客体不是公民的人身权利、民主权利。既然刑法分则要对犯罪进行分类，按照同一标准分类才显得科学、协调和便于掌握、适用。罪名与类罪名称不相符，有失类罪名称的标题性意义，"文不对题"的情况是不科学的表现。

党的十六大、十七大、十八大都强调推进依法治国。党的十八届四中全会作出全面推进依法治国若干重大问题的决定，推进了法治中国建设。党的十九大以来，国家内政外交国防，治党治国治军，都以法治为框架、由法治来贯彻、用法治作保障。国家在发展，法治在进步。在新的社会结构背景下，犯罪也会出现新情况，刑法制度也必将随着社会的发展和法治的进步发展完善。

迈向良法善治

——70年来我国刑法与刑法学的演进与省思

刘仁文[*]

今年是新中国成立70周年，对70年来我国刑法与刑法学的发展所走过的坎坷历程进行回顾，并在现在来之不易的大好局面基础上，推陈出新，使我国的刑事法治不断迈向良法善治，应是一件有意义的事情。

一 刑法起草与新中国刑法学的起步（1949—1978）

（一）刑法起草

1949年新中国成立后，明令废除了国民党的"六法全书"，使依附于它的刑法学知识也遭废黜。破中有立——新中国成立初期国家先后制定了一些应急性的单行刑事法规，如1951年颁布的《惩治反革命条例》和《妨害国家货币治罪暂行条例》，1952年颁布的《惩治贪污条例》。

与此同时，起草系统的刑法典的准备工作也一直在进行。从1950年到1954年，当时的中央人民政府法制委员会写出了两部刑法立法草案，一部是《中华人民共和国刑法大纲草案》，另一部是《中华人民共和国刑法指导原则草案（初稿）》。但遗憾的是，由于当时正在进行抗美援朝、土地改革、镇反以及"三反"、"五反"等运动，国家的注意力并没有集中在立法工作上，所以上述两部稿子也就只停留在法制委员会内作为两份书面材料保存下来，它们始终没有被提上立法程序，因而这段刑法典起草工

---

[*] 中国社会科学院法学研究所研究员，刑法研究室主任，博士生导师。

作我们只能叫它"练笔",两部稿子也只能算作是立法资料。①

1954年通过了中华人民共和国第一部《宪法》和《人民法院组织法》《人民检察院组织法》等五个组织法,标志着我国法制建设进入一个新的阶段,这对刑法典的起草工作是一个很大的推动。那时,刑法典起草工作由全国人大常委会办公厅法律室负责。法律室从1954年10月开始起草,到1956年11月,已草拟出第13稿。党的"八大"决议明确指出:"由于社会主义革命已经基本完成,国家的主要任务已经由解放生产力变为保护和发展生产力,我们必须进一步加强人民民主法制……逐步地系统地制定完备的法律。"在这种形势下,刑法典起草工作加紧进行,到1957年6月,已经写出第22稿。这个稿子经过中共中央法律委员会、中央书记处审查修改,又经过全国人大法案委员会审议,并在第一届全国人民代表大会第四次会议上发给全体代表征求意见。这次会议还作出决议:授权人大常委会根据人大代表和其他方面所提的意见,将第22稿进行修改后,作为草案公布试行。②

虽然决议作了,征求意见的工作也做了,但是刑法草案并没有公布。其中的原因,正如有学者所分析指出:"'反右派'运动以后,'左'的思想倾向急剧抬头,反映到法律工作方面,否定法律,轻视法制,认为法律可有可无,法律会束缚手脚……足足有三四年时间,刑法典起草工作停止了下来。"③

1962年3月,毛泽东指出:"不仅刑法要,民法也需要,现在是无法无天。没有法律不行,刑法、民法一定要搞。"这个指示对刑法起草是个很大的鼓舞。从该年5月开始,全国人大常委会法律室在有关部门的协同下,对第22稿进行全面修改。经过多次的修改和征求意见,其中也包括中央政法小组的几次开会审查修改,到1963年10月,拟出第33稿。这个稿子经过中共中央政治局常委和毛泽东审查,也想过是否要公布,但很快"四清"运动就起来了,接着又进行"文化大革命",在这种形势下,刑法典第33稿终被束之高阁,"在文件箱里睡了十五个年头"④。

---

① 参见高铭暄、赵秉志《中国刑法立法之演进》,法律出版社2007年版,第39—40页。
② 参见高铭暄《中华人民共和国刑法的孕育和诞生》,法律出版社1981年版,第2页。
③ 参见高铭暄、赵秉志《中国刑法立法之演进》,法律出版社2007年版,第40—41页。
④ 参见高铭暄《中华人民共和国刑法的孕育和诞生》,法律出版社1981年版,第3页。

粉碎"四人帮"后,1978年2月召开的五届人大一次会议对法制工作是个转折点。叶剑英在《关于修改宪法的报告》中指出:"我们还要依据新宪法,修改和制定各种法律、法令和各方面的工作条例、规章制度。"特别是邓小平在1978年10月的一次谈话中指出:"过去'文化大革命'前,曾经搞过刑法草案,经过多次修改,准备公布。'四清'一来,事情就放下了。"现在"很需要搞个机构,集中些人,着手研究这方面的问题,起草有关法律"。这次谈话后不久,中央政法小组就组成刑法草案的修订班子,对第33稿进行修改工作,先后搞了两个稿子。[①] 在此过程中,中国共产党召开了具有历史意义的十一届三中全会,会议精神对刑法典起草工作起到了极大的推动作用,为1979年刑法典的正式出台奠定了坚实的基础。

(二)该阶段刑法学研究的主要内容

一是全面介绍、学习苏联刑法理论。为此,翻译出版了一批苏联的刑法教科书和专著,[②] 包括后来对中国犯罪构成理论产生深远影响的特拉伊宁的《犯罪构成的一般学说》(中国人民大学出版社1958年版)。

二是对一些现实问题进行了研究,如刑法溯及力问题,这是当时刑事司法实践面临的一个现实问题。旧法被彻底否定之后,新中国陆续颁布了一些单行刑事法律,其中有些明确规定了溯及力问题,但大都没有明确规定。对于没有明确规定的是否适用于它颁布以前的行为,当时有三种观点:一是认为新法具有溯及力;二是认为加重刑罚的刑事法律在任何情况下都不应适用于它颁布以前的行为;三是认为应当按照原则性和灵活性相结合的办法来解决我国刑法的溯及力问题,即原则上遵守从旧兼从轻的原则,但不排除例外。[③]

三是结合刑法典的起草对相关问题作研究。刑法典起草时断时续,

---

① 参见高铭暄、赵秉志《中国刑法立法之演进》,法律出版社2007年版,第41—42页。
② 参见高铭暄、赵秉志主编《新中国刑法学五十年》(上),中国方正出版社2000年版,第5页。
③ 参见高铭暄、赵秉志主编《新中国刑法学五十年》(上),中国方正出版社2000年版,第5—6页。

在恢复起草时,刑法学的某些问题客观上需要研究,如死缓制度。死缓制度是在1951年第一次镇压反革命的高潮中产生的,当其在社会主义改造运动中发挥了积极作用之后,刑事立法中是否还应当继续保留,刑法学界对此存在争议。"今天看来,这场争论无疑为死缓制度的存在及完善奠定了坚实的理论基础,也在一定程度上推动了刑法学研究的发展。"①

四是对犯罪与两类矛盾问题进行了热烈研讨。1957年,毛泽东发表《关于正确处理人民内部矛盾的问题》一文,刑法学界一些人在学习过程中,把两类矛盾学说引入刑法领域,认为犯罪现象中存在两类不同性质的矛盾,司法工作在定罪量刑时,要严格区分两类不同性质的矛盾,由此引起对该问题的长期争论。②

(三) 该阶段的刑法学研究特点

首先,带有比较浓厚的政治色彩。前述关于犯罪与两类矛盾问题的讨论,就是一个明显的例子。另外,关于反革命罪有无未遂的问题也是。更为遗憾的是,反革命罪有无未遂的争论本来是一个纯法律的学术问题,但在特定的历史环境下,竟上升为一个敏感的政治问题:在1952年的司法改革运动中,主张反革命罪有未遂的观点开始被斥责为旧中国的六法观点,这一趋势在1957年下半年开始的反右斗争中达到登峰造极的地步,凡是主张反革命罪有未遂的人均被打成右倾分子。这种"用简单的政治分析替代深入的法律分析"的做法,给我们留下了惨痛而深刻的教训。③

其次,有比较明显的历史虚无主义和教条主义倾向。新中国成立后,对于晚清以来至民国时期按照大陆法系的模式逐步累积起来的刑法学知识,从形式到内容彻底否定。无论是刑事古典学派,还是刑事实证学派,

---

① 参见高铭暄、赵秉志主编《新中国刑法学五十年》(上),中国方正出版社2000年版,第7页。
② 参见高铭暄主编《新中国刑法学研究综述(1949—1985)》,河南人民出版社1986年版,第24页。
③ 参见高铭暄、赵秉志主编《新中国刑法学五十年》(上),中国方正出版社2000年版,第7—9页。

由于均隶属于"剥削阶级"而无幸免地受到清算。① 与此同时，对苏俄刑法学进行了全面的移植。

最后，刑法学研究起步不久即走向萧条。从1949年10月到1957年上半年，被我国刑法学界称为新中国刑法学的起步阶段，这期间出版的论著"虽然还很不成熟"，却"是新中国刑法学史上极其重要的一个时期，它为刑法学以后的发展奠定了基础"②。而从1957年下半年开始，随着反右斗争的展开，刑法学研究开始冷落，③到1966年"文化大革命"开始，刑法学研究进入停滞、倒退时期，这种状况一直持续到"文化大革命"结束。"连绵不断的政治运动和社会动乱，刑法学研究从其中前十年（1957—1966）的逐步萧条、成果很少，到后十年（1966—1976）的偃旗息鼓、完全停止"④。反右斗争后，法律虚无主义盛行，一些刑法上的重要理论，如刑法基本原则、犯罪构成等，人们不敢问津。在这种形势下，不仅"罪刑法定"这样一些贴有西方刑法学标签的刑法原理被打成反动言论，连从苏联引进的犯罪构成理论也被打入冷宫，成为政治上的禁忌。正如有学者指出的那样，"犯罪构成"一词不能再提了，犯罪构成各个要件不能再分析了，不准讲犯罪必须是主客观的统一，等等。⑤ 如中国人民大学法律系刑法教研室在1958年出版的《中华人民共和国刑法是无产阶级专政的工具》一书中，关于怎样认定犯罪的论述，只字不提犯罪构成。⑥ 这种情形一直持续到1976年，如该年12月北京大学法律系刑法教研室编写的一本《刑事政策讲义》（讨论稿），该书在正确认定犯罪这一题目下，不仅同样讳言"犯罪构成"一词，还强调在认定犯罪的时候要查明被告人的出身、成分

---

① 参见车浩《未竟的循环——"犯罪论体系"在近现代中国的历史展开》，《政法论坛》2006年第3期。
② 参见高铭暄、赵秉志主编《新中国刑法学五十年》（上），中国方正出版社2000年版，第4—5页。
③ 不过，法律出版社1957年9月出版的李光灿的《论共犯》一书，算是一个例外，该书被认为在该领域提高了当时的刑法学理论研究水平。
④ 参见高铭暄、赵秉志主编《新中国刑法学五十年》（上），中国方正出版社2000年版，第8页。
⑤ 参见杨春洗等《刑法总论》，北京大学出版社1981年版，第108页。
⑥ 参见中国人民大学法律系刑法教研室《中华人民共和国刑法是无产阶级专政的工具》，中国人民大学出版社1958年版，第20页以下。

和一贯的政治表现等,要以阶级斗争为纲,坚持党的基本路线,用阶级斗争的观点和阶级分析的方法分析问题、处理问题。①

二 刑法学研究的复苏与繁荣(1978—1997)

(一) 1979 年刑法的颁布与刑法学研究的复苏

从 1979 年开始,刑法典草案以第 33 稿为基础,结合新情况、新经验和新问题,征求了中央有关部门的意见,先后拟出了两个稿子。②第二个稿子于 5 月 29 日获得中央政治局原则通过,接着又在法制委员会全体会议和第五届全国人大常委会第八次会议上进行了审议,最后于 7 月 1 日在五届全国人大二次会议上获得一致通过,并规定自 1980 年 1 月 1 日起施行。③这是新中国成立近 30 年来第一次有了自己的刑法典,其过程和意义令人感慨。正如有学者所指出的:"回顾新中国刑法的孕育诞生历程,不禁使人感慨万千:其道路的确是曲折的、艰辛的。一部出台时不过 192 个条文的刑法典(条文数在当代世界各国刑法典中可以说是最少的),从全国人大常委会法律室起草算起,先后竟然孕育了 25 年之久。其实工作时间只用了 5 年多,有 19 年多是处于停顿状态。第 22 稿拟出后停顿了 4 年多,第 33 稿拟出后居然停顿了 15 年!这说明'以阶级斗争为纲'的思想,法律虚无主义,一个接一个的政治运动,对中国法制建设的冲击有多么大!建国近 30 年,中国才有了第一部粗放型的刑法典,这不能不说是法制的严重滞后。有法才能治国,无法就要祸国,这是中国人民付出了无数血的代价之后才总结出来的一条经验教训。"④

刑法典的颁布直接推动了刑法学研究。据有关学者统计,刑法典颁布前,主要是"文化大革命"之前的 17 年,发表的刑法论文仅有 176 篇,而刑法颁布后至 1985 年底的 6 年多时间里,发表的论文有近 2300 篇,约

---

① 参见北京大学法律系刑法教研室《刑事政策讲义》(讨论稿),1976 年 12 月内部印行,第 118 页以下。
② 参见高铭暄、赵秉志《新中国刑法立法文献资料总览》(上册),中国人民公安大学出版社 1998 年版,第 435 页以下。
③ 参见高铭暄《中华人民共和国刑法的孕育和诞生》,法律出版社 1981 年版,第 4 页。
④ 参见高铭暄、赵秉志《中国刑法立法之演进》,法律出版社 2007 年版,第 43 页。

相当于过去的 13 倍。^①虽然我们对此还可以从"人治"向"法治"转变的社会大背景中寻找原因（法治的兴盛必然使法学刊物增多、发表文章的机会增多），但刑法文本的出现，以及刑法的实施所引发的大量疑难问题，无疑为刑法学研究提供了丰富的素材和巨大的内驱力。正如有的刑法学者所描述的："经过了将近 20 年的寂静之后，随着我国第一部刑法的颁布，刑法学在各部门法学中一马当先……很快在法苑中立住了脚跟，恢复了大刑法昔日的自信，并睥睨着其他尚在草创之中的部门法学，俨然以老大自居。"[②]

复苏后的刑法学研究刚开始还带有比较浓厚的"大词"色彩，将马克思列宁主义、毛泽东思想对我国刑法具有指导意义的基本原理，概括为社会主义时期阶级斗争和无产阶级专政的理论、严格区分和正确处理两类不同性质的矛盾的思想等。[③]但随着国家工作重心转入经济建设，这种粗放式研究不断地被一个个现实问题推向深入：一方面，刑法典的注释和对刑法施行后司法实践中反映出来的大量问题进行解答，成为刑法学界的迫切任务；另一方面，犯罪领域的新情况和新特点促使立法机关和司法机关作出反应，而对这种反应的理论准备、理论论证和理论评析又成为学界不可回避的问题，如经济犯罪的日趋严重使得全国人大常委会相继通过了《关于严惩严重破坏经济的罪犯的决定》（1982）、《关于惩治走私罪的补充规定》（1988）、《关于惩治生产、销售伪劣商品犯罪的决定》（1993）等一系列打击经济犯罪的单行刑法；社会治安的恶化使得全国人大常委会于 1981 年通过了《关于死刑案件核准问题的决定》，1983 年又通过了《关于严惩严重危害社会治安的犯罪分子的决定》；腐败犯罪的加剧使得全国人大常委会于 1988 年通过了《关于惩治贪污罪贿赂罪的补充规定》；等等。据统计，自 1981 年至 1997 年新刑法通过前，全国人大常委会先后通过了25 部单行刑法，此外，还在 107 个非刑事法律中设置了附属刑法规范。经

---

① 参见高铭暄主编《新中国刑法学研究综述（1949—1985）》，河南人民出版社 1986 年版，第 8—9 页。
② 陈兴良：《刑法哲学》，中国政法大学出版社 1992 年版，前言。
③ 参见高铭暄主编《新中国刑法学研究综述（1949—1985）》，河南人民出版社 1986 年版，第 19 页以下。

过这些不断补充，刑法中的罪名由 1979 年刑法典中的 130 个增加到 263 个。① 针对这样的刑法制度变动，囿于"大词"建构的学术话语体系不敷应付。

（二）刑法学知识的更新

20 世纪 70 年代末 80 年代初的刑法学复苏，是建立在 50 年代引进的苏联刑法学知识的基础之上的。例如 1982 年出版的高等学校法学试用教材《刑法学》（高铭暄主编，法律出版社），基本沿袭了苏联刑法教科书的体系和原理，其"犯罪构成体系几乎是特拉伊宁的翻版"。② 这说明当时的刑法学主流知识是苏联刑法学。

也许是意识到"历史虚无主义不利于刑法学的研究发展"，自 80 年代初，一批中国台湾地区的刑法学著作陆续被大陆影印出版，成为当时刑法学知识的一个增长点。时至今日，两岸刑法学者的交流已趋活跃，当年版权页上写着"内部参考，批判使用"字样的前述《刑法原理》等书，已在大陆正式出版了简体字本。③

从 20 世纪 80 年代中后期开始，越来越多的外国刑法学论著经过编译和翻译传入我国，其中既有大陆法系的，也有英美法系的，它们为封闭了数十年的我国刑法学打开了一扇大门，开阔了刑法学者的眼界。早期影响较大的有：1984 年和 1985 年分上、下两册分别由北京大学出版社出版的《外国刑法学》（甘雨沛、何鹏著），"该书内容庞杂，虽然存在文字艰涩且无注释的不足，但其丰富的资料对于处于饥渴状态的我国刑法学界不啻是一道盛宴。"④ 1986 年辽宁人民出版社出版的《日本刑法总论讲义》（福田平、大塚仁编，李乔等译），该书简明扼要，体系清晰，对启蒙大陆法系刑法理论有较大的参考价值。1987 年北京大学出版

---

① 参见高铭暄、赵秉志《中国刑法立法之演进》，法律出版社 2007 年版，第 44—45 页。
② 参见陈兴良、周光权《刑法学的现代展开》，中国人民大学出版社 2006 年版，第 727 页。
③ 陈兴良在回忆自己 20 世纪 80 年代刑法论著的引注时，指出有 1/4 引自民国时期的刑法论著（另有 1/4 引自我国台湾地区刑法论著，1/4 引自早期苏联刑法论著，1/4 引自当时我国大陆学者的刑法论著）。（参见陈兴良、周光权《刑法学的现代展开》，中国人民大学出版社 2006 年版，第 728—729 页。）
④ 陈兴良、周光权：《刑法学的现代展开》，中国人民大学出版社 2006 年版，第 729—730 页。

社出版的《美国刑法》（储槐植著），为人们了解美国刑法理论提供了便利。进入90年代，大批的刑法译著和外国刑法典源源不断地汉译出版。译著的来源既有德、日等在我国有传统影响的大陆法系国家，也有法国、意大利等其他大陆法系国家，还有美、英等英美法系国家，以及俄罗斯等转型后的国家。

对于这些刑法学著述的翻译，一位外国作者将其理解为"中国对外国文化开放的表示"（耶赛克为其《德国刑法教科书》所作的中译本序言中语）。尽管翻译的质量良莠不齐，但总的来讲，它对开阔我国刑法学者的视野作出了有益的贡献。这从近些年来我国刑法学者的著述引注中也可见一斑，过去那种很少有引注或者引注来源单一的学术局面已经大大地改观了。

（三）注释刑法学的兴起

1979年刑法颁行后，刑法学界在刑法注释上下了很大的功夫，为司法实务界掌握刑法作出了贡献。[①]

注释刑法学是20世纪80年代中国刑法学研究的主要体裁，这有其时代必然性。首先，国家的惩罚策略正在实现从运动到法制的整体性转变，在刑事领域，中共中央专门发布"关于坚决保证刑法、刑事诉讼法切实实施的指示"。可见，当时全社会都面临一个"学会使用法律武器"的问题。[②] 其次，那时公、检、法、司队伍的业务素质整体还偏低，专业化程度远不能跟今日相比，由此决定了其适用法律的自身解释能力较弱，对法律解释有较强的依赖性。最后，刑法文本的出现，以及其后大量单行刑法和附属刑法的颁布，加上司法实践中不断反映出来的问题，迫切需要刑法学界释疑解惑。正因此，当时的许多刑法学论著几乎都有共同的格式，那就是要讨论"罪与非罪、此罪与彼罪的界限"。

---

① 例如，中国社会科学院法学研究所欧阳涛、张绳祖等著的《中华人民共和国刑法注释》（北京出版社1980年版）曾先后数次再版，总印数达100多万册，成为当时司法实际工作人员几乎人手一册的畅销书。

② 参见强世功《法制与治理——国家转型中的法律》，中国政法大学出版社2003年版，第178页以下。

（四）该阶段刑法研究的主要内容与特点

该阶段刑法研究的主要课题涉及刑法基本原则、犯罪概念、犯罪构成、因果关系、刑罚目的、刑事责任、法人犯罪、经济犯罪、未成年人犯罪等，① 并具有鲜明的时代特点。

1. 研究不断走向深入。如刑事责任问题，我国刑法学界从20世纪80年代后期开始，对这个问题进行了着力研讨，充实了我国刑法学的体系。又如对因果关系的研究，有些探讨也还是比较深入的，推动了该领域甚至整个刑法理论的发展。当然，如今回头看，在因果关系的研究中也存在一些不足，如过于纠缠名词，过于倚重哲学上的因果关系理论而无视刑法中因果关系的独特性，研究方法单一，有经院哲学的倾向。② 将"因果关系中断"这类外来学说称为"资产阶级刑法学家"的理论，也反映了当时刑法学知识还没有彻底与意识形态话语脱钩的时代印痕。今天，刑法学上的因果关系之所以再也不复当年风起云涌之势，并非是因为这方面的理论争议和困惑都已得到解决，而是因为刑法学者从"长期执迷于一种哲学框架，烘云托月般地构建因果关系的海市蜃楼"中走了出来，注意使自己的研究不脱离刑法语境，清醒自己的研究目的。③

2. 对有的问题的研究还比较粗浅。如这一时期对刑法基本原则的研究，大多只停留在基本原则范围的争论上，而对各个基本原则的具体内容缺乏深入的阐述。在1979年刑法规定了类推制度的情况下，刑法学界的通说还认为我国刑法贯穿了罪刑法定原则，④ 这在现在看来显然是不妥当的。相比之下，1997年新刑法在明确规定了刑法的基本原则之后，学界对此问题的研究就要深刻得多。正如有学者所指出：从对刑法基本原则问题的研究上，可以看到刑法学科和刑法学者逐渐走向成熟。⑤

---

① 详见陈甦主编《当代中国法学研究》，中国社会科学出版社2009年版，第六章。
② 参见高铭暄、赵秉志主编《新中国刑法学五十年》（上），中国方正出版社2000年版，第13—14页。
③ 参见陈兴良主编《刑法知识论研究》，清华大学出版社2009年版，第257页。
④ 参见高铭暄主编《中国刑法学》，中国人民大学出版社1989年版，第33页。
⑤ 参见高铭暄、赵秉志主编《新中国刑法学五十年》（上），中国方正出版社2000年版，第31页。

3. 出现了一些反思性思考。以犯罪构成为例，1982年出版的全国刑法统编教材将犯罪构成界定为我国刑法所规定的、决定某一具体行为的社会危害性及其程度而为该行为构成犯罪所必需的一切客观和主观要件的总和，并将苏俄刑法学中的犯罪构成四要件移植过来：（1）犯罪客体；（2）犯罪客观方面；（3）犯罪主体；（4）犯罪主观方面。[1] 由于刑法统编教材的权威性，犯罪构成四要件理论从此定于一尊。但从1986年开始，以何秉松发表的《建立有中国特色的犯罪构成新体系》一文为标志，[2] 刑法学界开始有部分学者对苏俄的犯罪构成理论模式进行反思性思考，这种反思性思考在进入21世纪后日趋强烈，形成对传统理论的严重挑战。

4. 关注现实中的热点问题。如从20世纪80年代开始，对经济犯罪的研究逐渐成为刑法学界的一方热土，相继出版了许多这方面的著作。又如，20世纪70年代末80年代初以来，未成年人犯罪成为一个日益突出的社会问题，从而引起我国刑法学界对此问题的关注，特别在要否降低我国刑法中的最低刑事责任年龄这个问题上，产生过激烈的争论。

三 刑法修改与刑法学的现代化（1997—2012）

（一）刑法修改研究

1988年，全国人大常委会将刑法典的修改列入立法规划。尽管在此之前，有些刑法学者也曾对刑法修改做过探讨，但是在立法部门这一举措之后，刑法学界才如火如荼地全面展开对刑法修改问题的研讨。1997年颁布的新刑法典，对1979年刑法典做了全面修改，使我国的刑法制度朝着现代化方向迈进了一大步，刑法学界的许多研究成果和建议被新刑法所采纳。试举两例：

1. 关于类推的废止与罪刑法定原则的确立。对于我国1979年刑法中的类推制度何去何从，在1997年新刑法出台前存在争议。大体的方向是刚开始多数学者认同类推制度的合理性，到后来越来越多的学者主张废除

---

[1] 参见高铭暄主编《刑法学》，法律出版社1982年版，第97页以下。
[2] 参见何秉松《建立有中国特色的犯罪构成新体系》，《法学研究》1986年第1期。

这一制度,这一历程反映了中国刑法学界观念的变革,即从过去的偏重刑法的社会保护功能逐渐转向偏重刑法的人权保障功能。经过学界的充分讨论,最后立法机关采纳了废除类推制度、在我国刑法中明文确立罪刑法定原则的建议。

2. 关于将"反革命罪"改为"危害国家安全罪"。1979 年刑法分则第一章规定了"反革命罪",但随着社会的发展,对这一类罪名的科学性开始出现争议。早在 1981 年,就有学者发表文章,认为"反革命罪"已不适合当今形势,建议将其改为"危害国家安全罪"。[①] 后来又陆续有学者提出这种主张。针对这种主张,有的刑法学者提出了反对意见,认为我国刑法中的反革命罪名应继续保留。[②] 但多数刑法学者认为,将"反革命罪"改名为"危害国家安全罪",是一个更科学、合理的选择。经过广泛而深入的讨论,1997 年新刑法采纳了将"反革命罪"改为"危害国家安全罪"的主张,同时删去了此类犯罪主观上反革命目的的定义,并按照危害国家安全罪的性质对此类犯罪做了修改和调整,将该章中实际属于普通刑事犯罪性质的罪行移入其他章节。应当说,这一修改是中国刑法走向科学化、与现代刑法的国际通例相衔接的一个重要举措,在国内外引起了良好的反响。

(二) 刑法理论的新发展

20 世纪 90 年代以来,刑法学界的诸多有识之士勤奋耕耘,使我国的刑法理论达到了一个新的高度,其主要表现有三。

1. 刑法学研究中的理论品质有较大提升

在提升刑法学的理论品质方面,陈兴良于 1992 年出版的《刑法哲学》(中国政法大学出版社)起到了很好的带动作用。该书连同作者后来出版的《刑法的人性基础》(中国方正出版社 1996 年版)和《刑法的价值构造》(中国人民大学出版社 1998 年版),构成了其刑法哲学三部曲,带动了理论刑法学的发展。

[①] 参见徐建《"反革命"罪名科学吗?》,《探索与争鸣》1981 年第 1 期。
[②] 参见何秉松《一个危险的抉择——对刑法上取消反革命罪之我见》,《政法论坛》1990 年第 2 期。

在形而上的研究蔚然成风的形势下，注释刑法学几近贬义词。此时，张明楷发出了自己独立的声音："刑法解释学不是低层次的学问，对刑法的注释也是一种理论，刑法的适用依赖于解释。因此，没有刑法解释学就没有发达的刑法学，一个国家的刑法学如果落后，主要原因就在于没有解释好刑法，一个国家的刑法学如果发达，主要原因就在于对解释刑法下了功夫。"① 从此，注释刑法学与理论刑法学并行不悖，互相促进。回归后的注释刑法学也摆脱了当初就事论事的稚嫩，更多地上升到方法论高度来阐明问题，如刑法解释中的目的性解释、刑法教义学中的司法三段论等。正是在这个意义上，我们说注释刑法学也是一种广义上的理论刑法学。我国刑法学要增强专业性和对一些问题的解释力，必须建立起发达的刑法教义学，而不能停留于过去那种对分则中某些条文的注释几乎就是对原条文的分解和重复那种模式。

近年来，在理论刑法学和注释刑法学之外，又出现了一门动态刑法学。其基本考虑是：理论刑法属于一种理念刑法，注释刑法属于一种文本刑法，两者均属静态，但刑法在运作中存在和发展，刑法的本性是动态的和实践的，于是根据刑法的本性打造一门新的学问——动态刑法，就成为刑法本身和社会的需要。②

2. 刑事一体化的影响日渐广泛

刑事一体化的命题最初由储槐植在 1989 年提出，当时他将其界定为：刑法内部结构合理（横向协调）与刑法运行前后制约（纵向协调）。③ 这个意义上的刑事一体化，实际上是就刑事政策而言的，其基本思想与关系刑法论极为接近，④ 都是主张从刑法的内部与外部关系入手，实现刑法运行的内外协调。到 1991 年，他又进一步指出：研究刑法要从刑法之外研

---

① 张明楷：《刑法学》，法律出版社 1997 年版，导言。
② 参见储槐植等《刑法机制》，法律出版社 2004 年版；刘仁文《关注刑法运作》，《人民检察》2007 年 9 月（上）。
③ 参见储槐植《建立刑事一体化思想》，《中外法学》1989 年第 1 期。
④ 关系刑法论是储槐植另一重要学术思想，它主张把刑法放到整个关系网络中去进行研究，具体包括：1. 社会经济与刑法；2. 政权结构与刑法；3. 意识形态与刑法；4. 犯罪与刑法；5. 行刑与刑法；6. 其他部门法与刑法。参见储槐植《刑法存活关系中——关系刑法论纲》，《法制与社会发展》1996 年第 2 期。

究刑法,这涉及研究的广度;在刑法之上研究刑法,这涉及深度;于刑法之中研究刑法,这是起点和归宿。在刑法之外研究刑法这个话题下,储槐植指出:刑法不会自我推动向前迈进,它总是受犯罪态势和行刑效果两头的制约和影响,即刑法之外的事物推动着刑法的发展,这是刑法的发展规律。正因为犯罪决定刑法,刑法决定刑罚执行,行刑效果又返回来影响犯罪升降,所以刑法要接受前后两头信息,不问两头的刑法研究不可能卓有成效。正是在这个意义上,研究刑法必须确立刑事一体化意识,刑法研究者要有健全的知识结构——具有一定的犯罪学和行刑学素养。① 至此,储槐植从刑事政策和方法论两个方面提出了刑事一体化的初步构想。

虽然储槐植对刑事一体化的阐述只是一种简约的概述,并没有长篇大论地展开,但这一命题提出后,在我国刑法学界产生了出乎意料的影响,成为许多学者所推崇的一种研究方法。② 1997年,陈兴良创办连续出版物《刑事法评论》,至今已出版20余卷,其编辑宗旨就将刑事一体化确立为一种研究模式,因而被评论者称为刑事一体化的自觉实践。③ 陈兴良本人还对储槐植的刑法之上研究刑法、刑法之外研究刑法和刑法之中研究刑法做了重新解读和扩展,认为刑法之上研究刑法是刑法的哲学研究,刑法之外研究刑法是刑法的社会学研究和经济学研究等,而刑法之中研究刑法则是刑法的规范研究。在此基础上,他提出还要增加一个研究向度:在刑法之下研究刑法,这就是刑法的判例研究。④

在刑事一体化思想的基础上,学界进一步发展出"立体刑法学"的思想,主张刑法学研究要瞻前望后、左看右盼、上下兼顾、内外结合。"瞻前望后",就是要前瞻犯罪学,后望行刑学;"左看右盼",就是要左看刑事诉讼法,右盼民法、行政法等部门法;"上下兼顾",就是要上对宪法和国际公约,下对治安管理处罚和劳动教养;"内外结合",就是对内要加强

---

① 参见储槐植《刑法研究的思路》,《中外法学》1991年第1期。
② 对此,陈兴良的一个解释是:这与20世纪90年代我国刑法知识经过一个时期的恢复积累以后所处的蓄势待发的特定背景有关。参见陈兴良《"老而弥新":储槐植教授学术印象》,《刑事法评论》第21卷,北京大学出版社2007年版。
③ 参见付立庆《刑事一体化:梳理、评价与展望——一种学科建设意义上的现场叙事》,陈兴良、梁根林主编《刑事一体化与刑事政策》,法律出版社2005年版。
④ 参见陈兴良《判例刑法学》,中国人民大学出版社2009年版,序。

刑法的解释，对外要重视刑法的运作。① 刑事一体化和立体刑法学的思想与百年前德国刑法学者李斯特提出的整体刑法学思想深有契合，其哲学基础是普遍联系的观点和系统论。系统论强调整体性原则，整体性原则又与唯物辩证法的普遍联系、相互作用原理十分接近。刑事一体化和立体刑法学的各对范畴之间存在相互联系和相互作用的关系，它们共同结合成一个系统，这个系统的功能要大于各部分的简单相加。而刑法效益则是其经济学基础。刑事一体化和立体刑法学有助于建立一个良好的刑法机制，其理念的贯彻必将节省刑法成本、提高刑法收益，增强立法、司法和研究中的协调性，减少因内耗而产生的资源浪费。

3. 犯罪构成理论的争鸣初现中国刑法学派之争

犯罪构成理论是规范刑法学中的理论基石，近年来，围绕我国传统犯罪构成理论的完善和存废产生激烈的学术论争，这首先是刑法学界贯彻"百花齐放、百家争鸣"的"双百"方针的结果，同时也是我国对外开放、比较刑法学日益兴隆的结果。它是我国刑法学走出"无声的刑法学"、形成不同学派的端倪。如前所述，新中国成立后对犯罪构成理论长期沿袭苏联的学说，缺乏必要的创新和争鸣。直到1986年何秉松发表《建立有中国特色的犯罪构成体系》一文后，该问题才开始引起我国刑法学界的反思。对此，有评论说，《法学研究》1986年第1期发表的何秉松《建立有中国特色的犯罪构成体系》一文，涉及当时的刑法学体系中所没有的一系列刑法学重大问题，如犯罪构成理论的体系、定罪的根据、刑事责任的概念、犯罪的本质特征等。② 到1993年，何秉松主编的《刑法教科书》问世，其中最耀眼之处在于该书创立了一个崭新的犯罪构成理论体系，即"犯罪构成系统论"。1995年，何秉松又在此基础上出版了专著《犯罪构成系统论》，进一步巩固和完善了前述理论。"犯罪构成系统论"把犯罪构成看成一个整体性、主体性、动态性、模糊性、多层次性和开放性的有机整体。"犯罪构成系统论的提出，向人们展示了全新的理论观点和研究方法，令人耳目一新。"③

---

① 参见刘仁文《构建我国立体刑法学的思考》，《东方法学》2009年第5期。
② 参见陈兴良《刑法哲学》，中国政法大学出版社1992年版，第678页。
③ 参见曲新久《何秉松教授刑法学思想述评》，《法律文献信息与研究》1998年第4期。

时至今日，我国刑法学界对完善犯罪构成理论的学术探讨已经出现了异常活跃的气氛。没有人主张一成不变地固守传统的犯罪构成理论，争论在于：是在传统的基础上进行改良还是彻底抛弃传统的犯罪构成理论模式，转而全盘引进德日的犯罪论体系？包括前述"犯罪构成系统论"在内的多种观点，主张对传统的犯罪构成理论进行改良，以建立有中国特色的犯罪构成理论。但另一种观点则主张全盘引进大陆法系的犯罪论体系，用德日的三阶层犯罪论体系取代我国通行的犯罪构成四要件理论体系。

四 新时代的刑法学研究与理论自觉（2012—2019）

（一）近年来我国刑法学研究的重点

1. 重大理论与现实问题齐头并进

一方面，刑法学基础理论继续在借鉴域外理论的基础上得以深化；另一方面，现实中提出的新课题也不断引起刑法学界的重视，这些都大大丰富了新时代的中国刑法学。试举例说明。

（1）风险刑法的理念

随着全球风险社会的到来，风险刑法理念得到越来越多的认同。总的看，风险刑法理念在中国也是在批判声中逐渐获得展开。虽然有学者从法教义学角度批判风险刑法，认为风险刑法理论只能获得一时之观点喧嚣，而难以取得长久之学术积淀，[①] 认为风险刑法的实质是刑法威吓作用在新时期的重新泛滥，是对合法性原则的突破，信守刑事政策和法治的底线、厘清刑事政策与刑事法治的关系才是根本出路。[②] 但越来越多的学者对风险社会的刑法理念进行了务实研究，风险社会的刑法理念也逐渐明朗化。

有观点指出，应当厘清风险刑法的社会基础与现代刑法的社会基础之间所存在的原则性差异，借鉴既有的风险社会理论并认清中国风险社会的特殊性，理解中国语境下的风险刑法。[③] 还有学者指出，要建构中国的风

[①] 参见陈兴良《风险刑法理论的法教义学批判》，《中外法学》2014年第1期。
[②] 参见孙万怀《风险刑法的现实风险与控制》，《法律科学》2013年第6期。
[③] 参见刘仁文、焦旭鹏《风险刑法的社会基础》，《政法论坛》2014年第3期。

险刑法,则需要把风险刑法作为正统刑法的例外,并重视抽象危险犯、过失犯罪等在控制风险中的规范意义。① 另有观点指出,1997 年刑法典全面修订以来的刑法扩张并非风险刑法理论推动的结果,而是由风险社会中出现的新问题所推动,刑法研究面临的问题是,尽管活跃的刑法立法与传统刑法理论的保守理念日趋背离,我们却迟迟没有新的理论对此提供解释和指导;风险刑法理论要求把对刑法发展的理解放在风险社会理论及其社会学知识传统中把握,考察犯罪形态的变化以及刑事政策的要求,在承继现代刑法知识传统的基础上有所创新,提出风险刑法的理论阐释及限度反思。②

传统刑法理论和风险刑法理论之争,日渐成为在新问题新情况上旧理论的解释能力边界是否应予突破之争。传统刑法理论试图扩张既有概念、原则和释义学方法以增强理论的应对能力,风险刑法理论则致力于在传承中创新,结合风险类型和风险情境展开研究。应当承认,风险刑法理念有其时代场景,我们面临的不是要不要有风险刑法的问题,而是把风险刑法控制在一个什么范围的问题。

(2) 网络与人工智能时代的刑法应对

随着网络时代的到来,原来的单层社会变成了现实与网络共同组成的双层社会。现实社会需要刑法规制,网络社会也同样需要刑法规制。

在网络犯罪的立法方面,有学者指出,面对网络时代的新型犯罪时,能够通过刑法解释路径予以应对的,就不需要采取刑事立法路径。在采取刑事立法路径应对网络犯罪时,没有必要也不应当制定所谓"网络刑法";当下应当在刑法典内,分别采取增设条款或者在既有条款中增设行为方式与行为对象的立法模式规制新型犯罪。③ 也有学者认为,《刑法修正案(九)》专门规定了拒不履行信息网络安全管理义务罪、非法利用信息网络罪、帮助信息网络犯罪活动罪和编造、故意传播虚假信息罪四个纯正网络

---

① 参见姜涛《风险刑法的理论逻辑——兼及转型中国的路径选择》,《当代法学》2014 年第 1 期。

② 参见焦旭鹏《现代刑法的风险转向》,《西南民族大学学报》(人文社会科学版)2018 年第 12 期。

③ 参见张明楷《网络时代的刑事立法》,《法律科学》(西北政法大学学报)2017 年第 3 期。

犯罪的构成要件与法定刑，这标志着我国刑法的一个专门领域即网络刑法的真正诞生。①

人工智能的刑事责任成为近年最具时代色彩的崭新议题。首要的问题是人工智能能否成为刑事责任的主体。否定者认为，不管人工智能是依照预设程序运行还是脱逸预设程序的自主运行，都不具备认定决定刑事刑事责任主体的关键要素——自由意志（包括认识因素和意志因素）。② 肯定者则认为，依据辨认能力和控制能力不同，可将人工智能区分弱人工智能和强人工智能。前者是在预设程序范围内运行，充其量是犯罪工具，故无承担刑事责任可言；后者则是在预设的程序外犯罪，应肯定人工智能产品具备独立的人格和刑事责任能力。③ 对人工智能刑事责任的研究正方兴未艾，成为一个充满魅力的刑法探索新领域。

（3）正当防卫制度的反思

最近几年，"于欢案""昆山反杀案"等几个广受社会关注的正当防卫案件叠加，使得"正当防卫"成为刑法研究的一个热点。大致来说，刑法学界就以下问题展开热议。

首先是正当防卫正当化根据之争。有学者主张法确证说（法秩序维护说），即通过对不法侵害的消极预防和积极预防维护法秩序的经验有效性。④ 有学者则提倡法益悬置说，主张正当防卫的依据在于行为人违反了不得侵犯他人之义务，其法益在必要限度内被悬置，防卫人损害行为人悬置程度内的法益不成立犯罪。⑤ 也有学者在批判德国个人保全原理与法确证原理相结合的二元结合论的基础上，提倡正当防卫的原理是优越的利益保护。⑥

其次是正当防卫在司法实践中的异化问题。有学者通过实证研究发

---

① 参见梁根林《传统犯罪网络化：归责障碍、刑法应对与教义限缩》，《法学》2017年第2期。
② 时方：《人工智能刑事主体地位之否定》，《法律科学》（西北政法大学学报）2018年第6期。
③ 刘宪权：《人工智能时代的"内忧""外患"与刑事责任》，《东方法学》2018年第1期。
④ 王钢：《法秩序维护说之思辨——兼论正当防卫的正当性依据》，《比较法研究》2018年第6期。
⑤ 魏超：《法确证利益说之否定与法益悬置说之提倡——正当防卫正当化依据的重新划定》，《比较法研究》2018年第3期。
⑥ 张明楷：《正当防卫的原理及其运用——对二元论的批判性考察》，《环球法律评论》2018年第2期。

现,实务中正当防卫多面临着仅以损害结果来认定防卫过当、将防卫过当普遍认定为故意犯罪、防卫过当免除处罚的适用范围较窄等问题。① 有学者认为,克服防卫限度判断中唯结果论的倾向,需要将考察重心转移到行为上。② 有学者强调,正当防卫在我国的司法异化不在于法教义学的建构不足,而在于司法裁判将自身的功能错误地定位为纠纷解决;并进而主张重新认知刑法系统的功能:在风险社会中刑法系统的功能在于维持与稳定人们的规范期待。③

最后是正当防卫限度判断规则的建构。有学者主张,应当将"明显超过必要限度"拆分成"必要限度"和"明显超过"分别加以理解。④ 也有学者认为,应从正当防卫是权利保护和公力救济例外之制度目的着眼,来说明作为权利行使行为之正当防卫的内在限度。对不具有可恢复性或恢复原状困难的法益,若是为保护法益所必需的行为即无须进行利益衡量;对超出必要限度造成损害,则可根据利益衡量的原理来评价是否属于防卫过当。⑤

虽然对正当防卫制度的研究还远未达成共识,但无疑的是,它成为本土案例推动理论研究的一个重要动因,也带动了整个刑法学研究的理论提升和风格转型,对于从总体上激活正当防卫权的行使、确立"法不能向不法让步",起到了积极的作用。

2. 制度改革为刑法学研究供给新的知识

随着依法治国的深入推进,中国的刑法制度不断走向完善;同时,为了适应社会的发展,刑法制度也在不断创新。对这些制度进行理论阐释和分析,成为刑法知识重要的增长点。也举例说明。

(1) 宽严相济刑事政策与减少死刑

随着宽严相济刑事政策对"严打"刑事政策的取代,"以宽济严"在

---

① 尹子文:《防卫过当的实务认定与反思——基于 722 份刑事判决的分析》,《现代法学》第 1 期。
② 陈璇:《正当防卫、维稳优先与结果导向——以"于欢故意伤害案"为契机展开的法理思考》,《法律科学》(西北政法大学学报) 2018 年第 3 期。
③ 劳东燕:《正当防卫的异化与刑法系统的功能》,《法学家》2018 年第 5 期。
④ 邹兵建:《正当防卫中"明显超过必要限度"的法教义学研究》,《法学》2018 年第 11 期。
⑤ 吴允锋:《正当防卫限度的判断规则》,《政治与法律》2018 年第 6 期。

刑事立法中得到体现。如2009年的《刑法修正案（七）》首次在刑法修正案中，出现了"除罪"和减轻刑罚的立法内容。"以宽济严"的一个突出表现是死刑的减少。继2007年最高人民法院收回死刑核准权后，2011年全国人大常委会通过的《刑法修正案（八）》首次从立法上取消了13个非暴力犯罪的死刑，此外，还增加规定："审判的时候已满七十五周岁的人，不适用死刑，但以特别残忍手段致人死亡的除外。"2015年通过的《刑法修正案（九）》为贯彻落实三中全会"逐步减少适用死刑罪名"的要求，又进一步取消9个罪名的死刑。此外，《刑法修正案（九）》还提高了死缓执行死刑的门槛，将死刑缓期执行期间"故意犯罪，查证属实的，由最高人民法院核准，执行死刑"修改为"故意犯罪，情节恶劣的，报请最高人民法院核准后执行死刑；对于故意犯罪未执行死刑的，死刑缓期执行的期间重新计算，并报最高人民法院备案"。另外，还取消了绑架罪、贪污罪和受贿罪的绝对确定死刑，将其修改为相对确定死刑。①

关于"宽严相济"和"减少死刑"，是刑法学界最近十几年的研究热点，相关著述层出不穷，诸多观点见解纷呈，并且在刑事政策、刑事立法和刑事司法中得到了积极的反响和回应。上述刑法制度的改革与完善，与刑法学界的深入研究和长期耕耘是分不开的。

（2）废除劳教与刑法结构调整

2012年11月，党的十八大强调要运用法治思维和法治方法来治理社会，为推动徘徊不前的劳教制度改革工作带来了转机。2013年11月，十八届三中全会通过的《中共中央关于全面深化改革若干重大问题的决定》明确指出：废止劳教制度，完善对违法犯罪行为的惩治和矫正法律，健全社区矫正制度。12月28日，全国人大常委会通过《关于废止有关劳动教养法律规定的决定》，宣布废止劳动教养制度，同时还宣布对正在被依法执行劳教的人员解除劳教，剩余期限不再执行。至此，在中国实施了近60年、广受关注和争议的劳教制度被正式废止。

劳动教养制度废除后，刑法学界加强了对其后续改革和相关配套措施

---

① 参见胡云腾《刑法修正案（九）的理论与实践创新》，郎胜主编《〈中华人民共和国刑法〉的理解与适用》，中国民主法制出版社2015年版，第9页。

的研究。① 例如，对类似劳动教养措施如强制戒毒、收容教育、收容教养预计治安拘留等如何进行司法化的改造？我国强制医疗制度已经实现司法化，这昭示着，未来这些较长时间剥夺人身自由的行政处罚和措施也要朝司法化的改革方向前进。经过司法化的改造后，像治安拘留这类警察罚就可转化为轻罪的法律后果，而强制戒毒、强制医疗、收容教育、收容教养等则可成为与刑罚相并列的保安处分措施。又如，劳教制度废除后，醉驾、扒窃等轻罪行为纷纷入刑，对抢夺罪等进一步去数额化，这表明我国刑法在一定程度上正在改变重罪重刑的"小刑法"格局，走向"大刑法"格局，即犯罪圈扩大、与轻罪相适应的轻刑增多。鉴于废止劳教后犯罪圈扩大这一无可回避的事实，许多学者指出，有必要探讨我国刑法中的轻罪重罪之分类，对轻罪实行经过一定的考验期限之后即可宣告前科消灭的制度，以弥补犯罪标签化所带来的消极效应。②

(3) 强化反恐与预防性刑法

2015年出台的《刑法修正案（九）》是反恐刑事立法中的一个标志性事件，本次修正案进一步严密了反恐的刑事法网，修改了相关罪状，还增设了新的罪名，完善了刑罚配置。与此同时，2015年还通过了专门的《反恐法》，从反恐工作的原则、机制、管辖，恐怖活动组织和人员的认定、审查，情报信息和调查程序，恐怖事件应对处置，国际合作，反恐工作保障措施，恐怖活动法律责任等方面建立起了一个较为完整的反恐工作和处罚体系。其中特别值得注意的是，《反恐法》针对恐怖主义犯罪设立了"安置教育"这一保安处分新措施。对此，正如有学者所指出的，目前我国反恐怖主义法对安置教育的规定仍然是初步的，规范安置教育对象、行为、程序、机制等内容的制度体系还远未完善；安置教育有突出的预防导向，安置教育的实施可能对行为人造成社会否定评价和人格谴责，因此一种基于自由导向的执行和管理具有重要意义；被安置教育的行为人应该有更多的自由会见来访者或者安排其空闲时间，以抵消限制自由可能带来的负面效应，应分阶段实行区别于自由刑服刑期间的改造手段，帮助这些人

---

① 例如，陈泽宪主编：《劳教制度的前世今生与后续改革》，中国民主法制出版社2014年版。
② 参见刘仁文主编《废止劳教后的刑法结构完善》，社会科学文献出版社2015年版，第607页以下。

复归社会。①

反恐刑法带来学界对预防性刑法和积极刑法观的讨论。传统刑法以规制结果犯特别是实害犯为主，介入的时间比较晚，这主要是考虑到刑法的严厉后果以及对人权可能造成的危害，但现代风险社会的来临使得风险刑法观得以确立，刑法介入前置化的现象大量涌现，刑法中的危险犯特别是抽象危险犯大量增多。风险刑法一改传统刑法的报应色彩，而把预防放在首位。以恐怖主义犯罪为例，如果不打早打小，刑法不在恐怖主义组织成立、成员招募、培训等阶段及时介入，而非得等恐怖犯罪活动实施时才去介入，那就为时已晚，不仅造成的损失巨大，而且恐怖主义组织成员一经洗脑，则普通的刑罚几乎对他没有威慑力。因此，在这些特殊领域，预防性刑法有其存在的空间。正如有学者所指出，那种批判预防性刑法的观点是从消极刑法立法观出发，其论证以古典刑法思想为支撑，未能有效回应中国当下的社会情势；在刑法观念逐步转向功能主义、刑法与政策考虑紧密关联的今天，刑法的谦抑性并不反对及时增设一定数量的新罪，刑罚早期化与转型中国社会的发展存在内在联系，意欲建设法治国家，就必须将限制、剥夺公民人身权利的处罚事项纳入刑事司法的审查范围。②

（二）对我国刑法学研究的省思与展望

应当说，我国刑法学研究近年来在广度和深度上继续取得长足进展，这不仅是我们自己能感受到的，而且也可以从国外学者的感受中得到反映，如日本刑法学者高桥则夫在回顾近年来与中国刑法学界的学术交流时就指出："感觉中国方面的讨论水平有了很大的进步。"西原春夫对此更是以见证人的身份予以确认：中国刑法学界研究问题的领域有了很大拓展，不同观点的讨论程度也日趋热烈，可以说学术取得了突飞猛进的发展。③

然而，这只是说我们的刑法学研究有发展、有进步，并不意味着我们的刑法学研究就已经臻于完善了，相反，存在的问题及有待改进之处还

---

① 参见陈泽宪《安置教育需要全面坚持法治原则》，《检察日报》2016年10月28日。
② 参见周光权《积极刑法立法观在中国的确立》，《法学研究》2016年第4期。
③ 参见［日］西原春夫《我的刑法研究》，曹菲译，北京大学出版社2016年版，第236—237页。

不少。

  首先，对我国刑法学发展所处的时代还缺乏比较准确的认知。不可否认，过去一些年来，我们的刑法学从域外特别是从德日刑法学界吸收到了许多营养，这对于深化我国刑法教义学、促进我国刑法理论的精细化无疑起到了很好的作用。但必须看到，刑法基础理论是与一个时代的哲学思想紧密相连的，而一个时代的哲学思想又往往与一个时代的科技发展及其所面临的其他社会问题紧密相连。我国当前一方面在对域外刑法理论进行吸收时还停留在其过去的刑法理论上，却对其潜在的危机和最新发展缺乏足够的认识。① 另一方面，对我们国家自己法学所处的时代背景也缺乏一种自觉。张文显曾经指出：起初，我们几乎全盘接受了苏式法治理论，这一套以阶级斗争和专政专制为核心的话语体系支配了我们的法律思维与法律实践，也造成了灾难性的后果；苏式法学话语体系破产之后，我们在法学恢复重建阶段几乎又不加反思地转而求助于西方的法学话语体系，成为西方法学的"搬运工"；现在，我们应朝着中国化、时代化转换，进入自主阶段，即不依赖外来理论、观念与言说方式的指引就能思考自己的问题、阐述自己的实践、构建自己的话语体系。② 这虽然是针对我国整个法学尤其是法理学而言，但从大方向看，也适用于我国的刑法学。中国如此之大，发展又如此之快，在许多方面有自己的特色，有些方面如互联网公司还处在世界前沿水平，相应地，我们在网络犯罪的刑事立法和刑事司法方面也就有自己的创新和特点，这既是中国刑法学研究宝贵的本土资源，也是我们可能给世界刑法学作出贡献的机会。

  其次，在引入域外知识的过程中没有很好地本土化，造成用语混乱，使各种理论的准确性更加捉摸不定，给后来者的借鉴和研究起点带来困扰。如"共犯"一词，本来在我国刑法学的语境中就是"共同犯罪"的简称（包括主犯和从犯、胁从犯以及教唆犯），但现在一些论著引入德日刑

---

  ① 例如，出于应对恐怖主义威胁的时代需求，德国立法者开始寻求将刑事可罚性前置，使刑法提前介入打击恐怖主义犯罪，2009 年在刑法中新设的第 89a 条就是典型的例子。这种可罚性前置是否以及如何能够在传统的教义学上正当化，成为当前德国学者棘手的问题。参见王钢《德国刑法学的新发展——侧重于违法性阶层的考察》，《清华法律评论》第八卷第一辑。

  ② 参见张文显《关于构建中国特色法学体系的几个问题》，《中国大学教学》2017 年第 5 期。

法中的"共犯"一词后,也不加区分不加说明地混合使用,而德日刑法中的共犯是指教唆犯和帮助犯(与正犯相对应),所以含义不一样,如果同一篇论文或同一本书前后用词相同,含义却不同,就难免给读者造成混乱。过去我们为刑法学界大家都同一个声音、缺乏学派之争而苦恼,现在学术讨论活跃起来了,甚至有了不同程度的学派之争,但又造成了刑法知识的混乱,对不同概念、不同理论大家都各说各话,有的是理解不准确(如对客观归责,有的认为能限制处罚范围,有的则认为会扩大处罚范围),有的是无视我国的具体语境而盲目引进一些即使在国外也有严重争议的理论(如敌人刑法①),更多的则是只搬运而不注意与中国刑法话语的衔接与转换(其实有些完全可以转换成中国刑法学自己的话语,或者在中国刑法学的话语体系内加以改造,这样对于避免理论的混乱和减少理论的内耗可以起到事半功倍的作用)。近年来我国刑法理论界和司法实务界之所以在很多地方存在两张皮的现象,一个重要原因就是理论界在热衷于引进各种域外理论和学说的时候,没有有效地转换成我们自己的语言,或者在我们自己已经形成的话语体系内尽可能地给有关域外理论和学说找到一个相应的位置。

再次,在研究方法上有待进一步改进。一是有些研究方法过于简单甚至极端。例如,一段时间以来,刑法学界对所谓的形式解释格外青睐,而对所谓的实质解释则警惕有加。姑且不论论者在形式解释和实质解释的内涵与外延上互相交错,就以对形式解释的过分青睐而言,其实也要辩证地看,用形式解释来反对类推、推动罪刑法定原则的确立及其适用,这种旨在限制公权力的做法当然是可取的,但如果把它推至极致,则也有副作用。其实,对有些表面看来违反刑法,但欠缺刑事可罚性的行为,恰恰需要运用实质解释来排除社会危害性,做除罪化处理,如内蒙古的王力军无许可证收购玉米改判无罪一案就是如此。② 类似的还有社会危害性问题,不少学者对社会危害性一词颇不以为然,甚至主张要把这个概念从我国刑

---

① 考虑到"敌人"在中国具有强烈的政治意味,"敌我矛盾"曾经成为"无产阶级专政下继续革命"的理论基石,不宜把即使在德国也存在巨大争议的"敌人刑法"照搬到我国的刑法学术话语体系并为其背书。参见刘仁文《敌人刑法:一个初步的清理》,《法律科学》2007 年第 6 期。
② 参见阮齐林《刑事司法应坚持罪责实质评价》,《中国法学》2017 年第 4 期。

法学中驱逐出去。其实，这同样只是看到问题的一面，而没有看到另一面，即在拥有类推制度的前提下，社会危害性可能成为扩大处罚范围的一个理由，但在确立了罪刑法定原则的情况下，欠缺社会危害性恰恰可以成为限制处罚范围的一个理由。如前述王力军无许可证收购玉米改判无罪一案，法院再审认定无罪的理由就是："其行为违反了当时的国家粮食流通管理有关规定，但尚未达到严重扰乱市场秩序的危害程度，不具备与刑法第 225 条规定的非法经营罪相当的社会危害性和刑事处罚的必要性，不构成非法经营罪。"[1] 二是研究方法过于单一，扎根中国的接地气的成果还不够多。总的看，当前以引进德日刑法学知识为主的刑法教义学方法占据中国刑法学研究的绝对主流，但问题是，刑法学研究方法应当是多元的，尤其应当是立足中国的。在这方面，笔者个人也有一些研究心得，如本人关于立体刑法学的探索，[2] 其所引起的社会反响在某种程度上甚至超出了最初的预料，究其原因，应当与它关注中国自己的问题有关。[3] 刑法终究是要解决本国实际问题的，刑法学终究是要以本国刑法文本和判例为研究支点的，为了使中国刑法学在国际上成为有声的刑法学，而不是有的学者所批评的"无声的中国刑法学"[4]。我们应当有更强的主体意识和理论自觉，从中国实际出发，以切实解决中国的问题作为出发点和归宿点，建构起国际的视野、中国的视角和自己的方案三位一体的研究格局。

---

[1] 内蒙古自治区巴彦淖尔市中级人民法院《刑事判决书》〔2017〕内 08 刑再 1 号。
[2] 即刑法学研究要前瞻后望（前瞻犯罪学、后望行刑学），左顾右盼（左顾刑事诉讼法、右盼民法等其他部门法），上下兼顾（上对国际公约和宪法，下接治安处罚和原来的劳动教养），内外结合（对内加强对刑法的解释，对外重视刑法的运作环境）。
[3] 参见刘仁文《立体刑法学：回顾与展望》，《北京工业大学学报》2017 年第 5 期。
[4] 参见周光权《无声的中国刑法学》，《清华法治论衡》2005 年第 1 期。

我国刑法立法的回顾与思考

曾粤兴[*]

在立法机关准备着手全面修订《刑法》之际，简要回顾四十年来《刑法》制定、修订历史，总结成功经验，吸取必要的教训，对于21世纪制定一部能适应社会变迁、保障社会主义政治、经济、文化和社会发展需要，保障公民权利实现的新的《刑法》，无疑是应当得到刑法学界同仁高度关注和积极参与的重要工作。

一 四十年刑法立法的基本成就

1979年，伴随着改革开放的脚步，新中国第一部《刑法》问世并于1980年元旦开始生效实施，条文共192个，罪名129个。之后，社会变化越来越快，刑法修订随之越来越频繁，至1996年底，已历经23次修订。1997年全国人大常委会全面修订《刑法》，随后制定了1个单行刑法、10个《刑法修正案》，除此之外，全国人大常委会还制定了5个与刑法有密切关系的决定或法律和13个立法解释。这一历史过程体现了以下特点。

（一）法网由粗疏走向细密

经过不断修订，《刑法》条文已经多达452条，罪名达到474个，纵向上，从重罪、较重罪、轻罪到微罪，从故意犯罪到过失犯罪，从结果犯、行为犯到危险犯，刑事法网的经线齐备；横向上，覆盖了从个人犯罪

---

[*] 北京理工大学法学院教授，博士生导师；北京理工大学明德书院院长。

到单位犯罪，从国家安全、公共安全到公民个人安全，从市场秩序到社会管理秩序，从个人财产保护到公共财产保护，从国防、军事、国（边）境管理到司法，从公共卫生到社会风化，从经济、社会、文化到公权力运行，从环境、资源到衣食住行，从产权到知识产权，从出行、劳动、交易、消费到个人信息保护等方方面面，刑事法网的经纬足够细密。如果司法适用的法律解释能力能够达到比较理想状态的话，完全可谓"全方位、无死角"。与大陆法系有代表性的几个大国相比较，德国刑法典连同已经废止的条款在内有358个条文；俄罗斯联邦刑法典共360条；属于英美法系但与中国相邻的印度，其刑法典共511条。单纯从条文数量判断，已经彻底改变了1979年刑法典法网粗疏的状况而走向细密化。这种细密化，等同于法网的严密化，覆盖了各种各样的社会秩序，意味着能将更多的不法行为纳入刑事法网作为犯罪追究。

（二）刑法立场从行为主义走向折中主义

行为主义立场也可称为客观主义立场，"是指以危害行为及其后果为核心所形成的系统化了的关于犯罪、刑事责任以及刑法的根据、目的等一系列问题上总的观点和根本看法。"[①] 在认识论上，它以客观行为作为认识对象，承认自由意志、理性人、行为实在性。在实践上，倡导个人自由，主张刑法的机能在于通过保护法益而维护社会伦理，认为犯罪的本质是违反社会理论（社会伦理主义），或者主张刑法的机能就是保护法益本身，认为犯罪的本质是对法益的侵害和威胁（法益保护主义）。犯罪的本质只能从犯人的外部行为或者结果中寻求，这是客观主义的基本观点。

行为人主义立场，也可称为主观主义立场。在认识论上，它以行为人为认识对象，否定自由意志、理性人。在实践论上，倡导国家主义，主张刑法的机能在于保护社会。认为犯罪的本质是：犯罪是受环境和素质所决定的人的必然行为，犯罪行为是行为人的社会危险性的征表，具有这种社会危险性的人应当处于接受社会防卫处分的地位。而把具有危险性格的人作为犯罪人处罚，就可以防卫社会。犯罪是犯罪人危险性格的表露，犯罪

[①] 聂立泽：《刑法中主客观相统一原则研究》，法律出版社2004年版，第8页。

的本质只能从犯罪行为所反映的内部的、精神的实施中寻求，这是主观主义的基本观点。①

我国犯罪构成及其理论是以犯罪行为为中心的客观主义，刑罚配置上报应刑和威慑色彩浓厚也是体现了客观主义，但是，自首、累犯、假释、缓刑制度明显属于目的刑论、教育刑论的内容；刑罚一般预防与特殊预防理论，则明显是并合主义方法论指导的结果。我国刑法及其理论在共犯问题上倾向于客观主义，承认间接正犯，否定片面共犯成立共同犯罪之可能，但在未遂犯问题上则采主观主义，普遍处罚未遂犯（含不能犯）；在刑法的基本原则上，三大基本原则的同时采用，这些都表明了我国刑法采取了立足于客观主义并合主观主义的折中主义立场。

理性的选择是立足于客观主义的并合主义，我国刑事立法、刑法理论、刑事司法应当在这样的并合主义引导下展开。因为这种立场的基点，是有利于保障人权的客观主义的犯罪论，优点是合理结合了主观主义的刑罚论，能够在秩序维护与人权保障这两个代表法治正义的价值目标之间找到最佳平衡点。

（三）刑罚由相对宽缓走向相对严厉

严而不厉，是储槐植先生对整个刑法立法政策和策略的期待，也是一种理想主义的选择。"严"是指法网严密，"厉"是指刑罚严厉。严而不厉，意味着法网严密而刑罚相对宽缓，这也是国际范围内刑法立法的主流趋势。我国79年刑法既不严也不厉，之后逐渐走向严而厉。"厉"的体现是：根据《刑法》第50条和第78条规定，死缓犯减刑，必须向无期徒刑、25年有期徒刑递减，较之过去无期徒刑可以减为15年以上、20年以下有期徒刑有了明显提高，同时，被判处死缓的累犯以及故意杀人、强奸、抢劫绑架、放火、投放危险物质或者有组织的暴力性犯罪被判处死缓的罪犯，法院还可以限制其减刑；累犯的间隔期由3年放宽到5年，意味着有更多的情形可以被认定为累犯而从重处罚；数罪并罚综合决定刑期的上限，由20年提高到25年；大部分新增设的犯罪都配置了较重的法定

---

① 参见曾粤兴《刑法学方法的一般理论》，人民出版社2005年版，第104—111页。

刑,原有的一些罪名的法定刑也有所提高,比如巨额财产来源不明罪,法定最高刑由5年有期徒刑上升为10年有期徒刑。但是,这种厉,由于死刑配置的大幅减少、最高法院对于死刑的严格控制和司法解释对于两个适用死刑较多的罪名——运输毒品罪、故意伤害罪——在政策上的限制而呈现出相对性。

(四) 限制死刑的政策法制化

79刑法的死刑罪名只有28个,97修订刑法前,多达72个,97刑法整合为68个。经过以高铭暄教授为代表的一批刑法学者以及中国刑法学研究会的不断呼吁,限制死刑成为我国宽严相济刑事政策的组成部分,继而指导刑事立法先后两次废除了22个死刑罪名,智能型犯罪几乎不再配置或适用死刑,死刑的适用已经集中在故意杀人,抢劫,贩卖、运输、制造毒品,绑架,强奸,故意伤害六种犯罪上,绝大部分死刑罪名事实上已经备而不用。

二 可继承的经验

上述立法特点也是立法的成就,从中可以归纳出一些可继承的经验。

(一) 立法模式上

1. 以修正案方式修订刑法

较之于单行决定,"从刑法修法模式上讲,修正案模式作为在我国刑事立法实践中大获成功的立法模式日益走向成熟"① 以修正案方式修订刑法,是我国刑事立法的一个成功经验。《刑法》的适时修订,能在一定程度上解决社会变动较快而立法相对滞后之间的矛盾问题,可以满足公共治理需要,因此,修正案模式逐渐被立法机关推广到《刑事诉讼法》乃至《宪法》的修订上。

---

① 高铭暄:《走向完善的中国刑事立法》,2012年5月16日,www.aisixiang.com/data,2019年5月5日。

2. 附属刑法的制定

附属刑法的优势，是在非刑事法律中设定刑法条款，以便及时地、有针对性地解决特定社会生活领域出现的新的不法行为的处置问题。日本大量的刑法罪名就是通过这种模式得以产生。这种模式有利于克服频繁修订刑法带来的立法稳定性不足的弊端。我国立法早已出现大量的准附属刑法，但至今没有真正意义上的附属刑法，只不过非刑事法律中有不少条款规定了"情节严重的，依法追究刑事责任"，这实际上仅仅具有宣誓意义和"埋下伏笔"功能，其积极意义在于为今后修订刑法埋下伏笔，消极作用在于容易引发类推定罪。费尔巴哈关于罪刑法定原则的第三句名言"无法律规定的刑罚也不为罪"所蕴含的深刻意义即在于防止类推适用。笔者认为，附属刑法的缺失，也是我国频繁修订《刑法》的一个重要因素，一旦采用附属刑法模式，高频度修订刑法的弊端会得到有效克服，因此，附属刑法应当成为我国呼之欲出的刑事立法模式之一。

（二）立法策略上

1. 预防性立法取得突出进展。职业禁止①和禁止令②属于预防性立法③，除此之外还有预备行为实行化、共犯④正犯化：传授犯罪方法罪、煽动型、宣扬型犯罪、持有型、资助型犯罪的立法，准备实施恐怖活动罪的立法，实质上已经把犯罪的教唆行为正犯化，把为了实行后续犯罪的预备行为作为实行犯加以打击；信息安全方面，帮助信息网络犯罪活动罪的立法、反恐怖主义活动方面，帮助恐怖活动罪的立法，则是将帮助行为正犯化。这类立法，是我国预防特定犯罪、防患于未然的刑事政策需要，也是积极防御策略的体现，对于有效打击、防止有关危害公共安全、严重妨害

---

① 《刑法》第37条之一规定："因利用职业便利实施犯罪，或者实施违背职业要求的特定义务的犯罪被判处刑罚的，人民法院可以根据犯罪情况和预防再犯罪的需要，禁止其自刑罚执行完毕之日或者假释之日起从事相关职业，期限为三年至五年"。
② 《刑法》第38条第2款、第72条第2款分别规定，判处管制或宣告缓刑，可以根据犯罪情况，同时禁止犯罪分子在执行期间或者缓刑考验期内从事特定活动，进入特定区域、场所，接触特定的人。
③ 参见高铭暄、孙道萃《预防性刑法观及其教义学思考》，《中国法学》2018年第1期。
④ 这里的共犯，是指帮助犯和教唆犯。

社会管理秩序的重罪的发生具有重要作用。

2. 微罪的出现，直接打通了行政违法与刑事不法之间的界限，有利于高效率制裁突出的行政违法，维护社会秩序。严格说来，这也属于预防性立法。笔者将其独立出来分析，是考虑到微罪的设立，利弊共存，尚有较大争议；哪些行为可以纳入微罪，需要认真论证，否则也会产生弊端。

（三）立法技术上

1. 过失危险犯的设立对危险驾驶等过失犯罪的修订，突破了结果犯模式，为其他过失犯罪的立法修订创造了有利条件（如污染环境罪）。

2. 对腐败犯罪的修订，为数额犯立法提供了范本。社会在不断发展，数额犯立法如果将追诉起点、刑罚幅度明确化，在短时期内固然能够满足罪刑法定原则关于立法明确化的要求，但其滞后性相当明显。《刑法修正案（九）》关于腐败犯罪的修订，采用了立法定性、司法定量技术，授权司法机关适时修订定罪量刑的数额标准，对保持刑法典的稳定性大有裨益。

三 当吸取的教训

刑事立法对于国家政治生活、经济良性运行、社会正常发展和文化传承、公民人权保护和幸福生活而言至关重要，因此是一项非常严肃的国家大事，需要认真考量其正当性与合理性，但由于立法参与者立法素质参差不齐，立法机制尚待改良，不可否认，从四十年来刑法立法引发的争议和实施效果判断，还存在一些值得反思和吸取的教训。

（一）修订频率过高

《刑法》属于国家基本法律，对基本法律平均每九个月一次的修订，在当代所有成文法国家，都属于绝无仅有，不能不说属于频率过高。其后果是：

1. 高频度的修订，有伤立法的稳定性

刑事法律不同于行政法律，刑治手段与行政手段不同。行政管理，基于公共治理的需要，要求管理手段具有高度的适应性，以便解决大幅度变化的社会生活，及时维护社会秩序，但即便是行政法律，也应当保持相对的稳定性。刑事法律作为行政法律实施的后盾，需要适应行政法律的变化而变化，以便保持两种基本法律之间必要的衔接，但是，对于自身的稳定性应当有更高的要求，这是因为刑法具有司法规范和公民行为规范的双重属性，需要给司法工作人员和广大公民提供比较稳定的行为模式。高频度的修订，容易导致朝令夕改，司法人员措手不及，普通公民无所适从。

2. 高频度的修订，有损规范的严肃性

刑法关乎公民、单位自由与生命①，关乎其财产与社会生活的信誉，更关乎公民家庭生活的稳定与幸福②，属于具有高风险的社会生活规则，因而需要保持严肃性。高频度的修订，会带来犯罪率的波浪形变化，带来犯罪嫌疑人甚至罪犯比例的剧增。刑法适用的过程，是一个给公民和单位"贴标签"的过程，刑法适用的结果，也是一个向社会输出法律产品——罪犯——的过程。对于国家和社会而言，绝不意味着罪犯数量越多越好。社会的善治，应当表现为犯罪率的逐渐下降，否则，罪犯数量的攀升，会导致反社会情绪的攀升和社会对立面的扩大，成为影响政权稳定的因素，单纯的法治问题可能演变成政治问题。

3. 高频度的修订，有碍立法的科学性

法律的科学性，是法律的生命力所在，也是司法公信力获得普遍信仰的基础，刑法所蕴含的暴力属性，对于其立法的科学性具有更高的要求。衡量刑法科学性的标准可以有很多，刑法的基本原则可谓基本标准。实质的罪刑法定原则赋予了罪刑关系的确立应当明确而适当，至于适当与否，又涉及刑法谦抑性问题；刑法平等适用原则所蕴含的"同样事情同样处理"的平等观念，可能会被频繁变动的刑法所打破；罪责刑相一致原则所蕴含的罪行与罪

---

① 对单位中的法人而言，触犯严重罪行，会招致被"吊销营业执照""解散或者注销社团"的法律后果，相当于生命的终结。

② 基于每个人都该对自己的行为负责的基本原理，笔者不否认真正的罪犯因其犯罪给自己家庭生活带来的痛苦属于咎由自取，但对于未参与犯罪的家人而言，这种痛苦却又是值得社会同情的；对于因刑法的突然变化而被追究刑事责任甚至被判处更严重刑罚的人而言，这个问题具有复杂性，但不可否认，除了会给其家庭带来难于接受的痛苦之外，社会情绪的变化，是政府应当关注的问题。

量的平衡关系，也可能被突然变动的刑法所颠覆。更令人堪忧的问题是：高频度的修订，会造成政府和社会对刑法的高度依赖，把社会公共治理的希望更多地寄托于刑法，会焕发立法者更大的立法热情，每年"两会"上某些人大代表的议案和政协委员的提案足以为这一结论提供佐证，比如2019年的"两会"上，就有代表呼吁增加死刑立法。积极防御犯罪的政策固然是必要的，但寄托于刑法管理社会一切问题的想法却是不明智的。至少，高频度修订刑法带来的行政怠政问题，已经是不争的事实。

4. 高频度的修订，有失定罪量刑的公平性

公正，是社会主义社会的核心价值理念，也是刑法恢复社会正义的内在要求。立法的不公正，必然带来司法的不公正。1983年"严打"对刑法溯及既往原则的肯定所带来的消极后果，如犯罪率暂时性的下降和随后的大幅度攀升，特别是刑释人员面对同样行为前后处遇悬殊自然生发的"补偿心理"造成的高比例的再犯率，早已成为刑法学人的共识。立法者也许可以排除规范内容缺乏公正性的规定不说，因为那毕竟是罕见的个例，但也应该正视频繁修订刑法造成的因时间变化导致罪行与罪量关系发生实质变化的问题。这一现象，可以说是罪责刑相适应原则被绝对地相对化，意思是指：在某个时间节点前后，假如刑法不发生变动，罪责刑关系则处于持续的稳定状态，而该时间节点改变了一切：之前的行为可以获得那样的处理，而之后的行为只能获得这样的处理。这种变化，在立法上具有不得已性，但立法者不能经常宣称或张扬这种不得已性，因为它毕竟有伤定罪量刑的公平性。

（二）微罪立法的风险

微罪的设立，固然有其值得肯定的方面，但实践效果透出的弊端，不能不引起注意。首先，微罪的面不宜扩大，否则可能不利于人权保障。设立微罪的根据事关其正当性问题。微罪的实质，是将行政违法中危险最大的那一部分行为直接犯罪化，这就必然导致一些情节显著轻微危害不大的行为被纳入刑事法网，从而伤及人权保护。如果行政制裁尚未失灵，仅仅由于执法人员怠政而制裁不力，则应着力解决执法力度问题，不应轻易伸出刑法之手将其编织进入刑事法网，否则容易导致主观主义侵入犯罪论领

域，从而对并合主义造成冲击。其次，个别微罪的立法，导致有限的司法资源出现不尽合理的倾斜。典型的例子即醉驾型危险驾驶罪。笔者相信刑罚的威慑力能够对酒后驾车产生一定的遏制①，但也应注意到一个众所周知的事实：在部分地区，这类犯罪的发案率已经高居前三位，在个别地区已经高居首位。这就意味着司法机关必然将大量的司法资源投入微罪的处置上。司法资源总是有限的，在一定期限内是一个定量。被微罪耗费的资源，显然就难于用在对社会治安更重要的重罪的处置上，"得不偿失"是可能得出的结论。也许有人会说，醉驾入刑的效果来自违法成本的提高产生的威慑；罚金也能产生补偿司法资源的效益，那么，换一个角度考虑，如果修改《道路交通安全法》，通过设定高额罚款，提高拘留上限，吊销驾照而增大违法成本，既能遏制酒驾，又能增加财政收入，还可以避免司法资源支出于处置这部分行为，更重要的是，可以避免公职人员因为一杯酒就失去一份工作带来的社会问题，何乐而不为？

（三）技术上的教训

1. 简单罪状应当叙明化

简单罪状因其对具体犯罪成立要件、要素的描述过于简单而给司法适用带来了高难度，典型的例子如故意杀人罪。一句"故意杀人的"罪状，对犯罪主体、犯罪客体作出的是隐含式规定，只有犯罪的主观方面、行为表现被明示。这种"简单"的罪状描述，却给司法认知与裁判带来了复杂的问题：安乐死、逼人自杀、助人自杀、相约自杀而活下来是不是故意杀人？防卫过当致人死亡是不是故意杀人？借助自然力置人于死地是不是故意杀人？这些情形都在实践中引发了剧烈争议，说明简单罪状与罪刑法定要求存在相当差距，所以，高铭暄教授指出："在罪状表述上，应尽量少用简单罪状的方式，多采用叙明罪状的方式，对犯罪特征的描述力戒笼

---

① 据公安部交管局统计，醉驾入刑前5年，因酒驾、醉驾导致的交通事故年均6542起，致死2756人，致伤7090人。醉驾入刑后，从2011年5月1日—2017年4月30日，上述数据分别变为5962起，2378人和5827人，分别下降8.9%、13.7%、17.8%。韩丹东、杜晓：《大数据告诉你：醉驾入刑七年来带来哪些变化？》，《法制日报》2018年6月12日。

统、含糊，力求明确、具体。"① 当然，叙明化也只是基本要求，理想的描述状态应当是精确的叙明化。

2. 概念术语、罪状描述应当精确化

一些条文存在的表述问题，为未来的罪状表述提供了反思空间。由于法案起草者知识的局限，长期以来，我国刑法中经常出现一些非法言法语或者模糊用语，罪状描述的非精准化，导致个别罪名被"口袋化"，如寻衅滋事罪，聚众斗殴罪，玩忽职守罪与滥用职权罪，非法经营罪，黑社会性质组织犯罪等，又比如"团伙""行凶""国家工作人员""为非作恶""称霸一方""残害群众""投机倒把""暴力""软暴力"之类，给理论研究和司法适用造成了困惑，不利于罪刑法定原则的落实。在全面修订刑法时应当尽力加以改正。

3. 应当明确规定刑事追究的法规范依据

空白罪状为行政规章侵入刑事司法打开方便之门。对于行政犯，采用空白罪状是一种规律，但是，如果没有必要的限制，容易为行政规章侵入刑事司法打开方便之门。涉及枪支弹药、野生动物保护、醉驾等犯罪都存在同样的问题：刑事追诉的法规范依据能否包括行政规章？在法理学上，答案是否定的，因为罪刑法定所指的"法"只能是有权代表国家的机关通过特定程序制定的法律、法规和司法解释。《刑法》中有大量空白罪状，采用了"违反国家规定""违反 XX 法规"的表述方式，《刑法》第 96 条明确规定："本法所称违反国家规定，是指违反全国人民代表大会及其常务委员会制定的法律和决定，国务院制定的行政法规、规定的行政措施、发布的决定和命令。"这一规定把"行政法规"扩大到国务院制定的行政措施、发布的决定和命令，但忽略了司法解释，不过，全国人大常委会关于授权最高人民法院、最高人民检察院制定司法解释的决定以及《立法法》第 104 条的规定②足以弥补此疏漏。

---

① 赵秉志主编：《高铭暄刑法思想述评》，北京师范大学出版社 2013 年版，第 442 页。
② 该条规定以法律形式肯定了司法解释的地位："最高人民法院、最高人民检察院作出的属于审判、检察工作中具体应用法律的解释，应当主要针对具体的法律条文，并符合立法的目的、原则和原意。最高人民法院、最高人民检察院以外的审判机关和检察机关，不得作出具体应用法律的解释。"

4. 对《刑法》总则的修订，打破了刑法总则的内在平衡

《刑法修正案（九）》对因贪污罪、受贿罪被判处死缓的，增加了"减为无期徒刑后，终身监禁，不得减刑、假释"的规定。该规定虽然处于刑法分则，但实质上涉及刑法平等适用这一基本问题，打破了总则的内在平衡。尽管终身监禁不是刑罚而是刑罚执行措施，但是，行刑平等是刑法面前人人平等原则的内在要求。对严重腐败犯罪可以采取终身监禁措施，那么，对具有危害相当性的其他严重犯罪，是否也可以采用该措施？如果答案是肯定的，意味着刑法大修时应同等处置；如果答案是否定的，意味着对这部分人的行刑有失公平。由此也可以总结出一条立法教训：修正案以及单行刑法不宜规定涉及总则问题的内容。

40年的刑法立法，成就斐然，显著的成就背后蕴含了丰富的、值得继承的立法经验；平均九个月修订一次刑法的频率，也带来了值得反思和总结的教训。

本文所谓得与失或者经验与教训，主要是从技术层面和制度引导效果层面进行简要分析。技术成熟、法律实施效果良好，当肯定为可继承的经验；反之，技术上引起重大争议、实施效果引发较大疑问，值得反思的，可归入宜吸取的教训。其实，形而上的刑法理念对于刑法立法的成效具有更加重要的意义，但需要另文研究。

回顾与展望：新中国刑法立法七十年

焦旭鹏[*]

2019年，中华人民共和国成立七十周年。回顾新中国刑法立法七十年来的实践发展和观念变迁，颇有鉴往知来、承故纳新的理论意义和实践价值。学界当下对新中国刑法发展所做的理论阐释中，惯以某种或显或隐的"传统社会—现代社会"两分的"转型社会学"来说明"刑法现代化"的社会基础，而径直以"风险社会""信息社会"为语境讨论刑法问题的研究也日渐增多。本文则拟从科技革命影响社会整体变迁的角度，把社会形态区分为"农业社会、工业社会、风险社会"，并在此基础上进一步指明相应的刑法类型、刑法观。这样的理论解释框架似乎更具区分度和针对性，也有利于避免把"风险社会"泛化为"社会风险"并对刑法发展做一体化解释。本文旨在促进一种区分不同社会语境、刑法类型以及刑法观的兼顾全局并更注重专门化研究的解释进路，以达到对中国刑法发展的更好理解。

一　革命驱动型刑法的滥觞

中华人民共和国在成立之初即进行了少量刑法立法，但当时所孕育的刑法草案频遇挫折，未能正式颁行。这一时期的刑法立法适应了当时的革命需要，积累了立法经验，也存在一定的时代局限性。

---

[*] 中国社会科学院法学研究所副研究员，法学博士。

(一) 中华人民共和国成立初期的刑法立法

1949年10月1日，中华人民共和国成立，这是中国共产党领导中国人民推翻帝国主义、官僚资本主义、封建主义"三座大山"后所取得的新民主主义革命的伟大胜利。新生的社会主义政权面临着巩固革命成果的紧迫需要，从军事、经济、法统等方面做了全面努力。国家在法统和组织上进行改革，废除民国政府"六法全书"，把"旧法"人员清除出司法系统。为了配合1950年7月开始的"镇压反革命"运动，1951年2月出台《惩治反革命条例》；为了维护国家货币稳定，1951年4月出台《妨害国家货币治罪暂行条例》，对以反革命为目的伪造国家货币和以营利为目的伪造国家货币等行为作出专门规定；为配合1951年底开始的"反贪污、反浪费、反官僚主义"运动，1952年4月出台《惩治贪污条例》。在这一时期，国家没有出台刑法典，制定了个别单行刑法，办案主要依赖政策。① 刑法的地位不高，随时可代之以政策。

值得注意的是，中华人民共和国成立之初已开始刑法典的起草工作。当时的中央人民政府法制委员会组织专家论证提出了两个刑法文本：1950年7月25日的《中华人民共和国刑法大纲草案》、1954年9月30日的《中华人民共和国刑法指导原则（初稿）》，但这两个文本都未向社会公布征求意见、未进入立法程序，停留在草创阶段。1954年9月全国人民代表大会召开，此后由全国人大办公厅法律室负责刑法起草工作，至1957年6月28日，已草拟出第22稿。但由于1957年下半年"反右派"运动影响，刑法起草工作又停了下来。直到1962年3月，毛泽东针对立法工作指出："不仅刑法要，民法也需要，现在是无法无天，没有法律不行，刑法、民法一定要搞。不仅要制定法律，还要编案例。"② 全国人大常委会法律室在第22稿的基础上重启修订工作，至1963年10月9日，已写出第33稿刑

---

① 参见高铭暄《中华人民共和国刑法的孕育诞生和发展完善》，北京大学出版社2012年版，第1页。

② 赵苍璧：《在法制建设问题座谈会上的讲话》，《人民日报》1978年10月29日第2版。

法草案。① 然而,由于新的政治运动开始,这一稿刑法草案被搁置,刑法典的制定工作再次受到重大挫折,一拖就是十几个年头。

(二) 中华人民共和国成立初期刑法立法的经验与反思

中华人民共和国成立初期的刑法立法,与当时的政治需要、科技水平、社会形态存在密切关联,积累了一定立法经验,同时也存在一定时代局限性。

如前所述,当时的中国由于革命思维主导,政治逻辑优位于生产逻辑,仍是一个生产力水平不高的农业社会,科学技术并没受到多少重视,工业社会建设颇为薄弱。这一时期为数不多的刑法规范,主要是服务于无产阶级专政下巩固革命果实的政治需要,而杀人、放火、抢劫、强奸等常见的犯罪,因与革命并无直接关联,就不能优先受到国家重视,没有正式的刑法规范作为明确惩治依据。既然这样的刑法服务于革命需要,或可称为"革命驱动型刑法"。

虽然当时的刑法立法较少,但某些重要立法经验仍值得后来的刑法立法活动依循或借鉴。首先,刑法立法是在党的领导下展开并服务于当时的核心政治任务。当时的几个单行刑法以及刑法草案,都是在党的领导下依据当时的政治需要出台或起草的。其次,刑法立法的目标是进行法典化立法。虽然囿于历史条件刑法典未能及时出台,但制定刑法典的目标被明确提出,在后来有条件推进立法时才可实现。最后,刑法草案反复酝酿之立法工作方式值得肯定。刑法草案的提出和修改颇为慎重,先后完成30多稿,是经由立法机关负责、邀请专家参与、听取人大代表和有关方面意见而写出来的,较为务实和稳妥,因而成为后来在重启、推进刑法典立法工作时的重要基础。

必须指出,这样的刑法立法还具有一定的时代局限性,存在着规范覆盖面过窄、工具刑法色彩过强等缺憾。当时近乎单一的农业社会在很大程度上被政治化,由农业社会本身正常发展所提出的刑法规范需求受到政治

---

① 参见高铭暄口述,黄薇整理《见证新中国第一部刑法诞生的艰辛》,《文史参考》2011年第7期。

挤压反而不能得到国家层面的承认。除了杀人、抢劫等自然犯无法可依，农业社会中较具典型性的破坏生产经营行为也没有刑法规范进行调整。撇开政治运动频仍造成"无法无天"的状况不谈，在刑法可以发挥作用时，刑法规范作为革命驱动的产物，主要存在于针对反革命相关犯罪的场合。这种"革命驱动型刑法"，实际上把刑法视为无产阶级专政的工具，犯罪分子被作为阶级敌人，其刑法观是一种较为极端的"工具刑法观"。由于刑法规范的单薄与政策的优先地位，罪与非罪的界限并不明晰，法的确定性难以保证。应当看到，当时的中国处于百废待兴的过渡阶段，刑法也具有某种过渡性特征，这种"革命驱动型刑法"对后来的刑法立法造成颇为重要的影响。

二 农业社会中的刑法：革命驱动型刑法的系统化

改革开放以后新中国刑法立法迎来新生，1979 年刑法典（以下简称"79 刑法"）的颁行使"革命驱动型刑法"得以延续和系统化，"工具刑法观"发挥主导作用，在刑法典中被全面确立。由于 79 刑法较为粗疏，后来国家又频繁通过单行刑法、附属刑法以补充、提高刑法的社会回应能力。这一时期的刑法类型与刑法观，适应了改革开放初期政治、社会发展的需要，但渐又滞后于时代要求。

（一）刑法立法的重启与新生

在历经频繁政治运动之后，法制对国家长治久安的重要意义受到重视。1978 年春，第五届全国人民代表大会第一次会议召开，开始考虑修改宪法的工作，并拟制定各种法律法规。邓小平在 1978 年 10 月的一次谈话中明确提到刑法草案被政治运动耽搁，应组织起草有关法律。[①] 中央开始组织力量对刑法草案第 33 稿进行修改完善。党的十一届三中全会于 1978 年 12 月召开，中国步入实施改革开放，建设社会主义现代化的新时期。

[①] 参见高铭暄《中华人民共和国刑法的孕育诞生和发展完善》，北京大学出版社 2012 年版，第 2 页。

十一届三中全会要求健全社会主义民主和法制,并在会议公报中明确提出:"从现在起,应当把立法工作摆到全国人民代表大会及其常务委员会的重要议程上来。"1979年3月,全国人大常委会法制委员会在彭真的主持下又回到刑法草案第33稿上来,参照各国刑法特别是苏联刑法,对草案做了较大修改,累计写了38稿,终于在1979年7月1日获得人大通过,并在1980年1月1日施行。①

79刑法的通过是新中国刑事法治中的一件大事,可谓刑法立法的新生。刑法典的出台,不仅使国家惩治犯罪有法可依,还为刑法的立法模式提供了一个法典化范例。79刑法一共192个条文,129个罪名,既吸纳了犯罪成立的一般原理,又使刑法规范具有了相当的覆盖面,使惩治国家、社会生活的诸多方面发生的犯罪有了明文依据,这无疑是一个重大的历史进步。

79刑法的制定主要借鉴的是苏联刑法,在刑法类型和刑法观上与之具有一致性。学者指出:"新中国初期进行了刑法起草工作,所完成的刑法草案主要移植了苏联模式,具体体现在强调刑法的阶级性,明确规定刑法任务、犯罪概念和刑罚目的,排斥罪刑法定主义原则,确立类推制度和规定刑法具有溯及力等方面。"②所谓"刑法的阶级性",是指新生的社会主义国家刑法的阶级本质是作为统治阶级的无产阶级进行阶级斗争的统治工具,旨在把社会主义国家刑法与资本主义国家刑法相区别。1919年12月通过的《苏俄刑法指导原则》规定:"刑法的规范首先是依照1918年宪法揭示在从资本主义向社会主义过渡条件下与犯罪作斗争的法律规范的社会阶级本质。刑法的任务是保护工农兵的国家。"③1922年6月1日生效的苏俄刑法典规定:"保护工农国家免受犯罪的侵害被明确地公开地宣布为刑法典的任务(第5条)。"④我国79刑法第2条则规定:"中华人民共和

---

① 参见高铭暄口述,黄薇整理《见证新中国第一部刑法诞生的艰辛》,《文史参考》2011年第7期。
② 李秀清:《新中国刑事立法移植苏联模式考》,《法学评论》2002年第6期。
③ [俄]Н.Ф.库兹涅佐娃、Й.М.佳日科娃:《俄罗斯刑法教程》(总论),黄道秀译,中国法制出版社2002年版,第31页。
④ [俄]Н.Ф.库兹涅佐娃、Й.М.佳日科娃:《俄罗斯刑法教程》(总论),黄道秀译,中国法制出版社2002年版,第35页。

国刑法的任务,是用刑罚同一切反革命和其他刑事犯罪行为作斗争,以保卫无产阶级专政制度……保障社会主义革命和社会主义建设事业的顺利进行。"强调刑法的阶级性,较为集中地反映了79刑法的刑法观,即刑法是阶级斗争的工具。再考虑到犯罪概念、类推制度、反革命罪的相关规定,可以说,79刑法仍是"革命驱动型刑法"。

(二)刑法立法的补充与提高

79刑法的通过,适逢国家刚刚开始实行改革开放政策。"改革"的一大成果是中国的经济体制逐步发生从计划经济到市场经济的转轨,"开放"则使新中国逐步在政治、商业和社会等方面不同程度地融入国际社会。这对刑法产生了两个方面影响,一是新的问题需要用刑法进行应对,二是原有的某些刑法规范不再符合新的国家建设需要——由此中国刑法迎来了一个令人瞩目的补充、提高阶段。

79刑法实施以后,国家陆续又制定了25部单行刑法,在107个非刑事法律中设置了附属刑法规范,新增加刑法性质条文572条,新增罪名133个[①],罪名总数达到262个。[②] 除1981年通过的《惩治军人违反职责罪暂行条例》是在79刑法通过前一并规划的外,其他单行刑法均是在新形势下为补充79刑法不足而出台。[③] 这些单行刑法和大量附属刑法规范提高了刑法回应国家和社会发展的能力,适应了中国社会在现代化初期应对犯罪态势的要求。

改革开放之初的中国,在农村实行家庭联产承包责任制、全面推广杂交水稻技术,成功解决了亿万人民的吃饭问题;农村生产人口日渐富余,全国交通、信息方式不断进步,由此取得了农村人口向城市流动重要的基础性条件;从计划经济体制向市场经济体制转轨,则从意识形态和经济体制上松绑,使对内搞活自由配置劳动力、生产资料、商品等资源变为现实:中国社会从此踏上从农业社会为主导转向工业社会为主导的现代化快

---

① 参见赵秉志《改革开放40年我国刑法立法的发展及其完善》,《法学评论》2019年第2期。
② 参见高铭暄《中华人民共和国刑法的孕育诞生和发展完善》,北京大学出版社2012年版,第3页。
③ 参见赵秉志《改革开放40年我国刑法立法的发展及其完善》,《法学评论》2019年第2期。

速发展轨道。

像其他国家的现代化进程一样,在开启现代化进程之初,中国遭遇了一波犯罪高峰。中国的暴力犯罪在改革开放之初呈快速上升态势,国家出台了一批旨在"严打"犯罪的单行刑法。有学者指出,凶杀、伤害、抢劫、强奸"这四种暴力犯罪占整个刑事犯罪的比例,从1981年的9.45%上升到1988年的27.71%,呈逐年增多的趋势"[1]。犯罪形势的恶化与刑法立法的严厉化如影随形。1981年6月10日全国人大常委会通过《关于死刑案件核准问题的决定》,把部分犯罪死刑核准权由最高人民法院下放到各高级人民法院;同日,全国人大常委会还通过了《关于处理逃跑或者重新犯罪的劳改犯和劳教人员的决定》,对"两劳"人员逃跑或再犯者严惩不贷;1982年3月8日全国人大常委会通过并颁布了《关于严惩严重破坏经济的罪犯的决定》;特别是1983年9月2日发布《关于严惩严重危害社会治安的犯罪分子的决定》成为"严打"运动的标志性立法。[2]

随着经济体制改革的逐步展开,一些79刑法中未作规定的新的犯罪类型不断出现,这推动国家出台了一批单行刑法以惩治犯罪。新涉及的公司犯罪、金融犯罪、知识产权犯罪等在实施市场经济体制之前没有存在空间,通过单行刑法对公有经济、私有经济均进行保护,保障了市场经济改革的顺利进行。

对外开放对刑法的补充、提高也起到重要推动作用。新中国国门打开以后,参加了一些重要的国际条约并承担了惩治条约所确定的国际犯罪的义务,这要求国内刑法上对相关罪名作出规定。我国先后加入《关于在航空器内的犯罪和犯有其他行为的公约》(1978)、《关于制止非法劫持航空器的公约》(1980)、《关于制止危害民用航空器安全的非法行为公约》(1980)、《关于防止和惩处侵害应受国际保护人员包括外交代表的罪行的公约》(1987)、《制止危及海上航行安全非法行为公约》(1991)和《联合国禁止非法贩运麻醉药品和精神药物公约》(1989)等国际条约。这就要求我国在反恐、禁毒等方面的刑法规定必须与之相适应。全国人大常委

---

[1] 康树华:《犯罪学通论》,北京大学出版社1996年版,第102页。
[2] 参见陈兴良《回顾与展望:中国刑法立法四十年》,《法学》2018年第6期。

会陆续发布《关于惩治劫持航空器犯罪分子的决定》（1992年12月28日通过）、《关于禁毒的决定》（1990年12月28日通过）等单行刑法对于非法劫持航空器和危害国际民用航空安全的行为、毒品犯罪行为做了专门规定。此外，对外开放还带来一些新情况新问题，也要求刑法规范的补充和完善。对外开放后国内兴起"出国热"，而属于非法出境的偷渡现象日渐突出。全国人大常委会发布《关于严惩组织、运送他人偷越国（边境）犯罪的补充规定》（1994年3月5日通过），为更全面地严惩偷渡相关行为提供了法律依据。

还需指出，79刑法中有的规定因改革开放和社会变迁已不能再适用或受到广泛质疑。例如第120条规定了伪造、倒卖计划供应票证罪，把"以营利为目的，伪造或者倒卖计划供应票证，情节严重的"行为纳入犯罪圈。这个罪名在国家实行计划经济的年代具有现实意义，而在计划经济为市场经济所取代，国家不再制作、发放粮票、油票等用于购买计划供应商品的票证时，这一罪名已失去现实基础和存在必要。又如第117条规定了投机倒把罪，把"违反金融、外汇、金银、工商管理法规，投机倒把，情节严重的"行为作为犯罪处理。但是，随着社会的发展，转包渔利、买空卖空等行为也不能一概作为投机倒把，而是有利于搞活经济的正常市场行为。①

（三）79刑法与工具刑法观

总体来说，79刑法是一部适应中华人民共和国成立之初继续革命、计划经济、农业社会发展需要的刑法典，其他25个单行刑法及大量附属刑法，打下了同样的时代烙印。虽有一些新的进步，但这样的刑法与工业社会之要求距离尚远，很难说迈过了刑法现代化的门槛。改革开放政策实施以后，明确了国家未来发展的正确方向，但囿于意识形态上的思维定式，计划经济体制长期未被破除，束缚了生产力和社会发展，在较长时间仍主要是一个农业社会，中国社会的城乡二元结构之形成与此大有关联。这样的政治与社会背景，深刻影响了当时的刑法观。

---

① 参见王作富《中国刑法适用》，中国人民公安大学出版社1987年版，第368页。

1979年刑法典出台，结束了以往司法实践中过度依赖政策、无法可依的状态，这是一个重要进步；但是，由于历史惯性和思想局限，把刑法当作阶级斗争工具的"工具刑法观"仍发挥着主导作用。79刑法在后来饱受批评的问题主要是：没有规定罪刑法定原则，反而规定了类推制度，还存在流氓罪、玩忽职守罪、投机倒把罪等"口袋罪"，这就使有权机关能够轻易出入人罪，公民的自由得不到较好保障。还需注意，79刑法采取了"宜粗不宜细"的立法技术原则，有学者指出：它篇幅简短、基本体系和结构比较科学、法定刑轻缓、基本符合当时实际情况；但粗疏、滞后的特点也十分明显。[①] 尽管通过单行刑法和附属刑法，在很大程度上从刑法内容上补充、完善了79刑法，但刑法观的进一步更新还有赖于执政党政治观念的解放、经济体制改革和工业社会的发展，刑法立法更需进一步完善。

三　工业社会中的刑法：建设驱动型刑法的确立

随着政治观念的解放、社会主义市场经济体制正式确立和工业社会快速发展，1997年刑法典得以全面修订，告别了工具刑法观和"革命驱动型刑法"，古典自由主义刑法观被制度性地接受并产生深远影响，"建设驱动型刑法"由此确立并得到长足发展。

（一）快速发展的工业社会与古典自由主义刑法观

新中国刑法立法实现从"革命驱动型刑法"向"建设驱动型刑法"的现代转型，应以1997年刑法典（以下称"97刑法"）的全面修订为标志，但其背后深刻的政治、社会变迁推动力，则要追溯到更早时候。1992年春，邓小平在深圳等中国南方城市考察时发表了一系列重要讲话，这在后来被称为"南方谈话"。他提出了一系列重要论断，打破了意识形态的教条禁锢，发挥了政治领航的作用，有力推动了改革开放进

---

① 参见刘守芬《关于"97刑法"与"79刑法"若干问题的比较》，《中外法学》1997年第3期。

程和社会变迁速度。1993年11月党的十四届三中全会以后，国家正式决定建立社会主义市场经济体制，1995年起实施科教兴国战略，中国更快地从农业社会为主导转变为工业社会为主导的社会。工业社会的发展对市场经济和法治有深刻的内在需要，注重人权保障的"古典自由主义刑法观"得以勃兴。这种刑法观旨在限制国家权力、保障公民自由，与那种从国家立场出发、旨在镇压阶级敌人的"工具刑法观"大异其趣。"古典自由主义刑法观"之思想源自贝卡里亚1764年发表的《论犯罪与刑罚》一书。该书深受启蒙运动思想洗礼，以反封建为志业，开辟了现代刑法的思想先河。

应指出的是，从"工具刑法观"到"古典自由主义刑法观"的转变并非中国在刑法发展上的独有方向；从世界范围内来看，"古典自由主义"刑法观是很多西方发达国家的共同选择，并与科技革命对社会整体变迁的影响存在深刻联系。在人类社会近代以来的历史上，曾经发生过三次科技革命。第一次科技革命大约开始于18世纪中叶，以蒸汽机的发明和应用为标志，实现了工业生产从手工工具到机械化的转变，人类社会从农业社会进入早期的工业社会阶段。贝卡里亚所开创的古典自由主义刑法观传统，正是欧洲社会在第一次科技革命推动下从农业社会向工业社会转型的一大成果。中国改革开放以后从农业社会向工业社会的加速变迁，与欧洲社会在第一次科技革命以后的社会变迁具有相同的社会阶段意义，在社会现代化的同类进程中，古典自由主义刑法观在中国的接受和传播自是应有之义。

（二）"建设驱动型刑法"的制度展开

1997年全面修订的刑法典，是古典自由主义刑法观和"建设驱动型刑法"的集中体现，具有时代进步性，而此后多次出台的刑法修正案有大量内容则反映其新的发展。

1.97刑法修订的社会治安背景与立法过程

对刑法典进行全面修订的考虑，与当时的社会治安形势有直接关系。学者指出，除了1983年开展的为期三年的"严打"期间刑事案件发案率有明显下降外，"严打"前后都是基本上逐年上升的；重大刑事案件特别是严重暴力犯罪、经济犯罪、流窜犯罪、团伙犯罪、国家工作人员渎职犯罪、拐卖人口等情况日益严重或蔓延，反革命案件大幅减少。① 反革命案件的下降和其他案件的上升，恰好在某种程度上说明了整个社会政治化程度的下降和以建设为中心的常态社会的发展。79 刑法以后所形成的刑法典、单行刑法、附属刑法并存的刑法立法模式在立法实践中存在的架空刑法典等弊端也日渐凸显。

从 1988 年起，刑法典的修订工作被纳入全国人大常委会的立法规划，历经十年打磨，志在制定一部统一的、比较完备的刑法典。应指出的是，经过 20 世纪八九十年代"法制还是法治"的学术大讨论，"依法治国"的思想逐渐深入人心并为党中央接纳。79 刑法出台以来的那种"革命驱动型刑法"在政治上失去了正当性，"阶级斗争"思维下的"敌人刑法"规范理应被抛弃。1997 年 3 月 14 日，全面修订后的新刑法典颁布并规定于当年 10 月 1 日起施行。97 刑法一共 452 条，规定了 412 个罪名，其中源自 79 刑法罪名 116 个，源自单行刑法和附属刑法罪名 132 个，修订中新设罪名 164 个。② 由于这次刑法修订的立法技术原则是确保法律的稳定性和连续性，没有大问题的规定就不要进行变动，97 刑法吸纳了 79 刑法以及此后的单行刑法和附属刑法规定，并增加大量新规定。它在立法模式上放弃了刑法典、单行刑法、附属刑法并存的分散立法模式，而走向集中立法模式。有学者评价道："这是新中国历史上最完备、最系统、最具有时代气息并具有里程碑意义的刑法典。"③

2. 97 刑法的时代进步

97 刑法吸纳了古典自由主义刑法观，在刑法观念上与世界刑法立法共同的观念取向保持了一致性。第二次世界大战结束以后，世界上大多数国家对于人权保障给予了共同的关切和赞同。在刑法领域，是否规定罪刑法定原则是人权保障制度水准高低的一个重要标志。97 刑法对罪刑法定原则

---

① 参见何秉松《我国的犯罪趋势、原因与刑事政策》，《政法论坛》1989 年第 5 期。
② 高铭暄：《中华人民共和国刑法的孕育诞生和发展完善》，北京大学出版社 2012 年版，第 4 页。
③ 高铭暄：《中华人民共和国刑法的孕育诞生和发展完善》，北京大学出版社 2012 年版，第 4 页。

作出了规定，并取消了79刑法关于类推制度的规定，这可谓是一大进步和亮点。

采纳罪刑法定原则、取消类推制度，是97刑法告别"革命驱动型刑法"的重要表现之一。这也反映在刑法分则的修订上：79刑法规定的反革命罪被修订为危害国家安全罪，三大"口袋罪"流氓罪、投机倒把罪、玩忽职守罪被分解为行为类型更为明确的具体罪名。

除前述学界已有较大共识的认识外，还应特别指出，在刑法的指导思想、目的与根据以及刑法的任务之规定上，97刑法与79刑法相比也发生了重大改变。97刑法第1条去掉79刑法中把马克思列宁主义毛泽东思想作为刑法指针的规定，这或许也是从立法技术上考虑，宪法中对此已有规定，刑法不必再做重述；97刑法第2条关于刑法任务的规定则去掉了原来"无产阶级专政""反革命""社会主义革命"等表述，保留"社会主义建设"之表述，这是97刑法从"革命驱动型刑法"转型为"建设驱动型刑法"的一个重要表现。

97刑法的这一转型，还更为具体地表现在刑法分则的相关规定里。最有代表性的当属第三章破坏社会主义市场经济秩序罪的规定。在79刑法中，第三章的章名为"破坏社会主义经济秩序罪"，这与当时国家仍实行计划经济体制有关。在国家逐步实行市场经济体制以后，97刑法就明确把"社会主义市场经济"用于章名之中，为市场经济提供刑法保障的立法意图十分明确，也鲜明反映出新的国家发展思路对刑法的深刻影响。79刑法第三章只规定了15个条文，一共13个罪名；97刑法第三章则规定了92个条文，设8个罪节，罪名达到96个。① 97刑法在第二章第四节还专门规定了单位作为独立的刑事责任主体及双罚制处罚原则，这也是市场经济有所要求使然，并具有一定中国特色。

3. 刑法修正案中"建设驱动型刑法"的新发展

1997年刑法全面修订，制定统一、完备的刑法典并力图使之垂范久远。除1998年全国人大常委会颁布的一部单行刑法外，从1999年起，刑

---

① 参见唐世月《刑法"破坏社会主义市场经济秩序罪"一章立法缺陷述要》，《湖南省政法管理干部学院学报》1992年第2期。

法修正案成为完善刑法的主要方式。修正案式立法的好处是虽然对刑法规范作出实质修改，但修改后的条文可以插到刑法典原来的章节条文中，这样就在很大程度上维护了刑法典的统一性，具有单行刑法所没有的优势。

截至2017年11月4日新的修正案出台，全国人大常委会先后通过十个刑法修正案，公布了13个立法解释。虽然刑法典形式上仍是452个条文，但通过"某某条之一"等方式，实质意义上的条文已增加至490条①；其中新增罪名58个，除嫖宿幼女罪被废除外，罪名由412个增加到469个。除了新增罪名，还通过增设新的行为构成、规定抽象危险犯、预备犯、帮助犯，扩大行为主体，兼容更多罪过形式，降低罪量门槛等方式使刑法介入空间扩大。这一阶段，刑法典以扩张为主要趋向。

从增设罪名的情况看，基本上是为了应对市场经济和对外开放进一步发展中的新情况新问题而规定，较为清晰地反映了"建设驱动型刑法"的新发展。例如，增设虚开发票罪、持有伪造的发票罪，就是因为"近年来，虚开增值税专用发票的违法犯罪行为得到有效遏制，不法分子把违法犯罪目标和重点转向其他发票，虚开普通发票的行为泛滥猖獗"②。增设拒不支付劳动报酬罪，则与我国城市化进程加快，大量农民进城务工有关。恶意欠薪案件多发于劳动密集型行业的个体或中小企业，被拖欠工资的主要是进城务工的农民工，处理不当易引发群体性事件而影响地方稳定。③

还应指出，随着刑法的频频修正，中国刑法的刑罚结构发生了重大变化。97刑法存在大量死刑罪名，刑罚结构总体偏重，呈现"厉而不严"的特征；在刑法的修正中，逐渐减少死刑加重生刑，轻罪、未成年人、老人犯罪的刑罚更加轻缓，刑罚结构趋向于呈现"严而不厉"的特征。

97刑法中的死刑罪名主要源自79刑法及以后的单行刑法之规定。79刑法规定了28个死刑罪名，总体上是比较宽缓的，但后来经单行刑法多次补充，死刑罪名在1997年刑法全面修订前达到75个④，修订后减为68

---

① 参见颜九红《二十年刑法修正：成就与期许》，《北京政法职业学院学报》2017年第4期。
② 全国人大常委会法制工作委员会刑法室：《中华人民共和国刑法修正案（八）——条文说明、立法理由及相关规定》，北京大学出版社2001年版，第123页。
③ 全国人大常委会法制工作委员会刑法室：《中华人民共和国刑法修正案（八）——条文说明、立法理由及相关规定》，北京大学出版社2001年版，第158页。
④ 参见陈兴良《回顾与展望：中国刑法立法四十年》，《法学》2018年第6期。

个。2013年刑法典上减少13个非暴力犯罪死刑,2015年再次减少9个死刑罪名,中国刑法中的死刑罪名还剩46个。

2011年5月1日施行的《刑法修正案(八)》提高了数罪并罚时刑罚上限,对因犯数罪被判处有期徒刑,总和刑期在35年以上的,将其有期徒刑的上限由20年提高到25年;将死缓考验期满无故意犯罪减为有期徒刑15—20年之规定,修改为减为25年有期徒刑。对老年人犯罪的刑事责任、缓刑、适用死刑都做了更为宽缓的规定;未成年人犯罪在累犯、缓刑、前科报告也做了新的宽缓规定。

概而言之,刑法犯罪圈的扩张与现代化建设是同步的,而刑罚圈的结构性调整,并非日趋严厉,而是更显轻缓。在社会主义现代化建设日趋深入的进程中,刑罚的轻缓化、人道化发展,也是改革开放的一个重要成果。

四 风险社会中的刑法:风险驱动型刑法的凸显

2012年以来的中国政治、社会发展与以往相比,发生了重大的变化,新中国刑法立法面临着新的挑战,同时也拥有新的机遇。一种颇为重要的立法发展趋势是"风险驱动型刑法"更为凸显,风险刑法观的价值受到重视,这将继续深刻影响刑法的未来。

(一)新时代刑法的政治、社会背景:工业社会的成熟与风险社会

2012年11月8日,中国共产党第十八次全国代表大会召开,中国政治改革迎来新阶段,以习近平为核心的党中央开启了"四个全面"的伟大事业,对中国社会发展和法治建设起到重大推动作用。2017年10月18日,中国共产党第十九次全国代表大会召开。习近平在党的十九大报告中提出:"中国特色社会主义进入新时代,我国社会主要矛盾已经转化为人民日益增长的美好生活需要和不平衡不充分的发展之间的矛盾"。这与以往的论断形成了鲜明对比。社会基本矛盾的变化,标志着中国的工业社会已发展到颇为成熟的阶段。还应指出,科学技术对生产力水平提高和社会发展持续发挥着深刻影响。党的十八大提出实施创新驱动发展战略,科技创新是提高社会生产力和综合国力的战略支撑,必须摆在国家发展全局的核心位置。

作为后发现代化国家的中国,其社会变迁呈现出一种特殊性:在其他发达国家不同历史阶段才存在的社会形态,在中国却于同一时段中并存——中国社会兼具农业社会、工业社会、后工业社会的特征。德国社会学家乌尔里希·贝克把"后工业社会"解读为"风险社会",他在1986年发表的代表作《风险社会》中,把风险社会作为古典工业社会成熟以后所表现出的时代特征。危险作为"潜在副作用"在古典工业社会中被遮蔽,但随着科技发展和工业化成熟,它再也无法被掩盖下来而从幕后走向前台,成为舆论中心、政治议题并且全球化,实现风险的社会爆发,风险社会就从工业社会的成功中被生产出来。第二次世界大战结束后的十多年间,以德国为代表的欧洲工业社会走向成熟,日益表现出风险社会的时代特征。在贝克看来,风险的全球化打破了工业社会以民族国家为基础的现代性逻辑,风险社会即是世界风险社会,非西方社会和西方社会不仅共享相同的空间和时间,而且共享风险社会的基本挑战(在不同的地方和以不同的文化认识);对于贝克来说,把非西方社会定位于世界风险社会,将实现现代性的多元化。①

应当指出,中国社会的发展与作为贝克理论提出背景的德国为代表的欧洲社会变迁过程并不严格对应,但中国也并非世界风险社会中的一个例外:因为风险兼具全球性和地方性。中国的社会主义现代化建设有其特殊性,但环境污染、恐怖主义、食品药品等产品质量问题也不时成为公共舆论关注的中心、纳入国家立法议题。风险社会在中国并非一种文化想象,而是见诸人们生活的社会事实,中国刑法必须在当下回应来自不同社会形态的各种复杂、交织的问题,这是其无法回避的时代使命。

(二)新时代刑法面临的犯罪态势

2001年美国9·11事件发生以后,各种新问题、新风险在中国表现得

---

① 参见〔德〕乌尔里希·贝克《世界风险社会》,吴英姿、孙淑敏译,南京大学出版社2004年版,第3页。

日益突出。2014年4月15日,习近平在中央国家安全委员会第一次会议上提出"总体国家安全观",要求构建包括十一种安全在内的国家安全体系。2017年,党的十九大报告中也明确要求"更加自觉地防范各种风险,坚决战胜一切在政治、经济、文化、社会等领域和自然界出现的困难和挑战"。在政治改革、科技革命、社会变迁的推动下,中国的犯罪态势正发生着显著而具根本性的改变,这对当下刑法观和刑法类型正发生着深刻影响。

随着现代化的推进,中国的刑事案件总数仍然呈上升趋势,但犯罪类型结构的变化清晰反映了社会形态发展演变的影响。颇具典型性的表现是严重暴力犯罪数量的下降和借助高科技手段侵犯财产案件犯罪数量之上升。有报道显示,我国"八类严重暴力犯罪"案件2014年以来连年下降[1],我国成为世界上命案发案率最低的国家之一[2]。与此同时,借助高科技手段侵犯财产案件不断表现出新的特点,犯罪态势较为严重。2012年,在电信、互联网普及的背景下,诈骗犯罪持续高发,"网络诈骗每年给网民造成的损失不低于308亿元,遭遇欺诈的网民规模已达6169万人"[3]。网络诈骗数量有所波动,但情况还较严重,诈骗模式从"地毯式诈骗"向"精准式诈骗"转型。[4]

还应注意,2012—2015年,恐怖分子以现代交通工具为目标或工具、借助高科技手段实施的暴力恐怖犯罪引人注目。在环境污染犯罪方面,较长时间内存在着污染形势严重,而全国刑事案件查处严重不足的情况,2011年之后情况较快发生重大改观,案件数量大幅上升。据统计,2017年、2018年人民法院分别新收污染环境刑事案件2344件、2409件,审结2258件、2204件。[5] 2012年以来,食品药品犯罪发展态势较为严峻。根

---

[1] 《最高法发布司法大数据研究成果:严重暴力犯罪案连年下降趋势明显》,《法制日报》2017年12月1日第1版。
[2] 《用数据说话:中国是世界上命案发案率最低的国家之一》,http://www.chinapeace.gov.cn/2017-09/20/content_ 11431142.htm。
[3] 王素洁:《网络诈骗已成吸金"黑洞"》,《中国青年报》2012年12月29日第1版。
[4] 参见靳高风《2017年中国犯罪形势分析及2018年预测》,《中国人民公安大学学报》(社会科学版)2018年第2期。
[5] 《环境污染刑事案件怎么"办"?五部门给出答案》,《人民法院报》2019年2月21日第4版。

据公安机关统计,全国公安机关年均侦破食品犯罪案件数持续大幅增长,已从2010年前的几百起,上升到2011年的5200多起、2012年的9700多起。① 政法机关逐步加大对食品药品犯罪的惩治力度,相关案件继续快速增加。

还应注意到,在市场经济日渐发达的背景下,破坏社会主义市场经济秩序的犯罪规模也长期处于高位,有的犯罪也与高科技手段存在紧密关系。比如2015年以来P2P网络借贷平台频频"爆雷",非法吸收公众存款、非法经营、组织领导传销活动等犯罪高发;这些犯罪利用互联网的便利快捷,涉众性强、行为方式复杂隐蔽、资金池巨大,造成了很大的金融和社会稳定风险。

前述各种高科技特点明显的新型犯罪中,涉众性、蔓延性特点较为明显,对公共安全和人民群众的生命财产带来重大严重后果和风险,易引发政治意义上的"巨灾"效应。随着科技革命不断深入、风险社会不断发展,这种犯罪发展态势表现得日益突出,势必推动着中国刑法作出有力应对。

(三)风险刑法观与"风险驱动型刑法"的表现

2012年以来,在中国工业社会日渐成熟、风险社会不断深化、拓展的背景下,中国刑法的观念演化与规范转变悄然发生。97刑法所体现的那种古典自由主义刑法观和"建设驱动型刑法",逐渐变得不能单独指导与解释刑法新的发展趋势。在风险社会的推动下,一种更加注重自由和安全平衡、调和的社会本位立场的风险刑法观更适应中国社会变迁的背景,它的理论任务在于对已扩张的刑法作出解释并力图厘清其限度所在。从中国刑法立法发展的状况来看,在"建设驱动型刑法"继续完善的同时,"风险驱动型刑法"已成为新的立法发展趋势。

尽管风险刑法规范在前述刑法修正中时有表现,2015年8月29日通过的《刑法修正案(九)》(以下简称"《修九》"),仍较有代表性地反映

---

① 参见靳高风《2012年中国犯罪形势与刑事政策分析》,《中国人民公安大学学报》(社会科学版)2013年第2期。

了"风险驱动型刑法"的立法发展，也为风险刑法观提供了作为解释和评判对象的新类型刑法规范。《修九》一共有 52 个条文，而在恐怖主义犯罪和网络犯罪方面扩充的相关罪名尤受关注。自美国 2001 年发生 9·11 恐怖袭击事件以来，更具组织性、致命性、针对平民的新恐怖主义受到全世界的广泛重视，中国曾在 2001 年 12 月 29 日通过《刑法修正案（三）》专门作出制度应对。在"疆独"恐怖主义频发的背景下，《修九》进一步扩充了相关罪名，把预备行为、帮助行为、持有行为等距离实害结果较远的行为也作为独立罪名作出规定，进一步严密了法网，加大了惩治恐怖主义犯罪的力度。不过，新的刑法规范是否有效、是否平衡好自由和安全，还值得观察。

互联网对国家和社会生活具有广泛、深刻影响，网络犯罪涉众性强、传播快、变化多，相关案件容易形成地方或举国关注的政治"巨灾"效应。在《刑法修正案（七）》（以下简称"《修七》"）就公民个人信息保护、计算机信息系统保护作出专门规定之基础上，《修九》又就网络相关犯罪作出进一步规定。《修七》增设侵犯公民个人信息罪（第 253 条之一），《修九》则把行为主体由特殊主体扩大为一般主体，并将"违反国家规定"修改为"违反国家有关规定"，同时规定了从重处罚的原则。《修七》增设非法获取计算机信息系统数据、非法控制计算机信息系统罪（第 285 条第二款），提供侵入、非法控制计算机信息系统程序、工具罪（第 285 条第 3 款），《修九》将之行为主体扩大为包括单位犯罪。《修九》还增设拒不履行信息网络安全管理义务罪（第 286 条之一）、非法利用信息网络罪（第 287 条之一）、帮助信息网络犯罪活动罪（第 287 条之二）等。

在网络诈骗高发、食品药品等方面的犯罪也借助互联网渠道的背景下，国家进一步对网络犯罪严密法网有其必要性。把帮助行为正犯化作独立规定，能够回避帮助行为与正犯行为之间在犯意联络证明上的困难，但这也使刑法介入空间大为扩大，应充分考虑技术能力、商业正常运作的边界要求而从严适用。

（四）从"风险驱动型刑法"视角展望刑法未来

2012 年以来，中国工业社会总体上走向成熟，并开始处于人工智能、大数据、云计算、生物科技所推动的新一轮科技和产业革命的浪潮之中。这将对未来中国的社会发展产生重要而深远影响,也为刑事法治提出新的时代问题、新风险和新要求。"风险驱动型刑法"将成为中国未来刑法发展中的一个重要面向,并将给刑法未来带来一系列影响。在此,笔者对中国刑法的未来试作以下展望,或可作为刑法立法科学化的一个有益参考。

1. 中国刑法立法在较长的时段内仍将采取适度的犯罪化

在科技革命的推动下,中国社会在步入后工业社会之后将长期存在风险社会的侧面。科技发展和社会变迁会带来人们活动空间的扩宽,同时在新的社会领域还可能出现新的严重越轨行为、新的法不容许的风险,在较长的一个时段内(比如25年到30年)适度的犯罪化将适应社会发展的实际要求。

2. 中国刑法立法应从集中立法模式转变为分散立法模式

以刑法修正案方式来修订刑法典的做法目前已暴露出很多问题,包括刑法典修改频繁影响其稳定性和权威性、"打补丁"式修订造成刑法体系解释上的自相矛盾、统一法典化立法不能兼顾不同社会形态在稳定性和适应性上的特别要求等。越来越多的学者主张中国的刑法立法模式应告别集中立法模式,而要像德国日本等大陆法系国家那样采取分散立法模式。有学者指出:"必须看到,我国刑法立法单一法典化的趋势并不符合世界刑法立法的现代发展趋势。因为现代刑法立法出现了'解法典化'的趋势。"[①] 刑法立法若采分散立法模式,在刑法典、单行刑法、附属刑法中均可直接规定罪刑条文,还应通过适时的法律修订,协调好刑法典、单行刑法、附属刑法的关系。

3. 中国刑法立法应注重从风险类型区分角度完善罪名体系布局

大致晚近二十年来的中国刑法扩张,较为突出地表现出以具体问题为导向的特点,而对风险类型的区分所要求之罪名体系布局关注不足。[②] 比如在恐怖主义问题较为突出的背景下,刑法增加了大量惩治恐怖主义的罪名;而在核风险、生物技术风险等方面,则缺少立足风险类型全局之考

---

① 童德华:《我国刑法立法模式反思》,《法商研究》2017年第6期。
② 参见焦旭鹏《现代刑法的风险转向——兼评中国当下的刑法观》,《西南民族大学学报》(人文社会科学版)2018年第12期。

量。以风险类型的区分为基础,进而展开特定类型下的罪名体系布局,兼顾刑法谦抑性,这是刑法立法发展进步的必由之路。

4. 中国刑法立法的刑罚结构应进一步优化

由于未来刑法立法风险预防思维将继续发挥重大影响,轻罪的比重将上升,刑罚结构应进一步朝着"严而不厉"方向完善。我国刑法现存的46个死刑罪名应继续减少;应进一步完善非刑罚处罚方法,增加刑法中保安处分措施,优化刑罚、保安处分的二元制刑事责任后果体系;应提高社区矫正的实施水平,使受刑人更好复归社会。

5. 中国刑法立法中的轻罪比重将上升,应科学配置刑罚的附随后果

随着中国刑法立法中风险预防思维的凸显,预备犯、抽象危险犯、持有犯等尚未造成实害的行为以及帮助行为都被规定为独立的犯罪。这些风险刑法规范意义上的犯罪较之实害犯而言社会损害性更轻,刑法上配置的刑罚也会较轻。但是轻罪在刑法结构中比重的上升,会使刑罚的附随后果问题变得更为突出。由于中国大量行政法律和其他社会规范中都对曾受刑罚处罚者规定了较为严厉的刑罚附随后果,这就会出现虽然行为人被判处的刑罚不重,但刑罚的附随后果却比刑罚更为严厉的情况。学者指出:"我国存在大量的包括'职业禁止''资格限制'等在内的非刑罚性禁止或限制措施,散见于不同层阶的制度,内容分散,标准不一,依据不明确,前置条件与后果的逻辑关联性不强,加上对受过刑罚的人员的个别价值评价性做法,使得受过刑罚处罚人员回归社会面临许多难题。"[①] 科学配置刑罚的附随后果是未来理应深入研究的重大议题。

五 结语

结合中国的社会变迁(兼及政治背景)来解释刑法发展是中国学者们常为常新之事,无论是坚持以"转型社会学"或者径直以"风险社会""信息社会"为背景来讨论中国刑法问题,其实都不无价值。本文的努力并不是试图全面否定前述做法,而是希望提供一种更为多元的关涉社会形

---

① 王瑞君:《我国刑罚附随后果制度的完善》,《政治与法律》2018年第8期。

态、刑法类型、刑法观的解释框架,使对刑法的理论观察能与社会学上科技革命影响社会整体变迁的知识传统接续起来①,使刑法研究的社会学基底与时俱进并保持某种程度的理论纯粹性。或许,这样的学术多样性蕴含着更多理论可能,并终将使中国刑法发展为之受益。

完善微罪出罪等体制机制的建设,才能推动犯罪圈的扩张始终沿着理性的轨道前进。

---

① 参见焦旭鹏《现代刑法的风险转向——兼评中国当下的刑法观》,《西南民族大学学报》(人文社会科学版)2018年第12期。

第二编
社会变迁与刑法扩张

论我国犯罪圈的未来走向*

王志祥** 融昊***

一 问题的提出

自1997年系统修订的《中华人民共和国刑法》（以下简称《刑法》）颁布以来，我国刑法典已历经总共十个修正案的修订。从刑法结构的角度来看，这些对刑法典修订的内容主要体现在两个方面，即犯罪侧结构的改革和刑罚侧结构的改革。① 从近年来的刑事立法活动进行观察，就犯罪侧结构而言，其改革的主旋律一直是犯罪圈的扩张，这亦可表述为犯罪门槛的不断降低。然而，随着犯罪圈的不断扩张，一系列的问题亦逐渐得以浮现。比如，对于轻微反社会行为的治理是坚持犯罪化的一元制裁模式还是应当恪守犯罪化与行政违法化相区分的二元制裁模式？对犯罪门槛的不断降低与有限司法资源之间的矛盾如何加以化解？对犯罪圈扩张后实施大量轻微犯罪的行为人接受制裁后仍面临的犯罪前科"标签效应"的问题应如何处理？基于此，笔者拟以自入罪以来便备受争议的醉驾行为为切入，管中窥豹，立足于立法论的范畴，就上述问题进行讨论，以就教于方家。

---

* 本文系2019年度最高人民检察院检察理论研究课题"醉驾犯罪实证研究"（项目编号：GJ2019C37）的阶段性成果。
** 北京师范大学刑事法律科学研究院外国刑法与比较刑法研究所所长，教授，博士生导师。
*** 北京师范大学刑事法律科学研究院刑法专业博士研究生。
① 参见储槐植《刑法现代化的本质是刑法结构的现代化》，《检察日报》2018年4月2日第3版。

二 1997年《刑法》颁行以来犯罪圈变动的情况述评

事实上,1997年《刑法》颁行以来,犯罪圈的不断变动确实引发了一定的现实问题与学界广泛的争鸣。其中,以下三个问题最为引人关注,即犯罪圈的扩张趋势、犯罪成立与反社会行为①制裁模式的应然向度以及犯罪行为的附随后果。接下来,笔者将围绕上述三个问题展开述评。

(一)犯罪圈扩张趋势的述评

所谓犯罪圈,是指国家以刑事立法的方式确定的包含所有犯罪的范围和界限。② 自1997年《刑法》颁行至今,立法机关总共颁行了10个刑法修正案,刑法分则的条文数量从350条增加到373条,刑法罪名数量则从412个增加到469个。无论是新罪名的增设,还是已有旧罪名内容的扩充,都反映出一个不争的事实——犯罪圈的不断扩张,这亦可表述为犯罪门槛的不断下降。③ 对这一扩张趋势具体可以从以下几个方面加以阐释。

1. 犯罪圈扩张的背景

毋庸置疑,就导致我国犯罪圈不断扩张的根本动因而言,应归结于风险社会的时代大背景。德国学者贝克指出:"现代性从经典工业社会的轮廓中获得了解放,并缔造了一种新的形态,也就是这里所称的风险社会。"④ 工业革命与现代科技在给人类带来各种物质便利的同时,也创造了众多新生的危险源,由此导致技术性风险如电子病毒、核辐射、交通事

---

① 在我国的法治语境中,广义的违法行为包括民事违法行为、行政违法行为与刑事违法行为。前者较后二者而言更侧重于描述平等主体间权利义务关系出现的紊乱,而后两者的本质在于个人对于社会整体法秩序的对抗,可以统称为反社会行为。
② 参见黄太云、黄云波《论稳健型刑法立法观》,《中国刑事法杂志》2019年第3期。
③ 犯罪门槛作为界定犯罪的标准,具有重要的限制和过滤机能。一个行为只有越过犯罪门槛才能进入刑法的规制范围,构成犯罪。因此,犯罪门槛设置的高低决定了犯罪圈的大小。参见卢建平《犯罪门槛下降及其刑法体系的挑战》,《法学评论》2014年第6期。
④ [德]乌尔里希·贝克:《风险社会:新的现代性之路》,张文杰、何文博译,译林出版社2018年版,前言第2页。

故、环境污染、恐怖主义等各种各样新型的人为风险日益扩散。① "灾难频发的现实与公众日益觉醒的忧虑合力,将风险控制植入政治议程的核心,政府被要求强化规划未来生活,提供安全保障的职责,而这一职责的扩张亦将引发法律的深刻挑战。"② 换言之,"全球风险社会"所带来的发展变化不仅是经济、社会和政治领域的,它也会从根本上改变法律。③ "风险社会"催生的各种新型犯罪所产生的危害后果常常是具有灾难性、难以挽回性的,以结果犯为本位构建的传统刑法难以应对这些风险。④ "风险不论是具体或抽象描述的事实状态,或者只是纯粹心理的恐惧感受,都会不断被转译成简化的安全概念。在概念转译过程中,当代社会同时也形成了一股股刑法应当积极扩张适用范围的压力。"⑤ 因此,"风险社会"要求刑法拓展其调整范围,要求法益保护提前化、刑事处罚前置化。⑥

当下,我国正逐渐步入风险社会,各种社会风险开始显露。而以往的"厉而不严"的刑法结构在犯罪侧结构的主要表现就是犯罪门槛过高,刑事法网不严密。而这一立法现象会导致刑法在应对各种层出不穷的新型犯罪时往往力不从心。基于此,在"严而不厉"立法政策的导向下,织密刑事法网,扩大刑法的调整范围就可谓迫在眉睫。

2. 犯罪圈扩张的具体进路

近年来,就我国犯罪圈扩张的立法进路而言,无外乎以下两个大方向,即创设新的罪名与调整原有犯罪的罪状。

前一种进路包含以下三种具体方式:(1)将行政违法行为升格为犯罪。比如,2015年8月29日全国人大常委会通过的《中华人民共和国刑法修正案(九)》[以下简称《刑法修正案(九)》]第25条将《教育法》

---

① 劳东燕:《风险社会中的刑法:社会转型与刑法理论的变迁》,北京大学出版社2015年版,第16页。
② 赵鹏:《风险社会的自由与安全》,沈岿主编《风险规制与行政法新发展》,法律出版社2013年版,第3页。
③ [德]乌尔里希·齐白:《全球风险社会与信息社会中的刑法》,周尊友、黄笑岩等译,北京大学出版社2012年版,第6页。
④ 郑延谱:《刑法规范的阐释与改造》,中国人民公安大学出版社2015年版,第25页。
⑤ 参见古ané宗《风险社会与现代刑法的象征性》,台湾《科技法学评论》2013年第1期。
⑥ 参见王永茜《论现代刑法扩张的新手段——法益保护的提前化和刑事处罚的前置化》,《法学杂志》2013年第6期。

中的"组织考试作弊""代替考试"等行政违法行为上升为《刑法》第284条之一所规定的组织考试作弊罪、代替考试罪等犯罪。再比如，2011年2月25日全国人大常委会通过的《中华人民共和国刑法修正案（八）》〔以下简称《刑法修正案（八）》〕将原由《中华人民共和国道路交通安全法》（以下简称《道交法》）第91条所规定的醉酒驾驶机动车这一行政违法行为上升为《刑法》第133条之一所规定的醉驾型危险驾驶罪。（2）创设独立的新型构成要件行为类型以形成新的犯罪类型。比如，《刑法修正案（九）》新增的《刑法》第286条之一所规定的拒不履行信息网络安全管理义务罪和第287条之一所规定的非法利用信息网络罪等，就是如此。（3）将刑法的干预起点予以前置化，即通过预备行为实行化、帮助行为正犯化的具体路径创设新的犯罪类型。比如，《刑法修正案（九）》增设的《刑法》第120条之二所规定的准备实施恐怖活动罪、第287条之二所规定的帮助信息网络犯罪活动罪等，就是如此。

后一种进路则主要由以下两种具体方式构成：（1）降低原有犯罪类型在犯罪成立方面的定量因素要求。比如，《刑法修正案（八）》将《刑法》第141条第1款规定的生产、销售假药罪中的"足以严重危害人体健康"的表述加以删除，将《刑法》第338条规定的重大环境污染事故罪中的构成要件后果表述——"造成重大环境污染事故，致使公私财产遭受重大损失或者人身伤亡的严重后果"——予以取消。（2）在原有犯罪的罪状中增加新的行为类型。比如《刑法修正案（八）》修改了《刑法》第264条规定的盗窃罪，将"入户盗窃""携带凶器盗窃"和"扒窃"增设为盗窃罪的行为类型。再比如，《刑法修正案（九）》修改了《刑法》第267条规定的抢夺罪的规定，将"多次抢夺"的行为设定为抢夺罪的行为类型。

3. 犯罪圈扩张的结构表现

随着犯罪圈的不断膨胀以及《刑法》所规定的犯罪类型的总量的剧增，在犯罪圈内部，各罪名之间也逐渐呈现出犯罪分层的结构特点。

所谓犯罪分层，是指根据犯罪的严重程度将所有犯罪划分为不同层次的犯罪分类方法，① 也称犯罪的轻重分层。总体来看，在犯罪分层的标准

---

① 参见卢建平《犯罪分层及其意义》，《法学研究》2008年第3期。

上主要有三种观点：一是实质标准说，即主张根据犯罪性质、犯罪危害程度等犯罪的内在特质确定犯罪的轻重等级；二是形式标准说，即主张以刑罚的轻重为标准来划定犯罪的轻重等级；三是实质与形式标准综合说，即主张从实质和形式相结合的角度来划分犯罪的轻重等级。① 无疑，罪行危害程度的不同是犯罪轻重层次之间最本质的区别。由此看来，实质标准说似乎更具有说服力。但是，从认识论的角度而言，刑罚与犯罪具有天然的对应关系，犯罪的危害严重程度最直观的外在表现就是其刑罚的轻重。基于此，采用形式标准说进行犯罪分层的判断显然更具有可操作性。

在我国学界，在对犯罪分层进行具体判断时，通常以3年有期徒刑的法定刑为界，其上的犯罪称重罪，其下的犯罪称轻罪。《刑法修正案（八）》增设的《刑法》第133条之一所规定的危险驾驶罪的法定最高刑仅为拘役，其制裁的严厉性程度远远低于3年有期徒刑。因此，可以把可判处拘役或以下之刑的犯罪称为微罪，微罪行为的危害性和行为主体的主观恶性在刑法评价的等级上都是最低的。② 除了危险驾驶罪之外，《刑法修正案（九）》又增设了2个法定最高刑为拘役的犯罪，即代替考试罪与使用虚假身份证件、盗用身份证件罪。上述3个罪名初步确立了我国目前的微罪体系。

值得强调的是，出于不断完善刑法结构的需要，犯罪圈内的犯罪分层现象绝不能只停留在认识论层面，而是应由立法者推动其走上规范化、制度化的道路。也就是说，应当为重、轻、微不同层次的犯罪设立不同的制裁制度与制裁程序，从而有助于刑事政策的充分贯彻和司法资源的高效合理配置，以期实现我国刑事法治的高度繁荣。

4. 犯罪圈扩张的影响

（1）从积极的一面看，犯罪圈的扩张对社会整体治理与个人人权保障都有一定的助益

就前者而言，社会的治理效果对犯罪圈的扩张确实在一定程度上发挥了刑法对于某些严重风险的预防作用，从而使某些棘手的社会问题得以一定程

---

① 参见郑丽萍《轻罪重罪之法定界分》，《中国法学》2013年第2期。
② 参见储槐植《解构轻刑罪案，推出"微罪"概念》，《检察日报》2011年10月13日第3版。

度的解决。比如，自《刑法修正案（八）》将醉驾入刑以来，确实取得了一定的积极治理效果。公安部2012年5月的统计数据显示，从2011年5月1日至2012年4月20日，全国公安机关共查处酒后驾驶35.4万起，同比下降41.7%。其中，醉酒驾驶5.4万起，同比下降44.1%。① 同时，醉驾入刑也带来了因酒驾、醉驾导致交通事故起数和死亡人数的明显下降。而2014年在"醉驾入刑"三年之际的数据统计显示，全国因酒驾、醉驾导致交通事故起数和死亡人数与醉驾入刑前相比分别下降25%和39.3%。② 到2016年醉驾入刑五年之时，上述两数据与醉驾入刑前五年相比分别下降18%和18.3%。而在2019年上半年，因酒驾醉驾导致死亡交通事故1525起，造成1674人死亡，分别同比减少20.7%、20.4%。此外，醉驾入刑还推动了公民自觉遵守法律、抵制酒驾醉驾意识的提升，"开车不饮酒、饮酒不开车"逐渐取得广泛的社会共识，并直接催生出代驾这一新经济业态。③ 由此可见，醉驾入刑的立法目的——预防和控制因醉酒驾驶机动车而导致的交通事故风险得以初步实现。

而就后者而言，与行政处罚程序相比，在反社会行为被纳入犯罪圈之后，国家应对犯罪的刑事司法程序即刑事诉讼程序更有利于充分保障行为人的合法权利。具体而言，以对行为人人身自由的限制类处罚为例，刑事诉讼程序与治安拘留程序相比，无论是在各参与机关的权力制约机制方面，还是在对被处罚者的辩护权利以及救济措施的保障方面，都具有更充分的优势。这一点，在相关的国际公约中也得到了印证。联合国《公民权利与政治权利国际公约》（以下简称《公约》）第9条第1款规定："任何人不得加以任意逮捕或拘禁。除非依照法律所确定的根据和程序，任何人不得被剥夺自由。"虽然该《公约》并未对相关的法律程序作出明确说明，但联合国人权事务委员会已经指出，对人身自由任何形式的剥夺，都要经过司法审查。这也就意味着，就该《公约》第9条第1款中所规定的法律

---

① 参见新华社《"醉驾入刑"这一年》，《检察日报》2012年5月9日第5版。
② 参见向阳、邹伟《公安部："醉驾入刑"三年，酒驾事故数下降25%》，《新华每日电讯》2014年10月20日第5版。
③ 参见汤瑜《醉驾入刑五年全国共查酒驾247万余起》，《民主与法制时报》2016年5月5日第1版。

程序而言，应予特别强调的就是区别于行政处罚程序的刑事司法程序。

（2）从消极的一面来看，犯罪圈的扩张对于社会和公民个人而言，亦会产生一定的负面影响

就犯罪圈扩张对社会的负面影响而言，可分两个方面展开论述。一方面，大幅扩张犯罪圈会削弱刑法作为一项社会治理手段的有效性。如果每逢遇到棘手的新型社会问题，就任性地祭出刑法的大纛，以入罪的方式来追求"一了百了"式的解决，不仅会使得国家在解决此类问题上存在着体制机制层面治理能力的短缺，更可能在治理效果上适得其反。因为，刑法本身具有鲜明的严肃性与谦抑性特征，其作为一种手段投入社会治理的工作中是要恪守一定限度的。一旦过度使用这种手段，就会削弱民众的耻辱感，从而使其逐渐麻木，无法从内心认同刑法的权威性。而逐步丧失公正的认同后，全民守法的法治效果必大打折扣，此时又何谈刑法治理社会的有效性呢？对这一过程，亦可用经济学上的"边际效应"原理进行阐释。连续增加刑法手段的投入超过一定水平后，新增的社会治理的正面效果反而会逐步减少。另一方面，犯罪圈的大幅扩张，会导致司法资源的过度消耗，增加社会运转成本。具体来看，2011年《最高人民法院工作报告》显示，2010年全年各级法院审结一审刑事案件779641件，判处罪犯1006420人，而到了2019年，《最高人民法院工作报告》中记载的2018年全年审结一审刑事案件竟达到了119.8万件，判处的罪犯增加到142.9万人。这无疑表明，自2011年《刑法修正案（八）》将犯罪圈扩张的幅度陡增后，我国司法实践中的犯罪总量亦大幅增加，由此需要在刑事法治领域投入较以往而言规模更加庞大的司法资源。以醉驾入刑为例，数据显示，截至2016年危险驾驶罪的规定施行五年之际，全国公安机关共查处饮酒后驾驶机动车违法行为247.4万件。[①] 2015年，江苏全省各级法院共受理各类案件163万余件，一审审结的刑事案件有7万余件，其中约有1万件为醉驾案件，占全年刑案的七分之一。[②] 在广州市，2011年5月至2017年10月，全市基层法院受理醉驾型危险驾驶案件

[①] 参见汤瑜《醉驾入刑五年全国共查酒驾247万余起》，《民主与法制时报》2016年5月5日第1版。

[②] 参见陈竹沁《江苏1/7一审审结刑案为醉驾，高院院长吁立法入刑门槛要严》，http://news.sohu.com/20160311/n440135212.shtml，2019年10月10日。

14233 件，占同期基层法院受理刑事案件总数的 13.6%，部分市辖区甚至高达 20%—30%。广州市中级人民法院审理的醉驾型危险驾驶二审案件占所有二审刑事案件的比例超过 10%。① 从全国范围来看，2018 年《最高人民检察院工作报告》也显示，2013 年至 2017 年，全国检察机关共起诉 73.7 万涉嫌危险驾驶罪的犯罪嫌疑人，占整个起诉案件的 10.27%，且绝大部分案件系醉驾案件。而到了 2019 年上半年，根据 7 月 31 日最高人民法院公布的 2019 年上半年全国法院审判执行数据，在审结的刑事案件中，危险驾驶罪首次超越盗窃罪，排在第一位。② 众所周知，危险驾驶罪属于典型的微罪，而微罪行为所固有的社会危害性程度轻微的属性决定了其涉及的只是低烈度的反社会行为。而为了解决这种低烈度低强度的反社会行为问题，投入大量宝贵的司法资源到刑事领域，就可能存在浪费的问题。这种浪费亦会使正处于社会主义初级阶段的我国增加社会运行的成本，甚至背上沉重的发展包袱。

就犯罪圈扩张对公民个人的负面影响而言，亦可分两个方面进行阐述：一方面，犯罪圈的大幅扩张，会降低公民个人在社会生活中的安全感，不利于社会的稳定和团结。具体而言，这种安全感的削弱不仅来源于公民个人因犯罪圈扩张引起的犯罪总量激增而产生的成为刑事被害人的概率提升的恐惧，亦来源于公民个人对于刑事法网不断严密后自身的行为可能不慎触犯刑法的担忧。换言之，犯罪圈大幅扩张后，每个公民都面临着可能成为刑事被害人或刑事被告人的双重刑事风险。另一方面，犯罪附随后果这一独特的法律现象在犯罪圈扩张带来的犯罪总量激增的催化下会对大量犯罪人及其近亲属的合法权利产生不正当的压制与剥夺的效果。③ 这

---

① 参见卢文洁等《醉驾案件挤占大量司法资源 陈建华建议建立"醉驾案附条件不起诉"制度》，《广州日报》2018 年 3 月 11 日第 A4 版。

② 参见孙晨《最高法发布 2019 年上半年审判执行工作数据》，http://baijiahao.baidu.com/s?id=1640618168606146265&wfr=spider&for=pc，2019 年 10 月 11 日。

③ 比如，根据《行政机关公务员处分条例》第 17 条第 2 款的规定，行政机关公务员依法被判处刑罚的，将给予开除处分；根据《劳动合同法》第 39 条的规定，劳动者被依法追究刑事责任的，用人单位可以解除劳动合同；根据《律师法》第 49 条第 2 款的规定，律师因故意犯罪受到刑事处罚的，将被吊销律师执业证书；根据《公证法》第 42 条的规定，公证员因故意犯罪或者职务过失犯罪受刑事处罚的，应当吊销公证员执业证书；根据《执业医师法》第 16 条的规定，医师注册后受刑事处罚的，将被收回医师执业证书；根据《注册会计师法》第 13 条的规定，已取得注册会计师证书的人员受刑事处罚的，将被收回注册会计师证书。

不仅会对人权保障这一中国特色社会主义法治事业的重要任务造成极为消极的影响，甚至还在社会中不合理地塑造了一个数量庞大的"贱民"阶层，极易激化社会矛盾。所谓的犯罪附随后果，是指根据刑法之外的非刑事法律法规的规定，曾经受过刑事处罚或因故意犯罪受过刑事处罚的人及其近亲属，将承受被剥夺或者限制某些权利的不利后果，诸如在入党、升学和就业等方面的限制。① 由于我国尚未构建成熟完善的前科消灭制度，所以犯罪附随后果对于犯罪分子及其家庭而言往往是伴随终身的。这就会导致对于制裁力度本就十分轻微的微罪而言，犯罪附随后果，比如终身禁止从事某些行业、子女不得报考"985"高校等，对实施微罪的犯罪分子的权利的压制以及对其家庭的负面影响比犯罪分子所承受的刑罚本身可能还要严重。这显然违背了刑法中的罪责刑相适应原则以及罪责自负原则等，甚至突破了广义上公法法域中规制法律制裁的比例原则。以醉驾入刑为例，据笔者在调研中了解的情况，自《刑法修正案（八）》将醉驾入刑以来，已经有至少100万人因醉驾而受到刑事追究。这也就意味着至少有100万个醉驾型危险驾驶罪的已决犯和其背后的100万个家庭正受到上述犯罪附随后果对自身权利的不正当压制和剥夺。这无疑是犯罪圈大幅扩张所造成的一个极不合理的社会现象。

（二）犯罪成立与反社会行为制裁模式的述评

研究犯罪圈的问题，离不开对于犯罪成立模式和反社会行为制裁模式的探讨。在这部分的论述中，笔者将在厘清相关概念范畴的基础上，结合我国具体国情，对各个模式的优劣长短进行评析。

1. 犯罪成立与反社会行为制裁模式的概念廓清

在我国刑法学界，每每论及犯罪圈问题时，各种提法总会层出不穷，诸如定性定量问题、一元制二元制模式等。然而，就这些概念之间的关系与指向的问题而言，至今却未有人进行过系统化的梳理。因此，我们有必要在评析各种模式之前对于相关概念进行梳理。

事实上，与犯罪圈相关的概念主要有三个，即犯罪成立模式、反社会

---

① 参见黄云波《微罪犯罪附随后果有待科学优化》，《检察日报》2017年7月12日第3版。

行为的制裁模式以及规制反社会行为的立法模式,它们的具体内容如下。

(1) 犯罪成立模式

世界上任何国家对于犯罪行为的界定即犯罪的成立,都要考察两个方面的因素,一是行为是否符合刑法分则规定的犯罪类型,即定性因素;二是行为在量上是否达到了科处刑罚的程度,即定量因素。① 而基于不同国家对定量因素的不同规定,犯罪成立模式又具体分为立法定性+司法定量和立法定性+立法定量两种类型。前者以德国、日本、法国、英国、美国等国为代表,即其刑事立法只对犯罪类型作出规定,至于量上是否达到了科处刑罚的程度,则由司法机关进行判定。后者以俄罗斯、朝鲜、西班牙等国为代表,即刑事立法不仅对犯罪类型作出规定,而且规定犯罪成立对量的要求。②

(2) 反社会行为的制裁模式

区别对待轻微反社会行为和严重反社会行为,形成一定的权力分工与处置差异,此可谓现代刑事法治的通例。不过,这一通例所涉及的具体权力分工或处置方式却有很大不同,大体可以分为两种类型:一种是一元制的制裁模式,其强调轻微的反社会行为与严重的反社会行为,即行政违法行为与刑事违法行为均由司法机关依照刑事诉讼程序进行处理。例如,在英美法系国家和地区,无论是普通犯罪还是轻微犯罪都由法院处理。在法国,刑法典也根据刑罚轻重将犯罪分为重罪、轻罪和违警罪,对于轻微反社会行为的违警罪由治安法院审判。③ 另一种是二元制的制裁模式。在这种模式下,犯罪即刑事违法行为由司法机关依照刑事诉讼程序进行处理,而作为轻微反社会行为的行政违法行为则由行政机关依照行政处罚程序进行处理。

(3) 规制反社会行为的立法模式

就对反社会行为进行规制而言,亦存在两种对立的立法模式。分立式立法模式强调刑事违法行为与一般违法行为在行为类型上完全不同。如果某类

---

① 参见储槐植《刑事一体化论要》,北京大学出版社 2007 年版,第 115 页。
② 参见李会彬《传统刑事责任与民事责任关系的理论反思及其重新界定》,《政治与法律》2019 年第 7 期。
③ 参见[法]卡斯东·斯特法尼等《法国刑法总论精义》,罗结珍译,中国政法大学出版社 1998 年版,第 188 页。

行为被规定为犯罪，无论是多么轻微的反社会行为，也不会转变为一般违法行为，反之亦然。而交叉重合式立法模式的内涵则是同类型行为主要依据行为危害程度的轻重不同划分为刑事违法行为与一般行政违法行为。①

根据对上述概念的梳理，显然可以看出，上述三个概念本质上是从犯罪成立的要素层面、犯罪的对称关联层面（制裁模式）以及犯罪圈立法的技术层面（立法模式）这三个不同的向度来描述同一个问题——在与行政违法行为范畴的关系层面诠释不同类型犯罪圈的特征。根据我国《刑法》第13条"但书"的规定以及《治安管理处罚法》第2条②的规定，我国的犯罪成立模式为"立法定性＋立法定量"模式，反社会行为的制裁模式为二元制的制裁模式，规制反社会行为的立法模式为交叉重合式立法模式，刑法对于反社会行为的调整范围仍是受行政法制约的。所以，从总体来看，我国犯罪圈的规模仍然较小，我国的刑法在世界范围内可称得上是典型的"小刑法"。③ 为了之后方便论述，我们统一将"立法定性＋立法定量"的犯罪成立模式、一元制的反社会行为制裁模式以及交叉重合式立法模式统称为一元制模式，将立法定性与司法定量结合的犯罪成立模式、二元制的反社会行为制裁模式以及分立式立法模式统称为二元制模式。

2. 一元制与二元制的争论

如前所述，我国目前在对于反社会行为采取的是二元制模式。晚近以来，随着我国犯罪圈的扩张以及刑法知识的转型，以一元制模式代替二元制模式的呼声正逐渐活跃起来。而这一呼声则引发了一场旷日持久的争论，争论的核心问题就在于在我国刑法立法中对于反社会行为的调整能否以一元制模式代替二元制模式。

（1）达成的共识和亟待解决的问题

事实上，关于我国现行的二元制模式的利弊问题，储槐植教授等早在21世纪初就对"立法定性＋立法定量"的犯罪成立模式作出了较为详尽

---

① 参见王彦强《犯罪成立罪量因素研究》，中国法制出版社2018年版，第105页。
② 扰乱公共秩序，妨害公共安全，侵犯人身权利、财产权利，妨害社会管理，具有社会危害性，依照《中华人民共和国刑法》的规定构成犯罪的，依法追究刑事责任；尚不够刑事处罚的，由公安机关依照本法给予治安管理处罚。
③ 参见卢建平《犯罪门槛下降及其对刑法体系的挑战》，《法学评论》2014年第6期。

的分析,① 而且这基本上成为学界的共识。基于此,我们不难发现,二元制模式确实有一定的弊端,全盘地不做变动地保留下来已无可行性。辩证地来看,无论是立法者还是专家学者,都无法保证以一元制替代二元制就能取得尽善尽美的法治效果。那么,无论在实行何种模式都不可能规避其自身所有的不利影响的前提下,目前在这一争论中亟待解决的关键问题就在于:一元制模式和二元制模式中,哪一种模式更适合当下中国的实际需要?哪一种模式给出的方案更适合中国的特殊国情?只有在解决了上述问题的基础上,立法者在究竟是完善目前二元制模式还是以一元制模式全面取代二元制模式的问题上才会有扎实的判断基础和决策依据。

(2)晚近以来在共识基础上出现的争论新动态

在就上述二元制模式的利弊形成初步共识的基础上,晚近以来持一元制模式的论者又提出了一些新的观点来论证实行二元制模式的消极影响以及一元制相对于二元制的优越之处。这些观点的内容主要集中在以下两个方面。

一方面,有学者认为,二元制模式在犯罪成立模式向度上虽然主张"立法定性+立法定量"的模式,但未能实现对犯罪行为的真正定性。② 换言之,二元制模式仅仅是以定量因素,即行为的社会危害程度来区分犯罪行为与一般的行政违法行为,而并没用从本质上阐述出刑事违法行为不同于其他违法行为的定性特征究竟是什么。这样的立法模式是以结果中心主义为导向的,会导致所有可能被评价为有一定社会危害性的人类行为都有被纳入犯罪圈的概率。③ 这无疑使国民很难对自身行为是否构成犯罪进行

---

① 立法中定量犯罪概念的正面效应:(1)适应我国社会治安多级制裁体系的结构要求;(2)将危害程度未达到定量因素要求的危害行为排除在犯罪圈之外,从而可以减少犯罪数,降低犯罪率;(3)可以使刑事司法力量集中起来打击严重的犯罪活动,避免将有限的刑事司法资源消耗在对付危害程度不大的一般违法行为上。立法中定量犯罪概念的负面效应:(1)导致刑法理论的困惑与学理解释的尴尬,尤其是在犯罪构成与犯罪概念的关系方面;(2)导致最高司法机关司法解释权的膨胀和地方司法机关自由裁量权的萎缩;(3)导致刑事法网粗疏,刑法结构厉而不严,不利于从源头上控制和预防犯罪。参见储槐植、汪永乐《再论我国刑法中犯罪概念的定量因素》,《法学研究》2000年第2期。

② 参见吴亚可《我国犯罪定性定量立法模式检论》,陈兴良主编《刑事法评论》第38卷,北京大学出版社2017年版,第306页。

③ 参见吴亚可《我国犯罪定性定量立法模式检论》,陈兴良主编《刑事法评论》第38卷,北京大学出版社2017年版,第310页。

准确预测,十分不利于刑法人权保障机能的贯彻。而强调立法定性不定量的一元制模式,则是以构成要件行为的形式特征作为犯罪行为的定性标准,具有高度的明确性,适合于对刑事违法行为与其他违法行为作清楚的界分,① 从而不会出现上述二元制模式因不能真正定性而带来的消极影响。

另一方面,也有学者指出,二元制模式忽视了刑法作为行为规范的行为规制机能,不利于国民规范意识的养成。② 具体而言,就是指二元制模式在行为是否被评价为犯罪的问题上坚持以立法上的定量因素而非行为本身的类型化特征为核心判断标准的做法会向全体国民传递一种反社会行为只要在危害程度上不达到构成犯罪所需的量的要求就不值得被谴责即通俗来讲的"小恶不是恶"的观念。这种观念无疑对于刑法本身以及其背后的国家整体法秩序的正义性与合理性有着极大的负面作用。在这种错误观念的影响下,即使通过刑罚的一般预防作用,国家也很难期待承担着社会角色的规范共同体成员能够将法规范自觉内化为自己的行为准则。因为"法律制裁问题,总的来说是同法律的秩序作用及其增进正义的目的联系在一起的。如果法律制度缺乏正义,那么依赖政府强制力的做法就不可能得到人们的普遍拥护"③。而一元制模式最起码从设定规则的角度来看,对行为性质的评价是明确的。如果将盗窃设定为刑事违法行为,就不会因为其数额过小,情有可原而变成一般违法行为。这种方法,对国民法规范意识的形成和确定是有益处的,因为刑法中规定的构成要件行为类型就与犯罪联系在一起,因而可以最大限度地将刑法规范中的命令性和禁止性要求清晰地传递给国民,引导国民形成良好的法规范意识与行为准则,④ 也使得法规范本身的正当性与正义性得到了确证,维护了社会规范共同体与整体法秩序的稳定。并且,这种"小恶不是恶"观念的传播还会引发社会整体道德的滑坡。对此,储槐植教授曾明确指出:"由于刑事法网不严,犯罪概念、犯罪构成有一个定量限制,达不到规定的量,那么就不构成罪,导致

---

① 参见沈海平《犯罪定量模式检讨》,《法学家》2015年第1期。
② 参见姜涛《破窗理论与犯罪规制模式的重构》,《国家检察官学院学报》2016年第1期。
③ 参见[美]E.博登海默《法理学:法律哲学与法律方法》,邓正来译,中国政法大学出版社2017年版,第370页。
④ 参见李洁《论罪刑法定的实现》,清华大学出版社2006年版,第161页。

道德底线失守，这是个重大的问题。"① 而这种道德滑坡势必使得刑法很难有效应对由此越发活跃的尚处于"小恶"阶段的反社会行为，无法提前预防其发展为"大恶"的犯罪行为，从而对社会的整体稳定构成极大的危险。对于这一点，犯罪学中的"破窗理论"（Broken window theory）早有论证。美国政治学家威尔逊和犯罪学家凯琳在1982年《大西洋季刊》上共同发表的《破窗理论》一文中首次提出了破窗理论。所谓"破窗理论"，是指一扇破窗，如若无人及时维护，别人就会认为这幢建筑无人看管，甚至建筑所在的街区也是法外之地，前期可能只是受到某些示范性的纵容去打烂更多的窗户，渐渐地就会滋生更为严重的违法行为甚至犯罪。换言之，如果不及时规范失序的行为，就会给民众传达一种错误的信号，即社会容许、接受这种行为，在失序行为营造的这种麻木不仁的氛围中，违法行为滋生、猖獗，如若国家对轻微违法行为治理不力甚至置若罔闻，那么犯罪就会蔓延，民众也将对政府失去信心。② 同样地，法国著名社会学家涂尔干亦从宏观社会学的角度对这一现象有过精辟论断："法规范的功能在于防止共同意识以及社会团结发生任何动摇。但是要想实现这一功能，它就应该具有某种道德属性。当最基本的集体情感遭到侵犯时，假如人民忍气吞声，那么社会就会瓦解掉。人们要想抵抗这些侵犯，就必须依靠那些能够与道德规范联系起来的特别强大的反抗力量。"③ 由此可知，倘若放松对国民规范意识的引导，助长"小恶不是恶"的观念，不仅无法发挥刑法的行为规制机能以预防潜在的犯罪，更会破坏现有的社会秩序与法治成果。

出于对二元制模式的弊病的考虑，立法机关目前也开始对一元制模式进行逐步的尝试和探索。最典型的例子莫过于醉驾入刑之后的立法动态。具体而言，在将醉驾入刑的《刑法修正案（八）》生效（2011年5月1日）之前的2011年4月22日，由全国人大常委会修正后的《道交法》第91条删除

---

① 参见储槐植《走向刑法的现代化》，《井冈山大学学报》（社会科学版）2014年第4期。
② George Kelling and Catherine Coles, "Fixing Broken Windows: Restoring Order and Reducing Crime in Our Communities", Free Press, January 20, 1998.
③ 参见[法]埃米尔·涂尔干《社会分工论》，渠敬东译，生活·读书·新知三联书店2017年版，第355页。

了对醉驾行为处以 15 日以下拘留并处罚款的行政处罚规定，并增加了对醉驾行为"依法追究刑事责任"的规定。由此，在《刑法修正案（八）》生效之后，《道交法》第 91 条对醉驾行为处罚措施的修正意味着起码在法规范层面我国法律对醉驾的制裁模式已转变为一元制的刑事制裁模式。

（3）笔者对于上述争论的评析

首先，在我国现行的二元制模式的犯罪成立向度中，定性因素并未虚置，定量因素也并非是在区分行为方式上有交叉重合的刑事违法行为与行政违法行为的唯一因素。事实上，基于我国实行的二元制的交叉重合立法模式，我国成文法规范虽然对行政违法范畴与刑事违法范畴设置了大量重叠的行为外观描述。但是，这些外观上看似重叠的行为描述，并不能抹杀行政违法行为与刑事违法行为在实质上的定性区别。这是因为，刑事违法行为即犯罪行为的定性因素由其在《刑法》上被规定的构成要件行为特征所决定的，具体而言就是包括但不限于行为人的主观意图、行为侵害法益的重要性、行为针对的对象以及行为手段等类型化特征。这些类型化特征不仅可以由《刑法》分则条文明确规定，也可以由相关司法解释通过发挥发现立法原意的功能加以更详尽的阐释。由这些类型化特征所组成的定性因素与表明社会危害或法益侵害程度的定量因素共同构成了刑事违法行为与行政违法行为之间的区别。申言之，即使在行为的外观表述上趋同，但基于上述犯罪构成要件行为的类型化特征，在对于反社会行为的实质定性表述方面，行政违法行为与刑事违法行为相比，其表述更为概括，其定性表述所涵盖的范围不仅包括刑事违法行为本身的范畴，还比刑事违法行为定性表述所辐射的范围更为广泛。换言之，在立法上对于刑事反社会行为与行政反社会行为的交叉重合规定部分之中，倘若某一反社会行为在定性表述上符合刑事违法行为的要求，但在定量因素方面未达到构成犯罪的要求，则应归属于行政违法行为的调整范围，而某一反社会行为在定性表述上并不完全符合刑事违法行为的要求，只是在外观描述上符合，亦属于行政违法行为的调整范围。简言之，从整体来看，在定性要求方面，符合刑事违法行为的定性表述也比符合行政违法行为的定性表述的"门槛"更高。以寻衅滋事行为为例，1997 年《刑法》第 293 条规定的毁坏财物型寻衅滋事罪与《治安管理处罚法》第 26 条规定的毁坏财物型寻衅滋事治安违法行为在行为的外观描述上是一致的。但是，根据最高人民法院、最高人民检察院 2013 年 7 月 15 日公布的《关于办理寻衅滋事刑事案件适用法律若干问题的解释》（以下简称《寻衅滋事解释》）第 1 条第 3 款的规定，行为人因婚恋、家庭、邻里、债务等纠纷实施的毁坏他人财物的寻衅滋事行为一般不能被认定为毁财型寻衅滋事犯罪行为。这也就意味着非因上述纠纷原因所推动是《刑法》中规定的毁财型寻衅滋事罪构成要件行为的一个类型化特征，即是其成立犯罪所需的定性要求之一。而这一构成要件行为特征在《治安管理处罚法》及相关的具有法律效力的规范文件中并未得以体现。换言之，成立毁财型寻衅滋事治安违法行为在实质的定性表述层面并不需要上述属于成立毁财型寻衅滋事的构成要件类型特征。在行为人基于上述原因实施损毁他人财物的寻衅滋事行为的场合，其行为虽在定性因素上就排除了成立犯罪的可能，却依然要受到《治安管理处罚法》的调整，构成治安违法行为。由此可知，二元制模式犯罪成立向度所需的定性因素具有明确的立法描述，可以清晰地传达给民众，并未被虚置，二元制模式与一元制模式在犯罪成立的定性因素与定量因素层面都存在着现实的区别，不存在所有被评价为具有一定社会危害的人类活动都可能被纳入犯罪圈的情况，二元制模式并未使犯罪构成超出罪刑法定主义所要求的国民预测可能性的范围。

其次，在二元制度模式下，国家也可以合理期待公民形成遵纪守法、不实施反社会行为的规范意识；与一元制模式相比，二元制模式并不会助长"小恶不是恶"的观念。在二元制模式之中，对于行政违法与刑事违法交叉重合领域内符合成立犯罪定性要求但不符合定量要求的反社会行为的治理并非一放了之，而是使其受到作为行政违法行为应承受的行政处罚的制裁。根据法秩序统一的原理，无论是犯罪行为还是在定量因素方面尚不构成犯罪的行政违法行为，都是对整体法秩序的破坏与对整体法规范的不忠，[1] 因而都应受到整体法秩序的否定性与谴责性评价。具体而言，在二元制模式中，对于在量上尚不构成犯罪的行政违法行为，虽然刑法不能通过自身的行为规制机

---

[1] ［德］京特·雅科布斯：《规范·人格体·社会：法哲学前思》，冯军译，法律出版社 2001 年版，第 45 页。

能与刑罚的一般预防功能来发挥作用,但是,其作为行政法的调整对象,依然可以受到行政法的否定性评价并接受行政处罚,而这样的处罚和否定性评价亦能通过自身的宣示效应助力于公民作出不从事这类违法行为的意思决定。这也就意味着在二元制模式中,无论是发挥刑事制裁的作用还是发挥行政处罚的作用,都能对公民法规范意识的形成起到积极的影响。并且,一元制模式的设定初衷之一在于通过"立法只定性不定量"的方式向国民传递一种"小恶也是恶"的观念以促使其规范意识的形成。但是,一元制模式虽然在立法层面对犯罪成立只提出定性要求,但这并不意味着在一元制模式下的司法实践不考虑行为的具体危害程度。实际上,一元制模式正是通过"立法定性+司法定量"的配合方式共同决定犯罪是否实际成立。这样,在实行一元制模式的国家中,检察机关充分行使自由裁量权,而不将刑法规定的犯罪起诉至法院的现象非常普遍;警察对刑法规定的轻微犯罪不予立案侦查的现象也就是十分正常的。[①] 这是因为,实行一元制模式的国家大多为西方法治文明发达的国家,人权保护的价值观念早已成为法律共同体的共识。这在其刑事诉讼的过程之中的重要表现就是司法机关对于犯罪嫌疑人最终定罪的标准掌握得极为严格,由此致使其刑事诉讼的最终裁判结果出罪率偏高。而在一元制模式下,则并不存在能够与刑事制裁相补充的行政制裁措施。这样,在司法实践中,一旦对轻微反社会行为进行非犯罪化处理,对行为人便无计可施。比如,对于盗窃一张纸的轻微盗窃行为,虽然在一元制模式下认定其构成盗窃罪在立法层面没有障碍,但是,从司法层面看,对其缺乏处罚的必要性,没有必要认定为构成盗窃罪。问题是,一旦在司法层面认定为无罪,对行为人便只有一放了之。而这无异于对轻微反社会行为(小恶行为)的放纵。[②] 这种放纵无疑向全体国民传递了一个与一元制模式所追求的促进规范意识形成的初衷相悖离的价值理念——"小恶不是恶"。对比来看,二元制模式在调整反社会行为方面由于有着刑事制裁与行政制裁相互衔接配合的法律制裁机制,与一元制模式相比,更不易放纵对轻微反社会行为的处理。基于此,我们没有充分的理由认为与实行一元制模式相比,实行二元制模式更

---

① 参见张明楷《司法上的犯罪化与非犯罪化》,《法学家》2008年第4期。
② 参见王志祥《醉驾行为制裁模式的论争及发展方向》,《甘肃社会科学》2018年第4期。

易传递"小恶不是恶"的错误观念。

再次，就犯罪圈划定背后的国家权力配置而言，司法权力是否会膨胀到不受制约而具备产生罪刑擅断的风险，与选择一元制模式还是二元制模式没有必然的关系。在二元制模式中，由于犯罪的成立遵循"立法定性＋立法定量"的路径，对于立法上含义较为模糊且数量庞大的定量规定而言，需要最高司法机关作出相应的司法解释以发现其立法原意并明晰其内涵外延。因此，最高司法机关的司法解释权在二元制模式下可能会陷入过度膨胀的境地。而在一元制模式中，犯罪成立的进路是"立法定性＋司法定量"，因此，司法机关对于行为人实施的反社会行为是否构成犯罪在危害程度的判断上有较大的不受立法制约的自由裁量权，即司法机关的司法裁量权亦过于膨胀。基于此，如何制约司法权的过度膨胀，在犯罪圈扩张的大背景之下协调好其所涉及的各项国家权力之间的制约平衡，与选择一元制模式还是二元制模式没有必然关系。就真正的治本之策而言，恐怕还要寻求相关体制机制的构建与完善。

复次，结合我国当下法治建设的现状来看，贸然将二元制模式全盘替换为一元制模式，着实是不明智的。一方面，倘若将所有反社会行为全部纳入犯罪圈之中交由刑法进行调整，可能会使得一些危害十分轻微的反社会行为只能按犯罪来处理。然而，我国目前尚不具备西方法治文明强国所具有的完善的司法出罪机制，所以在这种情况下犯罪总量会在短时间内急剧增长。这就会使得我国陷入前述的社会治理过度依赖刑法而导致的困局之中，白白将有限的刑事司法资源浪费在处理这种低烈度低强度的轻微反社会行为之中。另一方面，我国目前存在着的独特的犯罪附随后果现象以及其可能带来的罪犯身份标签化效应。因微罪行为而被定罪量刑的已决犯往往在服刑完毕后，依然面临着制度或非制度上的对自身及近亲属的某些合法权利的终身限制，如升学、就业、入党等。如前所述，这显然突破了罪责刑相适应、罪刑自负与责任主义等多种基本原则，在实质上侵犯了相当数量公民的合法权利。倘若全盘实行一元制，这一规模还将剧增。到那时，社会矛盾必然无比尖锐，稳定的社会秩序恐怕只能沦为空谈。事实上，前述提到的我国对于醉驾行为进行刑法一元制治理的尝试就是一个很好的例证。自前述修法变动后，《刑法》彻底抛弃自身第二次规范的谦抑属性，在治理醉驾这一社会问题上承担起了"救火队员"与"独行侠"的一元角色。然而，这样的改革和尝试虽然促进了国民交通规则意识的提升和交通安全状况的部分改进，却并未使醉驾问题得以迎刃而解。相反，依据笔者在前文犯罪圈过度扩张的弊端部分所列举的醉驾入刑后的相关数据，醉驾型危险驾驶犯罪反而愈演愈烈，其犯罪总量以及其在我国总犯罪量中所占的比重都不断创出新高。并且，基于醉驾型危险驾驶犯罪的微罪属性，大量犯该罪的罪犯在接受完应有的刑事制裁后还会受犯罪附随后果的影响，承受远超其所犯罪行应承受的权利压制与剥夺之苦，大量宝贵的刑事司法资源也不得不从大案要案中抽离出来以应对《刑法》独撑醉驾问题的困难局面。基于此，立法者对于醉驾行为进行刑法一元治理的尝试与探索很难称得上是成功的。就正面例子而言，则是立法者在应对考试作弊犯罪层面对于二元制模式的坚守。2015年8月29日《刑法修正案（九）》规定了组织考试作弊罪。为了配合刑法的这一修正，2015年12月27日第二次修改后的《教育法》第79条对组织考试作弊等违法行为根据危害程度的不同，界分了应给予行政制裁的行为与应给予刑事制裁的行为。① 由此，对考试作弊行为应先由行政制裁措施予以处理，当其危害程度增大至行政手段难以发挥作用时，即符合成立犯罪的定量要求时，才会被纳入犯罪圈中受刑法所调整。这也就意味着，对考试作弊行为的治理在恪守二元制模式后，能够有效地节约刑事司法资源，并且避免犯罪量的不当激增和犯罪附随后果的泛滥。

最后，在风险社会的大背景之下，犯罪圈的不断扩张确实已成为理论界与实务界达成共识的大潮流。但是，犯罪圈的扩张并不意味着一定要用一元制模式全盘取代现有的二元制模式，刑事制裁体系在行政制裁体系的配合与辅助之下对于反社会行为的整体治理会发挥更高效且更优质的作用。

三 我国刑法立法中犯罪圈改革的应然进路

（一）完善轻微反社会行为的制裁模式

如前所述，在我国，实行对反社会行为的二元制制裁模式与实行一元

---

① 参见王志祥《醉驾行为制裁模式的论争及发展方向》，《甘肃社会科学》2018年第4期。

制模式相比,能够更高效、更全面地治理反社会行为。并且,一元制模式与二元制模式的一个显著区分点就在于各自对轻微反社会行为的处理方式不同。① 然而,我国已开始了对一元制制裁模式的探索,即对于一种特定的轻微反社会行为——醉驾行为配置刑法一元制制裁的模式,并由此出现了上述严重的负面后果。这意味着我国在对轻微反社会行为的制裁中,同时并行着一元制与二元制两种模式,这无疑会造成一定程度的混乱。而随着我国犯罪圈的进一步扩展,将来势必有更多轻微反社会行为作为微罪被纳入犯罪圈之中。因此,完善我国目前较为混乱的对于轻微反社会行为的制裁模式就显得极有必要。

1. 微罪出罪路径的完善

事实上,以醉驾为代表的轻微反社会行为作为微罪大量得以入罪,无论是对个人人权的保障还是对社会整体的健康运行而言,确实会造成前述种种不合理的困局。基于此,我们有必要探索多元化的微罪出罪方式,构建科学化、体系化与合理化的微罪出罪机制。对此,主要可以从实体与程序两个方面着手。

(1) 实体层面的微罪出罪路径

总的来讲,就是需要司法机关在司法实践中依照《刑法》中明确规定的定量因素要求,对情节显著轻微危害不大的微罪行为不作为犯罪处理。以醉驾型危险驾驶罪为例,虽然在规定其的分则条款之中并未有诸如"情节严重"之类的明确的定量因素规定,但是,司法机关仍可以发挥《刑法》第 13 条"但书"的出罪功能,根据"但书"条款对其危害程度进行判断。这是因为,《刑法》第 13 条"但书"条款属于总则条款,具有一般性的指导地位。换言之,《刑法》第 13 条"但书"规定本身就是关于犯罪成立的定量因素的规定。在这一点上,经过公检法机关多年的争论,最高人民法院在自 2017 年 5 月 1 日施行的《关于常见犯罪的量刑指导意见

---

① 在一元制模式中,对犯罪成立采用"立法定性+司法定量"的方式,倘若某一轻微反社会行为符合立法上构成犯罪的定性要求,但在司法过程中因定量问题被作非犯罪化处理,那么,由于没有能够与刑事制裁相补充的行政制裁措施,这一轻微反社会行为就不会受到任何法律处理从而被放纵;与之相反,在二元制模式中,对犯罪成立采用"立法定性+立法定量"的方式,倘若某一轻微反社会行为符合立法上构成犯罪的定性要求但不符合立法定量要求,也不会得到应有的法律制裁,而是被降格当作行政违法行为进行行政制裁处理。

(二)（试行）》（以下简称《量刑指导意见》）中无疑通过坚持"醉驾不必一律入罪"的立场作出了正确的选择。①

至于如何判断行为的情节是否显著轻微，其社会危害性是否真的不大，则需要结合具体的犯罪构成要件要素，还原案件发生的场域以进行微观具体判断，切忌大而化之。在这一点上，浙江省高级人民法院、浙江省人民检察院以及浙江省公安厅2019年10月8日联合发布的《关于办理"醉驾"案件若干问题的会议纪要通知》（以下简称《会议纪要》）无疑具有很强的现实参考意义。具体而言，《会议纪要》在醉驾入罪的场合行为人血液中酒精含量的问题上适当放宽标准，从而赋予《刑法》第13条"但书"规定以适用空间，拓宽醉驾行为的出罪路径。根据国家质检总局和国家标委会于2004年5月31日发布的《车辆驾驶人员血液、呼吸酒精含量阈值与检验规定》，倘若车辆驾驶人员100毫升血液中的酒精含量大于或者等于80毫克，其驾驶行为就属于醉驾行为。然而，醉驾行为的成立并不等同于醉驾型危险驾驶罪的成立。因为醉驾型危险驾驶罪的成立是对行为符合该罪的犯罪构成要件进行评判的结果。而就该罪的犯罪构成要件而言，醉驾行为充其量仅仅属于客观的行为要素。除此之外，该罪的犯罪构成要件还包括行为要素之外的其他要素，其中就包括反映醉驾行为的社会危害性程度达到犯罪成立的定量因素。在车辆驾驶人员100毫升血液中的酒精含量大于或者等于80毫克的场合，虽然不能否定存在醉驾行为的要素，但是，如果醉驾行为符合《刑法》第13条"但书"规定，那么，就只能认为醉驾行为的危害性程度并没有达到犯罪成立的要求，该罪的犯罪构成也就只能被认定为未能完全符合，由此也就应当否定该罪的成立。② 依据《会议纪要》的规定，酒精含量在每100毫升血液100毫克以下，且无相关的8种从重情节，危害不大的，可以认为是情节显著轻微，不移送审查起诉。据此，即使行为人的行为属于醉驾行为，司法机关仍可

---

① 根据《量刑指导意见》的规定，对于醉酒驾驶机动车的被告人，应当综合考虑被告人的醉酒程度、机动车类型、车辆行驶道路、行车速度、是否造成实际损害以及认罪悔罪等情况，准确定罪量刑。对于情节显著轻微危害不大的，不予定罪处罚；犯罪情节轻微不需要判处刑罚的，可以免予刑事处罚。

② 参见王志祥《醉驾行为制裁模式的论争及发展方向》，《甘肃社会科学》2018年第4期。

以根据《刑法》第 13 条"但书"的规定，赋予其最低标准以上至多 20 毫克的出罪空间。并且，就微罪的未完成形态而言，其危害程度显然比已经相当轻微的微罪还要轻微。那么，司法机关在此种情况下就应积极适用《刑法》第 13 条"但书"规定，对符合"情节显著轻微危害不大"的微罪预备行为、微罪未遂行为以及微罪中止行为作无罪化处理。

另外，对于微罪的相关构成要件要素作严格解释，也可以防止不适当地扩大微罪的入罪范围。《会议纪要》规定，对于醉酒在广场、公共停车场等公众通行的场所挪动车位的，或者由他人驾驶至居民小区门口后接替驾驶进入居民小区的，或者驾驶出公共停车场、居民小区后即交由他人驾驶的，不属于《刑法》第 133 条之一规定的"在道路上醉酒驾驶机动车"。这表明，浙江司法机关以后会对醉驾型危险驾驶罪的构成要件行为——"在道路上醉酒驾驶机动车"作严格解释或限缩解释，不再认为醉酒在停车场挪车位或醉酒后从小区门口开始驶入小区的行为具有侵害危险驾驶罪的法益——交通道路公共安全的属性，从而在解释论的角度否定这两种行为符合本罪构成要件行为的定性要求，将其排除到本罪的处罚范围之外。

由此可见，就微罪在实体层面的出罪而言，主要可以通过适用《刑法》第 13 条"但书"规定以及司法机关对微罪的构成要件要素进行严格解释的方式来得以实现，而学界亦可通过借鉴大陆法系国家盛行的社会相当性理论、可罚的违法性理论对上述实体出罪路径的合理性加以证成。

（2）程序层面的微罪出罪路径

2018 年 10 月 26 日，第十三届全国人民代表大会常务委员会第六次会议通过了《全国人民代表大会常务委员会关于修改〈中华人民共和国刑事诉讼法〉的决定》。这标志着《中华人民共和国刑事诉讼法》（以下简称《刑事诉讼法》）迎来了第三次全面修订。根据新修改出来的《刑事诉讼法》中的相关规定，可以整理出如下微罪行为程序层面出罪的路径。

第一，原则性出罪规定。依据新修正的《刑事诉讼法》第 16 条第 1 款的规定，情节显著轻微、危害不大，不认为是犯罪的，不追究刑事责任，已经追究的，应当撤销案件，或者不起诉，或者终止审理，或者宣告无罪。由此可见，当微罪行为的社会危害程度符合此项规定时，应做无罪化处理。

第二，微罪不立案。新修正的《刑事诉讼法》第112条规定："人民法院、人民检察院或者公安机关对于报案、控告、举报和自首的材料，应当按照管辖范围，迅速进行审查，认为有犯罪事实需要追究刑事责任的时候，应当立案；认为没有犯罪事实，或者犯罪事实显著轻微，不需要追究刑事责任的时候，不予立案，并且将不立案的原因通知控告人。"显然，符合上述规定时，对微罪可以通过不立案的方式予以出罪。

第三，微罪案件撤案处理。新修正的《刑事诉讼法》第163条规定："在侦查过程中，发现不应对犯罪嫌疑人追究刑事责任的，应当撤销案件；犯罪嫌疑人已被逮捕的，应当立即释放，发给释放证明，并且通知原批准逮捕的人民检察院。"基于此，当对微罪案件在侦查过程中出现应撤案的情况时，对微罪亦可以以撤案的方式予以出罪。

第四，微罪案件不起诉。新修正的《刑事诉讼法》第177条规定："犯罪嫌疑人没有犯罪事实，或者有本法第十六条规定的情形之一的，人民检察院应当作出不起诉决定。对于犯罪情节轻微，依照刑法规定不需要判处刑罚或者免除刑罚的，人民检察院可以作出不起诉决定。"由此可知，当微罪的犯罪嫌疑人满足上述不起诉条件时，对微罪行为也可以通过不起诉的方式予以出罪。另外，对于未成年人涉嫌从事微罪行为的情况，新修订的《刑事诉讼法》保留了原有的未成年人附条件不起诉制度，① 这为微罪的未成年人行为主体多留出了一条出罪路径。

第五，微罪案件认罪认罚从宽。新修正的《刑事诉讼法》第15条规定："犯罪嫌疑人、被告人自愿如实供述自己的罪行，承认指控的犯罪事实，愿意接受处罚的，可以依法从宽处理。"据此，微罪的犯罪嫌疑人在刑事诉讼过程中自愿如实地认罪认罚之后，是存在以不追究刑事责任的从宽处理方式来出罪的可能的。

由此可知，《刑事诉讼法》经过修订之后，微罪的出罪路径在程序层面得到了一定程度的拓展。申言之，目前在刑事程序法范畴中已经形成了较为成熟完善的微罪出罪体系。

---

① 《刑事诉讼法》第282条规定："对于未成年人涉嫌刑法分则第四章、第五章、第六章规定的犯罪，可能判处一年有期徒刑以下刑罚，符合起诉条件，但有悔罪表现的，人民检察院可以作出附条件不起诉的决定。"

2. 二元制制裁模式的保留

需要注意的是，在对微罪予以出罪之后，并不能对出罪后的微罪行为本体——轻微反社会行为不做法律处理地一放了之。而倘若对轻微反社会行为实行一元制的制裁模式，则会因某些微罪行为在司法实践中不符合成立犯罪的定量要求且相应的行政制裁又处于缺失状态而形成法律处理上的漏洞，导致惩治轻微反社会行为的法网出现缺损的局面。因此，在治理轻微反社会行为时，应与我国法律体系对反社会行为所采取的通行的制裁模式相契合，坚持二元制的模式，使刑事制裁与行政制裁相互配合发挥作用。具体到醉驾行为的法律治理问题上，不应再对醉驾行为采取一元的刑事违法制裁模式，而是应对 2011 年 4 月 22 日修正后的《道交法》第 91 条中一概追究醉驾行为刑事责任的规定应进行再次修正。对醉驾行为恢复处以拘留和罚款的行政处罚规定，应当是我国未来醉驾立法的发展方向。这样，在醉驾行为因符合《刑法》第 13 条"但书"规定而不构成醉驾型危险驾驶罪的情况下，对于醉驾者便可以顺理成章地根据《道交法》第 91 条的规定对行为人处以拘留和罚款的行政处罚。① 由此，对醉驾的法律治理也就顺理成章地回归到了二元制模式的轨道之上。

3. 配套体制机制的合理建构

总的来讲，就是为微罪的刑法治理设置独立的体制机制。这种做法也符合犯罪分层制度的应有之义——对轻重层次不同的犯罪区别对待，即对其配置不同的制裁手段与制裁程序，有利于刑事政策的贯彻与司法资源的合理高效配置。② 具体而言，目前主要有以下三种构想。

第一，在《刑事诉讼法》新规定的速裁程序的基础上，探索建立治安法庭制度，将体量庞大的微罪犯罪交由治安法庭进行审判。这样，可以促进微罪案件的早日审结，使被告人能够尽早地摆脱烦琐的诉讼程序的桎梏，并极大节约国家司法资源。

第二，探索建立前科消灭制度，规范犯罪附随后果。在我国，基于犯罪前科制度的存在，已经完整接受过刑事制裁的犯罪人还要承受罪犯的

---

① 参见王志祥《醉驾行为制裁模式的论争及发展方向》，《甘肃社会科学》2018 年第 4 期。
② 参见敦宁《刑事制裁体系变革论》，法律出版社 2018 年版，第 191 页。

"标签效应"。这种标签效应最直接的表现就在于前述提及的犯罪附随后果。如前所述，对于危害程度十分轻微的微罪的犯罪人而言，让其承受部分就业权、受教育权甚至政治权利的终身限制，不符合罪责刑相适应原则、责任主义原则甚至比例原则，显然是极不合理的。基于此，为微罪建构配套的前科消灭制度就显得十分必要。详言之，微罪的犯罪人接受完刑事制裁后，需要经过一定的考验期；只要微罪的犯罪人在考验期内并未实行新的犯罪或严重的治安违法行为，就由原判司法机关作出前科消灭的决定。前科消灭之后，当事人在法律上就不再被当作曾经犯过罪的人。相应地，此时当事人不需再承担任何犯罪附随后果；任何单位和个人不得以当事人有过犯罪前科为由，在就业、升学、经营等方面对其进行限制或予以歧视性对待，否则将构成民事侵权行为或行政违法行为。

第三，应根据微罪的具体情况为其配置各种能起到特殊预防作用的刑事制裁措施。比如，可以考虑增设社区服务、善行保证、公益劳动与周末拘禁等适合微罪的制裁措施。以醉驾型危险驾驶罪为例，对其犯罪人而言，与时间有限的短期剥夺自由刑——拘役相比，也许组织其定期收看重特大交通事故的纪实教育片或者要求其定期去医院承担照顾重特大交通事故中的伤患者的志愿活动更能促使其发生思想上的深刻转变，从而深刻地认识到醉驾对己对人对社会有可能造成的严重危害，继而有效地降低自身的再犯可能性，实现刑罚的特殊预防目的。

（二）稳步推进犯罪圈的合理扩张

基于当代中国的社会语境的特殊性与社会问题治理的复杂性，刑法立法活动不可避免地变得越发积极。相应地，犯罪圈的扩张也就成为一个顺应潮流的必然方向。然而，这种扩张应首先有其本身的合理性，否则非但不会获得社会治理的良好效果，可能还会导致对广大国民人权的戕害。因此，立法者有义务将扩张犯罪圈的立法活动纳入理性的轨道之上。

1. 犯罪圈理性扩张的应然方向

犯罪圈的扩张应以吸纳在新时期危害程度显著提高的或者可能带来较大社会风险的行政违法行为为主要方向，从而使刑法在社会风险管控与集体安全维护方面通过自身作为行为规范的行为规制机能起到更有力的预防作用。

比如，可以将《治安管理处罚法》第 43 条规定的殴打他人的治安违法行为吸收进犯罪圈之中，即在刑法中增设殴打罪或暴行罪。基于近年来打架斗殴类治安案件的不断增加以及对于 2018 年 11 月份重庆万州公交车坠江案的反思，随意殴打他人的行为不仅会使社会治安状况发生恶化并败坏社会风气，在一些特殊场合可能还会引发极大的公共安全风险。而殴打罪或暴行罪的增设不仅能表达刑法对这种"小恶行为"的否定与谴责，从而规制公民行为，促使公民形成"小恶也是恶"的规范意识，还可以有效地改善社会治安状况，及时地将不特定的危害公共安全的风险扼杀在萌芽状态。

需要注意的是，犯罪圈对于行政违法行为的吸纳并不意味着将原有的对该行为的行政制裁规定废除而选择一元制的模式，而是应坚持刑事制裁与行政制裁相互配合的二元制模式，以织密法律对反社会行为的制裁法网，不疏不漏。但是，对刑事违法行为与行政违法行为交叉重合的部分，行政制裁体系应尽可能地将配套的自由罚措施交由刑事制裁体系来实施，从而通过刑事司法程序更好地维护行为人的相关救济权利，以实现对人权的保障。

2. 犯罪圈理性扩张的实践策略

（1）在立法价值取向上坚持自由与安全并重

当代中国的刑法立法活动不仅面临着前现代社会建构形式法治国、制约绝对主义的国家权力、确立国民个体自由保障机制的古典主义刑法的任务，而且面临着由于全球风险社会、信息社会新型安全威胁的出现而承受着建设安全国、保障集体安全的后现代压力。① 而这一问题反映到犯罪圈扩张的立法趋向上，则表现为自由刑法观与安全刑法观的价值博弈。需要强调的是，自由价值与安全价值之间不存在不可调和的矛盾。毕竟，丧失了自由，安全就成了苟活；没有了安全，自由也无从谈起。保护民生福祉、维护集体安全，在相当意义上就是保障个体自由，民生福祉与集体安全事实上就成了法治国自由刑法必须特别保护的重大法益。② 基于此，立法者在刑法立法中扩张犯罪圈时，应在价值理念层面坚持自由与安全并重并平衡二者之间的关系。具体而言，就是在研判某一反社会行为是否应当

---

① 参见梁根林《刑法修正：维度、策略、评价与反思》，《法学研究》2017 年第 1 期。
② 参见梁根林《刑法修正：维度、策略、评价与反思》，《法学研究》2017 年第 1 期。

入罪时,既要考察该行为在未入罪时可能引发的社会风险,也要预估将该行为入罪后对公民现有的权利与自由会造成何种程度与何种方式的限制,在经过合宪性与合目的性的双重考量之后,对该行为的入罪必要性作出最终的判断。

(2) 在立法技术上协调刑法规范与其他部门法规范的衔接关系

与其他部门法相比,刑法的制裁手段更具严厉性,其往往涉及公民最核心的权益。这一特点决定了刑法立法活动必须恪守谦抑精神。申言之,刑法的谦抑属性决定了其在处理与其他部门法的关系时,必须坚持第二次规范的体系地位,发挥其他部门法的保护法作用。就犯罪圈的扩张而言,突出刑法的谦抑属性,就是要强调对于某种反社会行为,国家只有在民事的、行政的法律手段和措施仍不足以抗制时,才能通过刑事立法将其规定为犯罪,处以一定的刑罚,并进而通过相应的刑事司法活动加以解决。① 进言之,对于社会热点问题的治理,当通过民法手段、行政法手段甚至普通的行政决策手段就能够实现时,就不应再通过将这一问题背后可能存在的反社会行为入罪的方式来进行刑事治理。毕竟,我国在社会主义新时代全面依法治国的战略部署并不等同于全面依刑法治国。

(3) 在立法驱动力方面应理性对待舆情呼声

不可否认,在风险社会时代,人类社会面临的风险和危险不断增多,国民的整体不安感剧增,要求刑法保护的欲望也日渐强烈。而随着网络技术被应用于社会生活的各个方面,信息传播的速度和效率均有了质的提高,这无疑为民众的表达和舆论的形成提供了极大的便利。这些便利性条件又会反作用于民众参与立法过程的意愿。② 然而,当下舆论对立法的影响绝非都是正面的,因为舆论形成的素材——大众民意往往在应对具体问题时显露出狂热性、随意性、从众性与易被操纵性等负面特性。孤立的个体具有控制自身反应行为的能力,而群众则不具备。③ 以最近频发的高空

---

① 参见陈兴良《刑法哲学》,中国政法大学出版社2004年版,第7页。
② 参见刘宪权《刑法立法应力戒情绪——以〈刑法修正案(九)〉为视角》,《法学评论》2016年第1期。
③ 参见[法]古斯塔夫·勒庞《乌合之众:群体时代的大众心理》,杨献军译,台海出版社2019年版,第96页。

坠物伤人事件为例，在依现有的法律制度完全可以实现对此类行为的制裁时，大众传媒平台上仍出现了大规模支持将此类行为单独入罪的舆情。因此，立法机关在进行推进犯罪圈扩张的立法活动时，对于舆情呼声，应做到不偏听偏信、不冲动盲从，择其善者而从之，其不善者而改之，切不可以之为唯一的立法驱动力来推动犯罪圈的扩张。

对此，正确的做法应该是重调查研究，轻感官直觉。具体而言，就是在立法之前，法律草案起草部门必须就实践中问题的严重性进行深度调研，收集足够多的实例样本，以凸显问题的严重性，并对国外的通常处理方式进行比较研究，从而提出有说服力的立法文本。同时，要尽量防止把社会危害性暂时不清楚、拿不准的行为犯罪化，确保立法有实证支撑，使对立法必要性的阐述具有说服力。[①]

四　结语

党的十八届三中全会提出要加强国家治理体系与治理能力的现代化建设。而完善刑法立法工作正是加强我国在刑事法治领域治理能力与治理体系现代化建设的应有之义。毋庸置疑，在今后很长一段时间之内，犯罪圈的扩张将会是我国刑法立法工作的主要任务。而只有改革现有的二元制模式、完善微罪出罪等体制机制的建设，才能推动犯罪圈的扩张始终沿着理性的轨道前行。

[①] 参见周光权《积极刑法立法观在中国的确立》，《法学研究》2016 年第 4 期。

论稳健型刑法立法观[*]

黄云波[**] 黄太云[***]

近年来，我国刑法学界对于刑法修正工作产生了不同的认识，给予了不同的评价。一些学者持保守型刑法立法观。他们通常以刑法谦抑主义为基础展开分析，认为刑法只能作为社会治理的最后手段，我国近些年来的刑法修正违背了刑法谦抑主义，出现了过度犯罪化、过度刑法化的倾向。另一些学者则持激进型刑法立法观。他们通常以社会转型、风险社会、国际立法趋势等作为论证基础，认为我国刑法立法并未违背谦抑主义，反而应当采取积极的刑法立法观、预防性刑法立法观。

我国今后的刑法立法究竟是应当保守还是积极，或者是采取与二者皆有不同的其他刑法立法观？对这一问题的回答，不仅会涉及我国刑法立法今后的发展方向，还将关系我国公民基本权利的行使范围与界限。因此，从学术上对这一问题进行充分讨论毫无疑问非常必要。正如前文就学者观点之划分所表明的，我们认为，当前我国刑法学界关于刑法立法所持的基本态度要么是过于保守的，要么是过于激进的，这两种立法观都不利于我国刑法立法的良性发展。因此，本文将对这两种不同的刑法立法观予以反思和批判，就我国的刑法立法提出不同于前述二者的第三种视角，倡导一种稳健型刑法立法观，并对稳健型刑法立法观具体如何实现提出我们的看

---

[*] 本文系2016年度国家社科基金重大项目"我国刑法修正的理论模型与制度实践研究"（项目编号：16ZDA061）的阶段性成果。原载《中国刑事法杂志》2019年第3期，此次收入略有修改。
[**] 天津大学法学院讲师，刑事法律研究中心研究人员，法学博士。
[***] 天津大学法学院教授，博士生导师，刑事法律研究中心主任。

法，以期为我国今后的刑法立法工作提供有益参考。

一　保守型刑法立法观之反思

（一）保守型刑法立法观之观点综述

在主张保守型刑法立法观的学者之中，刘艳红教授的观点应当是最为坚决且最为彻底的。她指出，自1997年刑法颁布之后，我国刑法立法就一直处在活跃状态，我国已经进入了"刑事立法的活性化"时代。但是，这种刑事立法其实仍然是在工具主义的轨道上前行。作为大国的中国与德、日等小国存在不同的国情，在当前的社会背景下，追求严而不厉的刑法立法模式是不现实的。今后我国的刑事立法发展方向应当是停止进一步的犯罪化。①

刘宪权教授认为，自1997年《刑法》第一次全面修订以来，情绪性立法现象在我国就屡见不鲜，并且近些年来有愈演愈烈的趋势。有些所谓的"民意"或者"舆论"有过度介入或影响刑事立法之嫌，由此导致情绪性刑事立法现象频频发生。《刑法修正案（九）》废除嫖宿幼女罪，增设拒不履行信息网络安全管理义务罪，增设编造、故意传播虚假信息罪，加大对暴力袭警行为、收买被拐卖的妇女、儿童罪的处罚力度，对重大贪污贿赂犯罪设置终身监禁等都是情绪性立法的表现。民意或者舆论并不理性、我们的刑法立法不能过分受民意或舆论所左右，刑法的严厉性决定了其需要保持谦抑，这些因素决定了，我国刑法应力戒情绪性立法。②

何荣功教授认为，在我国当前的社会治理中出现了"过度刑法化"的病态现象，这一现象表现在我国的刑事立法、司法，以及社会民众和管理者的思维等多个方面。③齐文远教授则是通过列举一系列的年度批准逮捕和提起公诉等实证数据予以证明我国刑法存在过度犯罪化现象。④

我们认为，由于上述学者对刑法修正的宏观社会背景与我国刑法原有

---

① 参见刘艳红《我国应该停止犯罪化的刑事立法》，《法学》2011年第11期。
② 参见刘宪权《刑法立法应力戒情绪——以〈刑法修正案（九）〉为视角》，《法学评论》2016年第1期。
③ 参见何荣功《社会治理"过度刑法化"的法哲学批判》，《中外法学》2015年第2期。
④ 参见齐文远《修订刑法应避免过度犯罪化倾向》，《法商研究》2016年第3期。

规定本身之不足缺乏足够的重视,因而他们对我国刑法修正工作的批判是有失偏颇的。他们是在忽略时代发展、刑法发展的情况下,过分执着于古典主义刑法立法观,因而在一定程度上带有一定的保守主义色彩,如果以之指导我国今后的刑法立法工作可能会导致刑法难以适应社会。

(二) 保守型刑法立法观之保守性

1. 刑法之外:保守型刑法立法观对宏观社会背景关注不够

"刑法是时代文化的一面镜子,是社会道德的晴雨表,是社会意识的忠实反映。刑法总是紧跟时代的步伐,敏感地反映着社会结构以及国民价值观的变化。"[1] 刑事古典学派的学者之所以提出罪刑法定原则、罪刑相适应原则、刑罚人道主义、意志自由论、道义责任论、客观主义等主张,原因在于他们肩负着反对封建制度,限制国家权力,保障公民权利的历史任务;[2] 刑事近代学派的学者对犯罪原因进行探究,并否定意志自由论,提倡社会责任论,提倡主观主义、目的刑论和保安处分论,其原因在于他们需要应对资本主义向帝国主义转变时期的急剧上升的犯罪率,解决累犯、常习犯、少年犯显著增加的社会难题。[3] 因此,对于一种刑法理论的分析,对于刑法立法发展与变迁的评价,不能脱离其所处的特定历史阶段和社会背景。

"二战"后,随着经济的发展与科技的进步,阶级矛盾与阶级对立关系日益尖锐复杂,西方国家的犯罪率在一定程度上呈现出上升趋势。尤其是在20世纪70年代以后,犯罪状况急剧恶化,新形式的犯罪大量出现,许多国家因此而出现了刑事立法活性化,或者刑法处罚范围扩大化、早期化、预防性的发展趋势。[4] 例如,自20世纪70年代开始,德国刑法开始出现不断扩大处罚范围的立法趋势。抽象危险犯这种犯罪形式被立法者广泛使用,法益概念越来越抽象化、模糊化,以致所有的东西都能够变成法益。[5] 1975—2005年,德国刑法发展的概况清楚地展示出了一种倾向于更

---

[1] 张明楷:《刑法的基本立场》(修订版),商务印书馆2019年版,修订版前言第1页。
[2] 参见马克昌《近代西方刑法学说史》,中国人民公安大学出版社2016年版,第93—98页。
[3] 参见马克昌《近代西方刑法学说史》,中国人民公安大学出版社2016年版,第206—212页。
[4] 参见卢建平《刑事政策与刑法》,中国人民公安大学出版社2004年版,第119页。
[5] 参见[德]哈塞默尔《面对各种新型犯罪的刑法》,中国人民大学刑事法律科学研究中心编《明德刑法学名家讲演录》第1卷,北京大学出版社2009年版,第23页。

多和更严厉的趋势。刑法没有谦抑，而是在不断扩张。① 从 20 世纪 80 年代末开始，日本刑法也出现了"立法活性化"现象。立法机关对刑法典与相关法律进行了频繁的修改，实施了大量的犯罪化。②"在如今日本的立法和司法中，强化刑罚的投入是主导性的趋势。人们倾向于在越来越早的阶段让国家借助于刑法介入事件，并由此把刑事可罚性的领域向前扩张。""简言之，当代日本刑法的标志是刑罚扩张和严厉的趋势。"③ 美国自 2001 年 9·11 恐怖袭击事件之后，其反恐立法向"又严又厉"的方向发展，其中的"严"即是指以法益保护为目的的刑事法网的预防性扩张。英国的刑事司法体系近二十年来也出现了预防性的发展趋势。在西方的许多国家中，近些年来刑法以及刑事法体系对犯罪预防的强调也越来越明显，而且在英美法系与大陆法系国家中这种趋势都已有所展现。④

刑事立法活性化，或者刑法处罚范围扩大化、早期化、预防性的发展趋势在多国出现，与这些国家所处的发展阶段，或者其所处的整体世界背景是密切相关的。

第一，风险社会对刑法的影响。贝克指出："现代性从经典工业社会的轮廓中获得了解放，并缔造了一种新的形态，也就是这里所称的（工业化的）'风险社会'。"⑤ 工业革命与现代科技在给人类带来物质便利的同时，也创造了众多新生的危险源，导致技术性风险的日益扩散。电子病毒、核辐射、交通事故、转基因食品、环境污染、恐怖主义，各种各样新型的人为风险不断出现。⑥ 风险社会的到来催生了新形式的复杂犯罪，这些复杂犯罪的新形式特别在恐怖主义、有组织犯罪和经济犯罪领域构成了

---

① 参见［德］埃里克·希尔根多夫《德国刑法学：从传统到现代》，江溯、黄笑岩等译，北京大学出版社 2015 年版，第 32 页。
② 参见张明楷《刑法格言的展开》，北京大学出版社 2013 年版，第 175 页。
③ ［日］井田良：《社会变迁背景下日本刑法的发展》，樊文译，载陈泽宪主编《刑事法前沿》第 7 卷，中国人民公安大学出版社 2013 年版，第 267—268 页。
④ 参见冀莹《"英国预防性司法"评介与启示——现代刑法安全保障诉求的高涨与规制》，《政治与法律》2014 年第 9 期。
⑤ ［德］乌尔里希·贝克：《风险社会：新的现代性之路》，张文杰、何博文译，译林出版社 2018 年版，前言第 2 页。
⑥ 参见劳东燕《风险社会中的刑法：社会转型与刑法理论的变迁》，北京大学出版社 2015 年版，第 16 页。

重大风险。对于这些新形式的复杂犯罪,传统刑法变得力不从心,由此导致国家不得不对传统刑法作出改变,主流的做法是刑法的延伸和"去边界化"。刑法更加侧重于解决预防和安全问题,对实行犯罪和怀疑犯罪的前场行为进行干预。例如,德国的实体刑法中可罚性的前移;预防性监控观念的延伸,自由权利保障的解除;加强私人在刑法前场和刑法之外的合作义务;在一个新的"安全大厦"中建立机构之间和国家之间的"行动队";传统法律种类的模糊和一种新安全法的诞生。①

第二,全球化对刑法的影响。全球化其实是现代交通技术、现代通信交往技术、现代贸易技术,以及现代金融技术的发展的结果。随着这些技术的发展,"在20世纪的发展进程中,在地球五大洲之间,在世界200多个国家之间的联系与接触无论在数量上还是在质量上同时经历了巨大飞跃"②。与经济、政治、文化全球化相伴的是犯罪全球化。全球化的进程为跨国犯罪创设了新的机会,造成了新的全球性犯罪形势、刑法转变和一种逐渐全球化的刑事政策。③ 全球化既是塑造犯罪的重要力量,犯罪也是推动全球化不可忽视的力量。同时,全球化还推动着犯罪控制模式的转变,犯罪控制成了全球治理的重要内容。在全球化时代,恐怖主义成了最令人恐惧的全球性犯罪问题,网络犯罪变成了全球化产业,跨国的有组织犯罪问题变得越来越突出,全球金融犯罪的崛起对世界经济秩序构成重大威胁,生态犯罪也越来越引起世界的关注。④ 为了更好地应对犯罪全球化,各国通过引入国际刑法或外法域刑法理论、缔结或参加国际条约、移植外法域刑事立法、国际或区际刑事司法合作等方式对刑法进行修改和完善,各国刑法逐渐出现了趋同化。⑤ 西方各国的刑事立法不仅在刑法的基本原则方面表现出了趋向一体化,在具体制度上也越来越趋同化与国际化。

---

① 参见 [德] 乌尔里希·齐白《刑法的边界——马普外国与国际刑法研究所最新刑法研究项目的基础和挑战》,周遵友译,《刑法论丛》2008年第16卷。
② 转引自张世鹏《什么是全球化?》,《欧洲》2000年第1期。
③ 参见 [德] 乌尔里希·齐白《刑法的边界——马普外国与国际刑法研究所最新刑法研究项目的基础和挑战》,周遵友译,《刑法论丛》2008年第4期。
④ 参见张文龙《挑战与应对:犯罪全球化的主要表现及其研究》,《求是学刊》2017年第1期。
⑤ 参见叶小琴《论刑法的趋同与相关概念之关系》,《刑法论丛》2008年第4期。

第三，网络技术对刑法的影响。网络技术的发展已经深刻地影响了社会的运作模式和人们的生产、生活方式，网络已经成了社会组成不可分割的一部分。据 We Are Social 和 Hootsuite 发布的 2019 年数字报告显示，全球人口数 76.76 亿人，其中手机用户 51.12 亿人，网民 43.88 亿人，有 34.84 亿人活跃在社交媒体上。从网民增长规模来看，印度排名第一，中国排名第二。过去一年印度网民增加了 9789 万人，增长率为 21%，中国网民增加了 5067 万人，增长率为 6.7%。[1] 在网络社会发展给人们带来便利的同时，与之相伴的则是网络犯罪的发展与变迁。"网络制造了高度的风险。"[2] 如今，网络犯罪已经不再限定为以网络为工具、以网络为对象、以网络为平台的犯罪，网络犯罪是指所有涉及网络因素的犯罪。[3] 相较于传统犯罪，网络犯罪具有主体的智能性、行为的隐蔽性、手段的多样化、犯罪的连续性、传播的广泛性、犯罪的成本低、后果难以控制和预测等突出特点。就世界范围来看，世界主要国家的刑法均制定于 20 世纪，甚至是在计算机诞生之前。[4] 因此，面对由网络技术发展所引发的传统犯罪的异化以及新型的社会危害，刑法的漏洞必然不断显现。世界各国必须对传统刑法进行完善更新，以应对呈现出爆发式增长的网络犯罪。

作为立足于世界之林的第二大经济体，中国与世界其他国家所面临的问题当然不会存在重大差异。因此，为了应对风险社会的风险，我国刑法增设了一系列与之相关的罪名。例如，为了应对交通风险，2011 年《刑法修正案（八）》增设了危险驾驶罪，将醉酒驾车以及追逐竞驶行为纳入了刑法的调整范围。又如，在 2001 年 9·11 恐怖袭击事件发生不久的 12 月 29 日，为了应对全球化的恐怖主义，《刑法修正案（三）》针对恐怖活动犯罪对我国刑法作出了第一次重要修改。[5] 在网络犯罪方面，2009 年《刑

---

[1] 参见《最新全球网民数量公布：中国增长规模排第二》，http://news.mydrivers.com/1/613/613560.htm，2019 年 3 月 27 日。
[2] ［德］乌尔里希·齐白：《全球风险社会与信息社会中的刑法：二十一世纪刑法模式的转换》，周遵友、江溯等译，中国法制出版社 2012 年版，第 303 页。
[3] 参见于志刚《虚拟空间中的刑法理论》（第二版），社会科学文献出版社 2018 年版，代前言第 1 页。
[4] 参见喻海松《网络犯罪二十讲》，法律出版社 2018 年版，第 5—6 页。
[5] 参见黄太云《刑法修正案解读全编——根据〈刑法修正案（九）〉全新阐释》，人民法院出版社 2015 年版，第 329 页。

法修正案（七）》增设了非法获取计算机信息系统数据、非法控制计算机信息系统罪和提供侵入、非法控制计算机信息系统程序、工具罪，以及增设了与网络犯罪具有相关性的出售、非法提供公民个人信息罪、非法获取公民个人信息罪。2015年，立法者在《刑法修正案（九）》中对网络犯罪罪名体系做了全面扩张，既修改完善了侵犯公民个人信息罪，又新增了拒不履行信息网络安全管理义务罪，非法利用信息网络罪，助信息网络犯罪活动罪，造、故意传播虚假信息罪，明确对通过网络实施侮辱、诽谤的，法院可要求公安机关提供协助，还修改完善了扰乱无线电通信管理秩序罪。"目前的刑法或刑事法规范体系结构更加复杂，体现了全球化、网络化和人权普遍化的时代需要，是为刑法的现代化。"①

"法律者，社会力也。故法规者，随社会之变迁，时间之经过，同时必变其形态。"② 社会发展变化，刑法受其影响随之而作出改变既不可避免，其实也是确保刑法的法益保护与人权保障两大基本机能之实现的必然选择。就世界整体范围以及我国具体的社会背景来看，应当说，近些年我国刑法增加罪名，扩大犯罪圈总体而言是有其合理性的。持保守型刑法立法观的学者只看到了我国刑法频繁修正，犯罪圈不断扩大的这一侧面，但却没有对我国刑法所处的社会背景给予足够的重视，他们对近些年来我国刑法修正工作的批评是失之偏颇的。

2. 刑法之内：保守型刑法立法观对我国刑法自身之缺陷有所忽视

刑法作为一个系统，其组成因素是犯罪与刑罚。罪的数量即为犯罪圈的大小，刑的数量则是刑罚量的轻重。③ 所谓犯罪圈，是指国家以刑事立法确定的，包含了所有犯罪的整体范围和界限。1979年新中国第一部《刑法》诞生，当时由于立法经验不足，立法者采用了"宜粗不宜细"的立法策略，对我国的犯罪圈进行了初步的划定。1979年《刑法》第10条规定："一切危害国家主权和领土完整，……依照法律应当受刑罚处罚的，都是犯罪；但是情节显著轻微危害不大的，不认为是犯罪。"该规定对我国刑法中的犯罪圈进行了划定，其中"但是情节显著轻微危害不大的，不

---

① 卢建平：《刑法法源与刑事立法模式》，《环球法律评论》2018年第6期。
② [日] 穗积陈重：《法律进化论（法源论）》，中国政法大学出版社2003年版，第1页。
③ 参见储槐植《刑事一体化论要》，北京大学出版社2007年版，第53—54页。

认为是犯罪"即犯罪概念的但书规定，该规定意味着我国刑法在设定犯罪时采用的是立法定量模式。通过这一排除性规定，将大量的轻微危害行为排除在了刑法之外，使我国的犯罪局限于具有严重社会危害性的行为之内。此后，虽然在1997年，我国刑法经过了全面的修订，不过犯罪概念的但书规定仍然在《刑法》中得以保留，即1997年《刑法》仍然延续了犯罪成立的立法定量模式。我国刑法采用犯罪成立的立法定量模式是有着深刻原因的，立法定量模式本身也存在一定的合理性。①但是，但书规定将大量轻微的社会危害行为排除在了刑法的处罚范围之外，刑法仅以具有严重社会危害性的行为为处罚对象。通俗而言，这一规定的指导思想其实就是"抓大放小"，因此，在这种指导思想下形成的刑事法网必然是较为粗疏的，即刑事法网不够严密。边沁曾经指出："惩罚之值在任何情况下，皆须不小于足以超过罪过收益之值。"②也就是说，刑罚量的多少取决于抑制犯罪行为所需的惩罚程度。"抓大放小"的指导思想决定了进入我国刑法之中的只能是具有严重社会危害性的行为，由此也就决定了我国刑法在刑罚配置方面只能以重刑为主。也就是储槐植教授所说的，我国刑法存在"厉而不严"的问题。③

就总体而言，从1999年的《刑法修正案（一）》到2009年的《刑法修正案（七）》，我国刑法的修正工作主要是将过去由于刑事法网粗疏所遗漏的具有严重社会危害性的行为，以及新出现的严重危害社会的行为纳入刑法调整范围。而从2011年的《刑法修正案（八）》与2017年的《刑法修正案（十）》则是一方面继续对刑法规制予以补漏，另一方面则是降低犯罪门槛，将一些原属于行政违法或者民事违法的行为进行了犯罪化。④其实，我国刑法所设置的法定犯罪圈既存在"不严"的缺陷，同时也存在"不大"的问题。1997年之后我国的刑法修正工作可以分为两个阶段：第一阶段是从1999年到2009年，这一阶段以"织密"刑事法网弥补"不

---

① 参见黄云波《中国刑法犯罪成立的立法定量模式之历史渊源考》，《刑法论丛》2017年第3期。
② [英]边沁：《道德与立法原理导论》，商务印书馆2000年版，第225页。
③ 参见储槐植《刑事一体化论要》，北京大学出版社2007年版，第53—54页。
④ 参见敦宁《刑法谦抑主义的西方立场与中国定位》，《刑法论丛》2017年第4期。

严"之缺陷为主;第二阶段则从 2011 年开始至 2017 年,只有在这一阶段我国刑法的刑法修正才是真正开始了对犯罪圈的"扩大"。① 就此而言,即便在第二阶段中立法者在扩大犯罪圈时存在不够慎重的问题,持保守型刑法立法观的学者对"织密"刑事法网与"扩大"犯罪圈不加区分地予以批判,显然也是有失公允的。

二 激进型刑法立法观之批判

(一) 激进型刑法立法观之观点综述

2016 年,周光权教授撰文指出,积极刑法立法观在我国已经得以确立。晚近我国的刑法立法拓宽了处罚领域,在一定程度上转变了法益观,增加了新的处罚手段、刚柔并济,赋予了刑法新的机能,与传统刑法减少社会对立面,缩小刑罚打击范围的思路拉开了距离。这些特征说明了我国刑法规制社会生活的深度、广度和强度都有大幅度拓展、扩张,不仅"管得宽",而且"管得严"。在当代中国要彻底贯彻传统刑法观是不合时宜的,只有积极的刑法立法观才符合时代精神。②

2018 年,高铭暄教授与孙道萃博士也撰文指出,面对全球风险社会与网络社会交织的时代新发展,传统刑法理论已经逐渐显现出失灵的局面。为了回应时代发展的现实需求,近年来我国刑法修正的频率加快,修改幅度加大,修改内容涉及广泛,刑法立法的工具化机能与治理功能都被大幅度激活,我国刑法立法已经显露出了积极预防的立法意图。我国刑法立法应当树立刑法积极干预社会的治理思维,释放积极刑罚观的潜能;遵从犯罪控制与科学治理的理念;重视刑法与刑事诉讼的协同改革;力求实现刑法立法科学化。③

2019 年,付立庆教授也明确指出:"中国当下刑事法网划定的总体趋势仍是适度犯罪化,与此相适应,刑法介入社会生活也应该更加积极一些,采纳积极主义刑法观。积极主义刑法观既与现代社会发展的情势变化

---

① 本文对扩大加引号予以强调,意在强调与"织密"刑事法网之区别。
② 参见周光权《积极刑法立法观在中国的确立》,《法学研究》2016 年第 4 期。
③ 参见高铭暄、孙道萃《预防性刑法观及其教义学思考》,《中国法学》2018 年第 1 期。

相关联，也部分地得到了立法实践的印证，还和刑法谦抑原则不冲突。"①

如前所述，在风险社会、全球化、网络社会发展的宏观社会背景之下，刑法立法需要对时代需求作出回应。就世界整体范围以及我国具体的社会背景来看，近些年我国刑法增加罪名，扩大犯罪圈是有其必要性的。亦即是说，对于积极的刑法立法观、预防性刑法立法观，在一定程度上值得肯定。

但是，与前文在对保守型刑法立法观作出反思时，我们主要重点关注中国与世界各国整体的社会环境之共性有所不同的是，在对积极的刑法立法观、预防性刑法立法观进行评价时，我们更应关注中国与世界其他国家，尤其是与法治程度高的国家之间的不同和差距。就中国而言，对于积极的刑法立法观、预防性刑法立法观我们必须持极为谨慎的态度。这两种刑法立法观蕴含着侵犯人权的巨大风险，如果我国法学理论界与实务界对其所蕴含的风险缺乏充分的认识或者对其不给予足够的重视，很可能今后我国的刑法将会如脱缰之野马尽显其野性。以此观之，这两种刑法观则是过于激进的。

（二）激进型刑法立法观之激进性

1. 刑法之外：法治基础依然薄弱，人权保障意识仍待加强

1979 年《刑法》是新中国所颁布的第一部刑法典，这部法典结束了新中国 30 年没有系统刑法立法的局面，因而该法典对于我国的刑事法治建设是意义非凡的。但是，由于当时我国的立法水平较低，并且由于当时的立法具有明显的探索性，因而该刑法典也存在较多的不足，如立法极度分散、立法内容不统一、并且具有明显的重刑化倾向。② 最为严重的问题是，这部刑法典不仅没有规定罪刑法定原则，反而规定了事后有罪类推适用的制度。类推制度是明显有违现代刑事法治精神的，但是即便如此，这一制度也还是存在了 18 年之久，直到 1997 年《刑法》规定了罪刑法定原则之后，这种非常不利于人权保障的局面才得以结束。也就是说，我们是从 1997 年才开始建设兼顾秩序与自由双重价值之现代刑事法治国家的。

---

① 付立庆：《论积极主义刑法观》，《政法论坛》2019 年第 1 期。
② 参见赵秉志《改革开放 40 年我国刑法立法的发展及其完善》，《法学评论》2019 年第 2 期。

1997年《刑法》颁布之后，立法者多次通过修正案的形式对刑法典进行修改完善，努力提高我国刑法立法的科学化水平，强化对自由的保障。例如，在科学化方面，刑法用语、法条关系、条款设置都越来越精细化；在保障人权方面，削减死刑罪名，扩大对特殊群体犯罪从宽处罚的范围。① 应当说，近些年我国在现代刑事法治建设方面取得的成绩是有目共睹的。但是，我们也应看到，我国真正开始现代刑事法治国家的建设迄今为止也就短短的22年。

另需注意的是，近些年来，我国在法治建设方面所取得的成绩更多的是体现在立法方面，而在将立法落实于具体生活并提高社会整体法治水平方面其实还任重而道远。在现实生活中，普通民众与司法人员很多还是重刑主义思想、刑法万能思想严重，人权保障观念非常缺乏。例如，就普通民众而言，2015年一则关于"建议国家改变贩卖儿童的法律条款，拐卖儿童判死刑！买孩子的判无期！"的立法建议突然在微信朋友圈被广大网友刷屏；2019年"两会"期间，又有全国人大代表建议将拐卖妇女儿童犯罪的法定刑调整为十年以上至死刑，这一建议再次获得了广大网友的热烈支持。关于拐卖妇女儿童犯罪的立法建议得到广大网友的支持，一方面说明我国民众对刑法规定不了解，普法工作还有待加强，另一方面则表现出我国民众对重刑的效果还是非常迷信。就司法方面而言，"李昌奎案""赵春华案"等颇具争议的案件在我国司法实践中依然时有出现，《被羁押388天：父母外逃后她被抓了，河南女子17年后获赔》② 这种司法机关严重侵犯人权的案件也还时常见诸媒体。

何家弘教授曾经总结了我国刑事司法存在十大误区：由供到证的侦查模式、违背规律的限期破案、先入为主的片面取证、科学证据的不当解读、屡禁不止的刑讯逼供、放弃原则的遵从民意、徒有虚名的相互制约、形同虚设的法庭审判、骑虎难下的超期羁押、证据不足的疑罪从轻。③ 在我国法治基础依然薄弱，刑事司法尚处于如此水平的情况下，主张刑法立

---

① 参见赵秉志《改革开放40年我国刑法立法的发展及其完善》，《法学评论》2019年第2期。
② 朱远祥：《被羁押388天：父母外逃后她被抓了，河南女子17年后获赔》，https://www.thepaper.cn/newsDetail_ forward_ 3213708，2019年3月29日。
③ 参见何家弘《当今我国刑事司法的十大误区》，《清华法学》2014年第2期。

法应当采用积极的刑法立法观、预防性刑法立法观,支持我国刑法"管得宽""管得严",提倡我国刑法积极介入社会生活,认同国家将刑法作为一种主要的社会治理手段,这些主张所蕴含的侵犯人权的风险应当说是非常明显的。

2. 刑法之内:刑法结构尚未改变,刑法立法科学性仍需提升

虽然,经过多次修正之后,我国的刑法立法在犯罪圈设置上已经越来越合理,在立法技术方面也越来越成熟,总体而言我国的刑法立法正逐渐趋于科学化。但仍需承认的是,直至如今,我国刑法依然还是一种重罪重刑结构,即"厉而不严"的刑法结构。我国刑法中的死刑罪名还有46种,自由刑在刑罚配置之中还是占了极高的比例,并且重刑主义倾向在刑法修正的某些方面甚至还有加强的趋势。例如,《刑法修正案(九)》为贪污罪、受贿罪的犯罪人增设了终身监禁措施。这种几乎完全断绝了犯罪人重获自由希望的特殊刑罚执行方法,既是不人道的,也是不经济的。终身监禁措施的增设是我国重刑主义思想在刑法修正过程中的典型表现,而且可能导致我国刑法的重刑结构更为严重。① 又如,《刑法修正案(九)》将《刑法》第241条第6款:"收买被拐卖的妇女、儿童,按照被买妇女的意愿,不阻碍其返回原居住地的,对被买儿童没有虐待行为,不阻碍对其进行解救的,可以不追究刑事责任。"修改为:"收买被拐卖的妇女、儿童,对被买儿童没有虐待行为,不阻碍对其进行解救的,可以从轻处罚;按照被买妇女的意愿,不阻碍其返回原居住地的,可以从轻或者减轻处罚。"将《刑法》第390条第2款:"行贿人在被追诉前主动交待行贿行为的,可以减轻处罚或者免除处罚。"修改为:"行贿人在被追诉前主动交待行贿行为的,可以从轻或者减轻处罚。其中,犯罪较轻的,对侦破重大案件起关键作用的,或者有重大立功表现的,可以减轻或者免除处罚。"这两处修改都是限缩对犯罪人的从宽幅度,加大对其的打击力度,因此也是我国刑罚趋重的一种表现。

并且,我国刑法的重罪重刑结构还不仅仅表现在刑罚本身的配置上,而且还表现于犯罪人被定罪处刑之后所附带产生的社会否定性评价,即犯

---

① 参见黄云波《论终身监禁措施之宏观定位与实践适用》,《刑法论丛》2016年第1卷。

罪附随后果上。因为,根据我国的非刑事法律规定,曾经受过刑事处罚或因故意犯罪受过刑事处罚的人,将被剥夺或者限制某些权利及从事某些职业的资格。这些规定虽然不是刑法对犯罪人施加的,但却是因犯罪而产生的直接后果。犯罪附随后果给犯罪人所带来的惩罚有时候甚至比刑罚本身更为严重,是明显违背罪刑法定原则、罪刑相适应原则,以及罪责自负原则的。① 例如,危险驾驶罪,代替考试罪,使用虚假身份证件、盗用身份证件罪。这三个罪名的最高法定刑仅为拘役,但是,犯罪人在被定罪处刑之后,其所拥有的某种权利、职业资格或者其所从事的工作几乎都会因此而终止。犯罪附随后果还不仅及于犯罪人本身,甚至还会对其家人将来的入学与就业产生不利影响。

在我国刑法重罪重刑结构尚未改变,尤其是在犯罪附随后果依然广泛存在的情况下,主张积极扩大犯罪圈,其可能产生的就是任何罪名,即使是微罪的增设,最终所收到的都可能是重罪重刑的惩罚效果。

在立法技术方面,我国刑法立法在科学性上仍有很大的提升空间。如有学者指出,在我国刑法之中有"总则虚置"和"现象立法"的现象,而且,刑法立法缺乏体系性思维,一些法条的内在逻辑也还存在矛盾。如《刑法修正案(九)》增设的第284条之一第2款:"为他人实施前款犯罪(组织作弊)提供作弊器材或者其他帮助的,依照前款的规定处罚",实际上是一个共犯认定上的冗余表达。立法者废除嫖宿幼女罪,要求将所有"嫖宿幼女"的行为都按强奸罪定罪处刑,但是《刑法》第359条第2款却依然保留着"引诱不满十四周岁的幼女卖淫的"这一规定,以至于引诱幼女卖淫罪陷入了名存实亡的僵尸状态。② 此外,我国刑法立法在立法程序的科学性、民主性方面也仍然有待加强。2015年,《刑法修正案(九)》废除了嫖宿幼女罪,为贪污罪、受贿罪增设了终身监禁措施。这些重大修改在《刑法修正案(九)(草案)》一次审议稿与二次审议稿中均未提及,而是在第三次审议稿中突然出现。很显然,这种立法方式既损害了我国刑法立法的民主性,也难以确保刑法立法的科学性。

---

① 参见黄云波《微罪犯罪附随后果有待科学优化》,《检察日报》2017年7月12日第3版。
② 参见车浩《刑事立法的法教义学反思——基于〈刑法修正案(九)〉的分析》,《法学》2015年第10期。

曾经有学者指出，在强调刑法的自由保障机能时，我国出现过"认定被告人无罪比认定被告人有罪时髦"；遇到争议案件时，主张无罪的人们往往理直气壮，开口便说法无明文规定不为罪，闭口就谈有利于被告的矫枉过正现象。① 近几年，在我国刑法学的研究中，刑法谦抑主义则出现了被当作批判刑法立法的"万金油"式口号化的倾向。虽然，一些主张积极的刑法立法观、预防性刑法立法观的学者也花费了很大的精力论述如何确保我国刑法立法的合理性，以及如何防止积极刑法立法、预防性刑法立法出现侵犯人权风险。但是，标签与口号从来都是容易让人忽视其本质，忘记标签与口号所表达之真实内容的。有学者指出，我国刑法立法正从传统刑法工具主义转向新刑法工具主义。② 应当说，这一判断是有其事实依据且基本准确的。鉴于此，尤其是考虑到我国的刑事法治基础、人权保障意识仍然薄弱，刑法结构尚未改变，刑法立法科学性仍需提升等情况，我们有理由担心积极的刑法立法观、预防性刑法立法观可能会成为我国刑法大幅度扩张、无节制扩张的"正当性"口号。若真如此，当立法事实"木已成舟"，我们再谈如何对其进行限制，如何将其拖回法治正轨只怕是为时已晚。

三 稳健型刑法立法观之提倡与实现

前文的分析表明，受世界整体环境和我国现实情况的影响，我国刑法立法应当以真实的社会需求为基础，既需"织密"刑事法网，又需适度"扩大"犯罪圈。不考虑现实的社会发展，对我国刑法自身的发展与完善持绝对化的批判态度是过于保守的。但是，只强调风险社会、全球化、网络社会等新背景之下的新型社会需求，却没有看到我国的刑事法治建设还处于初级阶段，忽视我国法治基础与人权保障意识依然薄弱的事实，对我国刑法结构、刑法立法水平不做充分考虑的做法，也是蕴含着侵犯人权之重大风险的。如此说来，我国刑法立法似乎已经陷入了"进亦错、退亦错"的两难境地。

---

① 参见张明楷《刑法的基本立场》（修订版），商务印书馆2019年版，第69页。
② 参见魏昌东《新刑法工具主义批判与矫正》，《法学》2016年第2期。

我们认为,要彻底化解这种两难境地,实现二者完美协调确实是非常困难的。就当前情况来看,在较长一段时期之内,我国还是应当采取稳健型刑法立法观,即以限制国家权力、保障公民权利为主要目标,兼顾刑法的法益保护机能,小幅"扩大"犯罪圈,以满足社会发展的新需求。具体而言,稳健型刑法立法观的实现,要求对刑法的"二次规范"性质予以重点强调,坚持统一刑法典的立法模式,并落实犯罪分层制度,优化犯罪附随后果,以确保刑法对社会生活介入的适度性。

(一)刑法"二次规范"性质应予以重点强调

刑法谦抑主义认为,由于刑罚是最为严厉的法律制裁方法,因此刑法不应当采取那种可以说是骄傲不逊的态度,对一切违法行为都发动刑罚来制裁。一般认为,谦抑主义包括两方面内容,一是刑法的补充性,即使行为侵害或者威胁到了他人的生活利益,也不是必须直接发动刑法;二是刑法的断片性,即刑法调控范围的不完整性。谦抑主义是日本刑法理论中的一种表述。该理论源自德国刑法学中法益保护的辅助性原则。[①] 辅助性原则认为,因为法益保护并不会仅仅通过刑法得以实现,而必须通过全部法律制度的手段才能发挥作用。在全部手段中,刑法甚至只是应当最后予以考虑的保护手段。只有在其他解决社会问题的手段——例如民事起诉,警察或者工商管理规定,非刑事惩罚,等等——不起作用的情况下,它才能允许使用。[②] 类似原则在意大利刑法学中也被称为刑法辅助性原则,即是在不用刑事制裁就不足以有效地处罚和预防某种行为时,就不允许对该行为规定制裁措施。正因如此,有学者认为刑法具有从属性。[③] 我们认为,就谦抑主义的理论来源,即刑法的辅助性原则来看,不论是在德国刑法学中,还是在意大利刑法学中,他们其实都是对刑法与其他社会规范、其他部门法之间的关系予以强调。也就是说,辅助性原则的重心在于强调其他

---

① 参见刘淑珺《日本刑法学中的谦抑主义之考察》,载《刑事法评论》2008年第1期。
② 参见[德]克劳斯·罗克辛《德国刑法学总论(第1卷):犯罪原理的基础构造》,王世洲译,法律出版社2005年版,第23页。
③ [意]杜里奥·帕多瓦尼:《意大利刑法学原理》(注评版),陈忠林译,中国人民大学出版社2004年版,第5页。

手段的优先性,强调刑法的不得已性。就此而言,我国学者将其他部门法比作"第一道防线",而将刑法比作"第二道防线"是非常恰当的。① 相对于其他社会治理手段而言,刑法具有"二次规范"的性质。在现时代,尤其在当今中国,突出对刑法的"二次规范"地位的强调具有特殊的重要意义。

第一,这是我国刑法犯罪成立的"立法定性 + 立法定量"模式(以下简称"立法定量模式")对刑法立法的必然要求。与其他大部分国家刑法不同的是,我国在犯罪成立问题上采取的是立法定量模式,即只有当某种行为产生严重的社会危害性时,才会被纳入我国刑法的处罚范围。当行为具有社会危害性但却并不严重时,则仍应以刑法之外的非刑事法律予以调整。立法定量模式决定了我国对于危害社会行为的治理采取的是"二元治理模式",也决定了我国刑法比其他国家刑法具有更强的"二次规范"性质。因此,在我国的刑法立法过程中对这一性质理应予以重点强调。

第二,如前所述,近年来刑法谦抑主义已经被作为批判我国刑法立法的一个"万金油"式的口号。而且,刑法谦抑主义容易流于表面,缺乏现实的技术化路径。② 对于具体的刑法立法工作而言,并不具有可操作的指导性。"二次规范"是对刑法与其他社会治理手段之关系的强调。鉴于刑法的"二次规范"地位,在具体立法时,立法者一方面应对已有的社会治理效果进行考察和检验,对现有手段所存在的问题进行分析,如果是现有手段本身存在问题,则应优先对现有手段进行完善,只有在现有手段不存在问题,已经充分发挥作用但却仍然难以应对的情况下,才能将其纳入刑法范畴;另一方面,即使选择使用刑法手段,也应注意对刑法与其他手段之间的关系进行协调,注意二者之间的衔接,防止出现冲突。这既是立法体系化的基本要求,也是实现良好治理效果之必然要求。刑法与其他法律之间的协调性问题近几年来比较突出,在我国刑法立法中既有正面例子,也有反面例子。就反面例子而言,最高人民法院与公安部、最高人民检察

---

① 参见高铭暄、马克昌《刑法学》(第七版),北京大学出版社、高等教育出版社2016年版,第8页。
② 参见江奥立、杨兴培《犯罪二次性违法特征的理论与实践再探讨》,《江汉学术》2016年第5期。

院关于醉驾是否应当一律入刑的争论可以说是最为典型的。在《刑法修正案（八）》生效（2011年5月1日）之前的2011年4月22日，由全国人大常委会修正后的《中华人民共和国道路交通安全法》第91条删除了对醉驾行为处以15日以下拘留并处罚款的行政处罚规定，并增加了对醉驾行为"依法追究刑事责任"的规定。正是由于该条删去了行政处罚规定，由此引发了醉驾是否一律入刑的争论。[①] 虽然，当时立法者删除了对醉驾行为的行政处罚规定，其就是为了与《刑法》的规定相衔接，但是，由于立法者缺乏对刑法"二次规范"性质的认识，反而引发了更大的冲突。就正面例子而言，则是2015年8月29日《刑法修正案（九）》规定了组织考试作弊罪，为了配合刑法的这一修正，2015年12月27日第二次修正后的《中华人民共和国教育法》第79条对组织考试作弊等违法行为根据危害程度的不同，分别给予行政制裁和刑事制裁。[②] 由此，组织考试作弊的行为应先由行政制裁措施予以处罚，当行政手段难以发挥效用时，才会进入刑法的调整范围。可以说，这是立法者考虑刑法"二次规范"性质的最佳体现。

第三，法定犯与自然犯治理模式的区别要求对刑法的"二次规范"性质予以强调。由于自然犯罪是那些"被所有文明国家都好不困难地确定为犯罪并用刑罚加以镇压的行为"。[③] 因而，随着刑法立法的发展，时至今日，在世界各国的刑法中自然犯几乎都已经达到了饱和的状态，新增的犯罪都是以法定犯为主的。加罗法洛对法定犯并没有明确的定义。如今一般认为，法定犯是其本身无罪恶性，由法律所规定的犯罪。[④] "法定犯首先违反的是行政法律规范，其次违反的是刑法分则规范。"[⑤] 法定犯以违反行政法规为前提，这就决定了法定犯与自然犯的治理模式应当存在区别。对于法定犯的治理应当充分发挥行政法规的前置调整效果，只有在行政规范难以发挥有效作用时，刑法规范才发挥其"替补"作用。也就是说，刑法在

---

① 参见王志祥《醉驾行为制裁模式的论证及发展方向》，《甘肃社会科学》2018年第4期。
② 参见王志祥《醉驾行为制裁模式的论证及发展方向》，《甘肃社会科学》2018年第4期。
③ ［意］加罗法洛：《犯罪学》，耿伟、王新译，中国大百科全书出版社1996年版，第20页。
④ 参见马克昌、卢建平《外国刑法学总论（大陆法系）》（第二版），中国人民大学出版社2016年版，第52页。
⑤ 谭兆强：《法定犯理论与实践》，上海人民出版社2013年版，第100—101页。

治理法定犯方面更应重视其"二次规范"性质,对于法定犯的治理不应以刑法为主,而应当充分发挥行政手段的作用。对法定犯的治理,充分发挥行政规范的作用比直接采取刑罚手段更为有效。例如,据《中国环境司法发展报告2017—2018》显示,2018年浙江、河北等省份出现了一审刑事案件下降的趋势,这与当地的环境执法力度之间存在一定的联系。[①] 因此,鉴于我国新增犯罪也以法定犯为主的这一立法趋势,考虑到法定犯治理模式与自然犯的不同,今后我国刑法立法应当更加重视刑法的"二次规范"性质。

(二) 统一刑法典立法模式仍应坚持

这些年,刑法学界对于我国坚持统一刑法典与采用修正案的方式修正刑法之立法模式的批评声音日益强烈。批评者认为,单一的刑法典不可避免具有极为明显的滞后性和存在立法漏洞;刑法具有社会保护机能和自由保障机能,过度的法典化会在强化某种机能时限制另外一种机能的发挥;对法典的过分追求必然会忽视特别法律的存在价值,既不利于特别法律的存在和发展,又容易导致立法在资源配置上的浪费,从而违背立法经济性原则;在通过修正案对法典进行完善的过程中,容易使法典的体系遭到破坏。[②] 法典化的立法模式在内容上难以反映某些犯罪领域的复杂性;难以对特定的犯罪类型作有针对性的刑法制度设计;不能对某些复杂的犯罪领域实行刑事一体化的法制构建;难以反映对某些复杂的犯罪领域进行综合治理的刑事政策诉求。[③] "依靠一部法典或刑法治天下的时代已成为过去。"[④]

我们认为,就我国的刑事法治基础以及人权保障情况来看,我们应当在相当长的一段时间之内坚持统一刑法典的立法模式不动摇。

成文法的立法逻辑在于,立法者将某种行为为国家所禁止,实施某

---

① 参见《2019年3月2日10:30〈中国环境资源审判2017—2018〉、〈中国环境司法发展报告2017—2018〉及生态环境保护典型案例新闻发布会》,https://www.chinacourt.org/chat/fulltext/listId/51171/template/courtfbh20190302.shtml,2019年3月28日。
② 参见童德华《我国刑法立法模式反思》,《法商研究》2017年第6期。
③ 参见刘之雄《单一法典化的刑法立法模式反思》,《中南民族大学学报》(人文社会科学版) 2009年第1期。
④ 卢建平:《刑法法源与刑事立法模式》,《环球法律评论》2018年第6期。

行为会受到何种处罚，都通过成文法的形式予以昭示天下，民众在知晓法律的明文规定之后，以之为依据安排自己的行为。由此，立法可以实现指引民众行为的作用。另外，由于成文法是国家据以裁判的根据，因而成文法也具有约束国家权力，保障公民权利的作用。"对法典的完美性的信仰来自孟德斯鸠的分权理论。即，法官必须受由立法者所制定的法律的约束，只能对法律进行单纯的适用。"① 正因如此，马克思认为："法典是人民自由的圣经。"② 法典化受到了启蒙思想家和刑事古典学派学者们的强烈推崇，即使是来自普通法系的边沁也曾为法典化的魅力所折服，极力主张英国应当实施全面的法典化。他首创的 Codification 一词被后世法学家称为"法典化"（更确切地说是刑法法典化），他因此被誉为法典化的"精神之父"。③

虽然，中国有制定成文法典的悠久历史。"但'法典化'作为一种运动、一种思潮和一种趋势却是近、现代所特有的社会现象"④。新中国的刑法法典化始于1950年的《中华人民共和国刑法大纲草案》，此后新中国先后出台了38个刑法典稿本，由于政治原因，直到1979年才制定了第一部真正意义上的《刑法》法典。由于当时我国在刑法立法方面的经验极为缺乏，并且十一届三中全会所作出的改革开放新决策所引发的剧烈的社会变革刚刚开始，1979年《刑法》一经制定就已经难以跟上时代发展的步伐。此后，为了跟上时代的发展，应对不断出现的新的社会需求，在1981年到1997年立法者又制定了25部单行刑法，同时在107个非刑事法律中设置了附属刑法规定。⑤ 如此频繁地、大规模的在刑法典之外制定刑法规范，其所产生的消极影响就是，刑法典约束国家权力，指引民众行为的作用几乎被完全消解。不仅立法者疲于不断制定新的法律应对社会上出现的新情况、新问题，司法者也因为刑法典之外的单行刑法与附属刑法实在是太多而无所适从，刑法的人权保障机能难以有效发挥。

---

① ［日］大木雅夫：《比较法》，范愉译，法律出版社2006年版，第12页。
② 《马克思恩格斯全集》（第1卷），人民出版社1995年版，第176页。
③ 参见卢建平《刑法法源与刑事立法模式》，《环球法律评论》2018年第6期。
④ 严存生：《对法典和法典化的几点哲理思考》，《北方法学》2008年第1期。
⑤ 参见赵秉志《当代中国刑法法典化研究》，《法学研究》2014年第6期。

具体而言，当时我国的附属刑法在立法技术上存在规定笼统，刑罚规定混乱，违法与犯罪界限不清，数条并合（即在一个附属刑法条款中涉及两个以上的刑法有关条文规定，以至于理解与适用存在困难）等问题。在立法方式方面的问题则是，所制定的某些附属刑法条款，虽然规定对某种犯罪行为应依法追究刑事责任，但该规定在刑法中却找不到相对应的处罚条款；大量规定依照、比照刑法的有关条文进行定罪处刑，致使某些附属刑法规定显得牵强附会。① 在刑法典之外制定单行刑法与设置附属刑法的立法方式缺陷是非常明显的：首先，这种立法方式往往是头痛医头、脚痛医脚，一事一议，一罪一法，其立法内容既缺乏理论的论证，也很少进行科学的规划，从而导致刑事法规之间的关系紊乱，影响到刑事立法的质量和应有功效。其次，单行刑法与附属刑法的存在还会对刑法典产生强烈的冲击，经常变动刑法规范，会使刑法失去应有的稳定性和可信度，会导致刑法典受到肢解，刑法规范失去平衡，并且，根据特别法优于一般法的法律适用原则，这些特别法还会阻止常态法的正常适用，以致刑法典所规定的普通法被完全架空。最后，当时我国的刑法立法还存在破坏本就不彻底的罪刑法定原则、重刑化倾向明显、法条关系紊乱、罪刑关系不协调、罪名不清、适用困难等各种缺陷。② 正是考虑到这段时间之中我国刑法立法所存在的各种问题，1988年全面修订刑法典的工作就被提上了立法议程，当年7月1日，全国人大常委会将刑法的修改工作正式列入立法规划，③ 目的是"要制定一部统一的、比较完备的刑法典"④。1997年《刑法》是对25部单行刑法与107个非刑事法律中的附属刑法规定全面地、系统地整理与吸收，也是对17年间我国的刑法立法经验与教训的全面总结。可以说，"要制定一部统一的、比较完备的刑法典"既是在经历过刑法立法和司法混乱局面之后国家与社会所产生的当然诉求，也是新中国法治建设发展到了新阶段的必然要求。1997年《刑法》规定了罪刑法定原则，将

---

① 参见储槐植《附属刑法规范集解》，中国检察出版社1992年版，第25—30页。
② 参见赵秉志《中国特别刑法研究》，中国人民公安大学出版社1997年版，第23—28页。
③ 参见赵秉志《新旧刑法比较与统一罪名理解与适用》，中国经济出版社1998年版，第9页。
④ 王汉斌：《关于〈中华人民共和国刑法（修订草案）〉的说明》，《人大工作通讯》1997年第Z1期。

所有的刑法规范都纳入统一的刑法典之中，由此开启了我国限制国家权力、保障公民权利的刑事法治建设之路。因此，该法典对于我国刑事法治建设而言是具有划时代意义的。

虽然，以今日眼光来看，统一刑法典的立法模式的确存在一些问题，如在立法的及时性、灵活性方面存在不足。但是，单行刑法、附属刑法立法模式不易协调与统一法典之间的关系、容易造成刑罚权所及范围的极度扩张、容易造成法律适用中的混淆、容易导致罪名过滥、具文横生等问题也依然存在。① 在我国刑事法治建设起步较晚，法治基础依然薄弱，刑法立法仍然存在民主性、科学性方面问题的情况下，如果采取"在行政法中完整、独立地规定具有刑事可罚性的行政犯罪名、构成要件与法定刑，从而构建虽然附属于行政法等法律，但可以作为独立法源的真正意义上的行政刑法"② 的立法模式，没人能够确保我们不会重蹈 1979 年至 1997 年刑法立法混乱局面的覆辙，也没人能够确保我国刑法本就薄弱的人权保障机能不会被削弱。正如统一刑法典立法模式之批评者自己所言："一些国家政权平稳、民心安定，刑法几乎不变。"③ 在我国政权稳定、民心安定，当前刑法立法模式还足以应对新的社会需求的情况下，贸然对刑法立法模式作出重大变革，应当是一种不明智的冒险。

（三）落实犯罪分层制度，优化犯罪附随后果

所谓犯罪分层，是指在刑事法上将所有犯罪按照严重程度区分为若干不同层次的表现形式。在刑事政策上，实行犯罪分层，能够更好地在严重犯罪与轻微犯罪之间合理地分配司法资源，集中优势资源对于危害社会生存根本条件的严重犯罪，而对轻微犯罪则采取更为宽松的政策和更为便捷的处理机制。在刑法实体法上，犯罪分层可以实现对犯罪与刑罚的重新界定，扩大犯罪圈，实现制裁措施的轻缓化、多样化。在刑事程序法上，可以根据犯罪的轻重分别设置不同的处理机构和程序。因此，对犯罪予以分

---

① 参见时延安《刑法立法模式的选择及对犯罪圈扩张的控制》，《法学杂志》2013 年第 4 期。
② 梁根林：《刑法修正：维度、策略、评价与反思》，《法学研究》2017 年第 1 期。
③ 卢建平：《刑法法源与刑事立法模式》，《环球法律评论》2018 年第 6 期。

层是绝大多数国家刑法的做法。① 我国刑法一直没有采纳犯罪分层的做法。不过，我们认为，随着社会的发展与刑法的完善，我国刑法今后应当引入犯罪分层制度。

首先，引入犯罪分层制度有利于优化我国刑法结构。由于我国刑法在犯罪成立的界限上采取的是立法定量模式，只对具有严重社会危害性的行为进行惩罚，亦即我国采取的是重罪重刑刑法结构，因而与其他大多数国家相比，我国刑法相当于只规定了这些国家刑法中的"重罪"部分。重罪重刑刑法结构对于人权保障而言是非常不利的，并且，重罪重刑结构也不利于犯罪圈的扩大。就此而言，重罪重刑的刑法结构可以说是既不利于保障人权，又不利于保护法益的。犯罪分层制度是根据刑罚的轻重，或者根据犯罪行为本身的严重程度或社会危害性质和程度将所有犯罪予以分层。一般包括重罪和轻罪，或者重罪、轻罪、微罪或违警罪。② 在我国刑法之中引入犯罪分层制度，例如将犯罪分为重罪、轻罪与微罪，罪的分类同时也就决定了刑的分类，轻罪与微罪的设置意味着以轻刑与微刑与之对应。因此，在我国刑法立法之中落实犯罪分层制度，可以从整体上促使我国刑法重罪重刑结构的改变。

其次，引入犯罪分层制度有利于对我国的犯罪附随后果予以清除和优化。如前所言，在我国刑法之外，存在着大量的关于犯罪附随后果的规定。这些犯罪附随后果通常对犯罪类型不加区分地笼统适用，例如，根据《行政机关公务员处分条例》第17条第2款规定，行政机关公务员依法被判处刑罚的，将给予开除处分；根据《劳动合同法》第39条规定，劳动者被依法追究刑事责任的，用人单位可以解除劳动合同。这些规定既未区分故意犯罪与过失犯罪，也没有区分重罪、轻罪与微罪。在我国刑法已经规定了危险驾驶罪、代替考试罪、使用虚假身份证件、盗用身份证件罪这三个微罪的情况下，对微罪犯罪人与重罪犯罪人不加区分笼统地都给予开除处分或者解除劳动合同，显然是不合理的。引入犯罪分层之后将有利于根据犯罪的类型合理地设置犯罪附随后果性规定。对于重罪犯罪人而言，

---

① 卢建平：《犯罪分层及其意义》，《法学研究》2008年第3期。
② 卢建平：《犯罪分层及其意义》，《法学研究》2008年第3期。

鉴于其本身所具有的较大的人身危险性，通过设置一定的犯罪附随后果防止其再次危害社会是有其必要的。例如，禁止强奸罪犯罪人从事可能接触到女学生的职业。但是，对于微罪犯罪人而言，由于其本身所实施的犯罪行为社会危害性就比较小，犯罪人本身的人身危险性一般也不大，除非是因其犯罪性质与职业密切相关，则没有必要通过设置犯罪附随后果性规定，在刑罚之外限制或剥夺其权利。

最后，引入犯罪分层制度将有利于犯罪圈合理地"扩大"。如前所言，我国刑法在一定程度上"扩大"犯罪圈是有其必要的。但是，在缺乏犯罪分层制度的情况下，立法者不加区分地对犯罪圈予以笼统的"扩大"，就有可能出现将本属于轻罪或者微罪性质的行为，习惯性地设置为重罪。引入犯罪分层制度，从刑法立法上明确重罪、轻罪与微罪等不同的犯罪类型，一是有利于立法者对具体犯罪的刑罚配置，二是有利于合理地控制所增设犯罪的类型，在法定犯时代，由于其应以行政手段优先治理的性质，通常而言不应将其设置为重罪，换言之，在引入犯罪分层制度之后，今后我国刑法所增设的新罪名应当主要是轻罪或者微罪。如此，犯罪分层制度还将有利于对我国的犯罪圈扩张予以合理的限制。

2011年，我国立法者通过《刑法修正案（八）》增设了危险驾驶罪，该罪的最高法定刑为拘役，属于微罪。危险驾驶罪在我国刑法理论上与实践中均引发了极大的争议，其实很大程度上，这些争议都是由于我国刑法缺乏犯罪分层制度而引起的。例如，危险驾驶罪是否应当一律入刑的问题，司法资源向醉驾案件过度集中的问题，以及大量人员因醉驾被贴上犯罪标签的问题。[①] 如果我国刑法立法落实犯罪分层制度，在功能上、诉讼程序上以及附随后果上根据重罪、轻罪与微罪作出不同的区分与定位，上述争议或者问题应当是完全可以避免的。虽然通常而言，司法重视公正，行政重视效率。但是，由于微罪对犯罪人权利的剥夺或者限制非常小。因而，相对于重罪在适用过程中应重点关注对犯罪人人权的保障而言，微罪的适用应当更多地倾向于效率。就此而言，危险驾驶罪在司法实践过程中，应当以入罪为原则，出罪为例外；对危险驾驶罪应当采用速裁程序；

---

① 参见蒋安杰《醉驾入刑两年热点问题二人谈》，《法制日报》2013年8月7日第9版。

对危险驾驶罪犯罪人，除犯罪性质与职业密切相关外，不应在刑罚之外设置犯罪附随后果性规定。

需要说明的是，在我国刑法之中引入犯罪分层制度并不是赞同积极的刑法立法观、预防性刑法立法观。因为，犯罪分层制度并不意味着犯罪圈大幅度地扩大，也不意味着刑法要积极介入公民的社会生活。与之相反，引入犯罪分层制度反而是为了更好地优化我国刑法结构，更有针对性地清除不合理的犯罪附随后果。可以说，在我国刑法中引入犯罪分层制度是稳健型刑法立法观的必然要求。并且，即使是在引入犯罪分层制度之后，我国刑法的立法定量模式也还应当予以保留。对于微罪而言，立法者依然可以通过立法定量模式为其设置罪量条件，以合理限制刑法对公民社会生活的介入程度。

四　结语

刑法的人权保障机能与法益保护机能从来都是一组难以协调的矛盾。受时代背景影响，刑事古典学派侧重于人权保障，刑事实证学派则偏向于保卫社会。而作为折中派的李斯特则一方面指出："一切法律均是为了人的缘故而制定的。制定法律的宗旨就是为了保护人们的生存利益。保护人们的利益是法的本质特征；这一主导思想是制定法律的动力。"[①] 另一方面却又同时强调："刑法是保护犯罪人的大宪章"，"刑法是刑事政策不可逾越的界限。"[②] 之所以如此主张，原因在于他希望实现刑法人权保障机能与法益保护机能的平衡。由此看来，刑法立法究竟是应当保守还是应当积极，关键在于立法者选择何种立场。我们认为，在我国现阶段，人权保障依然不可松懈，但社会发展的新需求也须兼顾，所以刑法立法应当稳健。与保守型刑法立法观不同的是，稳健型刑法立法观认可我国刑法立法需要对社会发展所产生的新需求予以及时回应，但同时主张，犯罪圈只能在引入犯罪分层制度并优化犯罪附随后果的前提之下小幅"扩大"；与激进型

[①] ［德］冯·李斯特：《德国刑法教科书》，徐久生译，法律出版社2006年版，第6页。
[②] 参见马克昌《近代西方刑法学说史》，中国人民公安大学出版社2016年版，第283页。

刑法立法观的区别在于，稳健型刑法立法观反对刑法对社会生活的积极介入，认为在当前阶段，我国的刑法立法仍应对刑法的"二次规范"性质予以强调，坚持统一刑法典的立法模式。

风险社会理论引入刑事立法的反思性审视[*]

叶良芳[**]

风险社会中，技术风险和制度风险等新型风险与前现代社会以及工业社会中的各种风险汇聚一起，共同筑成风险社会特有的风险图景。"风险社会中的风险只包括技术风险""技术风险不需要刑法应对""刑法不应积极应对具有不确定性的新型风险"等主张，均是刑法学者对风险社会理论的误读，不利于刑事立法对社会发展现状的正确回应。风险刑法在刑法体系中的应然定位，是对传统刑法的补充而非替代，其适用范围应限于规制新型风险。风险社会中的新型风险具有不确定性，刑法的规制范围应限于具有导致严重实害结果的高度可能性的新型风险。

一 问题的缘起：风险社会理论与刑事立法对接的难题

"风险社会"这一概念，首次出现于德国社会学家乌尔里希·贝克1986年出版的著作——《风险社会》[①]中。自此以后，关于风险社会理论的研究陡然之间炙手可热，不仅在社会学领域，在政治学、经济学、管理学、哲学、法学等领域，也有众多学者孜孜以求相关议题。其中，在法学

---

[*] 本文系国家社科基金重点项目"风险社会视阈下刑事立法科学性研究"（项目编号：16AFX009）的阶段性成果。
[**] 浙江大学光华法学院教授，博士生导师。
[①] ［德］乌尔里希·贝克：《风险社会》，张文杰、何文博译，译林出版社2004年版。

领域，尤以刑法学界最为活跃。2005年6月，《马克思主义与现实》杂志发表了德国刑法学者乌尔斯·金德霍伊泽尔的《安全刑法：风险社会的刑法危险》一文，① 预兆了我国理论界开始关注风险刑法问题。2007年5月，劳东燕教授在《中国社会科学》杂志发表了《公共政策与风险社会的刑法》一文，② 开启了我国刑法学界研究风险刑法的先河。此后，刑法学界关于风险刑法的研究蔚然成风，风险刑法也成为刑法理论中最热门的一个关键词。最初，学者们对于风险社会理论及其引入刑事立法基本持肯定的态度，但之后情势急转而下，出现了大量的批判性、否定性的论文。及至2014年2月，陈兴良教授在《中外法学》杂志发表了《风险刑法理论的法教义学批判》一文，③ 对风险刑法理论进行了釜底抽薪式的整体批判，这不啻于宣告了风险刑法理论的"死刑"，彻底终结了风险社会理论在刑事立法领域的渗透。

对社会学领域相当成熟的风险社会理论，能否在刑法学领域予以移植嫁接？这是学界争论的焦点，而产生学术分歧的关键在于对以下问题的不同回答：不同的学科都有自己的专业槽，跨学科研究是否会导致南橘北枳现象？风险社会理论，基于技术、制度、文化等层面，探寻人类社会走向自反性现代化的根本动因；刑事立法，侧重于国家和公民之间刑事契约的角度，探讨纳入犯罪圈的行为的类型和范围。在研究范畴和范式等方面，二者确实存在诸多差异。然而，风险社会理论的内核，并非仅仅对后工业社会自反性现代化图景的生动描绘，而在于对其背后的不确定性风险的警告和预防。刑事立法的重点，并非对自由保障机能的单向倾斜，还有对法益保护机能的衡平考量。保护法益，就是使公民和社会的合法权益免受外在的各种风险的侵害。正是在这个层面，风险社会理论和刑事立法找到了贯通专业壁垒，实现无缝对接的联结点。当然，这里只是概略地论及二者之间对接的可能性，在微观的层面则需要更精细地剖析风险社会理论，以去伪存真，引入活水，丰富刑事立法理论。

---

① ［德］乌尔斯·金德霍伊泽尔：《安全刑法：风险社会的刑法危险》，《马克思主义与现实》2005年第3期。
② 劳东燕：《公共政策与风险社会的刑法》，《中国社会科学》2007年第3期。
③ 陈兴良：《风险刑法理论的法教义学批判》，《中外法学》2014年第1期。

二　风险的聚集：风险社会中的风险图景

在风险社会中，并非仅仅存在一种与后工业社会相伴而生的新型风险，农业社会和工业社会的传统风险依然存在。这种风险并没有因为新型风险的出现而消失或者减少，所以风险社会中其实混合着多种类型的风险。换言之，尽管在风险社会中，占据主导地位的是具有人为性、后果扩展性和建构性等特征的新型风险，但是农业社会的自然风险、工业社会的事故风险都依然存在，只是伴随着人类的认知水平和预防能力的提升，这类风险已经得到有效的控制，因而没有像新型风险那样成为亟待解决的社会问题。

风险社会理论的提出者，在描述风险社会的风险时，均将笔墨聚集于新型风险；对于风险社会中是否存在其他风险，则往往没有正面回应。但是仔细研读，不难发现，风险社会理论并没有否认风险社会中传统风险的存在。贝克曾经将风险社会分为两个发展阶段：在第一个阶段中，社会被定义为民族国家的工业社会，新型风险为人们所否认，在公众观念中占据主导的是进步的观念、工业生产、保障就业岗位以及财富生产，这样的结果必然使新型风险面临着增加到最大程度的局面；在第二个阶段中，风险意识普遍为公众所接受，进步意识原则上被打破。[①] 按照贝克对风险社会不同阶段的划分，很容易推断出：在风险社会中特别是在其第一个发展阶段中，传统风险并没有在客观上和人们的主观世界中消失，风险社会区别于工业社会的关键仅在于风险社会中新型风险的出现并逐渐占据主导地位。

英国社会学者吉登斯在阐述其后现代性理论时，虽然未对工业社会和风险社会做明确区分，但却区分了前现代社会和现代社会的风险环境。在他看来，前现代社会的风险环境主要包括来自自然的威胁和危险、来自人类暴力的威胁以及来自失去宗教的恩魅或受到邪恶巫术影响的风险；在现

---

① ［德］乌尔里希·贝克、约翰内斯·威尔姆斯：《自由与资本主义——与著名社会学家乌尔里希·贝克对话》，路国林译，浙江人民出版社 2001 年版。

代社会，风险环境则转变为以下三种：一是来自现代性的反思性的威胁和危险；二是来自战争工业化的人类暴力的威胁；三是源于将现代性的反思性运用于自身的个人之无意义的威胁。① 由此可见，在其观念中，前现代社会中的风险是以自然风险为主导、同时存在传统形式的人类暴力和文化裂变的农业社会的风险，而现代社会则以人为风险和反思性的风险为主导。然而，一方面，他并未将工业社会的主导风险与风险社会的主导风险进行非此即彼式的界分，而是认为两者都应归属于现代社会的风险；另一方面，他从实然角度观察，人类虽然迈进现代社会，但包括传染病流行、气候变化、洪水、地震等在内的自然风险并未消失，传统形式的人类暴力风险亦未消失，文化裂变的形式虽然在不断发生变化但也没有消失，现代社会与前现代社会相比的最大区别，只是出现了新型风险而且这类新型风险逐渐占据了主导地位。

与社会学者的含蓄风格相类似，一些刑法学者对于风险社会中是否存在传统风险的立场也需要反复推敲，才能读出弦外之音。例如，德国刑法学者乌尔里希·齐白在论述风险社会与新安全法的构建问题时指出："与当代风险社会密切相关的技术上、经济上与政治上的变化催生了新形式的复杂犯罪，这些复杂犯罪的新形式特别在恐怖主义、有组织犯罪和经济犯罪领域构成重大风险。"② 在论及应对恐怖主义等风险时，他将这类有别于传统刑法的、风险社会刑法所针对的风险限定于新型风险，认为之所以要制定相应的预防性刑法，是因为"现代风险社会的公民也认识到了这些新型的风险，并且对犯罪有着与客观安全形势不符的恐惧，这就致使其同时对于安全保障有了更高的诉求"。可见，在齐白教授的概念里，风险社会有别于其他社会发展阶段的显著特征，是社会中出现了由技术、经济和政治等方面的发展变化所导致的新型风险。这些新型风险进一步催生了新型的犯罪；但是这并不意味着传统犯罪的消亡，因而所谓的安全刑法、预防性刑法所针对的只是新型风险而非一切犯罪。又如，赵书鸿博士认为，"在风险社会里，两种不同的分配逻辑，即当代的风险分配逻辑和传统的

---

① ［英］安东尼·吉登斯：《现代性的后果》，田禾译，译林出版社 2011 年版。
② ［德］乌尔里希·齐白：《全球风险社会与信息社会中的刑法：二十一世纪刑法模式的转换》，周遵友、江溯等译，中国法制出版社 2012 年版。

物品分配逻辑共同运行并交织在一起。"① 在此，赵博士虽然强调的是风险社会形态下分配逻辑与风险分配逻辑的并存，但并不排除传统的财富分配的存在。工业社会中的相关法律制度，都是以那个时代以财富分配为中心的社会发展状况为基础建立的。肯定传统财富分配存在于风险社会中，自然便肯定了由其所产生的传统风险的存在。

也有一些刑法学者立足于我国社会发展的现状，旗帜鲜明地提出了风险社会的风险是聚集型风险的主张。例如，杨兴培教授所定义的中国式风险社会与贝克、吉登斯等西方学者定义的风险社会就存在一定差异。他认为在加入世界一体化进程后，中国社会除了受到全球风险社会中的风险浪潮波及而出现以技术风险为主的新型风险以外，还存在着具有中国特色的其他风险，包括政治信任消解积聚的社会风险、司法不公积聚的社会风险、贫富差距积聚的社会风险以及文化价值取向不明积聚的社会风险等。② 又如，刘仁文研究员对于中国社会所处的阶段进行了如下概括："中国一方面尚未完成某种意义上的'古典现代化'过程，而另一方面'自反性现代化'过程在某些社会侧面又已然发生。"③ 从这些描述可以看出，上述学者对于我国社会所处阶段的判断基本上达成如下共识：在全球化的浪潮下，我国不可避免地面临着全新的技术风险和制度风险；同时，由于我国的工业化进程尚未完成，且不同地域、城乡之间工业化发展程度差距极大，因而工业社会的传统风险仍然大范围存在。

由上可见，无论是主张风险社会理论的社会学学者，还是试图将风险社会理论与刑事立法对接的刑法学者，都没有否认在风险社会中仍然存在着前现代社会以及工业社会中的各种风险，并与技术风险和制度风险等新型风险汇聚在一起，共同筑成风险社会独特的风险图景。

三 技术的迷雾：否定论者对风险社会理论的误读

新型风险的数量和影响力的增加，以及公众风险意识的提高和对安全

---

① 赵书鸿：《风险社会的刑法保护》，《人民检察》2008 年第 1 期。
② 杨兴培：《"风险社会"中社会风险的刑事政策应对》，《华东政法大学学报》2011 年第 2 期。
③ 刘仁文、焦旭鹏：《风险刑法的社会基础》，《政法论坛》2014 年第 3 期。

保障的强烈需求，是风险刑法生成的内外动因。然而，否定论者却对风险刑法理论本能地予以拒斥，究其个中原因，根本源自对风险社会理论的误读。

误读之一：误认为风险社会的风险只有技术风险单一类型。将风险社会的风险局限于技术风险的观点，限制了刑法调整更多事实上属于新型风险的事项范围。例如，陈兴良教授认为，"贝克的风险社会理论是以后工业社会的技术风险为叙述原型，并以此为前提展开其观点的。因此，风险社会的风险是以技术风险为基础的，其他都只是技术风险的外在表现。而在目前我国学者的论述中，风险社会的风险存在着严重泛化的现象"，这种泛化首先表现为"将风险扩展到制度风险，甚至犯罪风险"，还表现为"将后工业社会的风险混同于工业社会的风险"。但事实上，在风险社会理论的视角下，新型风险并不仅指技术风险，还包括更广范围的由人类决策所导致的不可控风险，诸如技术风险和制度风险等。在回应"（世界）风险社会"概念对于理解21世纪初社会和政治的动力和转型具有关键性的原因时，贝克就曾指出："这恰恰是因为风险的积聚——生态、金融、军事、恐怖分子、生化和信息等方面的各种风险——在我们当今的世界里以一种压倒性的方式存在着。"[①] 在吉登斯看来，影响甚至瓦解经济和政治领域内的等级制的指挥系统的变革，并非仅仅是以采用计算机化和信息技术为代表技术革新的结果，首要的影响还是来自后传统秩序的大背景下发展起来的制度自反性的扩张。[②] 由此可见，在风险社会理论的核心代表人物贝克和吉登斯的观念中，风险社会中具有主导性的新型风险，并非仅仅包括技术革新所带来的风险，而是涵盖了当今社会中各个领域与新技术和新制度相关的各种风险。尽管技术的革新以及在此过程中人类预测和控制风险的能力与人类认识和发现新事物的能力之间矛盾的加剧，确实是风险社会中新型风险产生的根本原因，而且这种风险在科学技术领域的表现尤为

---

① ［德］贝克等：《风险社会与中国——与德国社会学家乌尔里希·贝克的对话》，《社会学研究》2010年第5期。
② ［英］安东尼·吉登斯：《风险、信任、自反性》，［德］乌尔里希·贝克、［英］安东尼·吉登斯、斯科特·拉什《自反性现代化：现代社会秩序中的政治、传统与美学》，赵文书译，商务印书馆2014年版。

突出,但是不能忽视的是除了纯粹的科学技术领域之外,在人类社会的各种领域均出现了与新技术和新制度紧密相关的新型风险,而这些风险是工业社会的法律制度所难以有效控制的。如果将风险社会的新型风险全部归纳为技术风险,并且以工业社会中的刑法已经针对与技术相关的事故型犯罪、环境犯罪已有规定为由,否认刑法应该在应对风险社会时作出更有针对性的及时回应,则显然是对工业社会刑事立法模式偏执的固守。值得注意的是,刑事立法对于风险社会的回应,并不等同于对于风险社会理论的回应,而是对于风险社会理论中所蕴含的存在于当前社会中新型风险的回应,因而通过刑事立法的变化与风险社会理论提出在时间上的先后比较,而否认刑事立法的发展变化与风险社会之间存在紧密联系,在逻辑上是不成立的。即使相关立法草案的说明未明确刑事立法的修正与风险社会或风险社会理论之间存在直接关联,只要立法的内容与风险社会中新型风险相关,也应该承认这种修正属于实定法对于风险社会的回应。

误读之二:误认为技术风险不需要刑法予以应对。"如果一个法律制度调整和追求那些技术上可以管理的较小风险的每个细节,而用它的权威品德使大危险合法化,达到不能使之在技术上最小化的程度,并将每个人,包括那些反对者与这些危险捆绑在一起,那么关于法律制度的价值问题迟早会被提出。"① 法律,包括刑法,作为人类社会赖以安全稳定存在的重要制度之一,在应对风险社会中的新型风险时,必定需要通过一定规则设置上的调整以积极回应社会生活的新情况。但是有学者却认为,风险社会的风险,绝对排除刑法的调整,而只需刑法之外的其他部门法进行控制。例如,Vgl W. Hassemer 等认为,风险刑法事实上不属于刑法,而是一种行政法甚至民事责任法,因而在刑法中设置风险控制的条文不具有合理性,对于新型风险的控制应该通过行政法(包括行政刑法)和民法手段解决。② 然而,这种风险控制法律体系构想却存在严重的缺陷。

一方面,对于行政刑法属于行政法还是刑法的问题,向来存在争议,

---

① [德]乌尔里希·贝克:《世界风险社会》,吴英姿、孙淑敏译,南京大学出版社 2004 年版。
② 姜涛:《风险刑法的理论逻辑——兼及转型中国的路径选择》,《当代法学》2014 年第 1 期。

但将行政刑法作为行政法的一部分来看待，无论是在德国法律的语境下还是在我国法律的语境下，均不具有说服力。由德国学者所创造的行政刑法的概念，即使在德国法律的语境下也难以具有逻辑上的周延性。如果将第二次世界大战后西德所制定的《经济刑法典》和《秩序违反法》视为行政刑法，那么也应当依据行为的法益侵害性、行为的法律后果以及责任追究程序适用主体等，将其切分成刑法和行政法两部分。因此，将两类不同性质的行为规范笼统地称为行政刑法，既无必要也不准确，一概认为这些行为规范属于行政法而非刑法更与法律体系的基本特征相违背。在我国的法律体系之下，在实定法意义上并没有单独的行政刑法，而且我国刑法规定的犯罪概念除了具有定性特征还具有定量特征。在这种前提下，行政犯罪往往是具有行政违法性且数量或情节等方面的严重性程度达到了入罪的标准，因而行政犯罪是同时满足了行政违法性和刑事违法性双重条件的行为，应当受到刑罚处罚，最终由司法机关对其追究刑事责任，从而与一般行政违法行为的违法性质、行为后果和追究责任程序实施主体具有显著差异。概言之，试图以所谓的行政刑法规制风险社会下的新型风险以达到规避违背刑法明确性原则的效果，在逻辑上具有严重的缺陷。

另一方面，仅以民法和行政法的手段控制风险社会的新型风险，而缺少刑法作为最后的手段，难以有效发挥法律的安全保障作用。在陈兴良教授看来，法律对于风险社会中技术风险的应对应当是间接的而非直接消除，具体的方式应该是在制定技术政策和技术规范时建立严格的法律程序，对技术风险进行评估，并对避免风险的费用成本分担以及对不可避免的风险承担设置公平合理的法律程序，因而控制风险社会中新型风险的法律主要是行政法，控制风险的主体主要是政府。诚然，在以法律手段控制风险社会的新型风险时，在制定技术标准、评估程序和费用承担分配方式等方面，行政法是不可或缺的；在风险引发实害后果导致利益相关主体的合法权益受到侵害时，需要对相关赔偿或补偿的责任进行合理分配，民事侵权责任法需要积极应对。但需要注意的是，刑法与行政法和民法对风险的控制，并不是互斥关系，而应该是补充关系。"正是因为刑罚可以除去犯罪现象这一社会最大的疾病，安定秩序，使国民能够更好地生活，所以刑罚自身也得以正当化。"① 当某个行为的社会危害性已经达到应当为刑法所规制的程度，并且通过行政法和民法手段对其调整难以达到有效遏制时，刑法就不应当缺位。

　　误读之三：误认为刑法不应积极应对风险社会中的新型风险。风险社会的新型风险具有不确定性，人类决策所创设的风险是否能够引发严重的实害后果，实害后果在强度、时间、空间上能够达到何种程度，均难以有效预测，这是风险社会的新型风险与工业社会的传统风险的显著区别。探究风险社会的新型风险具有不确定性的根源，可以发现贝克事实上已经做过精准的归纳："它们是一些社会构想，主要是通过知识、公众、正反两方面专家的参与、对因果关系的推测、费用的分摊以及责任体系而确立起来的。它们是认识上的构想，因此总是带有某种不确定性。"风险社会新型风险的不可预测性，也成为否认刑法在应对新型风险时积极作出调整的关键性理由。陈兴良教授在将风险社会的风险理解为技术风险的基础上，认为技术风险"是人在科学技术探索过程中所带来的，是科学技术广泛运用的消极后果。技术风险具有极大的不确定性，对于这种不确定的风险不能直接纳入刑法调整的范围"。张明楷教授提出，用刑法规制具有高度不确定性的风险的观点是自相矛盾的，因为"风险具有高度不确定性意味着人们事前难以知道某种行为是否具有造成实害结果的可能性，既然如此，就不能盲目禁止"②。南连伟亦认为，风险社会中新型风险的未知性也即不确定性与工业社会刑法的科学理性基础之间存在矛盾，即"风险社会的风险具有未知性，它们在古典工业社会的科学、政治和法律上往往是不存在的。而古典工业社会的刑法恰恰是建立在科学理性的基础之上的"③。由此可以看出，风险社会中新型风险的不确定性确实成为刑法难以在对抗风险时发挥积极作用的障碍。在坚守刑法明确性原则和谦抑性原则的前提下，以刑法的手段规制新型风险很可能陷入隔靴搔痒的困境。

　　然而，如果刑法不积极应对风险社会中的新型风险，片面强调刑法的自由保障机能而无视刑法的安全保障机能，某种意义上是置人类生存

---

① ［日］前田雅英：《刑法总论讲义》，曾文科译，北京大学出版社 2017 年版。
② 张明楷：《"风险社会"若干刑法理论问题反思》，《法商研究》2011 年第 5 期。
③ 南连伟：《风险刑法理论的批判与反思》，《法学研究》2012 年第 4 期。

安全于不顾的表现，这在根本上也不利于保障人类生存的权利与自由。"既然制度所制造出的现实的社会风险已经酿成，并且民众从情感上已经排斥、反对风险之存在，法学家关注的重点应该是法律是否干预这种社会风险，以及如何以合理的法律规范反应、规避这些风险。就刑法而言，风险的不确定性、未来性与极大的破坏性，就成了刑法学必须观照的对象"，以刑法手段防控风险社会的新型风险具有现实的必要性和正当性。不过，传统刑法的明确性要求与对不确定性的新型风险的防控需求之间，不可避免地存在着激烈的矛盾和冲突，这对立法者的智慧将是个极大的考验。

四 对症的处方：风险社会的风险之应对策略

（一）风险刑法在刑法体系中的应然定位

风险刑法具有法益保护前置化、责任主体扩大化、归责原则客观化等有别于传统刑法的特征，因而需要对风险刑法的适用范围合理地进行划定，既要避免因噎废食，也要避免矫枉过正。事实上，对于风险刑法适用范围问题的解决，离不开对于风险刑法在现代刑法中地位的探讨。对此，主要有以下三种观点：第一种观点，是完全否认风险刑法存在的合理性，如前面所述的陈兴良教授之主张，认为技术风险可以通过传统刑法予以解决。第二种观点，是承认风险刑法在刑法体系中的地位，但风险刑法应当作为正统刑法的例外，且应严格认定风险刑法的不法与罪责体系。第三种观点，则体现了一种较为激进的刑事立法选择，认为刑法必须进行结构上的调整和制度上的重新设计，以更好地发挥刑法控制社会风险、实现公共安全的政治手段作用。[①] 对风险刑法之于刑法体系的定位，上述观点分别是否认、补充和替代三种不同的认识，这是刑法学者对于风险社会中新型风险理解的差异所导致的结果。

前文已经分析了风险社会中的风险图景，认为在风险社会中的新型风

[①] 田鹏辉：《论风险社会视野下的刑法立法技术——以设罪技术为视角》，《吉林大学社会科学学报》2009年第3期。

险,并不仅仅指技术风险,还有制度风险,这两者体现在社会生活的各个领域,而不仅在生产领域;风险社会中并不仅仅存在与新技术和新制度相关的后果难以预测和控制的风险,也存在传统类型的自然风险和人为风险。刑法在应对风险社会的新型风险时,不应该将规制原则和调整范围限定于与科学技术紧密相关的责任事故、环境事故等方面,也应将触角延伸到经济犯罪、恐怖主义犯罪、环境污染犯罪、互联网犯罪、公民个人信息犯罪等领域,还应针对风险社会下风险承担个人化的现状,加重对弱势群体的刑法保护力度,更加全面地应对风险社会的新风险。另外,风险刑法在刑法体系中只应当作为对传统刑法的补充,而不应该完全取而代之,否则以保障社会安全、增强公众安全感为出发点的预防性刑法,有可能蜕变为国家剥夺公民自由的工具。"在借助刑法与风险作斗争时,必须捍卫法益关系和其他法治国的归责原则;在无法这么做时,刑法的介入就必须停止,刑法的空间只存在于风险决定能够公平地归咎于个人的场合"①,风险刑法的适用范围必须有所克制。当刑法规制的对象属于在前现代社会和工业社会中已然存在的风险时,就不应当突破传统刑法中法益原则的限制,否则就可能侵犯公民的自由。

(二) 刑法应对具有不确定性的新型风险的限度

并非所有人类决策所导致的具有不确定性的风险都应当为刑法所禁止,只有那些经过一定的科学论证后认为具有导致实害结果的高度可能性的风险,才应当为刑法所禁止。关于风险社会中犯罪化与非犯罪化的界限问题,高铭暄教授认为,应当在以社会安全的急切需要为前提的情况下,"对风险进行严格鉴别,把公认的、具有严重危险的风险行为进行规制,而把具有争议的风险或为了社会的发展必须容忍的风险排除在刑法规制之外"②。根据上文的分析可知,风险社会中应当为刑法所禁止的新型风险,事实上属于刑法理论中抽象危险犯,因而抽象危险犯的立法准则当然可以适用于对新型风险的刑法规制,"立法者只需将某些从生活经验与科学法

---

① 姜涛:《风险社会之下经济刑法的基本转型》,《现代法学》2010 年第 4 期。
② 高铭暄:《风险社会中刑事立法正当性理论研究》,《法学论坛》2011 年第 4 期。

则中被明确的、具有高度风险的行为犯罪化,就能向公众表明这些行为是不被允许的"①。风险社会中,具有不可预测性的新型人为风险,是技术和制度革新背景下人类决策的必然产物。如果为了消除任何不安全因素,就动用刑法禁止任何可能具有风险的行为,那么科研工作者和政策制定者必然会因为担心触碰刑法的红线而缩手缩脚,科技发展将停滞不前。基于鼓励科研创新和社会安全保障的平衡考量,刑法在控制风险社会的新型风险时,应当对禁止的范围进行限缩,而不应当将一切技术和制度的创新都予以禁止。尽管风险社会的新型风险能够造成实害结果及其严重程度都具有不可预测性,但是如果没有经过科学的论证得出某种不确定的风险具有导致严重的实害结果的高度盖然性,那么这种风险就不应当为刑法所禁止。从这种意义上讲,刑法所禁止的新型风险,都具有相对可预测性。当刑法将所禁止的风险限定于相对可预测的风险的范围时,这样的刑法就具有科学理性的品质,因而也可以被评价为"良法"。

---

① 陈君:《风险社会下公害犯罪之抽象危险犯》,《北京理工大学学报》(社会科学版)2014年第3期。

刑法扩张的立法技术及其边界
——基于犯罪结构类型的分析

张志钢*

一 刑法扩张是世界范围内的立法趋势

1997年新《刑法》的颁行至今已经20余年。这一时期我国经济与社会经历着快速转型，刑法作为社会治理手段之一也随之不断修正。在刑法立法修正方面，除了1998年《关于惩治骗购外汇、逃汇和非法买卖外汇的决定》是以单行刑法的方式进行的修正外，其他均以《刑法修正案》的形式出现。截至目前，共通过了10个《刑法修正案》，《刑法修正案（十一）》也呼之欲出。从刑法的修订的频次来看，几乎是每隔一年修订一次。从刑法修订的内容来看，一是处罚范围的扩张，二是刑罚结构的调整。刑法处罚范围的扩张包括罪名的增加（20年来新增罪名59个）以及犯罪门槛的下降，而且可以预计这种趋势仍将持续。① 刑罚结构的调整则主要体现在逐渐减少死刑罪名（由68个下降至46个）、加重生刑以及刑事处罚措施的多元化。

事实上，通过活跃的立法活动不断扩大刑法介入范围、提前刑法介入时点，并非中国刑法所独有，而是世界范围内的趋势，并且因此成为刑法理论研究的共通性热点话题。

在日本，日本学者即将日本当前的立法特征总结为以下五个方面：

---

* 中国社会科学院法学研究所副研究员，法学博士。
① 参见卢建平《犯罪门槛的下降及其对刑法体系的挑战》，《法学评论》2014年第6期。

（1）将新出现的社会危害行为犯罪化；（2）前置可罚性，允许国家介入的阶段越来越早；（3）处罚的严厉化，也即对人造成严重法益侵害的行为人的反应越来越强烈；（4）法益的理念化与抽象化，也即所欲保护的法益欠缺经验上的说服力；（5）刑法被分裂为适用不同原则的多个部分，造成刑法秩序成为"拼图式地毯"。① 我国有学者将日本晚近以来刑事立法动向更简练地归结为"犯罪化和重刑化"：（1）扩张刑法处罚范围；（2）提前刑罚处罚阶段；（3）提高刑罚处罚幅度等。②

在德国，魏根特教授则指出刑法立法的扩张是德国当前的趋势，且在未来仍将持续。刑法分则方面的扩张主要体现在两个方面，一方面是安全刑法，在网络犯罪、经济犯罪和金融犯罪领域的扩张，欧盟在未来则会强化而不是遏制扩张经济刑法和金融刑法的趋势；另一方面体现在"道德违反"领域，即刑法的（再）道德化。而"安全刑法和道德刑法是以追求全面且有效地对抗一般性违法行为为目标"，这就不可避免地会促使刑法干涉范围的扩张。③

按照哈塞默尔的观点，与古典刑法相比现代刑法的特征具体表现为以下几个方面：（1）现代刑法强烈的预防性导向。传统刑法的刑罚目标是报应和惩罚，但这在解决社会巨型问题（风险）方面意义不大。（2）现代刑法作为解决巨型社会问题之工具，是事先预防性的，而不再是事后回应性的。（3）现代刑法放弃了刑法最后手段性之原则。刑法的介入成为优先的有时甚至是唯一的手段。（4）在刑法典或附属刑法中，通过设置新的构成要件或提高法定刑。（5）越来越倾向于以集体法益作为犯罪化的标准，例如毒品刑法中所谓的"保护国民之健康"、补贴诈骗犯罪中所谓的"国际经济有效运行的公共利益"。（6）越来越倾向于无被害人或被害人难以明确的犯罪（如经济犯罪、环境犯罪、毒品犯罪与腐败犯罪等），导致刑事不法行为越来越不具有可视性和可感性（sichtbar und Fühlbar）。（7）放

---

① Vgl. Makoto Ida, Zum heutigen Stand des Japanischen Strafrechts und der Japanischen Strafrechtswissenschaft, GA2017, 76.
② 参见黎宏《日本刑事立法犯罪化与重刑化研究》，《人民检察》2014年第21期。
③ ［德］魏根特：《德国刑法向何处去？——21世纪的问题与发展趋势》，赵秉志主编《刑法论丛》第49期，法律出版社2017年版，第387页以下。

弃以侵害犯作为构成要件的主要类型，引入越来越多的（抽象）危险犯。如此，就会减少刑事处罚的前提条件，反过来也就减少了辩护的可能性。（8）现代刑法放弃核心刑法中那些有碍于刑法控制有效性的基本原则，例如，在环境刑法与经济刑法中，放弃个别的责任归属，而是进行集体性的追诉。①从宏观角度，可以将现代刑法归结为以下三个方面：（1）危险预防取代事后惩罚成为刑法的主导目的。（2）集体法益的边界模糊导致法益概念体系批判功能丧失殆尽，法益概念从入罪的消极标准转变为积极标准。（3）抽象危险犯降低了入罪门槛，刑法由保护法益的最后手段转变为优先手段甚至是唯一手段。

对于美国刑罚的过量化与犯罪的过度化，美国学者胡萨克在其《过罪化及刑法的限制》中已经做了较为详细的分析，此处不赘。正如胡萨克教授所正确指出的那样："与西欧国家相比，当代美国的刑罚不仅是司空见惯的，而且亦是非常严厉的。"②在美国，除了死刑以及终身监禁刑的广泛适用外，刑法介入的范围与欧陆国家的刑法，不可同日而语。比如，有西班牙学者即指出，尽管近年来西班牙的刑法越来越膨胀，但是立法者做梦也不会想到"训练狗熊摔跤""在小鸟和小兔子身上涂鸦""不归还图书馆借书""在公共场所吐痰"等这些行为在美国已然是构成犯罪的行为。③

不难发现，犯罪化（包括重刑化或严罚化）是相对而言的。在刑法介入范围方面，横向来看，我国刑法窄于欧陆刑法，更小于美国刑法；纵向比较，20 年来我国刑法立法的其中一个关键词即是扩张，而且在可以预见的未来，中国刑法的扩张将是趋势。④ 在承认刑法扩张且仍会继续扩张的前提下，本文致力于从犯罪结构类型的角度来描述刑法扩张的技术及其对传统刑法基本原则的挑战，并尝试探索刑法理论合理的回应之道。

---

① Vgl. Hassemer, Das Symbolische am Symbolischen Strafrecht, in: FS-Roxin, S. 1007f.
② 参见［美］胡萨克著《过罪化及刑法的限制》，姜敏译，中国法制出版社 2015 年版，第 5 页。
③ Fernando Molina, "A Comparison between Continental European and Anglo-American Approaches to Overcriminalization and Some Remarks on How to Deal with It", New Criminal Law Review, 14: 1 (2011), 123 – 138.
④ 刑法扩张的社会学分析，可参见周光权《转型时期的刑法立法的思路与方法》，《中国社会科学》2016 年第 3 期。

二 刑法扩张的犯罪结构类型分析

（一）刑法扩张的犯罪结构类型

扩张是及物动词，固有比较性的内涵，完整的表述即，A 相对于 B 是扩张的。正如从刑法立法的扩张需要寻找一个比较的基点（是本国刑法立法的纵向比较，而非与外国刑法立法的横向比较），从犯罪结构类型的角度来分析刑法的扩张也需要犯罪结构的原型，而这个原型就是侵犯个人法益的实害犯。

总体而言，以未遂犯、预备犯为代表扩张技术类型可以笼统地称为主观的计划犯，以抽象危险犯、具体危险犯为代表的扩张技术可以笼统地称为客观的危险创设犯，结合两者特征的扩张技术则体现为协作犯类型。就两者的关联来看：（1）主观的计划犯和客观的危险犯均系刑法处罚早期化或刑法扩张的表现——无须法益的侵害，只需法益侵害的危险即可发动刑罚。随之而来的问题则是（2）刑法扩张的边界问题。就二者的区分来看：（1）未遂犯与危险犯是刑法扩张的两个不同的方向，分属不同的领域。（2）相较于古典刑法尤其是其典型犯罪形态，也即（结果）实害犯在立法技术上的对照来看，处在未遂犯的延长线上的是预备犯，有可能挑战行为刑法原则；危险犯的极端表现是抽象危险犯（包括累积犯），它（危险责任）挑战的是责任原则。（3）而持有犯和协作犯兼具两种扩张性的特征，则可能同时挑战行为刑法与责任刑法两个原则。具体可表现在三个方面：第一是横向的扩张，如未遂犯、企行犯，尤其是预备犯的实行行为化。具体罪名如预备实施恐怖活动罪。第二是纵向的扩张，这主要体现在抽象危险犯、累积犯的增加，具体罪名如危险驾驶罪、污染环境罪。第三是综合前两者的混合型扩张类型，即持有犯和作为组织成员的犯罪，具体罪名如非法持有毒品罪、参加黑社会性质组织罪和参加恐怖活动组织罪等。[①] 三种犯罪类型的扩张技术可如下图所示：

[①] 限于篇幅，刑法扩张第三种犯罪结构类型另文展开。

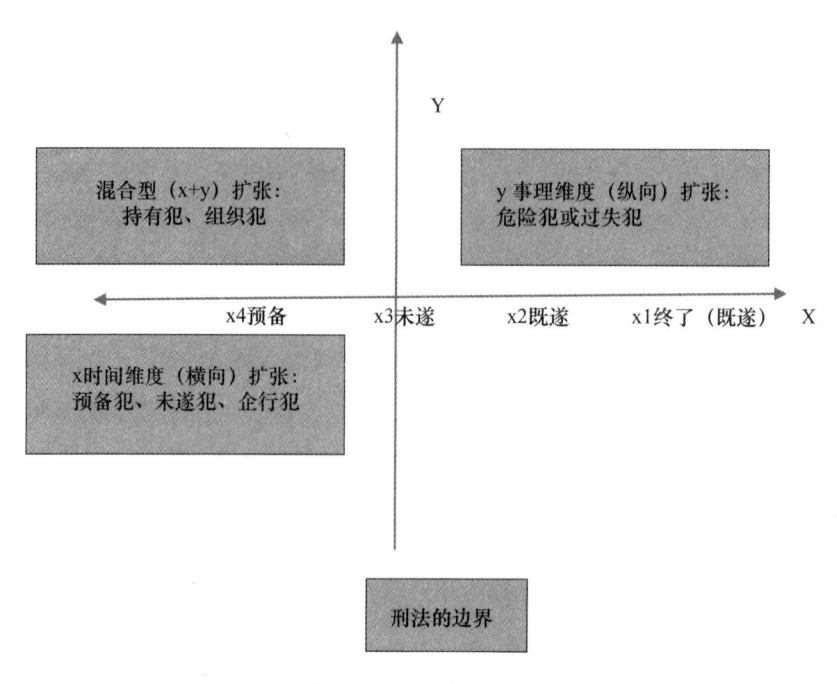

```
                                    Y
                                    |
  ┌─────────────────────────┐       |    ┌─────────────────────────┐
  │ 混合型（x+y）扩张:       │       |    │ y 事理维度（纵向）扩张: │
  │    持有犯、组织犯        │       |    │    危险犯或过失犯        │
  └─────────────────────────┘       |    └─────────────────────────┘
                                    |
  ←─────────────────────────────────┼─────────────────────────────────→ X
       x4预备      x3未遂         x2既遂      x1终了（既遂）
                                    |
  ┌─────────────────────────┐       |
  │ x时间维度（横向）扩张:   │       |
  │  预备犯、未遂犯、企行犯  │       |
  └─────────────────────────┘       |
                                    |
                                ┌─────────┐
                                │ 刑法的边界│
                                └─────────┘
```

刑法扩张的立法技术示意

（二）客观的危险创设犯

1. 具体危险犯

具体危险犯以所保护的法益陷入具体的危险状态为必要，也即具体的危险是具体危险犯的构成要件要素。这种危险状态被视为结果的危险，需要司法者在具体个案中判断是否存在。就此而言，具体危险犯与实害犯在规范构造上相同，均需要构成要件结果要素，当然也就需要行为与作为结果的危险之间存在因果关系。所以，具体危险犯属结果犯，具体危险犯中的"具体的危险"是作为结果要素的危险。立法上，我国在1997年刑法修订时，增设了生产、销售不符合卫生标准的食品罪，生产、销售有毒有害食品罪，非法处置进口的固体废物罪等具体危险犯罪名；此后，《刑法修正案（三）》增设了盗窃、抢夺危险物质罪，《刑法修正案（四）》将生产、销售不符合标准的医用器材罪由实害犯修正为具体危险犯；《刑法修正案（七）》将妨害动植物防疫、检疫罪由实害犯修正为具体危险犯。

2. 抽象危险犯

抽象危险犯以法定类型化的危险行为的实施即为已足，不问具体的法益是否受到侵害或者危险。在抽象危险犯中，法益侵害的危险并非构成要件要素，而只是立法者的立法动机。只要行为人实施构成要件所规定的类型化的危险行为，也就同时具有了立法者所拟制的危险，从而成立犯罪。基于与行为犯在规范结构上的相似，一般将抽象危险犯归类为行为犯的范畴，抽象危险犯中"抽象的危险"是作为行为属性的危险。[①] 有学者认为，立法者设计抽象危险犯，在相当程度上是一种罗织，"透显立法者的霸气，是把刑罚的防卫线向前或者向外扩张"[②]。除了上述的伪证罪，抽象危险犯在我国近年来的立法中也日渐增加，如《刑法修正案（八）》，既增设了危险驾驶罪作为抽象危险犯，又将生产、销售假药罪由原来的具体危险犯修改为抽象危险犯。

这类行为在交通犯罪领域的体现最为明显，如我国《刑法》第133条之一的醉酒驾驶罪，在绝对偏僻、周边没有来往行驶的车辆和行人时，醉驾行为不会危及他人的生命和健康，也不会对公共交通安全造成具体的危险，此时是否仍旧构成犯罪？与此案件相似的如德国《刑法》第306条a1，行为人纵火烧毁住宅，刚好被害人不在家时，或者如行为人在纵火时确保住宅里没有人，并且在燃烧过程中也确保没有他人进入等情形，是否依旧构成本罪？[③]

抽象危险犯有悖于罪责原则。如阿图尔·考夫曼即指出，在抽象危险犯中，"因为危险并非立法者所要求的构成要件要素，只是立法者未加言明的动机，所以即使该——由法律所拟制的——危险在个案中根本不存在，也构成犯罪。这就导致即便行为人——不管正确还是错误地——假定其行为是无危险的，都不会对其产生有利的结果。如此，罪责在一定程度上就是无矛盾的设想或者虚构……这显然有悖于罪责原则。"[④] 有学者对之

[①] 少数学者也认为抽象危险犯也有可能是结果犯，如德国《刑法》第306条之a1 既是抽象危险犯，又是结果犯（Vgl. Frister, Strafrecht AT, 6. Aufl. S. 104）。通说关于抽象危险犯与具体危险犯的特征和区分，仅参见 Gallas, Abstrakte und konkrete Gefährdung, FS-Heinitz, S. 171ff。

[②] 林东茂：《刑法综览》（修订五版），中国人民大学出版社2009年版，第51页。

[③] Heine/Bosch, SSK, Vor § 306, Rn. 5.

[④] Arthur Kaufmann, JZ 63, S. 432; auch Vgl. Binding, Norm Ⅳ S. 387; Cramer, Der Vollrauschtatbestand als abstraktes Gefährdungsdelikt, 1962, S. 50ff; Brehm, Zur Dogmatik des abstrakten Gefährdungsdelikts, 1973, S. 38ff.

◆◇◆ 第二编 社会变迁与刑法扩张

驳斥道:"法益只是间接地通过规范的维护来保护,也即通过规范的遵守阻止法益侵害。因此,行为自身会侵害或者威胁法益并非是将一个行为评价为需罚的不法的必要前提,而是规范的遵守会阻止法益侵害的问题。这类规范同样可能是一种类型化的危险的行为。当行为人错误地认为所禁止的行为——不同于在个案中危险行为的禁止,而是那些遵守类型化的禁令阻碍法益侵害——是无危险的,尤其是在心理中容易想到这些错误的评估可能有益于法益保护时,对危险的判断也不应听凭于规范的接受者,因为对被行为的禁止的问题,并不取决于行为人本人对危险的预测。"①

对这种情形的处理,在目前的理论上尚未形成统一的看法。有学者完全拒绝对抽象危险犯进行限缩,因为抽象危险犯中的危险是立法者所拟制的危险,这显示的正是立法者的霸气;如果允许在个案中去判断行为的具体危险性,无疑是将抽象危险犯转变为具体危险犯了。这既与抽象危险犯的立法目的不符合,也违背了权力分立原则。② 有学者主张在此场合限缩抽象危险犯的可罚性及其适用范围,其限缩的方式多种多样,或者允许司法上的反证,或者通过主、客观注意义务违反的排除等。③ 甚至也有学者持更为激进的主张——完全拒绝抽象危险犯的立法。④

就目前来看,对抽象危险犯绝对不加限制地适用或者大规模限制的各种尝试,都不能说是具有充分说服力的解决方案,完全将危险犯(尤其是抽象危险犯)驱逐出核心刑法领域的努力和设想,既无可能也不必要。⑤ 务实的做法,更多是在个案中通过综合考虑立法者的立法目的以及引入限

---

① Frister, Strafrecht AT, 6. Aufl. S. 100ff.

② Vgl. Lagodny, Strafrecht vor den Schranken der Grundrechte, 1996, S. 481 und 534; Heine/Bosch, SSK, Vor §306, Rn. 6a.

③ 各种限缩手段的详细整理及其存在的问题,可参见林东茂《危险犯的法律性质》,台湾《台大法学论丛》第24卷第1期。

④ Herzog, Gesellschaftliche Unsicherheit und strafrechtliche Daseinsvorsorge, 1991, S. 70ff. 这是德国法兰克福学派的主要观点,其代表人物还有 Hassemer、Lüderssen、Naucke、Prittwitz 等。关于刑法上法兰克福学派的基本观点,可参见[德]许酒曼《批判德国刑法学思潮》,许玉秀、陈志辉合编《不疑不惑献身法与正义 许酒曼教授刑事法论文选集》,台湾新学林出版有限公司2006年版,第64页以下;以及 Jahn/Ziemann, Die Frankfurter Schuler des Strafrechts: Versuch einer Zwischenbilanz, JZ 14, S. 943ff.

⑤ [德]许酒曼:《批判德国刑法学思潮》,许玉秀、陈志辉合编《不疑不惑献身法与正义 许酒曼教授刑事法论文选集》,台湾新学林出版有限公司2006年版,第75页。

制性的因素来进行类型化的处理。①

3. 适格犯的定位

此外，也有部分学者对危险犯非此即彼的二分法表示怀疑，从而试图寻找第三种危险犯的类型，比如，施罗德（Schröder）提出的"抽象—具体危险犯"（abstakte-konkrete Gefärdungsdelikte）②概念，Zieschang 等人主张的"潜在危险犯"（potentielle Gefährdungsdelikte）③概念、Hoyer 提出的"适格犯"（Eignungsdelikte）④概念等。就此而言，可以认为危险犯的体系尚未形成最终意见，正处于发展中。⑤目前这些概念尚未被普遍接受。比如对于适格犯，一般都按照抽象危险犯与具体危险犯二分，将其原则上归入抽象危险犯的子类型，少数的"适格犯"则划入具体危险犯。如此，就消解了适格犯的独立意义。⑥对这种介于抽象危险犯和具体危险犯中间的犯罪结构类型，在立法者的用语中，首先是抽象—具体危险犯，稍后为适格犯，有时候也称作潜在危险犯。需要指出，面对立法和司法实践，已有学者开始尝试以第三种独立的危险犯类型——适格犯或者准抽象危险犯——来解释相关罪名，并试图打破危险犯的传统二分。⑦不过，主流观点一般将这种犯罪类型视为是抽象危险犯的变种。⑧

本文认为，适格犯是否作为与抽象危险犯相对应的独立犯罪类型，取

---

① Schünemann, JA 76, S. 798.

② Schröder, Abstrakt-konkrete Gefährdungsdelikte?, JZ 67, S. 522ff.

③ Zieschang, Die Gefährdungsdelikte, 1998, S. 203. f; ders., Das "potentielle Gefährdungsdelikt" in der Rechtsprechung des BGH, FS-Wolter, S. 557ff.

④ Hoyer, Die Eignungsdelikte, 1987, passim；中文文献中对于适格犯的具体运用，可参见李川《适格犯的特征与机能初探——兼论危险犯第三类型的发展谱系》，《政法论坛》2014 年第 5 期。

⑤ Vgl. Roxin, Strafrecht AT I, §11, Rn. 154-162; Heine/Bosch, SSK, Vor §306, Rn. 4.

⑥ Roxin, Strafrech AT, §11, Rn. 146. 由于在不同的危险犯的具体构成要件中，所要求的危险的种类和程度也各不相同，有关危险的讨论目前也多停留在分则具体罪名的范围内，也增加了在总则中达成共识的难度。

⑦ 李川：《适格犯的特征与机能初探——兼论危险犯第三类型的发展谱系》，《政法论坛》2014 年第 5 期；陈洪兵：《准抽象危险犯概念之提倡》，《法学研究》2015 年第 5 期；从德国刑法学的角度对"第三类危险犯"系统的梳理，也可参见黄礼登《危险犯的第三类型探析》，熊谋林主编《光华法学》（第十辑），法律出版社 2016 年版，第 97 页以下。

⑧ Vgl. Roxin, Strafrecht AT I, 4. Aufl. 2006, §11, Rn. 162. f; Saliger, umweltstrafrecht, 2012, S. 24.

决于采取何种观察角度。适格犯,既区别于典型的抽象危险犯,也区别于具体危险犯:其区别于具体危险犯之处在于,它并不以具体危险结果的发生作为前提条件,当然法官也就无须在个案中判断是否有具体危险结果的发生。与典型的抽象危险犯的区别在于,法官对损害倾向的判断必须根据有具体的行为情景所形成的一般因果关系来判断是否存在侵害倾向。同时,在抽象危险犯中并不允许对行为违反性的反正,用立法理由的话来说:抽象危险犯中的危险自然是一般性的,因而并不允许通过考虑个别性情形来排除危险性。因此,我们不能否定潜在危险犯或者适格犯的独立倾向。但也应该明确,与具体危险犯相比,适格犯明显的更接近于抽象危险犯。说到底,在适格犯成立与否的问题上,起决定性作用的依旧是行为的危险性。

(三) 主观的计划犯

如上所述,通过犯罪计划而威胁法益的犯罪类型,是与客观的危险创设犯犯罪类型相对应的。这种犯罪类型在英美刑法中通常称作未完成罪,包括未遂犯和预备犯等犯罪类型。这类犯罪之所以称为计划犯,是因为其对法益的危险不是来源于行为人在外界所创设的客观危险,而是来源于行为人主观的目的或计划;之所以称为未完成罪,是因为这类犯罪同目的犯结构类似,具有"主观的超过要素"。也即,行为人的故意(计划)超出了客观所造成之事实的范围。[①]

从世界范围来看,未遂犯是普遍承认的犯罪类型,几乎所有的国家均肯认对未遂犯的处罚。与未遂犯相反,均原则上否定对预备犯的处罚。[②]通常认为,实质意义上的预备行为,从其外形来看,大多都是完全符合社会规范要求的中性行为,如果忽略这种特征,就会导致大量不是犯罪的行

---

① 参见 [德] 乌尔里希·齐白《预防性刑法的发展》,王钢译,[德] 乌尔里希·齐白《全球风险社会与信息社会中的刑法:二十一世纪刑法模式的转换》,周遵友、江溯等译,中国法制出版社 2012 年版,第 212 页。

② 我国《刑法》第 22 条原则上肯定对预备犯的处罚。对此系统的批判,可参见梁根林《预备犯普遍处罚原则的困境与突围———〈刑法〉第 22 条的解读与重构》,《中国法学》2011 年第 2 期。

为方式无端受到怀疑而陷入嫌疑刑法（意思刑法）。①因此，只有在极端例外的情形下才会处罚预备行为（尽管我国立法原则上处罚所有故意犯罪之预备行为，但司法实践并不多见）——只有当预备行为本身比较清楚地指向了某一犯罪，或者需要及时地预防某些犯罪。②而反恐刑事立法就是刑法计划犯的扩张方向上最为典型的表现，下文以反恐刑事立法为例说明计划犯的扩张。

"9·11"恐怖袭击事件使得（国际）恐怖主义成为一个世界性的议题，它深刻地改变着世界的各个方面。一个重要的表现就是，它直接催生了世界各国一系列的反恐立法。③我国反恐刑法即是这一立法浪潮中的典型。我国1997年《刑法》首次规定涉恐犯罪（即组织、领导、参加恐怖活动组织罪）以来，经2001年《刑法修正案（三）》的第一次修订提高了组织、领导、参加恐怖活动组织罪的刑罚，至2015年《刑法修正案（九）》的第二次修订，增设了财产刑。同时，《刑法修正案（三）》也增设了资助恐怖活动组织罪，《刑法修正案（九）》也增设了"资助培训恐怖活动"的条款，尤其是立法者于2015年《刑法修正案（九）》中，史无前例地在第120条之下增设之二至之六5个条文。如此，我国刑法的反恐罪名体系已基本形成。除了组织、领导、参加恐怖活动组织外，还包括帮助恐怖活动罪，准备实施恐怖活动罪，宣扬恐怖主义、极端主义、煽动实施恐怖活动罪，利用极端主义破坏法律实施罪，强制穿戴宣扬恐怖主义、极端主义服饰、标志罪，非法持有宣扬恐怖主义、极端主义物品罪6个罪名。此后，2015年12月27日通过的《反恐怖主义法》第3条，首次规定了恐怖主义和恐怖活动。根据该条，恐怖主义是指通过暴力、破坏、

---

① Jakobs, ZStW 97（1985），S.761ff.

② [德] 冈特·施特拉滕韦特、洛塔尔·库伦：《刑法总论Ⅰ——犯罪论》，杨萌译，法律出版社2006年版，第250页。

③ 比如，欧盟委员会于2001年9月19日通过《反恐怖主义法案》，同一天德国内阁向议会提交了第一个"一揽子安全协议"，9月28日联合国安理会通过了第1373号决议（该决议要求各国采取行动制止和预防资助恐怖主义的行为，并决定成立反恐委员会），10月24日美国参众两院通过《为拦截和组织恐怖主义提供适当手段以团结和巩固美国法案》（通常简称为《爱国者法案》），12月29日我国全国人大常委会通过《刑法修正案（三）》增设了资助恐怖活动罪等。以此为开端，各国安全机构都更为重视国内安全和反恐立法，并加强国际层面的反恐合作，世界各国和国际层面的反恐立法，如雨后春笋般出现。

恐吓等手段，制造社会恐慌、危害公共安全、侵犯人身财产，或者胁迫国家机关、国际组织，以实现其政治、意识形态等目的的主张和行为。恐怖活动的行为包括以下几种：（一）组织、策划、准备实施、实施造成或者意图造成人员伤亡、重大财产损失、公共设施损坏、社会秩序混乱等严重社会危害的活动的；（二）宣扬恐怖主义，煽动实施恐怖活动，或者非法持有宣扬恐怖主义的物品，强制他人在公共场所穿戴宣扬恐怖主义的服饰、标志的；（三）组织、领导、参加恐怖活动组织的；（四）为恐怖活动组织、恐怖活动人员、实施恐怖活动或者恐怖活动培训提供信息、资金、物资、劳务、技术、场所等支持、协助、便利的；（五）实施其他恐怖活动。

就内容上来看，我国的反恐立法与德国基本相当。在德国《刑法》中，并没有专门可归入恐怖主义实行行为的犯罪。它们散见于谋杀、伤害、其他侵犯人身自由的犯罪以及灭绝种族犯罪、反人类罪与战争罪等罪名中。德国刑法中专门为反恐而制定的条文有：1976年制定的第129条a"组建恐怖主义组织罪"，2002年增加的第129条b"国外的恐怖主义和犯罪组织"，2009年新设的第89条a"准备实施严重危害国家的暴力犯罪"、第89条b"与严重危害国家的暴力犯罪的实施取得联系的行为"和第91条"指导实施严重危害国家的暴力犯罪"，以及经2015年最新修改扩张而成的第89条a第2款a"出境条款"和独立成罪的第89条c"资助恐怖主义犯罪"。以中德反恐刑法的立法比较不难发现，反恐刑法的重点是对恐怖活动之前阶段的各种准备行为的规制，这使得反恐刑法成为刑法处罚点在时间上的前置最为集中的体现。这主要表现为以下三个方面。

第一，作为组织成员与实施恐怖主义实行行为的关系。德国《刑法》第129条a以及我国《刑法》第120条的处罚根据是行为人作为恐怖主义组织成员。组织成员可以是组建者、招募者或者参加者。组建恐怖组织往往是产生犯罪的"前哨（Vorpost）"。[①] 因而，对作为组织成员规制的规范目的在于预防具体恐怖行为的实施，成立本罪无须恐怖组织的成员实施具体的恐怖行为。

---

① Zöller, Terrorismusstrafrecht, 2009, S. 502.

第二,准备、帮助实施恐怖活动与作为组织成员的关系。德国《刑法》第89条a中所意图准备实施的行为或者与第89条c中资助恐怖主义中所规定的资助对象,正是对恐怖主义组织中成员所实施的活动或者是对恐怖主义组织本身的资助。这点分别对应于我国《刑法》第120条之二准备实施恐怖活动罪和第120条之一资助恐怖活动罪。

如果恐怖主义组织不存在或者无法证明存在恐怖主义组织时,就不能按照恐怖主义组织犯罪处罚。这正是准备、帮助实施恐怖活动的立法理由,只要行为人是为实施恐怖活动做准备,相关刑事侦查机关就可以介入。当然,一旦能够将这些行为与相对应的恐怖主义组织关联起来,就没必要对为实施恐怖活动而进行准备的行为进行处罚。德国《刑法》第91条规定的对资助恐怖主义的资助的行为,也是如此。可见,设立准备、资助恐怖活动的行为(德国《刑法》第89条a、第89条b、第89条c以及第91条,我国《刑法》第120条之一、之二)的初衷是将之作为参加或者组建恐怖活动(德国《刑法》第129条a、第129条b,我国《刑法》第120条)的堵截性条款。[①]

第三,预备实施恐怖活动、出境要件、资助恐怖活动间的关系。准备实施恐怖活动罪是预备行为的实行行为化。该条文中,不同预备行为都旨在计划实施相同的暴力犯罪,因而是被同一个构成要件所包含行为的故意,属于法律意义上的一行为。有疑问的是,这是否同样适用于德国《刑法》第89条a第2款a的"出境要件"?因为这些预备行为并非必然同时进行,相互间也可能存在依赖关系。比如,前往恐怖主义基地的出境行为(第89条a第2款a)是到恐怖主义训练营参加培训活动的前阶段。如果参加培训活动是实施恐怖活动的预备行为,出境行为就是恐怖活动实行行为之"预备的预备"。[②] 因而,第89条a第2款a对"出境行为"正犯化,就意味着双重的扩张。此外,刑法第89条a所规定的预备实施恐怖活动行为与刑法第89条c所规定的对恐怖活动的财产资助行为,都可以看作实施恐怖活动做的准备行为。如果两者针对的是同一恐怖活动行为,则属于一

---

① Vgl. Biehl, JR 2015, S. 570.
② Vgl. Biehl, JR 2015, S. 570.

行为触犯数罪名的情形。至于资助行为发生在刑法第 89 条 a 所列举的预备行为之前、期间或之后，可能依个案情形不同而不同。如果资助的是刑法第 89 条 a 第 2 款 a 所规定的"出境行为"，那么处罚的范围也就更为极端地扩张了，是对恐怖活动的"预备的预备"的帮助。

综上，无论是我国《刑法》第 120 条以及第 120 条之一、之二等条文，还是德国《刑法》第 129 条 a、第 129 条 b 和第 89 条之 a、b 和 c、第 91 条，都是为了在恐怖袭击发生的前阶段刑法就能够介入而增设。对恐怖主义犯罪行为的"前阶段"进行处罚，首要目的是防止其所计划的具体恐怖活动的实施，也即追求的是预防性利益。恐怖主义的预备行为对法益存在着严重的潜在威胁，考虑到所威胁的法益（如"公共和平"）的重要性，以及国家内部与外部安全，需要在损害发生非常遥远的阶段就去保护这些法益。[1] 通过对重要法益的保护来实现国家安全，是同恐怖主义作斗争的最重要组成部分，也是处罚恐怖袭击之预备行为刑事政策上的必要性和正当性。预防性的刑法不是回顾性地将犯罪建立在已经发生的不法上，而是前瞻性地为了能够及时阻止未来的恐怖活动的实施，刑法提前介入并启动刑事诉讼法上的侦查措施。[2] 可以说，将处罚扩张至在具体侵害的预备阶段，不仅是为了惩罚潜在的危险，也是为了通过刑事侦查措施的提前介入以实现更为全面的预防。

不过也应当清醒地意识到："预防的逻辑是扩张性的：致力于预防者，会永无止境。"[3] 如果此类干涉不加以限制，那么它就可能把触角延伸到由警方负责调查的领域。这不仅造成刑法与警察法之间界限的模糊，也为刑事诉讼法中的强制措施侵犯公民自由开启了突破口。[4]在此，追求安全的利益需求与隐私权发生了冲突。[5]恐怖主义"新问题"与传统刑法的"旧原

---

[1] Prantl, "Der Terrorist als Gesetzgeber-Wie man mit Angst Politik macht", 2008, S. 117.

[2] Radtke/Steinsiek, JR 2010, S. 107.

[3] ［德］利安奈·沃纳：《提前刑事责任，延伸刑法范围——把惩罚策划及组织恐怖袭击的行为作为打击恐怖主义效果的手段》，王芳译，何秉松主编《后拉登时代国际反恐斗争的基本态势和战略》（上），中国民主法制出版社 2013 年版，第 346 页。

[4] Deckers/Heusel, ZRP 2008, S. 170.

[5] ［德］乌尔里希·齐白：《预防性刑法的发展》，王钢译，［德］乌尔里希·齐白《全球风险社会与信息社会中的刑法：二十一世纪刑法模式的转换》，周遵友、江溯等译，中国法制出版社 2012 年版，第 224 页。

则"之间的这种紧张关系，使得反恐刑法总是面临着有悖于合比例性与行为刑法原则的质疑。①

不无遗憾的是，在《刑法修正案（九）》以及《反恐怖主义法》通过后，我国刑法学关注的重点更多的是如何有效衔接反恐怖主义法与刑法、反恐刑法的罪名体系等问题，却很少在刑法扩张的界限上做出批判性的反思。这跟我国学界激烈地反对我国《刑法》总则中的第21条的立法的态度，形成了比较鲜明的对比。② 其实，我国《刑法》原则性的规定固然存在盲目立法的嫌疑，但是，我国目前对预备犯的研究现状却是：一方面原则性否定预备犯的处罚，主张"预备犯之处罚，以法律有明文规定为限"；另一方面，却不在具体罪名中去实质性审查并限缩预备行为的入罪空间。在本文看来，这样的观点非但不利于限制刑法扩张的限度，反而消解了"为了犯罪而准备工具、制造条件"的总则性规定，可以作为分则中详细列举处罚预备犯之积极成立条件的施力点的意义。③因而，我国刑法主流理论，在批评《刑法》第21条原则性处罚预备犯的盲目立法中，可能也忽略了其可能产生的积极限定意义。

（四）未来取向的法益保护

如此立法的结果就是，结果犯在刑法中一家独大的垄断局面不复存在。在犯罪的成立方面，构成要件结果的要求在建构犯罪时的地位下降，甚至在成立犯罪中成为可有可无的因素。总体而言，刑法的扩张在一定程度上与法益概念的功能化和客观归责理论的发展是暗合的。

一方面是法益概念的功能化。功能化的法益概念促使刑法与法益保护关联性理解的转变，也即我们不再固守于只有出现了法益侵害才能发动刑法进行干涉，目前更关注的是在法益受到威胁时刑法是否需要介入的问

---

① Zusammenfassung Sternberg-Lieben SSK，StGB，29. Aufl. 2014，§ 89 a Rn. 1 c.
② 对比，可参见张明楷《〈刑法修正案（九）〉关于恐怖犯罪的规定》，《现代法学》2016年第1期；赵秉志、杜邈《中国反恐刑法的新进展及其思考——〈刑法修正案（九）〉相关内容评述》，《山东社会科学》2016年第3期；赵秉志、牛忠志《〈反恐怖主义法〉与反恐刑法衔接不足之探讨》，《河北法学》2017年第2期。
③ 第二届"海峡两岸刑事法论坛"学术研讨会：《刑事实体法：犯罪实行行为论》，台湾政治大学刑事法研究中心2011年3月印制，第76—77页。

题。因为对于法益保护来说，待法益发生侵害之时才介入的刑法总是迟延的，有效的法益保护只能是未来取向的。同时，功能性的法益保护也可以说明行为规范的正当性，未来取向的法益保护与具有行为指引功能的行为规范效力的维护，是同一问题的两个方面：为了使法益在未来不被侵害，应禁止那些可能侵害法益的行为模式或者在实质上提升法益侵害危险的行为模式。

另一方面，是现代客观归责理论的盛行。一般认为，作为实质的构成要件理论是客观归责理论是扩张刑法处罚范围的理论。在客观归责理论的内部构造中，有学者甚至直接以制造不受容许的风险在实质上解释构成要件的行为，这在一定程度上是将危险犯作为不法的原型来看待的。由此，结果在刑事不法建构中的地位下降，即便不被极端地当作客观的处罚条件，充其量也仅仅具有提高不法程度的作用。在当代客观归责理论下，有学者甚至认为，未遂犯（不能未遂）或抽象危险犯才是不法的原型。①

这种立法倾向使得不法的判断，就由重视结果不法转向强调行为不法，由侧重行为的客观面转向强调行为的主观面。随之而来的，不法的成立就转移至"制造不受容许危险"，也即该当构成要件行为的认定上了。结果，制造不受容许的危险 = 该当构成要件的行为 = 法益侵害的危险。

从实质不法的角度而言，可以认为刑法的扩张可以简化为从"法益侵害"到"法益侵害的危险"的转变。从"法益侵害"到"法益侵害的危险"之转变，标志着刑法角色及其功能的转变——预防性刑法与未来取向的法益保护。诚如普利特维茨（Pritwitz）所敏锐观察到的，现代刑法可抗制巨型风险的手段有两个：（1）刑法制裁时点提前；（2）承认新形态的保护法益。② 这两点正是现代刑法扩张的两个最重要的途径。

三 如何应对中国刑法立法扩张的趋势

因应时代变化的现代刑法，自然不能以传统刑法以结果犯为原初类型

---

① 参见许玉秀《当代刑法思潮》，中国民主法制出版社2005年版，第411页。
② Pritwitz, Strafrecht und Risiko: Untersuchung zur Krise von Strafrecht und Kriminalpolitik in der Risikogesellschaft, 1993, S. 245.

来束缚甚至否定作为新犯罪类型的抽象危险犯。有德国学者真确地指出，刑法的合法性界限不应因循 40 年前 1975 年甚至 1871 年德国刑法典的内容而照本宣科，其决定性的标准是如何与今日社会结构的变革相匹配——自由的维护应具有高度的时代性特征。① 这突出地表现在对作为抽象危险犯会聚地环境犯罪的态度转变中。如果我们翻阅德国 20 世纪 80 年代初的文献，不少文献都将抽象危险犯会聚地的环境刑法的实施视为刑法的自甘堕落——刑法扩张犹如大坝决堤而一发不可收拾，甚至有人认为是违宪的。到了今天，有关环境刑法的论文、注释书和教科书早已对昔日的批判绝口不提了。② 我国刑法也是如此。以环境刑法的转变为例，1997 年《刑法》第 338 条所设立的重大环境污染事故罪，通过 2011 年的《刑法修正案（八）》修改为污染环境罪，根据立法说明，如此修改，是为了降低环境污染犯罪行为的入罪门槛、增强定罪量刑的可操作性，以应对日益严峻的环境保护形势。③相应地，全国范围内与之相关的结案数量不仅突破了原来缺席的尴尬，也在短时间内呈现出几何级的增长，这对于中国的环境治理无疑是有益的。就此而言，对刑法早期介入环境犯罪治理的担忧是多余的。

抽象危险犯的一般发展历程，通常是立法先行，司法实践紧随其后，末了才是刑法理论的反应。对此，有学者曾感概道："个人行为的因果关系被团体行为的因果关系所取代，也就是个人与个人之间的接触被匿名的以及标准化的行为模式所取代，如果现在要随着社会交换关系的变迁，并且个别地根据刑法规范的预防着力点考虑以及寻求刑法法益保护的任务，那么从传统结果犯转变成抽象危险犯正好符合事物的本质，而只能够赞叹立法者利用立法机制，一开始在没有任何刑法学术的引导之下，即发展出抽象危险犯。"④同样，抽象危险犯由"继子变宠儿"的说辞，也在一定程

---

① Kubiciel, Freiheit, Institutionen, abstrakte Gefährdungsdelikte-Ein neuer Prototyp des Wirtschaftsstrafrechts?, in：Kempf/Lüderssen/Volk（Hrsg.）, Strafverfolgung in Wirtschaftsstrafsachen. Strukturen und Motive, 2014, S. 164.

② Vgl. Jahn, in：Kempf/Lüderssen/Volk（Hrsg.）, Strafverfolgung in Wirtschaftsstrafsachen. Strukturen und Motive, 2014, S. 192.

③ 参见全国人大常委会法制工作委员会刑法室编《〈中华人民共和国〉刑法修正案（八）条文说明、立法理由及相关规定》，北京大学出版社 2011 年版，第 178、179 页。

④ ［德］许迺曼：《批判德国刑法学思潮》，许玉秀、陈志辉合编《不疑不惑献身法与正义 许迺曼教授刑事法论文选集》，台湾新学林出版有限公司 2006 年版，第 73 页。

度上反映了在抽象危险犯问题上刑法理论的滞后性。正如有学者正确指出，这是刑法教义学"没有做好准备"的表现。刑法理论的迟钝性，或许多多少少有些让刑法学人难堪或失落。但在实用理性下，即便多么不情愿我们也应清醒地认识到，对这些新现象"通过批判性合作要比通过原则性否定更为有效"。①

面对抽象危险犯突飞猛进的发展，法兰克福学派的代表性学者哈塞默尔（Hassemer）近年来也已务实地放弃干涉法的构想，而是提出通过刑法实现安全的观念，即在坚守刑法基本原则的前提下对相应社会的风险作出回应。② 因此，务实的态度是在承认刑法扩张并且在可以预见的将来依然会继续扩张的事实前提下，正视刑法的扩张对传统法治国基本原则造成的挑战。在预防性刑法观念下，无疑会扩大国家刑罚的权力，而且在预防的方向上权力的扩张是无止境的。所以，预防性的扩张必须要受到节制，以刑法的基本原则乃至宪法上的原则约束刑法扩张的限度是需要直面的问题。因而，以抽象危险犯或者预备犯违背刑法中的罪责原则或者行为原则，直接否定这些犯罪类型在刑法中的正当性甚至将其逐出刑法的做法，与其说是对传统刑法基本原则的坚守，不如说是对当下新问题的漠视甚至逃避。

正确的处理方式，不是仅仅回答当代刑法立法的扩张是否违背了传统法治国的基本原则，而是以这些基本原则限制刑法无节制扩张的同时，探讨如何对传统刑法教义学和刑法基本原则进行灵活化的处理。在这一脉络下，面对预备犯、抽象危险犯与古典刑法所确立的行为原则、责任原则和明确性原则都存在不同程度的紧张关系。有学者已经指出，在抽象危险犯的立法上应对其进行四个步骤的审查：（1）从实用性角度出发确实需要进行有效的法益保护；（2）不得不干涉行为人正当的自由权利；（3）符合明确性原则；（4）符合比例性原则。③相似地，也有学者指出，预备犯的界

---

① 参见［德］弗里希《法教义学对刑法发展的意义》，赵书鸿译，《比较法研究》2012年第1期。

② Hassemer, HRRS (4) 2006, 143.

③ 参见唐莱《舒纳曼教授的学术演讲介绍》，《法学家》2000年第3期；［德］许迺曼《批判的德国刑法思潮》，许玉秀、陈志辉合编《不疑不惑献身法与正义 许迺曼教授刑事法论文选集》，台湾新学林出版有限公司2006年版，第74—75页。

限可通过以下几个层面的检验来限制：（1）在预备犯的场合刑法不能沦为干涉刑法；（2）预备犯的保护目的应是具体的、在内容上存在明晰轮廓的法益；（3）只有将危险的，并且具有侵害意图的典型的预备行为犯罪化才符合合比例性原则；（4）犯罪化的预备行为不属于个人自治范围等内容。①

四 结语

伴随着法网严密化和刑罚介入前期化的是刑法角色的转变。如魏根特教授所言："它不再像严厉的父亲，除了就个别严重悖逆他的行为给予粗暴的惩罚外，放手人们去自行安排生活，而更似一位悉心的母亲，一位不断规劝的陪伴者。"② 这就需要刑法理论与角色转变中的刑法的相互调适与互动。

因而，未来刑法的发展方向，不是从传统刑法的基本原则出发，逻辑性或终局性地推导出某一结论，而是要结合具体问题自身的特性进行妥当的处理，从而以问题式的研究推动刑法立法的完善和刑法教义学的发展。就此而言，刑法理论中论题学的兴起是必然趋势。

---

① Vgl. Puschke, Grund und Grenzen des Gefährdungsstrafrechts am Beispiel der Vorbereitungsdelikte, in: Hefendehl, Grenzenlose Vorverlagerung des Strafrecht？, 2010, S. 13.

② Weigend, Wohin bewegt sich das Strafrecht？-Probleme und Entwicklungstendenzen im 21. Jahrhundert, in: FS-Frisch, 2013, S. 30.

"预备行为实行化"的立法检视与困境反思
——以"准备实施恐怖活动罪"为论域

王胜华*

一 问题的提出

西方的刑罚权在启蒙时代确立了刑法谦抑主义。在可罚行为起点上，预备行为原则上是不可罚的。原因在于：一是基于实体法上的考虑，预备行为是与犯罪之实现相距较远的行为，危险性较小，犯罪的内容也较稀薄，不值得予以犯罪化；二是基于诉讼法上的考虑，追诉机关很难对行为人的犯罪意思进行证立；三是基于刑事政策上的考虑，比起威胁要处罚其行为的预防，寄托于行为人的慎重考虑更为合理，而且大部分的预备行为都会在着手实行之前撤回，故没有处罚的必要性。① 但是，面对近年来恐怖主义的肆意搅扰，包括我国在内的很多国家都在刑法典中把特定的预备行为拟制为实行行为后独立处罚，以实现预防性刑事立法对恐怖主义风险的抗制。2015年我国的《刑法修正案（九）》在刑法分则第120条之二增设了"准备实施恐怖活动罪"，将"准备工具型、培训型（包括培训者和被培训者）、与境外联络型以及策划型"等欲实施恐怖活动而"准备工具、制造条件"的所有预备行为加以实行化，借此可使这些预备行为被独立评价为一种实行犯予以刑事处罚，这标志着我

---

* 石河子大学政法学院讲师，法学博士。
① 参见［韩］金日秀、徐辅鹤《韩国刑法总论》，郑军男译，武汉大学出版社2008年版，第526—527页。

国开启了"预备行为实行化"立法的先河。该立法意味着可罚行为的起点被前移，法益保护被提前，其最大的旨趣就是严密刑事法网，做到未雨绸缪，防患于未然。但问题是，此种立法形式与我国刑法总则第22条对预备行为所秉持"处罚为原则、不处罚为例外"的立法态度是否相抵牾？"预备行为实行化"的立法技术是否有刑法理论加以支撑？"预备行为实行化"是否会造成犯罪圈扩张与刑法谦抑性之间的矛盾？是否会造成应罚性和需罚性之间的紧张？等等。故，有必要对这些问题作出检视、检讨与省思。

二 "预备行为实行化"蕴含的融惯性法理

"预备行为实行化"立法是风险社会中为抗制包括但不限于恐怖主义等重大犯罪的风险而在传统刑法的基础上作出的一种灵活处理。在检视"预备行为实行化"立法之际，需要对支撑该立法的一系列配套理论进行耦合分析。

（一）法益保护早期化

刑法是一部"法益保护法"，它以保护法益为方式，为实现公共福祉和维护共同秩序服务。其任务是要保卫国家共同体的根本性基本价值，维护社会秩序框架内的安定稳定，在出现冲突的情况中对不法绳之以法。[①]相反，倘若没有法益受到侵害或威胁，则无刑事处罚的必要性。正因为如此，传统刑法一般只处罚实行行为和未遂行为，不处罚预备行为。但是，有些预备行为对法益造成了挑战和威胁，需要给予单独的例外性处罚。其主要理由是对特别重要法益的特殊保护和构建一个应急备用式的疏而不漏的法网的需要，从而适度地扩展构成要件寻求法益提前保护。

其一，从法益侵害的现实性到法益侵害的可能性。刑法的发展史就是刑法对法益的保护不断前置化的变迁史。从古典刑法某行为对法益造成了

[①] 参见［德］约翰内斯·韦塞尔斯《德国刑法总论》，李昌珂译，法律出版社2008年版，第5页。

实害才能予以处罚到近代刑法某行为对法益造成了具体的威胁就可以处罚,再到现代刑法某行为对法益造成了抽象的威胁也可以处罚。概言之,现代刑法对危险行为的干预越来越早。就行为与实害的距离而言,阴谋犯几乎无危险可能,预备犯有轻度危险可能,着手有具体危险可能,未遂犯则使法益危殆化,实行行为则使危险实现,犯罪结果发生则使法益侵害。最容易引起争议的预防性罪责体现在阴谋犯和预备犯之中。① 但是,诸如恐怖主义犯罪的预备行为进行入罪打击应该没多大争议。因为众人皆知恐怖主义犯罪不同于普通刑事犯罪,打击的时间稍有滞后就可能造成难以弥合的损失。恐怖主义犯罪的预备行为虽没有着手,也没有造成实害,但已经具有造成实害的可能性,必须赶在行为人着手之前进行干预,才能保证国家安全、公共安全和人民生命财产安全不受到恐怖主义的戕害。

其二,从保护个体法益到保护整体法益。刑法的目的显然是保护"人"的利益,只有人的利益才能称为法益,只有人的利益才值得刑法保护,故刑法将直接保护"个人法益"放在头等重要的位置。在刑法"超前保护"(Vorfeldschutz)的场合,个人法益尚未受到实害。这种超前保护只能通过两种路径正当化:一是危险犯提前法益保护(上文已述)。二是"超个人法益"进行提前保护。借助间接保护"个人法益"的"超个人法益"(国家法益或社会法益)这一概念,它从整体上将法益向危害行为的方向推移,从而创设了超前保护的空间。② 事实上,"超个人法益"和"个人法益"只有数量上的差别,两者在根本上是一致的。有人指出:"恐怖主义是针对不特定无辜平民的生命,以达到威胁国家安全目的,其侵害的保护法益是国家安全和整体社会秩序。"③ 在笔者看来,保护国家安全和公共秩序这个"超个人法益"虽是"预备行为实行化"立法的直接目的,但正是通过提前保护它而达到保护人民福祉的终极目的。

其三,从法益保护的物质化到法益保护的精神化。法益原则上应该是

---

① 参见冀莹《"英国预防性刑事司法"评介与启示——现代刑法安全保障诉求的高涨与规制》,《政治与法律》2014年第9期。
② 参见〔德〕乌尔里希·齐白《全球风险社会与信息社会中的刑法》,周遵友、江溯等译,中国法制出版社2012年版,第208页。
③ 王新:《〈刑法修正案(九)〉第120条前置化规制的法理探析》,《北方法学》2016年第3期。

物质性的，所以，威尔策尔构建了物质的法益概念，他将法益定义为纯粹规范所保护的实在的状态与对象。日本学者内藤谦和伊东研祐都亦强调法益必须具有可能成为犯罪的侵害对象的现实的、事实的基础，或者必须是在因果上可能变更的对象。① 然而，李斯特将法益表述为"人的生活利益"，主张法益存在于实定法之前。他的法益论对保护客体和行为客体进行了区分，导致了法益概念的精神化。他认为，行为在因果法则上的结果，存在于"外界"或有体界，因此受法所评价、所形成的社会价值，必须追寻到没有因果作用的精神领域。② 就反恐而言，恐怖犯罪前置化规制的保护法益行为侵害的法益不仅包含物质性的保护对象，也包含精神化的保护对象。恐怖犯罪带来的不仅是暴力侵害结果或侵害结果的抽象危险，还直接带来严重的恐惧感和对社会产生的无秩序感等精神化危害。③ 面对民众对恐怖主义犯罪的不安感或对政府反恐不力的不信任感，刑法不可能视这些精神化的法益于不顾，立法将"预备行为实行化"就是通过超前保护来减消公众的不安感和不信任感。

其四，从保护法益的明确化到保护法益的稀薄化。按照罪刑法定原则，刑法所保护的法益应该是尽量具体的、明确的，但较为明确的法益又会对刑法的解释加以限制而显得张力不足。为了预防和打击层出不穷的新型犯罪，使刑法的法益论解释变得有包容性和灵活性，20世纪70年代以来欧洲刑法对法益的表述越来越模糊。松原芳博亦指出，日本近年来的犯罪化动向也招致了保护法益的稀薄化。例如，日本2000年的《有组织犯罪处罚法》就是以"国民生活的平稳""国民生活的安全与平稳"作为立法理由。与其说这些立法是要保护国民的实际的具体利益，毋宁说，是为了回应国民"体感治安"的降低，试图保护其"安心感"，作为象征性立法的色彩要更浓一些。④ 其实，不仅法益有稀薄化的趋势，有时为了绝对的安全，刑法打击某行为所保护的法益是什么可能都不是很清楚。正如金

---

① 参见张明楷《法益初论》，中国政法大学出版社2003年版，第155页。
② 参见张明楷《法益初论》，中国政法大学出版社2003年版，第37—39页。
③ 参见王新《〈刑法修正案（九）〉第120条前置化规制的法理探析》，《北方法学》2016年第3期。
④ 参见陈兴良《刑法理念导读》，中国检察出版社2008年版，第17页。

德霍伊泽尔所说:"安全刑法不是为了对具体的伤害实施制裁,而是期望能够避免社会混乱,也就是抛弃了对个体法益的保护,要么保护这种状态,要么就根本不存在本质意义上的法益"。①

(二) 设立抽象危险犯

在体现法益保护早期化的预防范式中,刑事实体法的修改倾向更多地强调保护新型的超越个人的法益,而这些法益多由抽象危险犯所代表。② 各国的刑事实体法修改之所以对抽象危险犯情有独钟,贵在于抽象危险犯相较于具体危险犯和结果犯,它更有利于将提前保护法益的立法意旨付诸实现。然而,抽象危险犯的设立并不能随意为之,必须符合下列条件:一是根据罪刑相适应原则,对重大法益(如超个人法益)必须进行提前保护;二是根据从属性原则,由于认定上的困难,用规定具体危险的方式对保护的法益不能够提供充分的保护;三是根据目的手段合理性原则,必须以确实的经验和公认的科学规则推定行为所具有的危险。③ 我国的"预备行为实行化"立法遵循上述条件,在设立抽象危险犯的同时亦有特殊的考虑。

一是减少司法的证明要求。对于结果犯而言,司法机关需要拿出证据证明犯罪行为造成了属于构成要件的结果方可追诉。对于危险犯而言,司机机关的证明要求因抽象危险犯和具体危险犯之分而有所不同。"对于抽象危险犯,不一定要像具体危险犯那样出现法益的事实上可以确定的具体危险,相反,行为人实施了一个在立法者看来具有一般危险性的行为,就足够了。"④ 由此观之,抽象危险犯和具体危险犯对"危险"的证明要求是有明显差异的。具体危险犯中的危险,是在司法上依据行为人行为时的各种可视化情形来综合判断,而抽象危险犯中的危险,则是一种行为侵害

---

① [德] 乌尔斯·金德霍伊泽尔:《安全刑法:风险社会的刑法危险》,刘国良译,《马克思主义与现实》2005 年第 3 期。
② Jakobs, ZStW Vol. 97 (1985), pp. 751-785; Greve, "Sheep or Wolves", European Journal of Crime, Criminal Law and Criminal Justice 2005, pp. 515-532.
③ 参见 [意] 杜里奥·帕多瓦尼《意大利刑法学原理》(注评版),陈忠林译,中国人民大学出版社 2004 年版,第 148 页。
④ J. Baumann U. Weber W. Mitsch, Strafrecht Allgemeiner Teil. Lehrbuch, 11. Aufl. 2003, § 8 Rn. 42 f.

法益之高度盖然性的危险，是依据行为本身的属性或一般的社会生活经验来加以判断的。换言之，具体危险犯中的危险是一种客观的、现实的危险，而抽象危险犯中的危险是一种拟制的、推定的危险。这种危险已由立法机关在刑法中作出了判断，不需要司法机关再去判断。即，司法机关在认定抽象危险犯时无须证明确有危险的存在。鉴于抽象危险犯可减少甚至无须司法证明危险存在的优势，立法机关设定抽象危险犯则为司法机关打击高概率的风险行为扫清了障碍，从而实现对公共安全等超个人法益的有效保护。我国刑法将那些为实施恐怖活动而准备凶器、组织恐怖活动培训等"预备行为"拟制为"实行行为"，并在构成要件上设置为抽象危险犯。有了立法依据，司法机关可无须证明暴恐分子准备凶器所造成的具体危险及其程度，亦无须证明恐怖活动培训的组织者对暴恐活动形成所造成的危险可能性，这就为打击暴恐犯罪的前置行为（预备行为），将其消灭在萌芽状态提供了追诉上的便利。

二是契合刑法的预防目的。设立抽象危险犯的用意是为了弥补传统刑法保护法益的不足，得以规避社会风险以维护公共安全，而不是让其替代传统刑法成为立法的主流。立法机关可以采用抽象危险犯来应对现代风险社会，但绝不能为了更周延地保护法益而随意地规定抽象危险犯，对于抽象危险犯的犯罪化不能普遍为之，仅限于例外地且确有必要性的场合。[①]就应对恐怖主义风险而言，设立有别于传统刑法的抽象危险犯就很有必要，而且毋庸置疑。这是因为"危险控制与及早干预的压力，驱使犯罪成立的临界点从实害提前至危险出现的阶段。这几乎是预防导向的刑法的必然走向"[②]。预防目的越强烈，积极利用刑事制裁的倾向就越明显，从而将可罚性早期化、创制出普遍法益的倾向就越来越活跃。故而，设立抽象危险犯，被认为是对于事前控制、预防来说最为合适的立法手段。正如有学者所强调的：既然遭受恐怖犯罪、极端主义犯罪的侵害已经成为一种难以避免的风险，则为了让风险管理机制顺利启动，将所有的社会成员作为对

[①] 参见王永茜《论现代刑法扩张的新手段——法益保护的提前化和刑事处罚的前置化》，《法学杂志》2013年第6期。

[②] 劳东燕：《风险社会中的刑法：社会转型与刑法理论的变迁》，北京大学出版社2015年版，第264页。

象，不管有无实际损害或者具体的危险状态，以强制手段对所有社会成员的行动选择、决定进行规制是最为有效的，这恐怕就是当今社会广泛采用抽象危险犯的最直接理由。① 我国将暴恐犯罪的预备行为加以实行化，并在构成要件上设立抽象危险犯，肯定不是立法的常态，而是一种抗制重大风险的变通措施。它极力彰显一般预防的禀性，在反恐战争中，以一种"铁腕"的姿态向世人传达威慑（消极的一般预防）和忠诚（积极的一般预防）的信号，目的就在于防患于未然，体现事前反恐。

（三）弱化因果关系

刑法上的因果关系是实行行为与危害结果之间引起和被引起的关系。鉴于恐怖活动犯罪的预备行为与其造成的恐怖风险具有诱发性和助益性，且有处罚的现实必要性。如果用因果关系理论去分析该预备行为的可罚性则面临理论上的尴尬与困境，于是，为了保持与因果关系理论的协调，"预备行为实行化"立法在将预备行为拟制为实行行为时，考虑了降低因果关系的要求。

第一，因果关系判断的时间节点提前。按传统刑法，因果分析是在行为所造成的结果发生之后，从事后的角度加以判断的。但就反恐而言，事后判断显然不利于打击暴恐犯罪。目前，很多国家的刑法不再从暴恐犯罪所造成的结果去分析引起该结果的行为，而是直接从行为入手，去分析此行为是否是酿成恐怖危险的风险因素。一旦认为该行为具有创设风险的严重性，即便对实际发生的危害仅具有偶然性，也会认为该行为与可能造成的危险或结果具有因果关系，从而具备了可罚性。正如乌尔斯·金德霍伊泽尔教授所指出的：任何事实情况，只要它可以被事后认定为是原因，那么同时，它事前也必定是风险因素。在现实中，人们会将促成结果的每个原因都认定为是该结果的风险因素，这样，已促成结果的那些风险因素，便也总是使得结果发生的危险增高：没有这种原因也就没有结果。②

---

① 参见黎宏《〈刑法修正案（九）〉中有关恐怖主义、极端主义犯罪的刑事立法——从如何限缩抽象危险犯的成立范围的立场出发》，《苏州大学学报》（哲学社会科学版）2015年第6期。
② 参见［德］乌尔斯·金德霍伊泽尔《刑法总论教科书》（第六版），蔡桂生译，北京大学出版社2015年版，第94—95页。

在笔者看来，作为风险因素的行为使危险升高也可肯定因果关系存在的观点或许是疫学因果关系的主张。疫学因果关系认为，"某种因子与疾病之间的关系，在医学上、药理学上即使得不到科学证明，但根据大量的统计、观察，能说明该因子对产生疾病具有高度的盖然性时，就可以肯定其因果关系"①。不过，疫学因果关系遭到不少质疑和反对，认为从罪疑唯轻原则的角度来考察，它完全没有正当性。然而，从预防与合理分配风险的角度来看，这样的归责模式较之于传统模式更为有效。因为在一个高风险的社会，导致危害结果出现的原因与作用机理往往比较复杂，行为与结果之间的因果关联日益变得难以确定与证明。②故，通过事前分析肯定高概率风险行为的因果关系可减少司法证明而得以防控风险。再者，暴恐犯罪的"预备行为的可罚性也正是因为它同实行行为之间在时间、场所、手段、效果上存在着密接性、前后连续发展性，因而具有高度的危险实现的可能"③。因而，按照疫学因果关系，肯定暴恐预备行为与可能发生的恐怖活动之间的因果关系或许是强化反恐的必要之举。

第二，因果关系判断的主观化趋势明显。我国的"预备行为实行化"立法确认暴恐预备行为的独立可罚性，实际上是以承认该"预备行为"与它造成的"遥远危害"具有因果关系为前提的。立法通过降低因果关系的要求来惩罚具有高风险的暴恐预备行为，最大的用意就是更好地预防恐怖主义犯罪。其内在的立法机理就是：以预防为名的隔离式体制的成功取决于危险的越轨行为一旦被诊断出它能够多快地进行干预。将每一个潜在威胁扼杀于萌芽状态的目标，与该目标实现上的不可能性一起，推动预防性措施的持续性扩张，即沿着指向威胁起源的因果链无限地后退。④笔者认为，因果链越无限地后退，意味着行为与结果（危险）之间的关联性越松散，那么越轨行为就较容易进入刑事追诉的视野，公共安全等超个人法益越便利得到保护。原因在于"一旦刑法将大量的公共法益纳入保护的范

---

① 张明楷：《外国刑法纲要》（第二版），清华大学出版社2007年版，第130页。
② 劳东燕：《风险社会中的刑法：社会转型与刑法理论的变迁》，北京大学出版社2015年版，第55页。
③ 陈兴良：《刑法总论精释》，人民法院出版社2010年版，第434页。
④ Markus Dirk Dubber, Policing Possession: the War on Crime and the End of Criminal Law, in 91 Journal of Criminal Law and Criminology, 2001, pp. 841–842.

围，危害结果的抽象化与主观化便不可避免。无论是结果的认定，还是行为与结果之间关联性的判断，都将主要取决于主体的主观评价。"①

相较于传统刑法对行为与结果之间关联性的客观评价，在反恐战争中转向因果关系的主观评价或许是一种自然之举。侵犯公共法益的准暴恐犯罪（预备犯）造成的危险大多是无形的、抽象的、模糊的，无论是存在与否还是程度大小的问题都无法作出直观的客观判断，只能进行规范意义上的主观判断才能自圆其说。而且，这种判断已经被是否违反禁止性规范或命令性规范的判断所取代。换言之，行为人只要是为实施恐怖活动犯罪而外显的异常行为违反了国家法律法规乃至各级地方制定的地方法规所确立的禁止性规范，即使行为尚未着手，其违反规范而衍生的非难因缺乏期待可能性而达致，最终其行为被认定具有刑法上的因果关系。

（四）强调行为无价值

在"预备行为实行化"立法中，行为人的预备行为并未着手且没有造成实害甚至没有具体危险，即在客观层面势单力薄的情况下为何可肯定该行为的可罚性？理由在于风险社会中的刑法由结果本位向行为本位转变，刑事不法在承认客观不法的前提下更加重视主观不法。正如韦尔策尔所说：不法并不是脱离了行为人人格的纯粹的结果惹起（法益侵害），还应当同时考虑行为的不法。而且，"法益侵害（结果无价值），在刑法上仅在人的、违法的行为（行为无价值）中才具有意义"②。事实上，强调主观不法的行为无价值是当代各国刑法应对风险的惯常做法。行为无价值的关注点是行为的目的性而非结果性，力图通过打压行为人的目的而避免事态扩大。

一是关注行为的目的性操控。进入风险社会后，现代刑法对行为的理解不再局限于纯粹的"因果性"，而是关注行为的"目的性"。行为之所以具备"目的性"，其根据在于，人能够按照他对因果关系的认识，在一定范围内预测其活动可能造成的结果，在此基础上设定不同的目标，并且

---

① 劳东燕：《风险社会中的刑法：社会转型与刑法理论的变迁》，北京大学出版社2015年版，第51页。

② H. Werzel, a. a. O., S. 62.

有计划地引导其活动朝着实现该目标的方向发展。由于他预先就对因果事实有所认识，故他能够对其活动的具体行动加以操控，即，把外在的因果事件引向目标的实现，从而使该事件处在目的性的决定之下。① 从这个意义来说，作为从客观上对现实事件进行塑造的因素"目的性的意志"已经超越思维领域而进入现实世界，它不再属于思想的范畴，而是属于行为的一个组成部分。换言之，主观要素已经包含在行为概念之中。

当前的刑事立法推崇行为无价值的一个重要原因就是受目的行为论的影响。按照目的行为论，对行为的理解一定要和该行为所追寻的目的相联系。行为人所设定的目标、行为人在行为时的心理状态、行为人的义务等要素，与可能发生的法益侵害一起共同决定行为的不法性。② 甚至说，行为人的主观目的是认定不法的主要因素。笔者认为，"预备行为实行化"立法所持的态度就是如此。我国刑法把策划、准备危险物品或者与境外恐怖组织联络等预备行为作为独立的犯罪予以处罚，立法冠以的前提条件是"为实施恐怖活动"这个目的。言外之意，准备危险物品或与境外恐怖人员联系等预备行为本身并没有显示出多大的违法性，正是行为人有实施恐怖活动的主观目的性操控，致使上述预备行为的违法性变得明显。

二是聚焦行为人的法忠诚意识。按照行为无价值论，主观意思、客观行为与法益侵害之间必然会出现断裂，那是因为主观意思被赋予更大的权重而在不法评价中居于核心地位。这里的"主观意思"是指行为人对法规范与法秩序的反对动机或敌对意识。当行为人实施的行为明显表征出其对法规范的敌对之恶时，其不忠诚的反社会人格亦被发现与证实，这才是刑事可罚性的正当根据。正所谓，"行为是对规范适用的损害，刑罚是对这种损害的清除"③。因此，坚持行为无价值论的立场，刑法的任务应当是通过处罚违反规范的行为来维持规范的效力，从而引导人们去自觉遵守规范，进而达到保护法益的目的。正如韦尔策尔所强调的：刑法首先关注行

---

① 参见［德］汉斯·韦尔策尔《目的行为论导论：刑法理论的新图景》（增补第4版），陈璇译，中国人民大学出版社2015年版，第1页。

② 参见［日］山口厚《行为无价值与结果无价值》，金光旭译，中国人民大学刑事法律科学研究中心编《明德刑法学名家讲演录》（第一卷），北京大学出版社2009年版，第350页。

③ ［德］雅各布斯：《刑法保护什么：法益还是规范适用？》，王世洲译，《比较法研究》2004年第1期。

为人违反规范的态度,最多间接地保护法益。① 对此,韦尔策尔又指出:法益的保护是通过禁止并处罚意图侵害法益的行为来实现的。因此,刑法的中心课题并不在于保护法益,而在于保全实定的社会伦理行动价值的效力。② 概言之,就是唤醒和强化国民对法的忠诚。就"预备行为实行化"而言,立法机关确认暴恐预备行为的独立可罚性彰显的就是行为无价值的立场。通过向世人传达暴恐预备行为可罚的信号,"一方面通过威慑力抑制犯罪倾向,另一方面通过反复的和日益强烈的责难,强化和稳定公民的法规范意识"③,从而让所有公民自觉调整、强化对法忠诚角色,自觉远离或撤回可能染指恐怖主义的一切行为。

三 "预备行为实行化"立法面临的潜在性困境

综观我国的"预备行为实行化"立法,它具有重大的理论价值和现实意义。然而,我国的"预备行为实行化"立法在运行过程中可能会面临困境,抑或是衍生出一些问题,甚至在司法适用过程中由于人的主观恣意而可能走向异化,所以,值得警惕和反思。

(一) 犯罪圈扩张与刑法谦抑性的角力博弈

"预备行为实行化"立法呈现出现代刑法将犯罪圈不断扩张的趋势。立法机关将恐怖活动等重大犯罪的预备行为拟制为实行行为后,意味着"可罚的预备行为"等新的犯罪化形式不断涌现;通过设置模糊的公共法益以及设立抽象危险犯,法益则被大范围提前保护;变通刑法教义学机制(如因果关系)以及强调行为无价值,则将以被害人和法益保护为导向的传统刑法相对化了。还有就是,在"预备行为实行化"的反恐立法中,刑法的扩张引发了被歪曲使用的风险,或是降低对被告人主观罪过的证明标

---

① 参见[德]埃里克·希尔根多夫《德国刑法学:从传统到现代》,江溯、黄笑岩等译,北京大学出版社2015年版,第231页。
② Welzel, Das Deutsche Strafrecht, 11. Aufl., 1969, S. 2.
③ [德]冯·李斯特:《论犯罪、刑罚与刑事政策》,徐久生译,北京大学出版社2016年版,第7页。

准，或是将模糊行为的无罪证明责任转嫁给被告人。① 对此，一些学者提出质疑和批判。王新教授认为，"预备行为实行化"立法将预备行为与实行行为等价的做法不可避免地引发法益保护前置化的正当性问题，因为法益保护前置化因其天然的扩张性，很容易面临其特殊的刑事措施和严厉的立法取向而与刑法的最后手段性相背离，有损刑法的谦抑性品格。② 黎宏教授也认为，"预备行为实行化"立法在某种程度上是把社会中的所有成员作为预防对象。刑法作为控制社会的手段，理当以补充性、谦抑性、不完全性为支撑，只能在万不得已的情形下才能适用。③ 孙万怀教授认为，世上没有一成不变之法，但并不意味着法律要朝令夕改，更不意味着刑法要身先士卒。中国法治化的进程就是一个祛除刑法工具化的过程，刑法前置化的立法倾向同样十分危险。④ 应当说，上述质疑在某种程度上是有一定道理的。对此，林钰雄教授指出：只要是犯罪既遂之前所进行的"前置"性质的刑事处罚，必然是最后手段性与有效保护法益之间的拉锯战。一方面，刑法基于最后手段性原则，不应过度扩张处罚的范围，但另一方面，发生犯罪结果才处罚，又往往无法有效保护法益，并且会失去一般与特别预防的功能。⑤

确实，站在传统刑法的立场，刑法应当保持低调、克制，国家不得随意划定或扩大犯罪圈。然而，全球进入风险社会后，面对难以预知的、事后不可控的人为风险，立法者不可能坐以待毙而固守谦抑原则，现代刑法实际上已开始放弃"最后手段原则"，这尤其体现在打击恐怖主义犯罪当中。正如有学者所说："在反恐怖斗争中，行政法上的处罚、民法上的赔偿以及军事打击手段也具有积极效果，但是，要持续、稳定地预防和惩治恐怖主义犯

---

① 参见［加拿大］肯特·罗奇《刑法及其限制更少的替代措施》，维克托·拉姆拉伊、迈克尔·荷尔、肯特·罗奇、乔治·威廉姆斯主编《全球反恐立法和政策》（第二版），杜邈等译，中国政法大学出版社2016年版，第89页。

② 王新：《〈刑法修正案（九）〉第120条前置化规制的法理探析》，《北方法学》2016年第3期。

③ 参见黎宏《〈刑法修正案（九）〉中有关恐怖主义、极端主义犯罪的刑事立法——从如何限缩抽象危险犯的成立范围的立场出发》，《苏州大学学报》（哲学社会科学版）2015年第6期。

④ 参见孙万怀《违法相对性理论的崩溃——对刑法前置化立法倾向的一种批评》，《政治与法律》2016年第3期。

⑤ 参见林钰雄《新刑法总则》，中国人民大学出版社2009年版，第277页。

罪，必须凭借刑法的严厉制裁特性，这是由民事措施、行政措施的弱制裁性以及军事打击手段的非常态性所决定的。反恐刑法虽然处于其他法律调整之后，但它有效弥补了其他法律调整方式的局限性"①。因此，防范和打击恐怖主义，倚重刑法是恰当的。即便如此，仍然有人对现代刑法的无节制表示担忧。批评者指出：政治已经发现刑法是一种打击犯罪的廉价和非常具有象征性的手段。现在，刑法不仅仅是立法者最后的手段，而且是首要的，甚至在不少情况中是唯一的手段。对媒体和公众而言，引入新犯罪行为和强化刑罚幅度是奏效的，却没有什么成本。社会通过刑法措施，政治可以营造一种积极性的印象，而不必承认它找不到解决问题的有效方法。②

在笔者看来，我国的"预备行为实行化"立法确实扩大了刑事打击面，只是我国与外国的不同之处在于：我国刑法总则对预备行为本身就是可以处罚的。"预备行为实行化"立法仅仅把某一特定重大犯罪的预备行为拟制为实行行为后放到刑法分则中明确配置相应的法定刑，便于司法机关仅对这种特定预备犯给予刑事处罚。从立法的形式层面看，犯罪圈的范围并没有明显扩大，刑法的谦抑性亦没有实质减损。再者，"预备行为实行化"立法已生效，它对犯罪圈是扩张也好，不扩张也罢，在司法适用层面，它不应该是被嘲笑的对象。当然，司法机关还是应当准确把握"预备行为实行化"的立法意旨，在适用的范围选择和适用的严厉程度上要尽量保持谦抑，对"准备实施恐怖活动罪"的构成要件要素进行严格解释、限缩解释。

（二）应罚性与需罚性的内在紧张

危害行为已然威胁或侵害了法益，理当受到刑罚处罚，这是应罚性。危害行为虽未实际危害法益，但有即将侵害法益的高度可能性，出于功利主义的预防需要而予以刑事处罚，这就是需罚性。两相比较，应罚性涉及犯罪本质所指向的法益，往往强调对法益的侵害只有达到一定的严重程度才足以使刑事制裁正当化，这一维度的法益概念关注行为本身应否惩罚的问题，采取的是事后审查的视角。需罚性涉及刑法目的指向的法益，倾向

---

① 杜邈：《反恐刑法立法研究》，法律出版社 2009 年版，第 67 页。
② W. Hoffmann-Riem, Kriminalpolitikist Gesellschaftspolitik, 2000, S. 204.

于在法益侵害实际发生之前刑法便要进行干预,这一维度的法益概念着眼于未然之罪,采取的是事前审查的视角。现实中,由于"古典的犯罪体系呈现独特的双面形象:一方面通过刑罚处罚条件上的客观主义与形式主义来最大限度地保障法安全,另一方面又借助行为人导向的制裁体系最大程度地实现合目的性"①。因此,应罚性与需罚性之间存在着一定程度的紧张。进入风险社会后,这种内在紧张为法益范畴的意义裂变埋下了潜在的祸根:一方面,从约束国家刑罚权的发动而言,有必要对法益概念做限缩性的界定,因为法益的内涵越明确、越具象化便越能有效地约束国家刑罚权;另一方面,从刑法预防犯罪目的的角度,为使刑法更好地承担起保护社会的任务,便要尽可能地扩张法益概念的外延,其内涵也是越模糊、越抽象便越合乎预防的需要,只有这样才能轻易地满足入罪的门槛,不至于因欠缺法益关联性而遭受惩罚无法正当化的质疑。事实情况是,风险预防的需要使现代刑法向功能主义发展,犯罪论体系的演变自然也越来越凸显预防功能。于是,刑法目的所指向的法益比犯罪本质所指向的法益取得了优先的地位。从当代刑法的表象来看,关于犯罪本质的思考虽仍在应罚性的逻辑之下展开,但实际上,犯罪化的问题早已为需罚性的思考所支配,正是需罚与否考量的权重的日益增加,导致法益关联性的稀薄化甚至丧失。② 批评者进一步指出,法益概念的稀薄化被认为既可能导致法益概念丧失应有的机能,又可能导致处罚范围的不当扩大。而且,在强调需罚性的预防刑法那里,重视罪责的传统刑法也被功能化了。在功能罪责论中,罪责本身的本体性内涵(即行为的可谴责性)甚至完全被架空,而为预防的需要完全取代。③ 雅各布斯甚至将罪责与一般预防的需要视为等同。在他看来,罪责的确立在于为确证秩序与法信赖之间的联系而惩罚公民的需要提供根据,罪责由一般预防所构建,并根据一般预防来衡量。④

---

① Jescheck/Weigend, Lehr des Strafrecht AT, 5. Aufl., 1996, S. 203.
② 劳东燕:《风险社会中的刑法:社会转型与刑法理论的变迁》,北京大学出版社2015年版,第38—39、45页。
③ 参见[德]格吕恩特·雅各布斯《行为责任刑法:机能性描述》,冯军译,中国政法大学出版社1997年版,第14页。
④ 参见[德]冈特·施特拉腾韦特、洛塔尔·库伦《刑法总论Ⅰ——犯罪论》,杨萌译,法律出版社2006年版,第205页。

也就是说,基于需罚性,罪责的前提不是端赖非难可能性,而是现实的预防性需要。罪责不再是影响应否惩罚的因素,而成为判断是否需要惩罚的因素。由此可能带来的问题是,司法机关出于预防,对行为人责任的考察可能只通过形式判断和推定来完成,这就极可能潜伏着"责轻而刑重""无责而有刑"的危险。在笔者看来,需罚性融入刑法固然能降低风险,预防更大的犯罪,但这极有可能超越应罚性的责任限度而使刑法成为刑事政策的工具,有侵犯人权之虞。再者,预防是功利主义的产物,功利主义表现着"非人性的法律忠诚",会导致人也被工具化。预防的观念有着没完没了的特性,因为人们总会认为预防得还不够多、预防得还不够早。如此下去,可能会将一些轻微违法的行为作为刑事犯罪以标榜杀鸡骇猴的警示效应,这显然是有悖法治的。另外,预防论是以"理性人"为前提预设的。一些人的犯罪行为,特别是亡命之徒,往往不会出于理性考虑,而系瞬间情感的决定结果,根本没有时间去做"避苦求乐"的理性权衡。即使有时间计算利益得失,但大部分的行为人都是乐观其成,其对自己犯罪得逞充满信心。这类行为人往往视死如归,几乎不受严刑峻法的威吓。① 回到"预备行为实行化"立法,表面上是"预备行为"的应罚性使然,实际上是突出预防的需罚性。为了克服应罚性和需罚性之间的紧张,这就要求司法机关在适用"预备行为实行化"立法时,一是不能为了预防而过分扩大"预备行为"的范围,必须厘清不良行为、失范行为、越轨行为与"预备行为"的界限;二是不能为了预防而把罪责功能化,必须遵循责任主义,对行为人的罪责进行实质判断。

(三) 安全与自由的价值冲突

预防性刑事立法对打击恐怖主义确实能起到一定作用,这是由预防范式的优势所决定的。一是在刑事实体法领域,刑事问责移至犯罪行为开展之前的时点;二是在刑事程序法领域,预防性的监控措施的拓展,法律保障标准的降低,特别权力的创设;三是在反恐的群众参与领域,私人在刑

---

① 参见许福生《犯罪与刑事政策学》,台北元照出版有限公司2010年版,第244页。

事诉讼之前以及之外的合作义务的增加。① 然而，预防性的刑事立法和刑事司法在控制风险的同时亦会带来新的风险，那就是公权力被扩大、私权利被克减。而且，鉴于预防本身具有无止境扩展的本能，这种"公权力挤占私权利"的态势可能会引发各种问题。其一，基于情境性犯罪预防而采取的措施，会引发当地居民对犯罪的不安，同时还会营造出监视型社会。② 这是因为防患于未然的反恐压力会促使公安司法人员要求享有更广泛的权力在早期阶段采取行动，依法干涉涉嫌恐怖主义活动的嫌疑目标的生活，甚至包括那些处于此类活动边缘的人。③ 其二，事前预防的一些措施与事后采取的措施相比，权限存在被滥用的危险，侵害公民权利的范围容易泛化。因为事前预防的根据在于对将来发生犯罪的预测，既然是预测，本来就不够准确。侦查人员为了强调行为人具有"欲实施恐怖活动的目的或动机"，需要证明行为人过去和现在进行的联系培训，以及遥远的、不具体的危害可能性，这样做本身就会产生一个侵犯自由的危险。④ 因为事前预防像是设置防范摄像机那样，根据其手段，不仅会限制实际上要实施犯罪的人，有时也会限制与犯罪无关的、一般公民的权利与自由。⑤ 英国刑法学家安德鲁·阿西沃思也指出，为了避免国家权力以预防犯罪为借口行使其他目的和过度干预公民自由，即便在反恐领域，国家对恐怖犯罪分子的自由行使任何具有实质性限制和剥夺时，仍要重视公民的自由权利。⑥

然而，美国的霍姆斯大法官认为，"公共政策为了公共利益而牺牲个

---

① 参见［德］乌尔里希·齐白《全球风险社会与信息社会中的刑法》，周遵友、江溯等译，中国法制出版社2012年版，第167页。
② "监视社会"来源于边沁的圆形监狱理论，权力主要在于监视者一方，他能够看到别人而不被别人看见，由之所产生的不确定性正是监视者的权力得以保障的手段。福柯认为，无孔不入的监视渗透到现实生活中，可控制人的身体，个体因身体上的控制而投射到思想上，进而产生顺服心理。
③ 参见［英］大卫·罗伊《警务反恐——反恐侦查专题研究》，曹雪飞、李永涛译，中国人民公安大学出版社、群众出版社2017年版，第184页。
④ 参见［加拿大］肯特·罗奇《刑法及其限制更少的替代措施》，维克托·拉姆拉伊、迈克尔·荷尔、肯特·罗奇、乔治·威廉姆斯主编《全球反恐立法和政策》（第二版），杜邈等译，中国政法大学出版社2016年版，第87页。
⑤ 参见［日］川出敏裕、金光旭《刑事政策》，钱叶六等译，中国政法大学出版社2016年版，第229—230页。
⑥ 参见何荣功《"预防性"反恐刑事立法思考》，《中国法学》2016年第3期。

人"是恰当的。为了获取预期的功利,法官通常要决定限制一项基本原则的范围,这种功利的获取典型是社会对危险分子的预防。① 在霍姆斯看来,保障自由的法治国原则固然重要,但为了公共利益,即更多人的自由,适当变通基本原则,追求安全的价值是可取的。英国的大卫·罗伊也认为,国家安全利益与个人自由不是相互排斥的,二者是相互包含的。它们不是相对抗的两极,而是国家所肩负的一个无缝对接的保护网。尽管个人自由必须受到司法保护,免受不必要的国家机构的侵犯,但是保护公民免受恐怖主义袭击同样重要,这也是大多数公民期盼之所在,即使有可能轻度侵犯个人的自由。② 德国的金德霍伊泽尔亦说:"安全是一项人权,这项人权将从根本上表明国家及其垄断权力的存在是合法的。那些认为应该忽略或者根本否定风险社会的危险的态度显然是错误的。国家必须保障安全,这在任何时候都是值得赞赏的"③。

在笔者看来,自由与安全都是实现法的常态运行所不可或缺的。不过,强调自由的人权保障与倚重安全的秩序保护是相互冲突和此消彼长的关系。在法治社会里,人权保障这样一种基本价值应当是优先的,但是就反恐而言,人权保障的程度可能就需要降低一点,需要授予国家较大的权力去打击恐怖活动犯罪。④ 当然,为了平衡公民权利与保护国家安全的需要,反恐措施必须寻求最佳的结合点,确保保护公民隐私权的法律正当程序得以彰显。正如英国的 Pious 所指出的:遵守法律正当程序的原理在于这不仅保护被控诉之人,而且有助于防止控诉狂热,防止释放错误信号认定哪些人是恐怖分子以及他们可能的所作所为。⑤ 因此,从这个意义上说,面对恐怖主义对国家安全、社会公共安全以及人民生命财产安全的搅扰,

---

① 参见[美]道格拉斯·N. 胡萨克《刑法哲学》,谢望原等译,中国人民公安大学出版社2004年版,第78页。
② 参见[英]大卫·罗伊《警务反恐——反恐侦查专题研究》,曹雪飞、李永涛译,中国人民公安大学出版社、群众出版社2017年版,第83页。
③ [德]乌尔斯·金德霍伊泽尔:《安全刑法:风险社会的刑法危险》,《马克思主义与现实》2005年第3期。
④ 参见陈兴良《现代法治社会的刑法理念》,中国人民大学刑事法律科学研究中心编《明德刑法学名家讲演录》(第一卷),北京大学出版社2009年版,第19页。
⑤ 参见[英]大卫·罗伊《警务反恐——反恐侦查专题研究》,曹雪飞、李永涛译,中国人民公安大学出版社、群众出版社2017年版,第74页。

"预备行为实行化"的反恐立法通过刑事手段事前打击恐怖主义苗头的做法是必要的。只不过，公安司法机关必须要在对法益保护的必要性和公民行动自由的保护这两者之间进行衡量的基础上，遵循比例原则，慎重地加以决定。

（四）立法规定与司法审酌的界限模糊

"预备行为实行化"立法赋予暴恐预备行为具有刑事可罚性的一个重要原因就是该预备行为人创设了一个法不容许的恐怖主义风险，并提高了随后发生暴恐犯罪的可能性。依据危险升高理论，任何人都必须安排好他自己的行为活动空间，从这个行为活动空间中不得输出对他人的利益的任何危险。如果创设了这样的一个风险，那么，当事者必须担保这种风险不会转化成现实。① 然而，立法本意是好的，在司法适用过程中，究竟如何判断行为人的行为创设了恐怖主义风险？在离可能发生暴恐犯罪这个"最后行为"多远之际，施加刑罚才具有正当性？

批评者指出，随着可罚性范围的扩张，客观要素与作为公共安全的法益之间的距离越加遥远，关联性也更加模糊，而犯罪主观要素的重要性日益彰显，具体在行为人的危险评价上越来越有强烈的主观色彩。"当危险成为刑法处理的对象时，犯罪的边界便会因危险评价的主观性而变得不确定。这种不确定性在赋予刑法干预以巨大的弹性空间的同时，也为成功回避刑法原则或准则所构建的内在制约提供了可能。"② 再就是，"由于危险是建立在可能性基础上的，因此，在这里不能仅仅考虑到危险的有无，而应当考虑到从单纯可能性到高度盖然性的各种不同程度的危险状态。在这里，作为对犯罪实施处罚的根据，要求危险的盖然率达到何种程度，是需要解决的主要问题"③。如果司法人员将这些问题全部觊觎主观推定和臆断，那么，必然会无限扩大刑事处罚的范围，将那些远离实行行为且早于

---

① 参见［德］乌尔斯·金德霍伊泽尔《刑法总论教科书》（第六版），蔡桂生译，北京大学出版社2015年版，第101页。

② 劳东燕：《风险社会中的刑法：社会转型与刑法理论的变迁》，北京大学出版社2015年版，第266页。

③ ［日］野村稔：《刑法中的危险概念》，［日］西原春夫主编《日本刑事法的形成与特色》，李海东等译，法律出版社1997年版，第273页。

预备行为的犯罪预谋,甚至犯罪意念也作为刑事犯罪予以打击。批评者还指出,即便是有必要将刑事可罚的起点前置到预备阶段,但预备犯的处罚规定,不但存有刑事证据上的盲点,而且存有故入人罪的危险。① 这是因为"离实行终了的发生越远,犯罪行为在思想意志活动的越早的阶段中断,此等关系也就越难证明之;也就越不能谈及行为的客观危险性"②。司法人员为了获取这方面的证据,则"必然会诉诸侵犯个人隐私的侦查手段(通信窃听、便衣警察等)以搜集证据证明存在预备行为,即使预备行为仍然远离潜在被害人的'领域'"③。由此带来,"在还没有办法确认一个人是否果真存在有不法意志的情况下就以刑罚相应,恐怕是将人毫无节制地工具化"④。于是,中性的日常行为很有可能会被作为刑法干预的客观基准,即被司法机关扩大解释在"预备行为"之中而当作犯罪予以打击。

不过,针对批评者的质疑,有人进行了回应。在重大犯罪领域,特别是恐怖主义犯罪,行为人之间通过发动恐怖活动的预谋、商讨与合意,并将此主观动机开始外化于行,说明行为人已经脱离了其内心自由或者私人生活的领域,并且在外界造成了风险。因此,行为人外在的征表行为与其主观计划相结合,就可以为刑事不法提供充分的正当化理由。⑤ 针对中性的日常行为不可罚的论断,回击者指出,日常的社会举止在"正常情况"下确实是没有危险的,原因在于它通常和损害结果没有什么因果上的相关性。但这并不能就推出该社会举止在某些具体情况下也是没有危险的。⑥ 具体到反恐领域,如果有人在易发生恐怖犯罪的区域,或者在反恐形势严峻的特殊时期,自己准备或者为他人准备一些所谓生活用途的刀斧汽油、棍棒石块,那么,这些貌似可以解释通的"日常行为"就具有一定的危险

---

① 参见林山田《刑法通论(上册)》(增订十版),北京大学出版社2012年版,第296页。
② [德]冯·李斯特:《论犯罪、刑罚与刑事政策》,徐久生译,北京大学出版社2016年版,第335页。
③ 参见[意]弗朗西斯科·维加诺:《意大利反恐斗争与预备行为犯罪化——一个批判性反思》,吴沈括译,《法学评论》2015年第5期。
④ 黄荣坚:《基础刑法学》(下),中国人民大学出版社2009年版,第310页。
⑤ 参见[德]乌尔里希·齐白《全球风险社会与信息社会中的刑法》,周遵友、江溯等译,中国法制出版社2012年版,第214—215页。
⑥ 参见[德]乌尔斯·金德霍伊泽尔《刑法总论教科书》(第六版),蔡桂生译,北京大学出版社2015年版,第96页。

性了。

笔者认为，我们还是应当重视批评者的担忧。司法机关在以前是苦于没有立法依据而难以追究暴恐预备行为的刑事责任，现在有了"预备行为实行化"的立法依据，倘若司法人员对行为人的暴恐犯罪目的只是凭借自己的主观恣意来进行漫无边际的推断，那么，就会出现惩罚具有遥远危害的"思想犯""观念犯"，甚至个别日常行为也不能幸免。故此，为了防止立法与司法的脱节，保持两者之间的契合，必须对"预备行为实行化"的法律规定谨慎适用。虽说犯意表示与预备行为的界限只有一步之遥，但对"预备行为属性的危险"以及"预备行为所造成的危险"不能过于主观臆断，而要尽量客观地判断。"不仅需要根据预备行为所针对犯罪本身的法益侵害度、行为人主观恶性与人身危险性的表现度等外在要素进行分析，还要根据预备行为本身距离着手点的距离、预备行为的周全性、对促成犯罪实行与既遂的可能性等行为的自身要素进行判定"。① 再言之，如果某一行为创设的恐怖主义风险具有显著性，对暴恐犯罪的形成具有加功性、便利性，并且行为人的主观不法意志具有敌对性，则该行为可被界定为暴恐预备行为，可按照"预备行为实行化"立法去追究刑责。否则，不能给予刑事处罚。

四 余论：对我国"预备行为实行化"立法的揆情审视

我国的"预备行为实行化"立法将刑事反恐视线前移，有利于实现对恐怖主义犯罪"打早打小"。无论是显在恐怖分子还是潜在极端分子，其犯罪前的准备、犯罪中的实行以及犯罪后的出逃等行为都可利用刑法进行规制，体现了刑事反恐法网的严密性，彰显了我国对恐怖主义的严打态度。然而，在司法实践中，有的行为人文化程度低、辨识能力差、生活很贫困，好逸恶劳，受到他人的蛊惑、教唆、利诱或胁迫而加入准备实施恐怖活动的行列中去。当他认识到自己行为的性质，或者意识到问题的严重

---

① 参见郑延谱《预备犯处罚界限论》，《中国法学》2014年第4期。

而产生放弃的念头、打算放弃的准备、减消行为的危险性、阻止他人继续实施恐怖活动的准备时,该行为人的主观恶性和客观危害明显降低,其创设的恐怖主义风险也因此得以减少乃至消除。正如乌尔斯·金德霍伊泽尔教授所指出的:当行为人以如下的方式影响了因果流程,则意味着风险降低了。一是减少了某个结果发生的可能性;二是在量上减轻了损害的程度;三是使得更不严重的结果发生。① 既然行为人降低了一个业已存在的风险,那么,在概念上,就已经不能将之再认定为是一种对结果发生的可能性的提高了。所以,不宜再追究行为人的刑事责任了。因此,一些国家的"预备行为实行化"立法在将预备行为入罪的同时,还规定了行为人放弃预备行为则不构成犯罪或减免罚条款。而且,只要行为人满足宽松的条件即可出罪。

比如,澳大利亚刑法典第 102 条第八款规定了"联系恐怖组织罪",对犯罪人处以 3 年监禁刑。但是,考虑到个人的文化背景,如果行为人只是为了可以合理理解的家庭或亲属事由,同紧密家庭成员或亲属进行联系;或者该联系发生于公共宗教场所并发生于宗教活动中;或者该联系仅仅出于提供人道主义救助之目的;或者该联系仅仅出于提供法律建议或法律代理的目的,那么不构成本罪。如果将损害任何宪法上的政治交流自由理念,那么也不构成本罪,但被告人负有此事宜的举证责任。② 再比如,德国 2015 年 6 月 20 日生效的《对预备严重危害国家的暴力犯罪的追诉的修正法》(BGBl. I S. 926)在《德国刑法典》中新增了第 89c 条"资助恐怖主义罪"。该立法明确规定:若行为人自愿放弃继续准备行为,避免或重大降低由其导致和了解到他人继续准备或实施行为的危险,或者当他自愿阻止行为人的完成,法院可按其裁量轻处刑罚或者免除处罚。若没有行为人的贡献,上述的危险被避免了或者被重大降低了或者行为的完成被阻止了,那么,只要他有自愿真诚地实现这个目标的努力就够了。另外,在"一带一路"沿线国家的哈萨克斯坦和白俄罗斯,哈萨克斯坦刑法典第 255 条和白俄罗斯刑法典第 289 条都分别在"恐怖主义行为罪"中明确规

---

① 参见〔德〕乌尔斯·金德霍伊泽尔《刑法总论教科书》(第六版),蔡桂生译,北京大学出版社 2015 年版,第 98 页。
② 参见《澳大利亚联邦刑法典》,张旭等译,北京大学出版社 2006 年版,第 80 页。

定：如果恐怖主义的预备实施者及时提前报告国家机关或者以其他方式阻止恐怖主义行为，且其行为不符合其他犯罪的构成要件的，应当免除该预备行为人的刑事责任。①

在笔者看来，上述国家关于预备行为人主动退出犯罪的出罪或减免刑条款，意在从立法层面给予其一种宽宥，敦促行为人悬崖勒马、回头是岸，早日退出恐怖主义的泥沼，就可不被追究刑责或免予刑事处罚。外国"预备行为实行化"立法中的这种"迷途知返条款"，实际上是对刚萌生、刚踏入、刚准备实施恐怖活动行为人的一种劝诫，更是对其知错即改的一种包容。当然，前提是行为人不能已经着手，且不能构成其他的犯罪，否则仍是会被追究刑责和予以刑事处罚。如果我国刑法第120条之二关于"准备实施恐怖活动罪"的规定中能有上述的"迷途知返条款"，那么，我国的"预备行为实行化"立法可能就趋于完美。当然，我国的"预备行为实行化"立法刚出台没几年，随意主张修改法律也不现实，毕竟"法律不是嘲笑的对象"。正如张明楷教授所说，与其动辄批判法律，不如正义地解释法律，司法人员应当学会将"不理想"的法律条文解释为理想的法律规定。②

因此，笔者主张，在我国近年来已将恐怖主义犯罪总体遏制的大好形势下，虽然对恐怖主义犯罪的打击丝毫不能减弱，但应当秉承宽严相济的刑事政策，在司法层面视情节对及时退出恐怖主义的预备行为人允许出罪或减免刑罚。而且，允许的条件尽可能宽松，不能太过于苛刻。换言之，在保持我国现有的"预备行为实行化"立法稳定的前提下，建议最高人民法院在相关司法解释中明确规定上述"迷途知返条款"。即使司法解释不便作出此类规定，具体办案的司法人员心中也应当有"迷途知返条款"的存在空间，对准备实施恐怖活动的行为人是入罪还是出罪作出正当性解释，从而实现对恐怖主义犯罪刚性打击和柔性观照的有机统一。

---

① 参见《哈萨克斯坦共和国刑法典》，陈志军译，中国政法大学出版社2016年版，第142页；参见《白俄罗斯共和国刑法典》，陈志军译，中国政法大学出版社2016年版，第128页。
② 参见张明楷《刑法格言的展开》（第三版），北京大学出版社2013年版，第3页。

第三编

罪刑关系与刑罚结构的完善

再论罪刑均衡

白建军[*]

刑法配刑的实然均衡程度应该是未来刑法修订的重要事实依据之一。对现行刑法第一至第九章全部罪刑关系的实证研究发现，是否法定不作为犯、滥用身份优势实施犯罪、侵害公权的犯罪，都对刑法配刑轻重没有规律性影响；而危害生命的犯罪、被害不特定的犯罪以及国家安全犯罪是增加刑量配置的重要根据；自然犯之于其他犯罪，暴力犯罪之于偷窃、欺骗犯罪是区分配刑轻重的重要标志；故意犯罪、罪过不典型犯罪与过失犯罪三者刑量显著不同；纯正情节犯、兜底犯和加重构成是防止不当入罪、不当出罪和不当重罚的三个拦截机制；近年来刑法修订基本上形成了降低中国刑法刑罚总量的趋势；综合配刑分析基础上的残差分析可能为未来刑法修订系统协调罪刑关系，防止偏轻偏重配刑具有建设性方法论意义。研究提出，应提倡二元论的罪刑均衡理论。

一 问题与探索路径

1997年刑法大规模修订至今，又有多次修订。可以预见，刑法修订将是未来法治建设中的一种常态。如何使未来刑法修订不断向精细化发展，是我国刑事法治建设的目标之一。刑法修订的精细化，既包括犯罪圈扩张的正当性，也包括罪刑关系调整的协调性。对前者，我本人曾撰文《犯罪圈与刑法修正的结构控制》进行探讨。后者则是本文希望探讨的主要

---

[*] 北京大学法学院教授，博士生导师。

问题。

　　有学者将罪刑关系调整的不协调称为"刑罚攀比",包括纵向攀比和横向攀比。认为刑罚攀比是法定刑配置不合理的最集中体现,它的存在导致刑法个罪之间出现观摩效应,罪与刑失衡,极大地冲击罪刑相当原则;同时,也使司法实践中出现重罪轻判、轻罪重判的局面,影响法制的统一性和权威。并且,提出了相对的立法对策。① 其实,罪刑关系的错配最简单的分类就是重罪轻罚和轻罪重罚两种。例如,《刑法》第398条规定的故意泄露国家秘密罪和过失泄露国家秘密罪,其法定刑上限均为七年以下有期徒刑。故意犯罪重于过失犯罪是普通的刑法常识,而这里到底是故意泄露国家秘密罪配刑轻了,还是过失泄露国家秘密罪配刑重了?又如,《刑法》第659条规定了引诱幼女卖淫罪,法定刑为五年以上有期徒刑。而第103条规定的煽动分裂国家罪,其法定刑分为两档,一档是五年以下有期徒刑、拘役、管制或者剥夺政治权利;另一档是对首要分子或者罪行重大的处五年以上有期徒刑。两个罪名的法定刑上限是一样的,是否意味着两个罪的严重程度或不法量相等呢?煽动分裂国家罪还配置了基本和加重两档法定刑,下限为拘役、管制。很显然,尽管两种犯罪都采用欺骗性语言操控信息接收者的行为,以达到其不法目的,但一个有伤风化破坏社会管理秩序,另一个危及国家安全,不应该具有相等的不法量。配置了相同的法定刑上限,不是引诱幼女卖淫罪配刑过重,就是煽动分裂国家犯罪配刑过轻。再如,《刑法》第317条规定的组织越狱罪和第225定的非法经营罪,其法定刑也是基本一样,上限均为五年以上有期徒刑。从行为方式看,两者都属于破坏某种管理秩序的犯罪。但一个是监狱管理秩序,另一个是市场管理秩序。前者给社会带来的恐慌与后者给社会带来的危害很不一样,而且前者更接近自然犯后者则属于法定犯。所以,人们有理由质疑,到底是组织越狱罪刑量配轻了,还是非法经营罪刑量配重了?凡此种种,不一而足。

　　立法上配刑是否合理,是一个国家刑事法治成熟程度的标志之一。上述现象,显然不能说十分合理。而要解决配刑不合理,仅靠一事一议的方

---

①　周光权:《法定刑配置的合理性探讨——刑罚攀比及其抗制》,《法律科学》1998年第4期。

法远远不够。储槐植教授最近提出，犯罪概念的定量因素是我国刑法的创制，因此，在我国刑法中运用数学方法构建数量刑法学，对我国刑法学的现代化发展具有重要意义。数量刑法学通过研究并科学化刑法数量关系，经由罪刑量化解析，以期达致罪刑均衡之正义境界。① 美国学者赫希认为，"均衡的制裁之首先的系统的辩护属于功利主义性的。它是由贝卡里亚与边沁在200年前提出的。他们提出了划分了等级的刑罚的一个价目表——奠基于预防犯罪尤其是一般遏制之上"②。美国学者贝克尔也承认，"用'经济分析'研究违法行为谈不上学说上的首创。贝卡利亚和边沁在18纪和19纪对刑法学做出了重大贡献，他们明确地运用了经济计算，但不幸的是，这种分析在最近一个世纪被淡漠了"③。

早在1764年，贝卡里亚就在《论犯罪与刑罚》中讨论罪刑相称问题时提出，各种犯罪按其社会危害性的大小顺序形成一个阶梯。这个阶梯的"最高一级就是那些直接毁灭社会的行为，最低一级就是对于作为社会成员的个人所可能犯下的、最轻微的非正义行为。在这两极之间，包括了所有侵害公共利益的、我们称之为犯罪的行为，这些行为都沿着这无形的阶梯，从高到低顺序排列。"④ 不仅需要一个罪的阶梯，而且还需要一个与之对应的刑的阶梯。即"一个相应的、由最强到最弱的刑罚阶梯。有了这种精确的、普遍的犯罪与刑罚的阶梯，我们就有了一把衡量自由和暴政程度的潜在的共同标尺，它显示着各个国家的人道程度和败坏程度。然而，对于明智的立法者来说，只要标出这一尺度的基本点，不打乱其次序，不使最高一级的犯罪受到最低一级的刑罚，就足够了。"⑤ 可见，在贝卡里亚看来，既要有一个罪的阶梯，又要有一个刑的阶梯，两者之间由强到弱的对应，就是罪刑均衡，或罪刑相适应。

这是最早强调从整体上实现罪刑均衡的思想。但由于种种原因，贝卡

---

① 储槐植、何群：《论我国数量刑法学的建构》，《中国法学》2019年第3期。
② ［美］安德鲁·冯·赫希：《已然之罪还是未然之罪——对罪犯量刑中的该当性与危险性》，邱兴隆等译，中国检察出版社2002年版，第34页。
③ ［美］加里·S. 贝克尔：《人类行为的经济分析》，王业宇、陈琪译，上海三联书店、上海人民出版社1995年版，第104页。
④ ［意］贝卡里亚：《论犯罪与刑罚》，黄风译，中国大百科全书出版社1993年版，第66页。
⑤ ［意］贝卡里亚：《论犯罪与刑罚》，黄风译，中国大百科全书出版社1993年版，第66页。

里亚未能以当时的意大利刑法为试验田实现其罪刑阶梯的构想。这个构想的核心亮点就是一部刑法中罪刑关系的整体性，每对罪刑关系的合理性都是整体合理性的一部分。沿着这一思想，我本人曾在《罪刑均衡实证研究》一书中，尝试着对当时中国刑法分则全部罪刑关系进行了系统研究。为实现整体性要求，该研究的基本思路是自上而下，将犯罪严重性的抽象概念操作化为被害人评价罪量、国家评价罪量、结果罪量、行为罪量等6个维度，然后再将其继续下降到被害关系、行为类型、法定结果、罪过形式等14个更接近经验层的变量，并据此对当时刑法全部422个罪名的罪量统一进行去量纲化处理。与其相应，又将所有犯罪的法定刑进行量化处理。于是，便有了422对无量纲的数据，用来计算罪刑之间的整体相关性程度。

该研究倒是力图实现罪刑关系分析的整体性，但问题是，自上而下的概念操作化路径难免过程中的主观性。这里所说的主观性倒主要不是指量化处理操作细节中的不精确，而是将应然的大概念拆分成具体指标时，不同主体对应然的概念本身会有各自的不同理解。于是，其实可能存在多个应然。例如，报应与预防之争、行为与行为人刑法之辩，行为无价值与结果无价值之差，对犯罪或刑法到底应该是什么都有不同理解。结果，用来衡量实然刑法的应然性尺度不同，衡量结果当然可能不同。更麻烦的是，我们无法知道最终所看到的罪刑均衡性程度，在多大程度上是罪刑关系本身的真实反映，在多大程度上是研究方法上这种主观性的产物。

15年后的今天，为解决上述方法论上的不足，本研究将选用另一条路径探索中国刑法中的罪刑关系。这一路径就是，从实定法全文本出发，采用科学的系统研究方法，挖掘刑法中用肉眼看不见的客观逻辑，观察这些客观逻辑是如何无形中影响配刑轻重的总体变化。第一，该路径不是就任何某个单独的罪刑关系评价其均衡与否，而是尽可能将所有法条纳入观察对象，让每对罪刑关系都被按照统一的标准进行度量。否则，便算不上罪刑关系的整体性观察。第二，该路径关注法条大样本背后配刑所实际上遵从的实然逻辑，而不是强调配刑应当遵从什么逻辑。这个视角的转换，是本研究方法论上的关键。其前提假定是，现行刑法经长期制定、适用、修订、再适用、再修订的反复实践，不可能毫无合理性可言。研究的任务恰恰在于，将这些隐含在大量法条文本背后的合理性以系统的方式呈现出来。按此法，研究将不再追问应当怎样，而是探索实际上怎样。第三，在乎罪刑关系的整体性，意味着承认，实际上支配罪刑关系的客观逻辑不只是一两个原理、原则，而是罪刑之间多重规律性联系的共同影响。现实中，某对罪刑关系看上去没什么不对，但换个角度再看就会发现并不合理。只有同时符合多个原理、原则或规律的罪刑关系，才称得上稳定的配刑均衡。这就要求以刑法法条为样本，同时进行多个理论假设的综合检验。通过这种综合检验仍未被证否的理论假设，才可能是刑法中影响配刑轻重的真正原因。第四，以来自实定法自身的整体合理性为尺度，再返回到实定法中，去衡量具体罪刑关系的均衡性、合理性程度，并规范未来刑法修订罪刑关系的调整。结果，不是哪个人来说刑法均衡不均衡，而是刑法自身的客观尺度站出来表达刑法有多均衡、某个具体罪刑关系与该尺度相距多远、未来刑法该如何协调罪刑关系。其实，该路径仍未超越贝卡里亚所说的罪刑阶梯的整体性思路，只不过是以现行中国刑法为原型进一步丰富配刑的整体性思想内涵。

二　假设及其检验逻辑

基于上述构想，本研究将再次对现行中国刑法的罪刑关系进行一次全面观察，以便对罪刑关系合理性进行整体分析。这个观察将从12个理论假设的综合检验开始，看看哪些假设不仅看上去合理，而且不受其他因素的干扰，仍对配刑轻重构成稳定的显著影响。这些待检验的假设均来自一定个案观察，且符合一定理论估计，只是不确定是否经得起检验。正如故意犯罪重于过失犯罪不等于说每个故意犯罪都重于每个过失犯罪一样，是否经得起检验是个综合的判断过程。这12个理论假设按拼音首字母的顺序列示如下。

被害不特定假设：侵害不特定被害的人身安全的犯罪重于其他犯罪。

理论估计：有些犯罪的危害也具有离散性，其被害人是不确定的，如内幕交易、操纵市场。但不是所有被害离散的犯罪都构成对被害人人身安全的威胁。该假设意味着，只有那些对不特定被害人的生命健康构成危害或危险的故意犯罪，才应该配置较重的刑罚。如爆炸、放火、投放危险物质、生产、销售不符合标准的医用器材、非法组织卖血等犯罪，都是典型的被害不特定犯罪。本研究共有83个罪名被归入被害不特定犯罪，其法定刑的平均水平应该较重。

不作为犯假设：不作为犯罪轻于作为犯罪。

理论估计：和积极的作为犯罪相比，应为、能为而不为的不作为犯罪毕竟是一种消极的不法行为，其危害往往具有间接性，因而轻于作为犯罪。如不履行报告说明义务、不履行财税义务、拒绝抚养义务、不服从命令等不作为犯罪，其法定刑往往较轻。中国刑法中共有41个法定不作为犯罪，[①] 本研究共有38个罪名被归入法定不作为犯罪，其法定刑平均水平可能相对较轻。

兜底拦截假设：兜底条款罪名重于其他犯罪。

理论估计：兜底犯是指刑法规定以刑法列举的犯罪行为以外的"其他行为、方式、方法、手段"构成犯罪的情形，如《刑法》第225条规定的非法经营罪等。兜底条款之所以被广泛运用主要是由于立法者无法穷尽并预测一切可能的情形，于是借助于兜底条款立法技术，意图达到法律涵盖范围的最大化，其目的在于严密法网，堵截法律漏洞，以便法官在没有明确法律依据而又必须对相关案件作出裁判时能够有自由裁量的空间和可能。[②] 既然立法者担心漏掉某种应惩罚的行为时才动用兜底条款加以拦截，那么，这种担心背后显然具有一定严密法网、从严打击的倾向。本研究共有49个罪名属于兜底犯，可能配置较重的法定刑。

犯罪圈扩张趋轻假设：刑法修订涉及罪名的配刑趋于轻缓。

理论估计：储槐植教授指出，从宏观历史演变角度观察，刑罚结构变化遵循一条明显的轨迹向前行进：刑罚趋轻与合理化是刑罚变化的必然趋势，尽管犯罪现象并不减轻甚至存在趋多走向。如何解释这种悖论？原因十分复杂，基本一条是人类随着时间推移对自身价值逐渐觉醒并日益看重。……对人身权利的重视（人身价值日益高于非人身价值）必然导致刑

[①] 白建军：《论不作为犯的法定性与相似性》，《中国法学》2012年第2期。
[②] 何荣功：《刑法"兜底条款"的适用与"抢帽子交易"的定性》，《法学》2011年第6期。

罚在总体上的趋轻。① 此外，储槐植教授一贯主张"严而不厉"的原则。但是应当承认，本研究只是从实定法自身的客观逻辑出发观察法律自身的协调性。其天然缺陷在于，它只能发现一部法律之内罪刑关系错配、不协调问题，却不能发现自身是否整体普遍偏重或偏轻问题。对此，较好的办法就是不同法律之间的比较。而近年来刑法的历次修订，虽然两次减少死刑罪名，但也新增了不少罪名，同时还降低了不少罪名的入罪门槛，犯罪圈的扩张共涉及一百多个条文。作为一种新旧刑法的纵向比较，这些新修订条文是否使刑法呈现出明显的趋轻走势，就需要加以检验。

公权保护假设：侵害公权的犯罪重于侵害私权的犯罪。

理论估计：理论上，刑法目的是保护法益，犯罪本质是侵犯法益。② 因此，犯罪可以分为公法益犯和私法益犯，或者公权犯罪和私权犯罪。例如，国家安全类犯罪、涉税、假币、走私等犯罪，就属于公权犯罪，而杀人、伤害、盗窃、诈骗等犯罪，一般属于私权犯罪。鉴于中国国情，有理由猜测，中国刑法可能更看重公权保护，立足于打击公权犯罪的同时也对私权犯罪给予否定评价。因而，刑法中的公权犯罪法定刑可能普遍重于私权犯罪的法定刑。

国家安全假设：危害国家安全犯罪重于其他犯罪。

理论估计：国家安全犯罪是典型的公权犯罪，按照公权犯罪重于私权犯罪的理念，国家安全犯罪不仅重于一般的私权犯罪，而且应该重于其他公权犯罪。

加重构成假设：加重构成犯罪重于其他犯罪。

理论估计：刑法分则条文因为行为、对象等构成要件要素的特殊性使行为类型发生变化，进而导致违法性增加，并加重法定刑时，才属于加重的犯罪构成（或构成要件）。相应地，当刑法分则条文因为行为、对象等构成要件要素的特殊性使行为类型发生变化，进而导致违法性减少，并减轻法定刑时，才属于减轻的犯罪构成。③ 加重构成包括情节加重和结果加重两种，在本研究中共有249个罪名属于加重构成的犯罪。由于违法性的

---

① 储槐植：《刑罚现代化：刑法修改的价值定向》，《法学研究》1997年第1期。
② 张明楷：《新刑法与法益侵害说》，《法学研究》2000年第1期。
③ 张明楷：《加重构成与量刑规则的区分》，《清华法学》2011年第1期。

增加是加重构成的本质，对其配置相对较重的法定刑也是顺理成章。

情节拦截假设：纯正情节犯轻于其他犯罪。

理论估计：纯正情节犯是刑法规定以情节严重或者情节恶劣作为犯罪构成要件的情形。例如，按照刑法规定，只有以暴力或者其他方法公然侮辱他人或者捏造事实诽谤他人，情节严重的，才构成侮辱罪或诽谤罪。理论上，犯罪的构成要件分为质和量两类：质的构成要件是此种社会危害性区分与彼种社会危害性的区分标志；而量的构成要件则是社会危害性在程度上的内在规定性。[①] 可见，与兜底拦截假设相反，纯正情节犯的设定表明，立法者担心某些性质上相似而程度上不具刑事可罚性的行为入罪。基于这种刑法谦抑的取向，刑法中的纯正情节犯法定刑有可能轻于其他犯罪。

身份滥用假设：滥用身份优势的犯罪重于其他犯罪。

理论估计：和普通人犯罪不同，滥用身份优势的犯罪主要包括各类职务犯罪，以及利用影响力受贿、虐待、遗弃等犯罪。在加害被害关系中，身份优势的滥用本身已经使被害人处于不利境地。况且，贪污、贿赂犯罪都规定有很重的刑罚。本研究中有78个罪名属于身份滥用犯罪，有理由认为，身份滥用犯罪可能重于其他犯罪。

生命第一假设：故意危及生命的犯罪重于其他犯罪。

理论估计：生命安全是其他所有权利的基础，也是现代国家对公民的最基本承诺之一。因此，故意危及他人生命的犯罪应该是严重的犯罪之一。本研究共有21个罪名属于故意的生命犯罪，其法定刑理应重于其他犯罪。

自然犯假设：自然犯罪重于其他犯罪，其中暴力重于偷窃，偷窃重于欺骗。

理论估计：加罗法洛的自然犯概念的主要经验原型就是暴力、偷窃及欺骗三类犯罪。这三类犯罪是组成犯罪圈的基本成分，因而也是限制犯罪圈过分扩张的主要依据。尽管法定犯不可避免地出现在刑法中，暴力、偷窃和欺骗的犯罪性最为明显也是不争的事实。所谓犯罪性是一定

[①] 刘艳红：《情节犯新论》，《现代法学》2002年第5期。

秩序关系中的破坏性、非理性、不相容性。犯罪性的主观内容主要是指悖德性，主观形式分别是恶意和敌意，客观形式可以分为原因危险和结果危险，而客观内容便可以分为暴力、偷窃和欺骗。由这四种组合之间的有机联系所决定，如果某个行为既非暴力，又非偷窃，又非欺骗，就很难说具有悖德性、恶意或敌意，或者原因危险及结果危险，一般而言就没有理由划入犯罪圈。所以，作为典型犯罪，暴力犯罪、偷窃犯罪或欺骗犯罪显然应重于其他法定犯罪或者非典型犯罪。而对被害人而言，暴力犯罪意味着被迫被害，偷窃犯罪意味着被害缺席，欺骗犯罪意味着交易被害，其严重程度明显不同，暴力犯罪最重，偷窃犯罪其次，欺骗犯罪相对较轻。

罪过假设：故意犯罪最重，罪过不典型居中，过失犯罪最轻。

理论估计：此处所谓过失犯罪，是指刑法分则条文中写明有"过失"字样的罪名；所谓罪过不典型是指行为故意结果过失或复合罪过的情形，如违法发放贷款、交通肇事等犯罪；其余则属于故意犯罪。其中，所谓复合罪过是指，同一罪名的犯罪心态既有故意（限间接故意）也有过失的罪过形式。如现行刑法规定的滥用职权罪和玩忽职守罪，其主观罪过既可能是故意，又可能是过失。[①] 在本研究中，故意犯罪样本最多，为 384 个，罪过不典型样本为 38 个，过失犯罪样本 16 个。不难理解，按其主观恶性的大小排序，应该是故意犯罪最重，罪过不典型居中，过失犯罪最轻。

上述 12 个假设的检验是从 12 个维度观察法定刑轻重的影响因素。其中，有的结果似乎并无太大悬念，而有的则见仁见智。但既然有多种可能，就需要进行检验，看结果到底支持何种意见。如刑法修订导致犯罪圈的扩张，到底是否意味着刑法过度干预社会生活，就有不同观点。更重要的是，单独看上去没有悬念的假设，放在一起就未必能通过检验。在接下来的检验过程中，这 12 个维度就是自变量，配刑轻重就是其因变量。而因变量的量纲既包括有期徒刑，又包括无期徒刑和死刑，所以，需要对其

[①] 储槐植、杨书文：《复合罪过形式探析——刑法理论对现行刑法内含的新法律现象之解读》，《法学研究》1999 年第 1 期。

进行无量纲化处理。其基本假定是根据法定刑上限确定某个罪名的配刑刑量，因为法定刑上限清楚地表达了立法者对不同犯罪的容忍底线。一项大样本观察结果显示，当法定刑下限相等，上限分别为死刑、无期徒刑和15年有期徒刑三种情形时，三组量刑结果的平均水平为上限死刑组最重，无期徒刑组次重，有期徒刑组最轻。由于三组样本所涉罪名的法定刑下限一样，刑期均值的不同就可以在很大程度上由其法定刑上限的不同来解释。法定刑上限越高，司法判决中实际刑期的平均水平就越高。这说明，法定刑上限的确拉高了宣告刑的平均水平。不能否认，这种拉动作用也是刑法威慑力的一种实现方式。尽管死刑等法定刑上限不会被轻易动用，但在法官视野的"余光"里，这些最重刑毕竟隐约可见。于是，就算对许多罪名来说，死刑的配置看上去往往搁置不用，但被搁置不等于不起作用。实际上，死刑闲而不虚，为刑罚资源的放量投入拓宽了余地。① 所以，本研究以法定刑上限为配刑刑量大小的基本指标，能够基本如实反映各个具体犯罪的配刑轻重。中国刑法中的法定刑上限有死刑、无期徒刑、有期徒刑15年、10年、7年、5年、3年、2年、1年和半年共10种。其中，死刑、无期徒刑和有期徒刑分属不同量纲，为将其进行标准化处理，假定一个死刑约为两个无期徒刑，一个无期徒刑约为两个有期徒刑最高限。其模型为：

配刑刑量 = 死刑 × 60 + 无期徒刑 × 30 + 有期徒刑上限 × 1

此外，因刑法分则第十章军职犯罪的性质比较特殊而未纳入本研究样本，本研究样本为刑法分则第一至第九章的全部罪名共 438 对罪刑关系。需要特别说明的是本研究的检验逻辑。

首先，看上去合理的假设未必能被证实，假设成立的最低要求是，较重犯罪的平均刑量应该显著重于其他犯罪。所谓显著，即经独立样本 T 检验证实轻重两组样本之间差异显著。其次，单个被证实平均刑量差异显著的因素未必在与其他因素共同作用时也被证实影响显著。因此，假设成立的基本要求是，单一变量通过多变量的综合分析仍然具有显著的解释力。即，在控制了其他变量的条件下，仍然对因变量具有满足统计显著性要求

---

① 白建军：《关系犯罪学》（第三版），中国人民大学出版社 2014 年版，第 356 页。

的影响。因为在刑法中，一种犯罪往往身兼数种属性，如故意杀人罪既是故意犯罪，又是生命犯罪，又是自然犯罪等；同时，配刑的轻重也受多种因素的共同影响而非单独作用的结果。所以，仅靠某个单一理论假设指导配刑实践，未免过于轻率。再次，同时被证实共同影响配刑轻重的多种因素之间的作用大小也不尽相同。因此，还需对不同因素的解释力大小进行比较，看哪种因素的作用较大，哪种相对较小，这种差异的合理性何在。最后，多个理论假设被证实，未必等于刑法中每个具体个罪的罪刑关系都符合理论假设。因为即使多个假设被证实，也不大可能解释百分之百的配刑轻重的变化。所以，偏离多种假设理论预期的具体罪刑关系到底有多少，其特殊性何在，具体分布如何，偏离的程度大小，偏轻还是偏重，都需要进行逐一观察、具体分析。否则，研究成果对未来的刑法修订以及司法实践中的"依法微调"都没有意义。

三 结果与发现

根据上述假设及其检验逻辑，运行回归分析过程后，本研究的结果与发现全部列示在表一中：

表一　　　　　　　　　中国刑法配刑分析

	未标准化系数		村准化系数	t	显著性	共线性统计	
	B	标准误差	Beta			容差	VIF
（常量）	11.372	2.115		5.377	0.000		
生命犯罪	23.847	2.634	0.322	9.055	0.000	0.864	1.157
被害不特定	8.104	1.354	0.223	5.983	0.000	0.784	1.276
国家安全	18.756	3.433	0.194	5.464	0.000	0.872	1.147
自然犯	1.080	0.548	0.077	1.972	0.049	0.710	1.409
罪过	-4.929	1.328	-0.142	-3.711	0.000	0.748	1.337
纯正情节犯	-6.220	1.269	-0.169	-4.901	0.000	0.920	1.087
纯正兜底犯	3.598	1.704	0.072	2.111	0.035	0.948	1.054
加重构成	10.158	1.098	0.318	9.253	0.000	0.926	1.080

续表

	未标准化系数		村准化系数	t	显著性	共线性统计	
	B	标准误差	Beta			容差	VIF
新增罪名	-5.285	1.593	-0.112	-3.318	0.001	0.953	1.050
条件修改	-0.177	0.220	-0.027	-0.804	0.422	0.971	1.030

说明：①因变量为配刑刑量。②自变量为左边一列中各个因素。③VIF 值未超过 10，意味着不存在多重共线性问题。④显著性一栏显示，只有刑法修订中对原有罪名的成立条件修改一条不显著，其余各自变量的影响都满足统计显著性要求。⑤标准化系数 Beta 值意味着自变量重要性的不同，越接近 1 的解释力越大，反之越小。⑥模型的回归确定系数 R2 = 0.533，说明表内自变量的共同作用可以解释 53.3% 的配刑轻重的变化。

表一中的数据可以概括为三组事实信息：

第一组事实信息：未被证实的假设。经初步观察，不作为犯假设、身份滥用假设和公权保护假设均不符合上述检验逻辑的基本要求，因而被证否。其中，样本中有 38 个法定不作为犯，其平均刑量为 9.4，其他样本的平均刑量为 15.1。单独看，法定不作为犯的平均刑量的确较低，但与其他变量一起进行回归分析的结果表明，是否不作为犯对总体刑量的影响完全不显著。这可能是因为，在法定不作为犯内部，既有较轻的犯罪，也有很重的犯罪，差异的幅度较大。例如，国家工作人员在国内公务活动或者对外交往中接受礼物，依照国家规定应当交公而不交公，数额较大而构成贪污罪的不作为情形，法定最高刑为死刑。而公民战时拒绝、逃避服役，情节严重的不作为犯罪，法定最高刑为两年有期徒刑。因此，认为不作为犯罪普遍轻于作为犯罪的想法是不能成立的。

样本中 78 个身份滥用犯罪的法定刑平均水平仅为 10.4，而其他犯罪的法定刑平均水平为 15.5。所以，尽管滥用身份优势犯罪比其他犯罪更容易造成不法侵害，尽管贪污受贿两个罪名的法定刑很重，但总体上，其配刑还是低于其他犯罪。可见，不能仅根据个别典型的身份滥用犯罪的法定刑很重，就认为滥用身份优势的犯罪的配刑都很重。即使排除过失的职务犯罪，也很难说所有故意的滥用身份犯罪配刑都很重。从这个意义上说，贪污受贿两罪的重刑也许另有其他原因。至于公权保护假设，样本中公权犯罪的平均刑量为 14.8，而私权犯罪的平均刑量为 14.5，基本没有轻重之差。这表明,刑法是一种特殊的文化符号,有其自身的特有规律。尚无足够的科学证据证明,我国刑法对公权保护比私权保护投入更重的惩戒资源。的确,本人之前的一些观察发现,私权犯罪和身份滥用犯罪有较大的机会落入自然犯的范围,因而更可能配刑相对较重。① 然而,该观察的样本仅限于刑法分则第三章到第六章,而本研究的样本包括刑法分则从第一章到第九章。而且,前者是对何种行为划入犯罪圈的定性比较,而本研究是对已经划入犯罪圈的犯罪行为进行配刑轻重的量化比较,不宜用来直接比较。

第二组事实信息:被证实或部分证实的假设。符合上述假设检验的逻辑要求而被证实的假设有"生命第一假设""被害不特定假设""国家安全假设""自然犯假设""罪过假设""情节拦截假设""兜底拦截假设"和"加重构成假设"。被基本证实的是"犯罪圈扩张趋轻假设"。这九个被证实的假设可以共同解释53.3%的中国刑法配刑轻重的变化。这几个假设可以分为三组:第一组是价值偏好,第二组是立法技术,第三组是刑法修订。

关于价值偏好,生命第一假设的回归系数最高,为0.322,表明现行刑法将生命安全的保护放在第一位,配刑普遍很重。被害不特定假设也在很大程度上解释了配刑的轻重,其回归系数高达0.223,说明风险社会对刑法的保护功能提出了特别要求。不仅将危险驾驶等危及不特定被害人生命健康的行为入刑,而且对公共安全犯罪、伪劣产品犯罪都配置了重刑。危害国家安全的犯罪虽然罪名不多,还是对配刑轻重构成显著影响,回归系数为0.194,说明刑法对国家安全价值的高度重视。关于自然犯假定需要说明,该维度是个定序变量,有暴力犯罪、偷窃犯罪、欺骗犯罪和其他犯罪四个取值。可以认为,越接近暴力犯罪,则自然犯属性越明显,相反,则越可能属于法定犯的范围。该假设的证实意味着,现行中国刑法中,不仅自然犯的配刑明显重于法定犯,而且,在自然犯范围内,其配刑轻重也呈现暴力最重偷窃次重而欺骗最轻的总体趋势。

---

① 白建军:《法定犯正当性研究——从自然犯与法定犯比较的角度展开》,《政治与法律》2018年第6期。

罪过的配刑也体现一定价值偏好，其中，故意与过失的差异并无悬念。有趣的是，研究发现将罪过区分为故意、罪过不典型和过失三种类型是有意义的。研究发现，刑法中故意犯罪的平均刑量为15.4，罪过不典型的平均刑量为8.1，而过失犯罪的平均刑量为6.5。可见，单独看，三种罪过形态的法定刑轻重差异明显。而且，将罪过变量放入多元回归分析中观察，其对刑量的影响也是显著的，说明罪过三分法在中国刑法中是一种客观存在。但长期以来，这种客观存在一直未引起犯罪论研究的足够注意。

关于立法技术，情节拦截假设、兜底拦截假设和加重构成假设，分别从不同角度使刑法的价值偏好获得了规范的形式。这三个规范形式可以视为中国刑法中的三块盾牌。第一块盾牌是情节拦截，法律规定只有情节严重或恶劣的危害行为才应纳入刑事司法的范围，将形似而量不及的侵害行为拦截在刑法之外。所以，在表一中我们看到，纯正情节犯的回归系数为负值，即纯正情节犯往往比其他犯罪的配刑更轻。这种趋轻的配刑方法，与上述防止过多行为入刑的立场正相吻合。而且，其规范对象也往往是些轻罪、微罪。第二块盾牌是兜底拦截，为了避免列举不尽造成法律疏漏而无法惩戒某些应当作为犯罪处理的行为，刑法设置了兜底性规定。如果说第一块盾牌是防止不当入刑的话，那么，兜底规定就是防止不当出罪。所以，表一中兜底犯的回归系数为正值，即兜底犯往往比其他犯罪配刑更重，这与上述防止不当出罪的立场也是一致的。不错，我本人曾发文指出，纯正情节犯和兜底犯属于弹性刑法，有违罪刑法定原则之嫌。[①] 然而，该文在弹性刑法的风险分析中，基于刑事司法大样本实证观察得出结论说，被法官滥用的可能性不大。

第三块盾牌是加重构成。刑法中的加重构成在基本犯的构成基础之上具有了加重条件（加重因素）的一种相对独立的犯罪构成形态，包括结果加重犯、数额加重犯、情节加重犯、数量加重犯、手段加重犯、对象加重犯，以及客观情状加重犯等加重结构形态。加重构成与基本构成的区别，

[①] 白建军：《坚硬的理论，弹性的规则——罪刑法定研究》，《北京大学学报》（哲学社会科学版）2008年第6期。

就在于犯罪的危害程度和构成特征。① 理论上,一个罪的法定刑上限越高,司法适用中的量刑平均水平就可能越高。为了将性质相同但程度各异的犯罪区隔开来,避免过多的量刑结果接近法定刑上限,刑法设置了加重构成。加重构成可以将大量犯罪拦截在重刑大门之外,起到减少重刑适用、控制刑罚投入总量的作用。事实上,样本中共有加重构成249个,占比高达56.8%。其平均刑量为20.2,而其他犯罪的平均刑量仅为7.0。这意味着,如果没有加重构成的拦截,多数犯罪的实际宣告刑均值将大幅提升。从表一可见,加重构成的回归系数高达0.318,仅次于生命犯罪。这表明,加重构成的拦截功能很有效。在一时无法大规模废除死刑的情况下,借助加重构成的立法方式,不失为一个控制惩戒资源透支的良方。

表一中的数据信息还描述了近年来刑法修订与配刑轻重之间的两个关系。其一,新增罪名的配刑普遍走低,其回归系数为 -0.112,且完全满足统计显著性要求。其二,许多罪名修改了入刑条件。此类罪名的配刑也普遍较轻,所以回归系数为负值,但这一观察结果不符合统计显著性要求,P值为0.422。可能的原因之一是,刑法修订只将这些罪名降低了入罪门槛,却没有相应地降低其法定刑上限,严而不厉的立法思想尚未贯彻到底。例如,为了解决贷款诈骗罪非法占有目的证明难的问题,刑法修订在第175条之后增设了骗取贷款、票据承兑、金融票证罪。相应地,其法定刑上限仅为7年有期徒刑,而贷款诈骗罪的法定刑上限为无期徒刑。与此不同,《刑法修正案(六)》将刑法第188条非法出具金融票证罪改为违规出具金融票证罪,一字之差,放宽了入罪条件,而法定刑上限仍为五年以上有期徒刑。可见,为进一步体现严而不厉的立法思想,未来刑法修订还应关注罪刑关系的同步调整。

第三组事实信息:残差分析发现的偏轻、偏重配刑。本次实证观察的回归确定系数R^2为0.533,虽与1仍有相当距离,但在人文社科研究中已实属可观。实际上,实证研究本身就是基于半知假定的经验研究,不可能对客观世界给出百分之百的确定性解释。承认未知,不断接近客观真实,是实证研究的本色。至于上述观察的未知部分,一个可能的完善路径是进

---

① 周光权、卢宇蓉:《犯罪加重构成基本问题研究》,《法律科学》2001年第5期。

一步增加对中国刑法的观察维度,这有赖于刑法学理论的进一步深入研究。另外,上述被证实的假设毕竟存在例外,即实定法中或多或少存在一些与上述理论假设相偏离的具体个罪,不是配刑偏轻就是偏重。这种偏离总体集中趋势的个例越多,偏轻或偏重的程度越大,刑法的总体配刑均衡性程度就越差。

幸好,多元回归分析本身自带有残差分析的功能,能够逐一描述出每对罪刑关系与上述基本理论假设之间的符合程度,让我们知道到底有哪些例外及其偏离程度的大小、偏离的方向是偏轻还是偏重。这里所说的符合程度,就是每个罪名法定刑最高限的实际值与体现多个理论假设综合的预期配刑值之差。差值越大的罪名,意味着偏离总体集中趋势越远,相反其配刑均衡性程度就越高;差值为负值的,表明配刑偏轻,差值为正值的,表明配刑偏重。

经测算,本研究 438 对罪刑关系的实际刑量与理论预期刑量之间的标准化残差最小值为 -3.34,最大值为 3.89,中位数为 -0.13。这说明某个罪的标准化残差越接近 -0.13,配刑均衡的可能性越大,越接近 -3.34,配刑偏轻的可能性越大,越接近 3.89,配刑偏重的可能性越大。例如,贪污罪的实际配刑最高限为死刑,但按照上述综合分析,作为故意犯罪,贪污罪既非生命犯罪,又非被害不特定犯罪、国家安全犯罪,只是在自然犯分类中归入偷窃类犯罪,属于加重构成犯罪。因此,其综合配刑怎么算也高不到哪去,标准化预期配刑仅为 0.7 左右,大概相当于接近无期徒刑的位置。而实际配刑与预期配刑之间的标准化残差高达 3.5 左右,属明显偏重。此外,受贿罪、走私、贩卖、运输、制造毒品罪等若干罪名的标准化残差也明显偏大,配刑偏重。再如,暴力干涉婚姻自由罪在上述分析系统中,应归入生命犯罪、自然犯罪中的暴力犯罪、故意犯罪、加重构成犯罪,对配刑轻重的影响力都很大,因而标准化综合预期配刑到达 2.5 左右,大约相当于死刑。而实际配刑仅为上限 7 年有期徒刑,残差高达 -3.3,明显偏轻。此外,虐待罪、非法拘禁罪等,也属于类似情形。

不难看出,这些典型的罪刑不协调,只是相对上述已知的配刑规律而言的错配。而已知的配刑规律在多大程度上符合或接近客观真理,尚不得而知。如果将更多的实际影响因素纳入观察,错配的罪刑关系也许就不是这些了。这意味着，根据现有的刑法理论及其操作化后的指标体系，便断言某某罪刑关系偏轻或偏重，还为时过早。我们需要更精细化的刑法理论，以便对法条文本进行进一步的科学观察分类。从这个意义上说，上述残差分析的方法论意义大于其实际结论的价值。与其说我们发现了某些罪刑关系的不协调，不如说我们发现，已知的配刑规律或理论本身尚不足以充分解释现有的实然罪刑配置。在现有视野之外，很可能存在某种未言明的考虑或未发现的规律。发现我们不知道什么，其实也是一种发现。所以说，不断往返于科学方法与实体理论之间，实现两者之间的良性互补，才是提升配刑合理化程度的正确方向。

综上所述，本研究的主要发现可以概括为：是否法定不作为犯、滥用身份优势实施犯罪、侵害公权的犯罪，都对刑法配刑轻重没有规律性影响；而危害生命的犯罪、被害不特定的犯罪以及国家安全犯罪是增加刑量配置的重要根据；自然犯之于其他犯罪，暴力犯罪之于偷窃、欺骗犯罪是区分配刑轻重的重要标志；故意犯罪、罪过不典型犯罪与过失犯罪三者刑量显著不同；纯正情节犯、兜底犯和加重构成是防止不当入罪、不当出罪和不当重罚的三个拦截机制；近年来刑法修订基本上形成了降低中国刑法中刑罚总量的趋势；综合配刑分析基础上的残差分析可能为未来刑法修订系统协调罪刑关系，防止偏轻偏重配刑具有建设性方法论意义。

四 罪刑均衡原则新解

上述检验结果丰富了罪刑均衡原则的传统理解。我国《刑法》第5条规定，刑罚的轻重，应当与犯罪分子所犯罪行和承担的刑事责任相适应。对此，有学者将其表述为罪刑均衡原则，认为罪刑均衡追求的是犯罪与刑罚之间的对称性与比例性，因而体现刑法的公正性。[①] 还有学者解释说，罪刑均衡中的"罪"是特定犯罪构成所指证的犯罪，"刑"是与该特定犯罪构成相对应的法定刑。因此"罪"包括该罪的基本构成和各个严重程度的加重（减轻）构成，一般以犯罪情节的轻重为基本构成和加重（减轻）

---

① 陈兴良：《刑事法治视野中的刑事政策》，《江苏社会科学》2004年第5期。

构成的分档依据,这里的情节是指犯罪结果、犯罪数额等构成事实。① 但也有学者指出,由于刑事责任本质上解决的是对"人"的非难问题,因此,刑法上经历了一个从罪刑均衡到罪责刑相适应的过程。② 我认为,无论是罪刑均衡还是罪责刑相适应,都可以理解为犯罪决定论,即罪行或罪人是配刑轻重的决定性因素。按照这种理解,刑的轻重完全是被动的因变量,罪行或罪人才是决定因变量变化消长的自变量。犯罪决定论是一种一元论的理解,从罪为因,到刑为果,是个单向的过程。

如果说,这种一元论的罪刑关系理论是一种狭义的罪刑均衡的话,那么,上述实证观察已经为罪刑均衡的广义理解创造了条件。广义的罪刑均衡又可称为二元论的罪刑均衡,是指配刑或量刑活动中客体性与主体性之间的协调相称。这个意义上的罪刑均衡,是把罪刑关系视为犯罪定义的组成部分。客体性就是犯罪定义对象的属性,包括犯罪行为、犯罪人各方面的客观属性;主体性就是犯罪定义者的属性,包括立法者、司法者拥有的惩罚权、价值取向、认知水平、集体经验、时代局限等。这两者之间的均衡或协调相称,是指主体符合、服从客体客观属性、规律的基础上,积极、适度、科学地行使对犯罪的惩罚权。和一元论的罪刑均衡不同,二元论的罪刑均衡公开承认,罪与刑的关系不完全取决于罪的轻重,还与刑的主体行使惩罚权的动机、原因、目的、认知、技巧手段、过程、利益驱动等多种主体性因素高度相关。由于配刑背后既有罪的客体性又有定义者的主体性,量刑的轻重便不再具有当然的实质合理性和正当性。所以,罪刑关系是否均衡,不仅要看客体性在多大程度上解释配刑的轻重,还要看罪刑关系中的主体性彰显是否合理正当。

和把什么行为规定为或认定为犯罪一样,对犯罪的配刑和量刑也是定义犯罪的过程。而作为刑事一体化思维的结果之一,犯罪定义学是刑法学和犯罪学之间的一个交叉部分。犯罪定义学希望回答的问题是,把某种行为说成是犯罪或多重的犯罪,到底取决于定义的对象还是定义者?对此,大体上有两种理论倾向:从意大利实证派犯罪学理论中,可以引申出客体

---

① 刘守芬、方泉:《罪刑均衡的立法实现》,《法学评论》2004年第2期。
② 郑延谱:《从罪刑均衡到罪责刑相适应》,《法律科学》(西北政法大学学报)2014年第6期。

决定论的主要思想，而从现代犯罪学，如标签论、文化冲突论、社会异常论中可以引申出主体决定论的基本思想。客体决定论认为，客体性是犯罪定义的决定性因素，犯罪定义说到底是犯罪现象的客观反映。菲利认为："无论哪种犯罪，从最轻微的到最残忍的，都不外乎是犯罪者的生理状态、其所处的自然条件和其出生、生活或工作于其中的社会环境三种因素相互作用的结果。"① 与此相对，主体决定论认为，把何种行为定义为犯罪是一个"贴标签"的对象化过程。贝克尔说："越轨不是人们所从事的某种活动的特质，而是其他人将准则及制裁施加于'触犯者'的结果。"② 重要的不是什么行为实际上是犯罪，而是什么行为应当或者需要被称为犯罪。

其实，正如颜色和视神经本身都不能单独说明视觉一样，任何一个犯罪定义都不可能完全还原为客体或主体本身。犯罪定义是主客体间不断往返交互的中介，包括主体（被）客体化和客体（被）主体化两个方向的过程。主体（被）客体化是指客体的属性、规律在主体头脑中的反映。主体对客体规律的认识、掌握、接近、符合和服从，是客体对主体的限制、约束和规定。反过来，客体（被）主体化是指主体从自身的属性、地位和取向出发，能动地改造客体、影响客体，在客体身上显现、直观、确证自己。在这个相向而行的过程中，将故意犯罪与过失犯罪分别配置轻重不同的刑罚，就是定义者对客体自身客观规律的服从，也即主体（被）客体化的一面。另外，同是谋杀，不同时间、空间的刑法有的配有死刑有的则没有死刑，又与定义者自身各种复杂因素有关。此乃客体（被）主体化，不可避免地表达、彰显出定义者能动的一面。

公开承认犯罪定义具有客体被主体化的一面的重要意义在于，使人们意识到，过分夸大犯罪定义中客体性的一面十分危险。如果将犯罪化的正当性完全归因于定义对象本身，那么，主体将何种行为划入犯罪圈，对犯罪配置多重的刑罚，都获得了某种当然的实质合理性。这样，就将主体自身实际上的能动性、特殊利益以及认知局限掩盖起来了。即便是主体积极

---

① ［意］恩里科·菲利：《实证派犯罪学》，郭建安译，中国人民公安大学出版社2004年版，第158—159页。
② ［美］杰克·D. 道格拉斯、弗兰西斯·C. 瓦克斯勒：《越轨社会学概论》，张宁等译，河北人民出版社1987年版，第155页。

彰显主流价值的能动实践，理论上也无处安放。其结果，动用国家暴力打击犯罪的同时，可能使部分侵权行为也获得合法化解释。此即犯罪定义过程中定义者的主体性外溢。因此，控制犯罪，首先要控制好犯罪控制。在这个视野下，罪刑均衡的核心就是立法者（及司法者）在服从犯罪客观规律的前提下科学、审慎、适度地彰显自身的主体性。片面强调主体的客体化，尤其是过分凸显客体的主体化，都将导致罪刑错配或失衡。

按照二元论的罪刑均衡论，罪与刑之间是否协调均衡，不仅是一种应然的刑法原则，而且也应该具有可检验性，具体体现在三个方面：理论还原、因素量化、问题过滤。

首先，所谓理论还原是指，二元论意义上的罪刑均衡使上述12个或者更多配刑假设被赋予新的理论内涵，有的可以还原为客体性假设，有的则可还原为主体性假设。很难想象，某种理论假设既非客体性假设，又非主体性假设。所谓客体性假设，也可称为主体的客体化假设，就是犯罪现象自身客观属性、特征、规律在定义者头脑中的反映。客体性假设的基本要求就是要尽可能符合、服从犯罪现象自身的客观规律性，不论谁来立法，所面对的犯罪规律都是一样的。例如"不作为犯假设""身份滥用假设""生命第一假设""被害不特定假设""自然犯假设""罪过假设"，都可以视为客体性假设。其中，有的在现行刑法中已构成规律性影响，因而被上述检验过程所证实。有的尚未或不可能对刑法构成稳定影响，因而未被证实。但不论怎样，都在现实中具有或多或少的实例支撑，都从各自侧面反映了犯罪的某种客观属性。当然，上述假设并未穷尽犯罪的所有客观规律，对犯罪规律的认识过程永无止境。上述检验结果之所以只解释了百分之五十几的刑罚轻重的变化，原因之一就是某些未知因素对配刑的影响尚未纳入假设检验模型。

然而，就算不少客体假设被证实，配刑轻重仍需要主体性假设的补充性解释。所谓主体性假设，又称客体的主体化假设，就是定义者自身主体性的特征、需要、利益、偏好、经验、认知水平和局限在配刑中的积极反映或消极流露。主体性假设的基本要求是配刑活动的自律性，体现在积极能动地彰显主流价值、政策导向和科学认识，自觉抑制特殊偏好、认知局限或一时一事等小样本的影响。如"国家安全假设""公权保护假设"

"情节拦截假设""兜底拦截假设"和"加重构成假设""犯罪圈扩张趋轻假设",就可以视为主体性假设。其中,像国家安全假设就突显了国家安全的特殊重要性,并被证实对配刑构成显著影响。而到底是更看重公权保护还是私权保护,不同历史文化条件下就会有不同的选择,有的刑法可能更看重私权保护,而有的则更看重公权保护。中国现行刑法对此没有表现出特别的倾向性,不论公权犯罪还是私权犯罪在配刑上都各有轻重,未形成规律性影响。而其他几个拦截性假设,显然是立法技术日臻成熟的表现。和客体性假设一样,主体性假设也不是一成不变的。甚至,与客体性假设相比,主体性假设具有更大的能动性、灵活性,是配刑活动中比较活跃的影响因素。

其次,所谓因素量化是指,多种因素共同解释配刑轻重变化的百分比以及各个具体因素在共同作用中的贡献率都是可度量的。还原后的罪刑关系为实然罪刑关系与其理想状态之间实际距离的度量创造了条件,而且使各个假设对配刑的解释力大小获得了可比性。一方面,为观察主体性假设对配刑结果的影响,研究将上述主体性假设从上述检验过程中取消,重新运行回归分析后发现,全部客体性假设只能解释33.3%的刑法配刑轻重的变化。而与此相比,从表一可见,由客体性和主体性两类假设涉及因素的共同作用能解释53.3%的刑法配刑轻重变化。可见,二元论意义上的罪刑均衡对配刑轻重更全面的解释是可度量的——如果没有主体性因素的影响,罪刑关系中无法解释的部分就更大了。另一方面,表一中也可看出,每个因素影响配刑的标准化回归系数清楚地显示了各自在多大程度上对配刑结果提供了解释。如果没有这种可量化性,我们就不知道被害不特定因素比国家安全因素对配刑的影响更大,也不知道新增罪名总体上拉低了配刑的轻重。

最后,所谓问题过滤就是指,基于理论还原和因素量化,有效发现明显偏离整体集中趋势的个别配刑。二元论的罪刑均衡对配刑活动和结果给出了更全面的解释,使每个罪名的实际配刑与整体集中趋势之间距离的描述获得了更可靠的根据。运行回归分析中的残差分析功能,可以得到每个罪名实际刑量与预测刑量之差。其中,预测刑量就是在对所有罪名配刑具有显著影响的多种因素的共同作用下,每个具体罪名应该配置的理论刑量。实际刑量与理论刑量的差越小越好,但大到何种程度尚可接受,多大程度则不能接受，要具体罪刑关系具体分析。至少，这里提供了一个问题配刑的发现机制，使进一步的理论探讨有了共同的参照依据。在此基础上，二元论意义上的罪刑均衡便可以对具体的问题配刑为什么不合理给出解释。例如，上述提到的故意犯罪与过失犯罪配刑不分轻重现象，其实就是客体性假设的不符合。进一步看，上文提到刑法修订对原有罪名下调入罪门槛却未能相应调低法定刑的情形，就可以理解为主体性的表达尚有改进空间。如遇根据现有变量体系无法解释的配刑，既可能归因于尚有未知因素的规律性影响，也可能是因为存在未知因素的非规律性影响。如果是前者，便为进一步的深入研究提供了线索。如果是后者，就需要探讨这种特殊影响的正当性、合理性何在。对已有刑法来说，问题过滤是回顾性的，而对未来刑法修订来说，问题过滤则是前瞻性的：罪名增减、入刑条件调整、法定刑轻重的配置，都可以借助上述研究方法反复拟合其罪刑关系，直到获得整体相对合理、协调、均衡的效果为止。

论微罪[*]

何群[**] 储槐植[***]

目前，我国刑法学正处在一个迅速发展、大量借鉴德日等国刑法学理论和实践经验，又充斥着无数中国概念和中国刑法学历史问题的转型时期。立足中国现状、关注中国问题，成为目前学界发出的呐喊。如周光权教授指出，"以苏联刑法学为反思对象、发展于社会转型期的我国当下刑法学具有鲜明的过渡特征。虽然经过数十年的努力探索，很多研究似乎取得了实质进展，但以苏联刑法学为反思对象、发展于社会转型期的我国当下刑法学具有鲜明的过渡特征，迄今为止仍然属于过渡型刑法学范畴，今后还会长期处于这种状态。推动过渡型刑法学形成的关键因素包括比较研究方法的运用、学者的学派意识、关注中国现实等。"[①]

从刑罚理论的现状来看，目前学界对刑罚论的研究极为有限。陈兴良教授指出，"自从刑事实证学派的大力倡导以来，对刑罚的实证研究取得了重大的进展。但由于刑罚学未能像犯罪学那样自成一体，而是包含在犯罪学或者在刑事政策的名义下开展研究，因而与犯罪学相比较，这门学科极不成熟。在我国刑法学研究中，重犯罪论而轻刑罚论的情况同样影响了刑罚学的研究。"[②] 因此，在我国刑法学所处过渡和转型的当下，刑法学的重点在于在借鉴吸收的基础上，从中国的实践出发，解决中国的现实问

---

[*] 本文系国家社科基金项目"污染环境罪的刑罚配置及其优化研究"（项目编号：16CFX028）的阶段性成果。

[**] 福州大学法学院副教授，法学博士。

[***] 北京大学法学院教授，北京师范大学刑事法律科学研究院特聘教授，博士生导师。

[①] 周光权：《过渡型刑法学的主要贡献与发展前景》，《法学家》2018年第6期。

[②] 陈兴良：《走向哲学的刑法学》，北京大学出版社2018年版，第326页。

题。特别是针对刑罚论部分，更要基于中国的实践和现实，将理论与实践相结合，提出适合中国现状的刑罚应对策略，以解决中国具体的实践问题。

最新统计显示，"2019年上半年，全国共查处酒驾醉驾90.1万起，其中醉驾17.7万起，因酒驾醉驾导致死亡交通事故1525起，造成1674人死亡，分别同比减少20.7%、20.4%，醉驾入刑有效遏制了醉驾类交通事故的发生。与此同时，7月31日，最高法公布了2019年上半年全国法院审判执行数据，在审结的刑事案件中，危险驾驶罪首次超越盗窃罪，排在第一位。"① 自从我国《刑法修正案（八）》将醉酒驾驶纳入刑法体系之后，《刑法修正案（九）》又对危险驾驶罪的行为方式进行了扩充，并增加了替考罪、使用虚假身份证件罪等以拘役刑为法定最高刑的罪名。面对实务中越来越多的以拘役及其以下刑罚为宣告刑的犯罪，理论界需要作出及时的回应。尼采指出，"即便是在最小的现象中，都有一种实用性处于统治地位，而我们的知识还不能足以担当后者，谨慎、选择、汇集、补偿，等等。简单地说来，我们发现了一种运动，应把它纳入一种不知高出我们意识到的多少倍的、俯瞰一切的智慧。"② 因此，针对目前我国司法实务中的微罪现象，我们需要对其进行体系性的梳理和深入研讨，使理论更好地服务实践。

一 微罪的界定

"重重轻轻是20世纪中叶以来世界刑事政策的发展趋势——对严重犯罪加重打击力度，而对轻微犯罪向'三非'（非犯罪化、非刑罚化、非监禁化）发展，愈加轻缓。"③ 在轻微犯罪非犯罪化、非刑罚化、非监禁化的世界大背景下，我国的刑事立法却出现了不一样的情况。如上文所述，近

---

① 新浪头条：《醉驾正式成为中国第一大罪，代价惊人》，https://k.sina.com.cn/article_6360532376_17b1e059802000jc1k.html。
② 尼采：《我们缺什么？》，经典课程编委会《北大哲学课》，北京联合出版公司2013年版，第308页。
③ 曾粤兴：《刑罚伦理》，北京大学出版社2015年版，第210页。

年来我国刑法以修正案的形式，增加了几个法定最高刑为拘役的罪名，本文将其界定为绝对微罪，如危险驾驶罪。彼时，学界有关我国刑法犯罪圈的扩展是否有违刑法谦抑性原则的讨论异常激烈。犯罪圈的扩大到底是有违刑法的谦抑性原则，还是我国在顺应全球刑罚轻缓化发展趋势下，进一步严密刑事法网的理性选择？尽管，对我国犯罪圈扩大的问题，不同的学者有不同态度和看法。但是，一个不争的事实是，以拘役刑为分界点的刑事处罚措施，已然成为我国刑法学界热议的话题。

在世界各国的刑事立法中，以美国为典型代表，将犯罪区分为重罪、轻罪、微罪、违警罪等，并分别在程序法上匹配相应有差别的程序性规定，以最大效率实现司法公正。随着我国刑事司法改革的继续推进，效率与公正之间的紧张关系也日渐凸显。程序分流机制的建立以及认罪认罚从宽制度在立法上的确认，都大大提升了我国司法的效率。但是，我国刑法上对重罪、轻罪、微罪等概念的界定，仍然处于模糊、不统一的状况。如学者所言，"微罪的概念在我国并未受到重视，而重罪与轻罪的划分仅具有学理上的意义"①。

从刑事一体化的视角进行考查，刑法学意义上的微罪，需要与重罪、轻罪等概念，与刑事诉讼法中的普通程序、简易程序、速裁程序形成呼应，又要与诉讼法中的常见术语"微罪不举"中的"微罪"有所区分。首先，微罪应当是刑法学意义上的犯罪，即确定或可能被判处拘役及以下刑罚的犯罪，是应当被判处刑罚处罚的、较为轻微的犯罪。其次，微罪是轻罪中更为轻微的犯罪，是基于刑罚的轻缓化发展而逐渐壮大凸显，需要刑法学界加以关注的犯罪群。最后，基于微罪配置的法定刑之不同，本文把法定最高刑为拘役，即宣告刑确定为拘役刑及其以下刑罚的犯罪，称为绝对微罪；把法定刑包含拘役及其以下刑罚，且宣告刑为拘役及其以下刑罚的犯罪，称为相对微罪。因此，本文所指微罪，与美国的二级轻罪相当。

（一）背景：短期自由刑在各国大量存在且运行良好

一百多年前，以李斯特为代表的犯罪社会学派，对短期自由刑的弊病

---

① 谢望原、何龙：《"醉驾型"危险驾驶罪若干问题探究》，《法商研究》2013年第4期。

提出了严厉批判。继而,其从预防犯罪和刑罚效果的视角提出,"废除六个月以下短期自由刑"的建议①。此主张,在刑法学界,曾得到了不少人的赞许,成为很有力的学说。近百年来,围绕短期自由刑的改革问题,争议颇多,主要体现为对短期自由刑刑罚效果的质疑。随着社会及现代刑法的发展,在结束了刑法学理论中客观主义与主观主义两派之间的长期论战之后,刑法学的总体发展趋势为:在确保规范刑法的稳定性以及刑法的罪刑法定原则、罪刑相当原则的情况下,刑法客观主义的基本立场相对比较稳固。同时,在刑事司法制度改革等方面,刑法主观主义的诸多观点被采纳。因此,现代各国立法和刑事司法,在考虑客观主义所提倡的法益保障及以责任为刑罚的考量标准的基础上,同时考虑行为人的具体情况,在刑罚裁量过程中进行必要的区别对待,以实现刑罚预防犯罪的目的和功效。即,在刑罚理论上,各国基本上采并合主义的刑罚观。如有学者所言,"在判例和大多数学说中,采取的是兼采绝对刑罚理论和相对刑罚理论之长的综合理论。刑罚在根本上是必须有目的的,但是,它也应受到报应理论之意义上的罪责原则的限制。"②

在目前各国刑法中客观主义与主观主义趋向二元融合,以及刑罚轻缓化发展的大背景下,轻微罪在刑罚体系中的地位日益凸显。为作为轻罪中的轻微犯罪的微罪,更是以其庞大的绝对数,及其承载着有效衔接各大制裁措施的特殊性,而逐渐成为刑罚体系中一个值得着重关注的要点。针对主观主义提倡之非犯罪化,有学者中肯地指出,"不能轻易地信赖替代性的制裁。经过仔细考察,大多数替代性措施要么是需要刑事制裁的支持,要么它们本身被证明是伪装的刑事制裁的拙劣版本。在许多案件中,真正的替代措施将证明是无所作为(作为一种法律强制措施),或者不管怎么说效果不大"③。

各国对短期自由刑的界定虽然不一,但综合来看,我国刑罚体系中

---

① [德]冯·李斯特:《论犯罪、刑罚与刑事政策》,徐久生译,北京大学出版社2016年版,第75页。
② [德]乌尔斯·金德霍伊泽尔:《刑法总论教科书》,蔡桂生译,北京大学出版社2015年版,第27页。
③ [美]帕克:《刑事制裁的界限》,梁根林等译,法律出版社2008年版,第362—363页。

的拘役刑为短期自由刑。概言之，本文所述之微罪，属于李斯特所言的短期自由刑。实践证明，"各国刑法都没有废除短期自由刑，各国对交通犯罪者与经济犯罪者，比较大量地适用短期自由刑；有的国家短期自由刑的适用率相当高。从域外微罪的适用情况来看，荷兰从20世纪60年代开始，以'三s'（short、sharp、shock）理论为指导，采取类似军事训练一样的改造方法，频繁适用短期自由刑且收到引人注目的成效。德国、日本等国也相对稳定地适用着短期自由刑。这说明如果注重短期自由刑的执行，还是可以避免其弊端的。"① 亦有学者指出，"既然刑罚是根据责任而被量定的，全部废除短期自由刑也是困难。在日本，2005年受刑人种21.6%是1年以下的刑期。"② 由此可以看出，微罪在各国的大量存在已然是一个客观且不争的事实。因此，关于微罪的讨论，不再是讨论其是否存废的问题，而是如何避免其弊端，扬长避短将其用好的问题。

（二）微罪划分的标准：法定刑+宣告刑二元说

有学者指出，"体系思维是刑事法律科学的挑战。"③ 诚然，从刑法解释学的视角对法规范进行解读和适用，自然是采取解释论的方法，刑法似乎与其他的法规范关联不大。甚至，在坚守绝对客观主义的刑法学则看来，刑罚只是对犯罪的回应，是国家刑罚权基于犯罪行为造成法益侵害后果，而作出的合比例的裁判。此种裁量，与刑罚效果不相关联。然而，从实践理性的角度观察，刑事法治是一个融为一体的体系，公正与效率相辅相成，需要在实践中实现刑罚的功效。因此，尽管有难度，体系性思维还是需要贯彻在刑法的研究中。具体到微罪的界定，也需要考量同时考量法定刑和宣告刑两种标准。

在我国，目前学术界对重罪、轻罪的划分标准尚不统一。在此情况下，要对微罪进行界定，首先需要对界定的标准进行明确。在学界，对重

---

① 张明楷：《刑法学》（第5版），法律出版社2016年版，第525页。
② ［日］上田宽：《犯罪学》，戴波、李世阳译，商务印书馆2016年版，第208页。
③ ［德］米夏埃尔·帕夫利克：《目的与体系：古典哲学基础上的德国刑法学新思考》，赵书鸿等译，法律出版社2018年版，第96页。

罪轻罪划分的标准，存在法定刑说①、宣告刑说、法定刑宣告刑二元说②。本文赞同第三种划分标准，即轻罪既包括法定最高刑为3年有期徒刑的犯罪，也包括法定刑为3年有期徒刑以上刑罚但宣告刑为3年有期徒刑以下刑罚的犯罪，也应当属于轻罪。具体到微罪，本文认为应当采法定刑与宣告刑并用的二元标准。

（三）微罪的种类：绝对微罪 + 相对微罪

如前文所述，在我国，微罪的大量存在是一个客观事实。我们对微罪进行研究，便是要立足中国的司法现状，努力使其更好地服务于犯罪防控和社会管理。本文认为，法定最高刑为拘役刑的个罪为绝对微罪，此类微罪以危险驾驶罪、替考罪、使用虚假身份证件罪为代表。以上三个绝对微罪罪名，在司法实务中，案例数最多、影响最大、各方争议最大的，为危险驾驶罪。随着我国刑事法网的进一步严密，在未来的时日，绝对微罪的罪名数将会有有扩张的趋势。

相对微罪是指，拘役及其以下刑罚只是某类犯罪的法定刑配置中的一种，因此，在司法裁判中最后的宣告刑为拘役及其以下刑罚的罪种。根据犯罪的性质，此种犯罪可能会被判处非常重的刑罚。但是，综合犯罪的具体情形，比如犯罪情节、犯罪人的具体特点等，最终被裁定拘役及其以下刑罚的犯罪。在我国刑法规定的469个罪名中，最终可能被判处拘役及其以下刑罚的罪名有391个。③

我国自2015年开始才出现绝对微罪罪名，但是，从立法来看，我国立法中大量罪名都设置了拘役刑。根据本文主张的界定标准，都可能因为最终被判处拘役刑而成为微罪。因此，虽然目前我国绝对微罪罪名数不多，出现的时间较晚，但相对罪名数较多，占我国所有罪名数的83%。随着全球刑罚轻缓化发展的继续推进，我国司法实务中以危险驾驶罪为代表

---

① 施特拉腾韦特认为，犯罪属于重罪、轻罪或轻微犯罪，其犯罪性质由一般情况下的刑度的下限决定。［德］冈特·施特拉腾韦特、洛塔尔·库伦：《刑法总论 I——犯罪论》，杨萌译，法律出版社2006年版，第66页。
② 谢望原、何龙：《"醉驾型"危险驾驶罪若干问题探究》，《法商研究》2013年第4期。
③ 参见储槐植《刑法现代化本质是刑法结构现代化》，《检察日报》2018年4月2日第3版。

的绝对微罪的案件数逐年上升，以及相对微罪的案件数的递增，微罪在我国刑法体系中的地位日渐上升。

二　微罪体系的实践功能

目前，实务部门将速裁程序定位为认罪认罚从宽制度的重要组成部分。如有观点指出，"速裁程序，是针对犯罪嫌疑人、被告人认罪认罚的轻罪案件设计的诉讼程序，对认罪认罚的轻罪案件依法从宽、从简、从快处理，是认罪认罚从宽制度的重要组成部分，制度定位是审判程序。"① 本文认为，我国以增设认罪认罚从宽制度为代表的刑事诉讼程序方面的革新，需要得到刑事实体法方面的回应。特别是在进行繁简分流方面，刑法学需要对诉讼法中所提出的简易程序、速裁程序等适用的具体对象，进行理论上的证成和解析。"刑法是在违法时科以刑罚的法律，因而刑罚的机能也就要包括在刑法的机能之中。但除了刑罚的机能外，刑法独自的机能包括：制止犯罪的机能和通过刑法实现维持秩序的机能。"② 在刑事一体化思维的指引下，刑法中的微罪概念需要与刑诉法中的速裁程序进行对接。进而，将微罪作为我国轻刑化发展的重要概念，进一步撬动我国刑法结构的调整。

（一）实现繁简分流，提升司法效率

根据美国法的分类，本文所述之微罪，与美国法分类中的二级轻罪相当，即 6 个月以下看守所监禁。③ 从美国的刑事司法实践来看，此种分类最主要的功效在于将犯罪区别对待。分别从刑法学和刑事诉讼法方面，针对不同的犯罪种类，配置不同的刑罚量，最终实现重罪重罚、轻罪轻罚，很好地体现了美国近现代刑法"重重轻轻"的刑事政策。针对重罪，在诉

---

① 胡云腾主编，最高人民法院刑事审判第一庭编著：《认罪认罚从宽制度的理解与适用》，人民法院出版社 2018 年版，第 60 页。

② 参见［日］西原春夫《刑法的根基与哲学》，顾肖荣等译，中国法制出版社 2017 年版，第 62—63 页。

③ 参见储槐植《美国刑法》，北京大学出版社 2005 年版，第 5—7 页。

讼法上配置更为谨慎和更为严格的程序措施，比如，在有些司法管辖区，对重罪的控告必须经过大陪审团（grand jury）；对轻罪则无须通过大陪审团。审理重罪时，被告人一般应当到庭，才可以作出判决；对轻罪犯则许可缺席审判。

"作为体系性的科学，刑法学需要为平等而正义的法律判决提供理由，因为只有深入观察法律之间的内在联系，法律适用才可以摆脱偶然和专断。"[①] 因此，刑法不单单是简单地判断一个行为是否构成犯罪，如果构成犯罪其刑量应该是多少等的学科。除了对犯罪行为的密切关注，刑法学还应当具有体系性的思维。即，刑法学需要深入探究各学科间的内在联系，特别是刑法与刑事政策学、刑事诉讼法、犯罪学等学科之间的内在关联，形成强大而有效的犯罪防控体系，应对时时变化的犯罪现状和犯罪局势。

"立法者应当负责依据某种严重性标准对犯罪行为进行分类，并为每类犯罪行为设定刑罚幅度。实际上，这意味着决定监禁的最长期限，或许也需要规定最短期限。通过变换最长和最短期限，可以得到无穷尽的排列组合。[②]" 出于效率和社会管理的需要，美国一直在实体上对犯罪实行分类，并针对不同的犯罪种类配备了不同的司法程序和层次感明确的审判机构。

在德国，对犯罪的分类曾适用了三分法和两分法，即重罪、轻罪、轻微犯罪的三分法，以及重罪、轻罪的二分法。在不同的历史时期，区分重罪与轻罪的标准存在差异。如有以法定最低刑 1 年徒刑为标准，以及 3 年徒刑为标准等。这种以处刑轻重为标准的分类方法起源于法国 1791 年和 1810 年的刑法典。如有学者所言，"刑法中重罪与轻罪的划分意义重大。程序法上，它影响到法院的级别管辖权（《法院组织法》第 25 条、第 74 条），辩护必要性的确定（《刑事诉讼法》第 140 条第 1 款第 2 项），强制追诉（《刑事诉讼法》第 153 条、第 153a 条）和刑事处罚令的合法性（《刑事诉讼法》第 407 条）。刑法典自身也在部分条文里以两分法为依据确定未遂（第 23 条第 1 款）、共犯未遂（第 30 条）的处罚范围以及剥夺

---

① 转引自［德］罗克辛《刑事政策与刑法体系》，蔡桂生译，中国人民大学出版社 2011 年版，第 5—6 页。
② ［美］帕克：《刑事制裁的界限》，梁根林等译，法律出版社 2008 年版，第 144 页。

从事公职资格（第 45 条第 1 款）的范围。有时在分则部分，也会考虑两分法"①。概言之，从刑事一体化的角度看，在刑法立法中对犯罪进行分类划分，并根据相应的分类设置繁简不一的审判程序，是各国刑事立法的通例。比如，意大利、日本、德国等国，就简易程序一项，便根据具体情况进行了具体的划分。

具体到中国，有学者指出，"中国法治的当务之急是确立法治的理念，并且不只是包含事实——法律的实体问题，还应与程序问题贯通起来。当然，理念的建构以对当下司法现实的认识和判断为基础。对现状的感知不同，理念自然不同。"② 尽管我国相关的刑事立法中，目前尚未直接运用重罪、轻罪、微罪等具体概念进行区分，但在案件分流及程序的规定方面，实质上已经考虑了根据犯罪可能判处的具体宣告刑的情况设置不同的程序。比如，刑诉法第 214 条至第 221 条规定的简易程序，以及 2018 年刑诉法修订时，结合认罪认罚制度而新增设的速裁程序。"速裁程序是在简易程序基础上，对认罪认罚的轻罪案件分流处理，进一步简化诉讼程序，推进繁简分流层次化，构建普通程序、简易程序、速裁程序有序衔接的多层次诉讼制度体系，简单案件快办，疑难案件精办，实现诉讼程序与案件难易、刑罚轻重相适应，符合我国实践需要，也符合国际经验。"③

2018 年新修订的刑事诉讼法，在第三编第二章第四节专门规定了速裁程序。其中，第 222 条规定，"基层人民法院管辖的可能判处 3 年有期徒刑以下刑罚的案件，案件事实清楚，证据确实、充分，被告人认罪认罚并同意适用速裁程序的，可以适用速裁程序，由审判员一人独任审判。人民检察院在提起公诉的时候，可以建议人民法院适用速裁程序。"刑诉法第 225 条规定，"适用速裁程序审理案件，人民法院应当在受理后十日以内审结；对可能判处的有期徒刑超过一年的，可以延长至十五日。"比如，可以考虑在刑诉法规定：对于认罪认罚的绝对微罪一般适用速裁程序，对于

---

① ［德］冈特·施特拉腾韦特、洛塔尔·库伦：《刑法总论 I——犯罪论》，杨萌译，法律出版社 2006 年版，第 65 页。
② 邓子滨：《中国实质刑法观批判》，法律出版社 2017 年版，第 224 页。
③ 胡云腾主编，最高人民法院刑事审判第一庭编著：《认罪认罚从宽制度的理解与适用》，人民法院出版社 2018 年版，第 57 页。

可能判处拘役及其以下刑罚的相对微罪，可以适用速裁程序。人民检察院在提起公诉的时候，可以建议人民法院适用速裁程序。

（二）严密刑事法网，提升民众规范意识

"公正和功利，是人类的社会活动一直追求的两种价值，二者的结合是终极目标。刑法的公正与功利如何结合，是近现代刑法价值论的焦点。"① 近现代刑法的发展，其核心的价值便是公正与功利的辩证融合。刑罚权的发动，需要严苛的标准和处分理由，其中，功利价值便是其中考量的重要因素之一。"行使制定刑法权，就意味着国家认定有必要制定刑罚法规，并发动其国家意志。对这种国家意志的发动，马克思主义认为其背后往往有统治阶级的意志，进而认为其背景为当时社会经济组织的方式，特别是由生产力和生产关系的矛盾决定的。在马克思主义看来，不是人的意识决定了人的存在方式，而是人的存在方式决定了人的意识，因此，人的欲求也是由社会经济组织这一经济基础决定的。"② 因此，国家在划定犯罪圈，在决定某种行为是否要进行入罪化处理时，社会现状及经济基础是主要决定因素。以我国的醉驾入刑为例，随着我国经济社会的不断发展，汽车已经成为一种日常生活中常见的生活工具，因此将醉酒驾驶的行为规定为犯罪行为，这也是顺应了时代的要求。

"刑罚意味着有意地施加某种痛苦。在此意义上，谁要是实施刑罚，他就必须坚信有某种更高的使命。"③ 刑罚的本质是一种痛苦的剥夺。微罪即便是很微小的犯罪，对应的刑罚的量也比较轻，但其本质也是对犯罪人一种强烈的剥夺。当然，微罪的大量存在，一定有其存在的现实意义。具体到微罪的功能，首先，在严密刑事法网方面，微罪发挥了极大的补漏的作用。主要体现在，对之前没有入罪，现在进行入罪化处理，如危险驾驶罪、替考罪、使用虚假身份证件罪等。其次，随着具体司法裁量中大量的

---

① 储槐植：《美国刑法》，北京大学出版社2005年版，第二版代前言第9页。
② ［日］西原春夫：《刑法的根基与哲学》，顾肖荣等译，中国法制出版社2017年版，第131页。
③ ［德］古斯塔夫·拉德布鲁赫：《法律智慧警句集》，舒国滢译，中国法制出版社2001年版，第41页。

相对微罪的出现，也能将行为人的具体表现与行为造成的法益侵害相结合，进行综合考量，达到合理量刑的效果。

有学者指出，"就算人们对于何处应为刑罚区间的最低端（即最轻微的刑罚的规定）存在着争议，人们也能对一项行为的相对应罚性达成共识。"[1] 在对某些处于违法状态与犯罪之模糊状态的行为，随着刑事法网的严密，群体的规范意识会在客观上有所提升。由于我国有着较为传统的重刑文化，除了入罪的门槛偏高，在刑事裁量过程中，也习惯于重刑化处理。随着全球刑罚轻缓化趋势的蔓延，我国司法实务中相对微罪的适用率也逐年上升。与此相对应，作为法规范中具有最严厉惩罚性的刑法规范，随着刑事法网的进一步严密，民众所达成的集体规范意识会进一步增强。

"人在一定的环境中，必然会采取某种行动；在其他环境中，又会采取其他的行动从中寻求刑法上的责任非难根据。"[2] 并认为，环境对人有一定的规劝和引导能力。因此，随着刑事法网的不断严密，民众的规范意识也会得到相应的提升。人是环境的产物，虽然人的行为主要由个人的理性决定。但是，国家也应当重视对民众行为的引导和规劝，注重人的可塑性，以及环境对人的重大影响。如有学者指出，"人就像动物一样，天生爱好模仿。只要模仿很容易，人就永远有模仿的需要。正是这种需要，使人们所说的时尚具有很大的影响力。群体的思想观点与信念主要通过传染而非推理论证来传播。"[3] 随着国家刑罚权的发动，国家以国家意志的形式将某些越轨行为规定为微罪，便是为民众确立了一个行为边界。因为刑罚是最为严厉的制裁手段，随着微罪体系的不断壮大，刑事法网将趋向严密。同时，刑事法网越是严密，人们的规范意识将越强。当然，此处之严密刑事法网，是指对我国目前之"厉而不严"刑事法网的必要调整，而非任意扩大犯罪圈，更非刑罚权的滥用。

从目前所采之大多数说，二元论的立场出发，刑法规范既是制裁规范，又是行为规范。"行为规范一方面为实现刑法上法益保护的目的，并

---

[1] [美] 罗宾逊：《正义的直觉》，谢杰、金翼翔、祖琼译，上海人民出版社2018年版，第61页。
[2] 参见 [日] 平野龙一《刑法的基础》，1966年版，第3—6页。
[3] [法] 古斯塔夫·勒庞：《乌合之众》，杨献军译，台海出版社2018年版，第152、153页。

以法益保护为行为规范的内涵;另一方面又欲透过行动准则的预告,令生活于社会中的一般国民得以预知其行为是否符合行为规范的期待,故行为规范可透过规范社会人的行为,实现法益保护的目的,同时实现刑法上对于行为规范机能与法益保护机能。"① 因此,民众的规范意识并不必然是由刑罚直接带来,刑罚的制裁功能只针对已然犯罪的人或即将犯罪的人。很多时候,民众的规范意识主要是因为刑法规范的指引功能而形成,即刑法作为一种行为规范而促成民众规范意识的形成。如上文所述,刑事法网越是严密,总体而言,民众的规范意识将越强。因此,微罪体系的建构,有助于民众规范意识的提升。

(三)撬动刑法重刑结构,降低刑罚总量

"从广义上讲,'结构'一词包含两个部分:一是指各个事物的构造形式和构成方式如建筑物的大小、形状及其组成方式;二是指这些构造的组成原料如建筑物的钢筋混凝土、木头等。一般人只注意到'结构'的第一个含义,不注意其第二个含义。实际上后者比前者更为重要,因为作为'结构'的原料,更加与该结构的本质相关。……结构是功能的基础,而功能又使结构从一般的存在变成具体的存在。"② 因此,在讨论我国的刑罚结构时,需要考虑构成我国刑法体系的各个要素,包括刑种和刑量。在目前我国并没有增加刑种的情况下,影响和决定我国刑罚结构变化的,主要是刑量的变化。随着微罪概念的推进,在进一步严密刑事法网的客观现实要求下,我国刑法中的绝对微罪罪名将进一步增加。特别是在制度建构方面,随着我国劳教制度的废除,在衔接行政处罚与刑事处罚方面,微罪体系的建构将发挥其应有的作用。

尽管在我国出现法定最高刑为拘役的三个有代表性的个罪,即本文所称绝对微罪,出现得比较晚,但近十年来,我国司法裁判中微罪适用率一直呈上升趋势。即,在我国出现绝对微罪罪名之前,司法实务中相对微罪(包括缓刑)的适用率已经呈现出稳步上升的趋势。司法中的微罪比例,

---

① 余振华:《刑法总论》(第3版),台湾三民书局2017年版,第9页。
② [法]高宣扬:《结构主义》,上海交通大学出版社2017年版,第130、133页。

从2009年的35.79%，稳步上升到2018年的43.14%。十年中，司法裁判中微罪适用比例最高的为2014年的46.38%，十年中司法裁判中微罪适用的平均比例为42.44%。近年来稳步升高的微罪适用率，是推动我国轻刑化发展的强大内在动力。

"人们从生活经验中所获知的'结构'概念，多半是属于事物的外表和形状，多半是从量的方面来观察。实际上，这些量的'结构'同质的'结构'是紧密不可分的——或者说，它们是'结构'的两个互为条件、相互影响的因素。"① 的确，量变是促成质变的基础和内在推动力。随着司法实践中微罪适用率的稳步提升，尽管在我国，微罪概念提出较晚，但我国刑法结构已然随着较高的微罪适用率悄然发生着变化。

"刑罚的轻缓化已成为20世纪以来刑法立法与司法的原则与宗旨，矫正与预防的功利观也取代了报应理念成为刑罚的根本目的。"② 如前文所述，在大多数相对微罪的实现过程中，主要通过具体案件中的酌定量刑情节实现轻微的宣告刑。在古典的刑法学追求报应正义的基础上，结合现代社会的先进理念，基于对犯罪人改造、矫正的刑罚目的，渐渐形成民众较能接受的经验报应刑，实现报应与预防目的统一。如学者所言，"经验报应可以加强犯罪控制。经验报应不是道义报应，但它却是我们在现实中能够达到的最接近道义报应的报应形态，而经验报应表明，实现正义也是打击犯罪的最好方法。"③ 意即，通过刑罚裁量，特别是大量的相对微罪的适用，降低我国刑罚的总量。社会是动态发展的，民众对于刑罚的认知和需求也会相应地发生变化。随着刑法的不断发展，在我国刑法中大量罪名规定了拘役刑的情况下，即便是行为性质很恶劣的犯罪，也可能因为行为人较低的人身危险性，而被判处较轻的刑罚。比如，今年比较热的"扫黑除恶专项运动"中，即便是在"从严""从重"的刑事政策下，对于某些参与度比较低、人身危险性比较小的犯罪人，最终还是判处了拘役、缓刑、

---

① ［法］高宣扬：《结构主义》，上海交通大学出版社2017年版，第131页。
② 季金华、徐骏：《20世纪罚金刑的兴盛机理与制度化发展趋势》，《南京师大学报》（社会科学版）2007年第6期。
③ ［美］罗宾逊：《正义的直觉》，谢杰、金翼翔、祖琼译，上海人民出版社2018年版，第430页。

单处罚金等刑罚。如发生在天津的一起特别重大的涉黑案件，该案被告人32人，涉及抢劫罪、敲诈勒索罪、非法持有枪支罪、帮助毁灭证据罪，以及组织、领导、参加黑社会性质组织等5个罪名。最终13人被判处10年有期徒刑以上刑罚；8人被判处5—10年有期徒刑（含5年）；11人被判处5年有期徒刑以下刑罚，其中，1人被判处拘役6个月缓刑6个月。①

由此可以看出，微罪在司法实践中的存在率非常高。即便是一般意义上的重罪，只要法定刑有规定了拘役及其以下刑罚，通过综合考量，最终还是有可能通过宣告刑成为微罪。"至今为止，我国的重刑思维依然积重难返。"② 尽管如此，本文认为，司法实务中大量存在的微罪为我国刑法之重刑结构的调整，带来了曙光。

（四）推动易科制度，完善我国刑罚体系

除了调整我国的重刑结构、完善我国刑罚体系，微罪的功能还包括具体刑种和刑罚执行措施的完善。特别是针对轻微犯罪的一系列刑罚措施，比如说易科制度的建立，以畅通自由刑与财产刑之间的转换关系。有学者指出，"制刑和量刑时贯彻'轻轻'的刑事政策，行刑时考量行刑社会化的措施，在刑法之内体现了罪责刑均衡原则，在刑法之上则是公正、人道的伦理体现。"③ 因此，微罪体系的存在和发展，能进一步推动我国刑罚体系的完善。对于微罪，最关键的还在刑罚执行阶段，各种现代刑罚措施的跟进。

具体到我国刑罚体系的完善，着重在刑种的完善，以及为了适应社会发展需要，调整不同刑种在实务中的具体适用比例。以罚金刑为例，"罚金刑在20世纪前的德国还处在自由刑的阴影中，罚金刑的适用范围较窄。20世纪已降，罚金刑已成为德国司法实践中运用得最为广泛和频繁的制裁手段。"④ 不同的时期，社会状况和社会需求不同，刑罚所体现出的特点和

---

① 参见天津市红桥区人民法院刑事判决书〔2017〕津0106刑初339号。
② 罗翔：《中华刑罚发达史：野蛮到文明的嬗变》，中国法制出版社2006年版，第184—185页。
③ 曾粤兴：《刑罚伦理》，北京大学出版社2015年版，第212页。
④ ［德］汉斯·海因里希·耶赛克、托马斯·魏根特：《德国刑法教科书》，徐久生译，中国法制出版社2001年版，第927页。

具体状况也不一样。在刑法现代化的过程中，全球化的趋势是刑罚的多样化和轻缓化。特别是20世纪以来，以追求刑罚的预防目的理念的指引下，对酷刑和报应刑有了更深层次的反思，并在反思的基础上，进行了重构。此刑罚体系重构的过程中，以对短期自由刑的着重反思为重点，以轻微犯罪为对象，建构了一系列符合现代社会要求的刑罚体系。以罚金刑、缓刑、非监禁刑、刑罚的易科制度等为代表，逐渐体现出现代刑法的现代性和文明性。

在刑罚的惩罚性方面，学者们相信，"尽管可能会用到诸多不同的制裁方法，罪犯应当得到与方法的惩戒性相应的惩罚资格。这便要求建立起反映出不同惩戒性的惩罚方法之间的恰当配比。如果一个星期的监禁的惩罚性与一个月的周末监禁的惩罚性相等，抑或与80小时的社区服务的惩罚性相同，道义论和经验性的应得刑罚理论对适用上述任何一种制裁方法都不会持有异议，只要惩罚量与罪犯应罚性所反映出的应得刑罚量相符即可。"[①] 由此可以看出，在现代刑罚理念的指引下，针对轻微犯罪，刑事制裁手段呈现出诸多的创新，易科刑在对轻微犯罪的惩处方面，在各国都表现得较为活跃。

关于易科制度，其实，在我国的刑罚历史中，历来就有。在我国古代刑法中，叫赎刑，可以追溯到尧舜时期，有文字记载的可以追索到夏朝。"犯人可以缴纳一定数量的金钱，或服一定期限的劳役减免其罪。早在尧舜时期，就有'金作赎刑'的说法。《尚书大传》也说：'夏后氏不杀不刑，死罪罚二千馔。'一馔相当于铜六两，大致三百七十五斤铜即可抵死罪，后人感叹说：'禹之君民也，罪弗及强而天下治。'西周时期，赎刑开始大量适用。直到隋唐时期，赎刑制度发展得更为全面，赎刑制度法律化、制度化，成为后世朝代赎刑制度的典范。从隋唐时候起，赎刑只针对罪行较轻的行为。……赎刑对于重罪采罪宜从轻原则，这种做法虽然减缓了刑罚的残暴与任意，但它所暗含的有罪推定色彩还是与现代法律精神相悖；另外，赎刑实际适用的不平等虽在法理上无亏，但它毕竟与不平等的

---

① ［美］罗宾逊：《正义的直觉》，谢杰、金翼翔、祖琼译，上海人民出版社2018年版，第137页。

社会现实同流合污。①"因此，对于有着相当历史文化传统的易科制度，本文认为，我国现代刑法可以在扬弃的基础上，有所继承。即，可以在微罪体系中，适用拘役刑与罚金刑的易科。在我国刑罚制度中，可以考虑对微罪适用易科制度。如此，既可以避免之前重罪也可以逃脱重刑的情况，又能在自由刑和财产刑之间灵活转换，最大限度地实现刑罚的效果。

将微罪从轻罪中剥离出来，进行单独划分和单独的体系建构，更在于对此类轻微犯罪的惩处和矫正。从法定刑角度考虑，限于依法可能判处三年以下有期徒刑、拘役、管制或缓刑等刑罚的案件。本文所指的微罪，属于该类轻微犯罪的一部分，是此类轻微犯罪中，最为轻微的部分。

三 结语

随着我国刑事法治的发展以及刑罚体系的进一步完善，以危险驾驶罪为代表的微罪在我国刑事案件总数中的比例不断上升。在结束了客观主义与主观主义长期的争论之后，各国的刑法理论趋向二元的综合。同时，一百多年前李斯特提出的废除短期自由刑（本文所指的微罪）的主张，在各国的司法实践面前，也走向了另外一个方向。即：微罪在各国的存在是一种客观事实，且运行良好。在现代社会，微罪的问题，不再是是否存废的问题，而是如何通过刑罚体系的完善，将其用好的问题。基于我国采取实质犯罪概念的情况，一方面，从立法论的视角，微罪的存在是进一步严密刑事法网的需要，以提升民众的规范意识。另一方面，从解释论的立场，可以通过刑法解释的方法，利用实务中大量存在的微罪，特别是绝对数巨大的相对微罪，调整我国的重刑结构。在我国刑罚轻缓化发展的道路上，微罪功不可没。概言之，微罪有大义。

---

① 罗翔：《中华刑罚发达史：野蛮到文明的嬗变》，中国法制出版社2006年版，第188—195页。

治安违法行为犯罪化之检讨

李婕*

《刑法修正案（八）》将醉驾入刑开启了轻微违法行为犯罪化的进程，《刑法修正案（九）》增设使用虚假证件罪，将多次抢夺行为入罪，直接冲击着我国违法与犯罪二元立法模式。面对风险社会理论的兴起、犯罪手段日新月异的挑战，我国刑法应否坚守"定性+定量"的犯罪成立模式、前劳教行为如何分流、《治安管理处罚法》如何实现和《刑法》的双向流通，是理论研究无法回避的问题。

一 轻微违法行为犯罪化对刑法的冲击及原因

根据《刑法》第13条，犯罪是具有严重社会危害性的行为，"情节较轻"的轻微违法行为适用《治安管理处罚法》，形成层次分明的违法犯罪治理体系。随着风险社会的到来与个人安全感的动摇，刑法将大量危险行为入罪，混淆了治安违法行为与犯罪行为的逻辑关系，亦对刑法体系造成了不小的冲击。

（一）刑法面临的冲击

1. 犯罪圈单向吞噬违法行为

从1997年刑法之后颁布的九个刑法修正案来看，刑法悄无声息地向治安违法行为扩张。如"盗窃、抢夺枪支、弹药、爆炸物、危险物质罪"、

---

* 安徽大学法学院暨安徽法治与社会安全研究中心副教授，法学博士。

"组织残疾人、儿童乞讨罪"、"强迫劳动罪"、"赌博罪"等罪行与《治安管理处罚法》中规制的相关行为十分相似。随着社会形势的变迁,某些行为因危害性降低被移出犯罪圈,某些新兴的违法行为犯罪化,是刑法与时俱进的应有之义。但综观九个刑法修正案,刑法不断将某些严重违法行为规定为犯罪,却未进行适时除罪化,《刑法》与《治安管理处罚法》并未真正实现双向交流。强行将原本属于行政处罚的行为纳入犯罪圈,表面上似乎走向法国式"一元化"的犯罪治理模式,但实质上不断加剧刑法重罪重刑的倾向,使行为人承受与其行为不符的惩罚,有违刑罚正义。

2. 犯罪与违法的边界进一步模糊

"多次盗窃"与"多次抢夺"入罪,使我国"定性+定量"的犯罪成立模式面临严重挑战。关于违法与犯罪的区别,向来是"让法学者陷入绝望的问题"①,理论上曾提出质的区别说、量的区别说、质量区别说等观点,都无法得出圆满的答案。我国刑法第13条确立了中国特色的"定性+定量"的犯罪成立模式,明确指出犯罪行为和治安违法行为的社会危害性不同。虽然《刑法》和《治安管理处罚法》部分条文交叉重叠,但理论上二者的界限是清晰的。如今"多次盗窃""多次抢夺"等典型治安违法行为被划入犯罪圈,不但动摇了犯罪成立的理论基础,而且致使犯罪与违法的边界进一步模糊。

3. 刑罚效果稀薄化

我国刑罚以自由刑为中心,危险驾驶罪和非法使用虚假证件罪的主刑却是拘役,大大削弱了刑罚的惩罚效果。我国拘役的刑期是1个月以上6个月以下,《治安管理处罚法》中行政拘留最高15天,合并执行可达20天;行为人被判处20天行政拘留和1个月拘役,个人感受到的痛苦并没有多大差别。司法实践中,法院判决的拘役抵折行为人在判决前的羁押期限后,行为人所需执行的期限非常短暂,刑罚的教育、改造功能根本无从谈起。②当刑罚惩罚不能实现刑罚目的,或者刑罚与行政处罚的效果差不多的情况下,对犯罪判处刑罚是否必要?国家对犯罪行为

---

① [日]佐伯千仭:《犯罪与刑罚》(上),有斐阁1968年版,第169页。
② 李怀胜:《刑法二元化立法模式的现状评估及改造方向》,《法律适用》2016年第6期。

投入的侦查、指控、审判和执行成本很高，投入巨大的司法资源用于查处轻微违法行为，却无法实现刑罚的惩罚功能和教育改造效果，是否得不偿失？

（二）原因分析

1. 风险刑法干预之泛化

近年来环境破坏，毒品滥用，恐怖活动等问题引发了广泛的公众不安，当其他手段对消解市民不安过于缓慢时，刑法因最后手段性这种严厉的象征性意义被频繁使用，以证明国家解决社会问题的意愿与能力：如果刑法将某一行为已经规定为犯罪，会对此处罚更加严厉；如果某一行为还不属于刑法的规制范围，立法者会将其纳入犯罪圈，使用刑罚对之威吓，以防止或减少此类犯罪发生。[①] 刑法通过设立新罪名来回应公众呼声，但这种立法是否真正地解决了社会问题，仍是疑问。风险刑法导致过度依赖刑罚解决社会问题的倾向，并造成立法者以刑事政策上的决定取代原有的法释义学体系的不良后果。治安违法行为犯罪化、抽象危险犯等前置性立法，其后果是，刑法的宣示功能优于执行功能，象征意义大于规制效果。

2. 一般预防之强调

我国犯罪圈"小而窄"，"大罪不犯、小错不断"的治安违法行为不断侵蚀社会秩序的安定，致使公众对刑法的犯罪预防功能产生质疑。风险刑法绝非局限于对过往犯罪行为的报应，还应当具有防止未然风险发展为具体危险甚至演变为现实损害的预防功能，实现积极的一般预防——即通过获得、加强或维持公众对法秩序的理解、信赖，或者培养与维持其理解、信赖法秩序的习性，来维持规范的有效性，并以此防止法秩序遭受侵犯。如德国犯罪学家以犯罪学上的学习理论为基础进行实证研究后得出结论：酒后驾驶屡禁不止，行政处罚以及产生实际损害后的民事赔偿难以有效控制酒后驾驶的危险行为，但使用刑事立法设定抽象危险犯——危险驾驶

---

① 金尚均：《危険社会と刑法——現代社会における刑法の机能と界限》，成文堂2001年版，第270、274—275页。

罪——能够有效地维持规范效力，强化从事交通运输的行为主体遵从规范的行为意志。① 因此，刑法需要唤醒并强化公众的规范意识，通过对违法者科处刑罚，树立社会一般大众对规范妥当性的确证，从而实现规范信赖的训练意义。正如雅克布斯所言，"刑法的任务是规范妥当的确证，通过对称成危险源的行为处以刑罚，对成为各种不安要因的人类、从事不同工作的市民来确证刑罚规范的妥当，从而缓和市民的不安。为了防止危险再度发生，对市民进行规范意识的觉醒、强化以及规范信赖的训练是必要的。"②

二　治安违法行为犯罪化的困境与质疑

"多次抢夺"行为入罪与我国"定性＋定量"的犯罪成立模式难以兼容。劳动教养制度废除后，前劳教行为何去何从也是《治安管理处罚法》和《刑法》衔接必须回答的问题。立法者将使用虚假证件、多次抢夺等治安违法行为犯罪化，目标是实现和刑法的有序衔接，形成层次分明的违法——犯罪治理体系，但现实情况和这一愿景相差迥异。

（一）衔接困境

1. 过度衔接

《刑法》和《治安管理处罚法》同时对性质相似行为做了规定的情况，是司法适用的难题。例如，《治安管理处罚法》第32条规定的非法携带枪支的行为和《刑法》第128条非法持有枪支罪，《治安管理处罚法》第52条规定的伪造、变造或者买卖国家机关、人民团体、企事业单位或者其他组织的公文、证件、证明文件、印章的行为与《刑法》第280条伪造、变造、买卖国家机关公文证件印章罪及伪造公司、企业、事业单位、人民团体印章罪的表述相似。由于刑法并未规定犯罪情节，导致治安违法行为和犯罪行为难以区别，而法条对某些行为表述完全一致的情况更是让执法者无所适从。如《治安管理处罚法》第67条关于

---

① 张丽卿：《交通刑法中的抽象危险犯——以德国刑法第三百一十条为例》，《罪与刑——林山田教授六十岁生日祝贺论文集》，（台北）五南图书出版公司1998年版，第269页。
② 张丽卿：《交通刑法中的抽象危险犯——以德国刑法第三百一十条为例》，《罪与刑——林山田教授六十岁生日祝贺论文集》，（台北）五南图书出版公司1998年版，第269页。

引诱、容留、介绍他人卖淫的规定与《刑法》第 359 条关于引诱、容留、介绍卖淫罪的规定;《治安管理处罚法》第 73 条关于教唆、引诱、欺骗他人吸食、注射毒品的规定与《刑法》第 352 条关于引诱、教唆、欺骗他人吸毒罪的规定几乎雷同。《治安管理处罚法》通过处罚尚未构成犯罪的违法行为达成"维护治安"的行政目的,其行为的社会危害性低于相应犯罪行为的社会危害性,即使《治安管理处罚法》规定的行为和《刑法》规制的行为类型相似,也应在法条中表明其行为与犯罪行为的区别,以指导司法机关准确适用法律。

2. 衔接空隙

《治安管理处罚法》规制扰乱公共秩序的行为、妨害公共安全的行为、侵犯人身权利、财产权利的行为以及妨害社会管理的四类行为,理应与《刑法》规定的相应犯罪行为呈行政违法—刑事违法的阶梯对应关系,但《刑法》中的某些罪名无法在《治安管理处罚法》中找到对应的治安违法类型。如《治安管理处罚法》并未规定职务侵占行为、合同诈骗行为,① 当这类行为虽符合刑法规定的行为类型但因没有达到"量"的要求而不构成犯罪时,则会造成法律适用的盲区:如果认定无罪,将放纵违法行为;如果进行治安处罚,则于法无据。而且,根据《刑法》第 17 条第 2 款,已满 14 周岁不满 16 周岁者实施敲诈勒索行为,情节严重者,并不构成犯罪,只能依据《治安管理处罚法》进行治安处罚,导致罪罚失衡。此外,治安违法行为的追诉时效是 6 个月,犯罪行为的追诉时效最短为 5 年,二者差距很大、脱节明显。劳动教养制度废止后,大量的行政违法行为游离于《刑法》规制之外,如何减少《治安管理处罚法》和《刑法》的处罚空隙,实现违法—犯罪法网严密衔接,是立法和司法必须面对的难题。

(二) 处罚质疑

1. 选择性执法

刑法条文出于简洁性、包容性等因素的考虑常常对罪状缺乏具体、明

---

① 郝艳兵:《刑法与治安管理处罚法的冲突与协调》,《刑事法评论》2003 年第 1 期。

确的描述，当《治安管理处罚法》和《刑法》规定的行为类型相似或基本相同的情况很多。如行为人买伪造的居民身份证是触犯买卖身份证件罪还是《治安管理处罚法》第 52 条？对其进行行政处罚还是判处刑罚？行政违法与犯罪行为表述相似，导致选择性执法有恃无恐，公民的基本权利难以得到保障。"当刑罚不成比例，超过罪犯所应承受的程度时就会产生非正义。"① 在我国当前立法既定性又定量的模式下，意图在立法上对罪量因素作出准确表达会造成法律的烦琐复杂；但将"量"的因素的考察完全交由行政机关自由裁量必然会存在滥用自由裁量权，出现以罚代刑或者以刑代罚的现象。②

2. 定罪效应对刑罚功能的超越

刑法对醉驾、使用虚假证件犯罪规定拘役刑，显然难以达到惩罚犯罪的效果。这类行为入罪的真正威慑力，来自附从于刑法的前科评价和犯罪记录制度。③ 从剥夺效果上看，罚金和罚款对行为人惩罚的痛苦性没有太大差别，但刑法延伸的额外的否定性评价是其他任何制裁手段所不能及的。使用虚假证件罪的威慑性不在于对犯罪人判处最长 6 个月的拘役刑，而是因受到刑罚处罚导致的对特定从业资格的限制与剥夺。如《执业医师法》第 15 条规定，"有下列情形之一的，不予注册：……（二）因受刑事处罚，自刑罚执行完毕之日起至申请注册之日止不满二年的……"；《公务员法》第 24 条规定，"下列人员不得录用为公务员：（一）曾因犯罪受过刑事处罚的……"《律师法》《法官法》等法律中都有对有前科者从业资格的限制性规定。自从醉驾入刑后，酒后驾车的现象明显减少，因为国家投入了更大的司法资源查处这类行为，提高了犯罪的机会成本；更重要的是行为人对职业资格丧失和违法成本衡量后作出的利益取舍的选择。这种定罪的额外效应并非刑罚功能的体现，定罪的预防性也不等同于刑罚的预防性。刑法对轻微违法行为不能规定过重的刑罚，对于这类犯罪而言，定罪效应远比惩罚更具威慑力。《刑法修正案（九）》增加第 37 条之一 "因

---

① ［美］道格拉斯·胡萨克：《过罪化及刑法的限制》，姜敏译，中国法制出版社 2015 年版，第 18 页。
② 郝艳兵：《刑法与治安管理处罚法的冲突与协调》，《刑事法评论》2003 年第 1 期。
③ 李怀胜：《刑法二元化立法模式的现状评估及改造方向》，《法律适用》2016 年第 6 期。

利用职业便利实施犯罪，或者实施违背职业要求的特定义务的犯罪被判处刑罚的，人民法院可以根据犯罪情况和预防再犯罪的需要，禁止其自刑罚执行完毕之日或者假释之日起从事相关职业，期限为三年至五年"更是强化了这种定罪效应。

三　治安违法行为与犯罪行为之区别

根据《治安管理处罚法》第2条，治安管理处罚的是"尚不够刑事处罚"的行为，主要包括三种情况：（1）《刑法》第13条但书规定的危害社会行为情节显著轻微危害不大，不认为是犯罪的情况；（2）《刑法》第37条规定的犯罪情节轻微不需要判处刑罚，可以免于刑事处罚的；（3）《刑法》第17条第4款规定的已满14周岁不满16周岁而不予刑事处罚的行为。[①] 治安违法与刑事违法的联系可上溯到古罗马时代罗马法的自体恶与禁止恶，自然犯与法定犯，刑事犯与行政犯，延续至费尔巴哈的刑事犯与警察犯，至今刑事不法与行政不法的区别，是一个众说纷纭、仍无共识的议题。

（一）区分标准

刑法理论对犯罪与违法行为的区别曾提出质的区别理论、量的区别理论、质量差异说等观点，都难以提出周延的标准。质的差异理论的主要缺点在于，刑法与行政法规制内容相似的行为，并不具有质的差别，如"非法携带枪支"与"非法持有枪支罪"；量的差异理论的不足在于，有些自然犯如杀人、抢劫难以量化，这类违法行为只能由刑法处罚。笔者认为，应从法益角度对违法行为与犯罪行为进行区分。

法国刑法理论认为，重罪是对公共秩序的持续侵犯，违警罪不过是违反了社会的纪律规则。[②] 宾丁从法益保护角度区分刑事犯与行政犯，认为前者是对法益的实质危害，后者是对旨在保护法益的行政秩序（其构成法

[①] 许成磊：《刍议行政不法与刑事不法的界限》，《刑法评论》2008年第1期。
[②] 卢建平：《法国违警罪制度对我国劳动教养制度改革的借鉴意义》，《清华法学》2013年第3期。

益保护的一个重要条件）的侵害，简而言之，刑法是法益保护法，行政法则是保护法益条件的秩序法。① 行政犯的目的在于维持秩序，达成特定的行政目的，行政犯保护的法益包含公共与个人的法益的"公共利益"。行政不法虽然足以妨害社会安宁秩序，也侵害法益，但其社会伦理的非价程度显然低于犯罪行为的"不法内容"与可责性，所以国家对这种行为的处置并无使用刑罚的必要。所以，德国将违警罪从犯罪行为的领域中排除，制定《社会秩序维护法》加以规制。

我国刑法对犯罪的界定采取定性和定量相结合的标准，侵犯核心法益的行为如杀人、放火、强奸、抢劫等只能构成刑事犯罪；有的行为如卖淫嫖娼、吸毒、上访行为等只是违反治安秩序的行为不能构成犯罪；有些秩序违反行为如故意伤害行为、寻衅滋事等在刑法的边缘区域，以及违反经济、卫生、环保等行政制度的损害集体法益的犯罪，处于《刑法》和《治安管理处罚法》的"灰色地带"，需要结合行为手段、主观意图等因素综合考虑行为是否达到了法益侵害程度。在我国的法律体系中，违反行政法规的行为，因危害程度高低不同可能分别处以行政处罚和刑罚处罚，即便盗窃、诈骗等传统伦理价值非难比较明显的行为，也存在上述差别。

（二）刑事违法、行政违法、治安违法之区别

"秩序不法"概念源自 18 世纪的德国，通说认为，刑事不法是一种"法益破坏"，秩序不法只是一种"法益危险"。但实务认为，违反秩序行为并不限于国家行政作为的不服从，而且也会侵害个人与社会法益。秩序违反行为并非不具有社会伦理的非难性，有些秩序违反行为，也与犯罪行为同样具有社会伦理的可责性。《治安管理处罚法》规定的大多数行为都属于与"自然犯"对应的"自然违法"，这类行为与国家的行政管理体系关联不大，却与社会道德观念息息相关，公众凭借日常情理即可判断治安违法行为的不法性。

---

① See Mireille Hildeburandt, Regulatory Offences: Criminal or Administrative Law? In Foundational Issues in the Philosophy of Criminal Law, Special Workshop at the 23 rd IVR Congress, Krakow Poland, 2007, pp. 57-69.

	行为类型	侵害法益	侵害态势
自然犯	刑事违法	生命、身体健康、财产、自由、名誉、隐私	直接、立即危害的行为
	治安违法	治安秩序	间接、轻微的侵害行为
法定犯	刑事违法	国家制度、社会制度（抽象层面）	间接、可能的侵害行为
	行政违法	行政目的达成（具体层面）	违反行政义务
	治安违法	治安秩序	间接、轻微的侵害行为

由此观之，自然犯和法定犯的本质差异，不是保护标的，而是侵害样态，二者是一种包含关系，自然犯是法定犯的核心。法定犯与行政不法行为的侵害法益不同，两者之间的界限并不稳定，随着刑事立法而不断变化。刑事不法行为中，自然犯是违反社会"核心伦理价值"的不法，与行政不法有着质的差别；但法定犯、行政不法的界限，则是随着刑事政策不断变动的。在社会福利国家的理念之下，行政秩序的违反，并非绝对与社会伦理的价值无涉，因为公民守法的修养，也是基本的社会伦理。因此，应以侵害形态的程度来加以区别。但是，行政不法的范围再如何扩大，也因为和自然犯有质的差异，而不会有所交集。

四 困境突围：轻罪犯罪圈之构建

劳动教养制度废除后，需要进一步优化刑法和治安管理处罚法的二元结构。前劳教行为主要分为三类：一是扰乱社会秩序，但尚未构成犯罪的行为；二是行为具有严重的社会危害性，但属于未成年人或精神病患者不予刑事处罚的行为；三是无被害人的卖淫、嫖娼的行为。[①] 应根据劳教行为的不同性质，将其分流到《刑法》和《治安管理处罚法》中，构建层次分明、范围适中的犯罪圈。

（一）轻罪制度的立法选择

关于轻罪制度的立法选择，学界存在不同认识。有观点主张设置独立

---

① 魏东：《论以刑法修正案形式规范劳动教养》，《北方法学》2013年第1期。

的《轻犯罪法》。如张明楷教授从轻微犯罪的危害、秩序公正以及法治原则等方面阐述建立轻罪制度的意义，提出"将《治安管理处罚法》、劳教法的部分对象纳入轻犯罪法中，并规定简易审理程序，统一由法院审理"①。有学者认为，应参照域外重罪、轻罪、违警罪的三分法，直接调整现有刑法结构，将轻罪制度纳入刑法规范体系当中，如刘仁文教授提出"重罪、轻罪、违警罪三分法大抵是当今世界各国刑法关于犯罪的基本分类，我国刑法典只包括西方国家刑法典的重罪部分，缺少违警罪、轻罪和保安处分的内容，实现刑法结构的统一化应是我国刑法未来发展到一个方向"②。为减少新制度对我国现行刑事立法及理论体系的冲击，笔者赞同在我国刑法典中设立轻罪制度，将前劳教行为和部分治安违法行为纳入轻罪的调整范围，不仅可以保持刑事法律制度自身的完整性，也符合国际潮流。

构建轻罪犯罪圈最大的问题是，轻微违法行为入罪与我国刑法中"定性+定量"的犯罪成立模式相冲突，会不当扩大犯罪圈。这种担忧不无道理，但是，犯罪圈本身就不是固定不变的，而是随着社会的发展不断伸缩调整的，有些行为进入犯罪圈，有些行为退出犯罪圈。在刑法理论上，治安违法行为本不构成犯罪，但因屡教不改，可视为刑法边缘行为，将其划入犯罪圈并无不可。③ 近年来我国刑法在修正过程中已经做了降低入罪门槛的尝试，例如，《刑法修正案（八）》将醉驾、扒窃等行为入罪，"两高"《关于办理敲诈勒索刑事案件适用法律若干问题的解释》《关于办理寻衅滋事刑事案件适用法律若干问题的解释》《关于办理抢夺刑事案件适用法律若干问题的解释》都降低了入罪门槛，一定程度上解决了原劳教对象的转化处理问题。这些罪名与生产、销售假药罪、非法持有枪支罪等抽象危险犯，以及《治安管理处罚法》中较重的违法行为，一起构建我国的轻罪犯罪圈。陈兴良教授早就提出，收容教养与行政拘留打破了刑法对自由刑的垄断，西方的违警罪和一部分轻罪与我国的治安违法行为非常类

---

① 张明楷：《刑事立法的发展方向》，《中国法学》2006 年第 4 期。
② 刘仁文：《关于调增我国刑法结构的思考》，《法商研究》2007 年第 5 期。
③ 储槐植：《刑罚现代化：刑法修改的价值取向》，《法学研究》1997 年第 1 期。

似，这意味着将这些行政处罚视为刑罚，实行大刑法主义，更简单可行。[①] 我国刑事立法从"定质+定量"向"只定性不定量"转变是一个长期的过程，不可能一蹴而就地实现这种转变。轻罪入刑趋势已经在立法层面展开，其犯罪圈的构建需要学术研究的不懈努力和探索。

（二）轻罪犯罪圈之范围

轻罪是犯罪性质相较传统犯罪而言比较轻微的行为。构建轻罪的犯罪圈，一方面可以迎接时代发展对刑法提出的全新挑战，更好地实现打击犯罪、保障人权的功能，另一方面将部分治安违法行为予以犯罪化，可以避免选择性执法，减少权力寻租空间。笔者认为，我国的轻罪犯罪圈主要包括以下三类行为。

1. 部分劳动教养处罚的行为。劳教制度可以剥夺公民的人身权利长达3—4年，比起管制、拘役有过之而无不及，其处罚的严厉程度与行政违法行为并不适应。以往由劳动教养制度处罚的行为，部分与刑法中的犯罪行为特征相似，应对严重违法行为轻罪化处理。传统劳教行为介于违反刑法和违反治安管理处罚法行为之间，劳教废止后，应将部分行为纳入刑法范围——对于因违法行为达不到刑法上"量"的规定，如盗窃、诈骗、寻衅滋事行为，应划入轻罪的犯罪圈。劳动教养可纳入轻罪的行为主要有：情节轻微的危害国家安全行为；《公安机关办理劳动教养案件规定》的9条行为：在结伙杀人、抢劫、强奸、放火、绑架、爆炸或者拐卖妇女、儿童的共同犯罪中，不予刑事处罚的从犯行为；制造恐怖气氛、造成公众心理恐慌、危害公共安全，而又不构成《刑法》规定的犯罪的行为；组织、利用会道门、邪教组织、封建迷信破坏国家法律实施的行为；聚众斗殴、煽动闹事的行为；强买强卖、欺行霸市，或者称霸一方、为非作恶、欺压群众、恶习较深、扰乱社会治安秩序的行为；[②] 扰乱生产秩序、工作秩序、教学科研秩序或者生活秩序而又不在《治安管理处罚法》处罚内的行为；教唆他人违法犯罪而又不够刑事处罚的行为。

[①] 陈兴良：《犯罪范围的合理定义》，《法学研究》2008年第3期。
[②] 冀洋：《被劳教行为该向何处去》，《甘肃政法学院学报》2015年第3期。

2. 治安管理处罚的自然犯、部分行政犯。"同西方国家相比，我国的犯罪率似乎并不高，但国民总体感觉治安很差，其中的原因之一，是许多相对轻微的违法行为没有得到依法处理。"① 为保证轻罪制度调整的统一性及刑事处罚与行政处罚的衔接，应将治安管理处罚法所调整的部分行为纳入轻罪的处罚体系中。例如，《治安管理处罚法》第 30 条"违反国家规定，制造、买卖、储存、运输、邮寄、携带使用、提供处置爆炸性、毒害性、放射性、腐蚀性物质或者传染病病原体等危险物质的行为"，"非法携带枪支的行为""伪造、变造或者买卖国家机关、人民团体、企事业单位或者其他组织的公文、证件、证明文件、印章"等违反行政义务的行为应纳入轻罪的犯罪圈。

3. 现行刑法中规定的，罪刑较为轻微的犯罪行为。我国刑法中很多抽象危险犯呈现不服从犯的特点，这类犯罪常见多发、证据认定简单，与传统的重罪具有不同的特点。例如，危险驾驶罪、使用虚假证件罪的法定最高刑是拘役，对此类犯罪由轻罪制度调整更加合适；非法持有枪支罪、传播淫秽物品罪等法定刑为 3 年以下有期徒刑的犯罪都应纳入轻罪的调整范围。对于刑法和行政处罚竞合的行为，既然刑法已经规定该类行为为犯罪，性质上就应当属于具有比较严重社会危害性的行为，遵循"就重不就轻"原则，纳入轻罪范围。而且，轻罪的刑罚轻但适用刑事诉讼程序，更有利于对违法行为人的权利保障，《刑法》和《治安管理处罚法》竞合行为纳入犯罪圈，更好地保障违法者的权利。

（三）轻罪法庭之构建

轻罪犯罪圈背后体现的是行政权与司法权的博弈，亦对效率与公平提出了新的挑战。行政权以如何更好地管理社会公共事务为目标，以效率作为权力运作的基本准则；司法权则是通过个案审理实现社会的公平正义，其核心价值在于程序的正当性、个人应享有的实质权利和法律的平等保护权，以及平等理念。② 轻罪制度确立后，大量轻微违法行为将给法庭带来

---

① 张明楷：《犯罪定义与犯罪化》，《法学研究》2008 年第 3 期。
② 张明楷：《犯罪定义与犯罪化》，《法学研究》2008 年第 3 期。

过重负担，应借鉴国外制度建立轻罪法庭，实现效率与公正的平衡。

关于轻罪法庭的设置，主要有三种方式：一是在人民法院现有体制下，单独设立专门的治安法院审理治安轻罪案件；二是由人民法院现行内设的刑事审判庭负责审理治安案件；三是在现行人民法院内部单独设立轻罪审判庭，专门负责审理轻罪案件。[①] 第一种方案违反宪法关于人民法院是我国审判机关规定的嫌疑，且在我国现行的司法体制下，治安法院的性质与地位难以得到肯定。第二种方案未考虑我国当下刑事审判工作任务过于繁重、大多数刑事审判均在超负荷运转的事实，会导致现有刑事审判机关的反对与抵制。而设立轻罪法庭，既不突破宪法对审判权的规定，又与我国现有的司法体制兼容，是较为可行之举。设置轻罪法庭承担轻罪的审判任务，不但能够为刑事审判机构减轻负荷，而且能够提高审判效率。轻罪法庭的管辖范围主要是废止劳教后转处的案件、《刑法》和《治安管理处罚法》被纳入轻罪范围的罪名。在诉讼程序上，应在贯彻正当程序原则、保障被告人合法权益的前提下，探索简化程序提高效率的道路。

五　结语

在全球化进程中，我国刑法不能故步自封、抱住传统刑法理论不放，而应当积极借鉴吸收国际上刑法的经验和成果，建立起中国特色的轻罪制度，这才是体现实事求是精神的务实选择。随着《刑法修正案（八）》将醉驾、扒窃行为独立入罪，《刑法修正案（九）》对抢夺罪等进一步去数额化，表明我国刑法正在改变"重罪重刑"的局面。《治安管理处罚法》的修订，应充分考虑前劳动教养行为的分流处置，重视剥夺人身自由的程序保障，实现与《刑法》的顺利衔接，同时设立轻罪法庭实现公正和效率的统一。

[①] 陈泽宪、刘仁文、屈学武、冯锐：《关于改革劳动教养制度的研究报告》，载储槐植等主编《理性与程序——中国劳动教养制度研究》，法律出版社2002年版，第338—339页。

预防性监禁制度的理论基础与正当性根据
——从传统刑法理论到现代风险社会

贾元[*]

预防性监禁制度是指以预防犯罪、防卫社会、矫正犯罪人为目的，主要针对犯有暴力犯罪、性犯罪以及多次犯罪的行为人，基于其较高的社会危险性对公共利益和社会安全造成的威胁而在刑罚执行完毕后采取的以预防犯罪、矫正犯罪人为目的的措施。在讨论这一制度的正当性问题之前，必须要明确整个理论展开的基点。

无行为则无犯罪，这条格言限定了刑罚的范围，也构成了刑法学理论的基石。近代各派刑法学说的展开，无一不从行为谈起，不能清楚地界定行为的概念，就无法建构整个犯罪体系的逻辑框架。所以大多数学者在论及行为理论时，都将其置于高位来强调对此的重视，"不知刑法上有意义之行为，难以判断其应否受规范之支配，亦无法获悉所发生之效果，此为近世刑法学者之通说。由此可以推知，行为概念之建立，在犯罪论体系上之重要性"[①]。随着法治社会的发展和经济的进步，不断出现的新型犯罪对原有的行为理论产生了很大的冲击，行为的范畴被不断地扩张，导致了边界模糊，定义不清，这也是许多犯罪样态定罪不明，争议颇多的根源。

笔者认为，就现有的刑法理论结构来看，行为人刑法理论虽重视了个体的差异，更容易找到犯罪的原因，针对性惩罚和预防，虽然我国现有的

---

[*] 中国社会科学院法学研究所助理研究员，法学博士。
[①] 蔡墩铭：《现代刑法思潮与刑事立法》，台湾汉林出版社1977年版。

法治水平可能不足以全面使用行为人刑法体系，这也是不恰当的，但在行为中心体系之上，考虑行为人的人身危险性和特殊预防，是展开预防性监禁措施的基础。

一 预防性监禁制度的理论基础

在旧派刑法中，根据责任主义原则，不能对精神障碍者、未达到刑事责任年龄等无责任能力者的犯罪施加处罚[1]，新派刑法提倡的特殊预防、目的刑、教育刑等思想成为预防性监禁制度的产生和施行的出发点。

（一）从一般预防到特殊预防

预防性监禁措施不同于传统意义上的刑罚，虽然二者都具有预防犯罪的目的，但两者路径不同，刑罚是通过威慑、教化、社会隔离等手段实现一般和特殊预防，预防性监禁措施则基于行为人未来的再犯可能性强化社会防卫目的和矫正、教育目的以实现特殊预防。

费尔巴哈在心理强制说的基础上提出了一般预防理论，认为"刑罚的目的在于预防社会上一般人犯罪的发生，因为犯罪大都是由于贪欲所引起，国家制刑、判刑和行刑就是用以使人们知道受刑之苦，大于犯罪所得的贪欲满足，以致之所畏惧，不敢触犯刑律"[2]。启蒙主义时期一般预防理论盛行，否定报应刑、承认刑罚的目的性已经成为普遍共识。格老秀斯主张改造是刑罚的首要目的，惩罚不是为了过去的错误，而是为了防止再犯，托马鸠斯则将改造排在刑罚目的的第一位，伏尔泰在功利主义的基础上认为刑罚的目的就是威吓，[3] 孟德斯鸠强调刑罚的目的在于对法律秩序的恢复。[4]

特殊预防理论是一种相对于报应理论而存在的极端观点，认为刑罚的任务在于阻止行为人将来的犯罪行为，这个目的是预防性的，针对个别的

---

[1] 参见童德华《外国刑法导论》，法制出版社 2010 年版。
[2] 赵秉志：《刑法基本理论专题研究》，法律出版社 2005 年版。
[3] 参见［日］木村龟二主编《刑法学词典》，顾肖荣等译，上海翻译出版公司 1991 年版。
[4] ［法］孟德斯鸠：《论法的精神》（上），许明龙译，商务印书馆 1982 年版。

行为人来实现再社会化的目的，其主张的不是将犯罪人与社会隔离并打上耻辱的烙印，而是推动重新融入社会之中。这种思想在1969年以来的联邦德国立法改革中可以看到，比如新的刑法总则第46条第1款第2句对量刑的规定："刑罚对行为人将来社会生活应当预料到的效果，必须得到考虑"，相应地在司法判决中也为再社会化提供了更多的余地，这种再社会化原则赋予了特殊预防理论在理论和实践上极大的优势和公正性。但特殊预防论最大的缺陷就在于刑罚权以防卫社会的需要为名无限扩张，由于刑罚以预防未来为名，对犯罪人的惩罚就可能是至死方休，即使其犯罪极其轻微也不能幸免。另外，由于其刑期的长短取决于犯罪人的将来犯罪可能性，所以可能出现刑期与犯罪严重程度不符的状况，也有可能导致各种极端的改造方式。此理论的贡献之处在于，它把刑罚视为一种可以修复罪犯并使其重新获得生活能力的工具，就会促使行刑机构的改革。

在报应理论和预防理论之上罗克辛提出了一种综合性的理论，他援引了联邦宪法法院的立场，"罪责弥补、预防行为人的重新社会化、赎罪和对已实施的不法的报应，都将作为适当的刑事惩罚的各个方面来表示"，认为报应或任何一种预防理论都不可能单独地确定刑罚的内容和界限。一般预防和特殊预防作为刑罚目的必须同时存在，并且在大多数情况下都是没有冲突的，但当两者设定了不同的刑罚幅度要求时可能出现矛盾。所以就需要发展出一种综合的理论，报应不再是与预防一起共同存在的刑罚目的，在预防之中，一般预防控制着刑罚的威胁，在缺乏特殊预防目的或者在特殊预防目的失败的情况下，单独为刑罚的正当化提供基础，但当两个预防目标出现冲突的时候，特别预防的重新社会化的目的就挪到了第一位的位置。笔者是很赞同这种以预防为主的综合理论的，这种理论可以很好地解释预防性监禁的目的，即以特殊预防为出发点，兼顾一般预防。

（二）目的刑理论和个别化原则

目的刑论在特殊预防的思想下提出的刑罚个别化原则，主张根据犯罪人的性格、个性及复归社会的可能性等作为量刑的标准，对不同的犯罪人施以不同的处罚措施。这个原则将刑罚的关注点从行为转向行为人，并加入了社会防卫的考量，这些都为预防性监禁措施为什么以个案为依据裁量不同长度的刑期和不同的处罚手段提供了合理性解释。这一原则为预防性监禁措施的不定期性提供了支持,这种不定期的自由刑是为了保证矫正目的的实现。李斯特主张相对不定期刑,即"对于案件的后续处罚和犯罪人个人情况有持续性关联的情况,法官应当首先科处不确定的刑罚,然后在法定最高刑和最低幅度内,根据事后对犯罪人的观察,作出最终判决"①。菲利则主张绝对的不定期刑,他认为相对性会导致和定期刑割裂不开,违背了不定期隔离的原则,会破坏不定期刑的优势,所以应当采取没有高低刑期限制的绝对不定期刑。②

二 理论正当性
——从旧社会防卫论到新社会防卫论

(一)旧社会防卫论

传统的社会防卫思想最早是由古希腊哲学家柏拉图提出的,主张为了保卫社会,应当为有改造可能性的行为人建立专门的收容设施,对他们进行教育和改造,降低危险性,必要时候加以医学治疗,后来这一思想被沿袭下来。19世纪末菲利在其《犯罪社会学》中提出,认为刑罚的目的就是纯粹的社会防卫,这是刑事司法最重要也是最直接的任务,而传统刑法制度无力承担这种防卫社会的职责。基于个别预防观念,菲利认为刑罚的目的不再是报应而是社会防卫,相应地,刑罚对象是罪犯而非犯罪行为,所以主张对不同的犯罪施以不同的措施,即刑罚个别化。

1822年李斯特在马堡(Marburg)纲领中提出了社会防卫理论基础上的保安处分,认为"刑法的目的在于保卫社会安全,对于那些可能会对社会造成危险的人,在其实施犯罪之前便采取的防卫措施,即是保安处分"③,他主张用特别预防的目的刑代替报应刑,将刑罚的重点移至改造之上,目的在待其回归社会后不会再犯,从而实现社会防卫。之后普林斯在1910年出版的《社会防卫与刑法变迁》中首次系统地阐述了社会防卫理

---

① 参见[德]李斯特《德国刑法教科书》,徐久生译,法律出版社2000年版。
② 参见[意]加罗法洛《犯罪学》,耿伟译,中国大百科全书出版社1996年版。
③ 曲新久:《刑法的精神与范畴》,中国政法大学出版社2000年版。

论，主张社会防卫是刑罚的目的，将社会防卫思想总结为："以犯罪的'危险性'或'危险状态'概念取代犯罪的'主观责任'，并采纳与犯罪的'危险状态'相适应的'安全措施'或'保安措施'。"① 他认为社会防卫是用"好的方法"，即延长自由行期限和隔离淘汰措施来达到保障市民的生命、身体财产及名誉的目的，而基于道义责任所确定的刑罚尤其是短期自由刑则不是好方法。② 比利时后来在1930年的《社会防卫法》中就借鉴了普林斯特殊防卫的主张，对精神病人和累犯适用特殊措施。

19世纪末20世纪初的社会防卫论仍然无法脱离开严厉打击犯罪的刑法制度，还不具备以拯救犯罪人、矫正有犯罪倾向者为重心的科学和人道价值，正因如此，这种社会防卫论后来被德意法西斯分子肆意歪曲，蜕变为他们"恶为利用"保安处分的理论基础。③

（二）新社会防卫论

第二次世界大战后，吸取纳粹分子破坏民主和人权的教训，人权保障被重新重视起来，各国法学界都认为应当在刑法制定中强调人权保障，保护犯罪者回归社会的权利，废止过于残暴的刑罚，对人的尊严的保护和对个人的尊重引起人们的普遍关注，在这样的背景下，社会防卫运动应运而生。④ 这场新社会防卫理论的革新运动中出现了意大利法学家格拉马蒂卡（Filippo Gramatica）的激进社会防卫思想和法国刑法学家安塞尔（Marc Ancel）的折中性社会防卫思想。安塞尔对这次革新的评价是，"一方面，它对传统的纯粹报复性的法律规定进行冲击，另一方面它也在积极寻求既保护社会整体又保护个人的新办法。这一不满现状、矢志改革现状、大力倡导人道的运动，就是现代意义上的社会防卫运动，我们所理解的'社会防卫'意义也就在其中"。⑤

格拉马蒂卡反对旧社会防卫论过分强调社会防卫而忽略个人矫正的

---

① 卢建平：《刑事政策与刑法》，中国人民公安大学出版社2004年版。
② 参见鲜铁可《格拉马蒂卡及其〈社会防卫原理〉》，《中国法学》1993年第4期。
③ 参见苗有水《保安处分与中国刑法发展》，中国方正出版社2001年版。
④ 参见马克昌主编《近代西方刑法学说史》，中国人民公安大学出版社2008年版。
⑤ 参见［法］安塞尔《新刑法理论》，卢建平译，香港天地图书有限公司1990年版。

思想，认为社会防卫最本质的目的不仅在于对公众人身和财产安全的保护，更在于帮助犯罪人回归社会。所以对于与社会为敌的人不能简单地只是处以刑罚，而是要在深入考察其反社会的背景原因，根据具体的案件情况，采取不同的矫正方法，比如治疗或者教育，对于极个别特别危险的也可以采取隔离的方式，但惩罚的实施不能只是为了造成痛苦。①他主张用"反社会性"的概念取代传统的"犯罪"概念②，相应地，用"反社会性的指标及其程度"取代"责任"概念，在个人向适应社会方向转化过程中的措施称为"社会防卫处分"，包括了治疗性、教育性、改善性的措施，代替原有的刑罚和保安处分概念，并用社会防卫程序取代刑事诉讼程序。

不同于格拉马蒂卡极端的否定刑罚的主张，安塞尔认为应当将保安处分和刑罚统一成为一个刑事制裁体系，根据行为的具体种类和行为者的具体情况选择适用刑罚或者保安处分，反对基于人身危险性基础上保安处分的滥用，这就要求立法上要事先做到：③第一严格界定人身危险性的概念和判断标准，划分出不同的级别，确定相应的保安处分的种类；规定对国家的预防干涉权要有严格的限度；改革刑事诉讼的有关程序，比如人格调查程序等，主张专家委员会和法官的合作。第二，不同于旧社会防卫论着眼于消极的犯罪处罚，他强调对犯罪人的改造，具有积极意义。第三，他重视对犯罪人的人格调查，以此作为量刑依据。

新社会防卫论中关于社会防卫的功能、保安处分与刑罚关系的阐述以及其预防思想、教育刑主张，都成为预防性监禁制度的理论基础。因为预防性监禁理论的核心思想之一就是法治国家语境下的特别预防理论，这种针对个人的个别预防思想和防卫社会的目标相结合，可以赋予其正当性。比如德国刑法学家就认为，"从宪法所规定的国家的保护义务以及公共利益最高原则中寻求保安处分措施之正当性"是本国刑法学界的通说。④

---

① 参见鲜铁可《格拉马蒂卡及其〈社会防卫原理〉》，《中国法学》1993年第4期。
② 参见［意］格拉马蒂卡《社会防卫原理》，马克昌主编《近代西方刑法学说史》，中国人民公安大学出版社2008年版。
③ 参见［法］安塞尔《新刑法理论》，卢建平译，香港天地图书有限公司1990年版。
④ Vgl Frisch W. Die Maßregeln der Besserung und Sicherung im Strafrechtlichen Rechtsfolgensystem. Die Zeitschrift für die gesamte Strafrechtswissenschaft, 1990 (102): 367–368.

三 刑罚正当性
——人身危险的立法模式和评估方法

（一）人身危险性

由于人身危险性对于行为人再次犯罪有导向性，要实现预防犯罪的目的，就必须考虑人身危险性和行为人犯罪可能性之间的关联。对人身危险性概念有狭义和广义之分，狭义的人身危险性是指再犯可能性，因为"如果没有一定人的一定行为，其一定的恶行就不能确认，我们固然认为不等一定的行为实施就可能对一定的恶行产生嫌疑，但是，这种嫌疑并非能够确认，按照我们的知识和经验，只有一定的人实施一定的行为，才能确认一定的恶性"①，所以只能对再犯罪人评价人身危险性。

广义的人身危险性则不以行为人曾经犯过罪、受过刑罚处罚为前提，所以不限于再犯的可能性，即犯罪人再次实施犯罪可能性，也要考察初犯可能性，也就是潜在犯罪人的犯罪可能性。② 有研究显示，5%的犯罪人要对45%的案件负责，另一研究也有类似结论，发现6%的犯罪人要对50%以上的案件负责，这就表明，对高危险性的犯罪人进行有效分类和管理可以显著减少整个社会的犯罪率。③

龙布罗梭曾论证过人身危险性和犯罪与刑罚之间的关联，认为刑罚要与个别预防的需要相适应，他提出了处遇个别化原则，主张对遗传性犯罪人、偶发性犯罪人、情感性犯罪人三类犯罪人应当采取不同的对策：对遗传性犯罪人采取刑罚遏制，使其丧失犯罪或再犯罪的能力，比如对还未实施犯罪的人采取保安处分预先隔离；对有犯罪生理特征的人进行治疗，如切除前额等消除犯罪动因，将危险性极大的流放荒岛，终身监禁乃至处以死刑；对于偶发性、情感性犯罪人适用刑罚替代措施，诸如法庭警告、训

---

① 马克昌主编：《近代西方刑法学说史略》，中国检察出版社2004年版。
② 参见陈兴良《刑法哲学》，中国政法大学出版社2000年版。
③ 参见何川、马皑《罪犯危险性评估研究综述》，《河北北方学院学报》（社会科学版）2014年第2期。

诫、不定期刑、罚金、缓刑或矫正机构进行矫正等。①

英美刑法学界中也有关于人身危险性与犯罪之间关系的研究，因为实践表明，报应模式下的刑罚威慑和矫正对犯罪人的影响有限，并不能有效地改善再犯率。比如剑桥大学的Farrington教授就认为已有犯罪历史的人更容易再次实施犯罪行为，他认为以下因素与犯罪有关：一般危险因素，比如有无酗酒、有无家庭残缺等；冲动因素；智力因素；家庭影响；朋友影响；社区影响等因素，这些也成为后来危险评估的重要指标。②

预防性监禁制度，重在预防，所以其实施目的在于防止危险者再次侵害社会，是对行为人的人身危险性采取的特别预防措施，所以其基础是犯罪人的"反复犯罪的危险性"，这就涉及对可以适用预防性监禁措施的对象范围。广义上的预防性监禁可能会包括对精神障碍者的强制医疗等措施，对有些可能因精神障碍判处无罪的人，只要认为还有人身危险性就可以进行一定的收容，但狭义的预防性监禁着眼在再犯危险性，则应当去除没有反复犯罪危险的行为人，比如有学者就认为，"保安处分以反复犯罪的危险为要件，因此，该危险消失的话，就必须停止实施保安处分，相反地，只要危险性继续存在，在其性质上有必要继续实施保安处分的话，原则上，必然要实施不定期的保安处分"③。

在量刑时对人身危险性进行评估也是行刑个别化的要求。行刑个别化是指行刑者根据具体罪犯的成长经历、生活环境、社会危害程度以及个性特征等指标决定改造的具体方案，对不同罪犯制定不同内容、方式的计划，这样有利于最大限度实现行刑的价值。④ 只有具有针对性的预防和矫正措施，才能真正起到消除再犯可能性的目的，尤其对于一些累犯、惯犯、恐怖主义犯罪分子等，他们的人身危险性具有不易改造、容易反复和起伏等特点，所以需要通过评估来随时监测和调整教育改造措施。

---

① 参见［意］龙勃罗梭《犯罪人论》（第二版），黄风译，中国法制出版社2005年版。
② David P. Farrington, D. P. Human Development and criminal Careers, Crime, Deviance and Society. Edited by Susan Caffrey, S. & Mundy, G. Dartford: Greenwich University Press, 1996, pp.103, 95 – 136, 111 – 126, 95 – 136, 103 – 136.
③ ［日］大谷实：《刑法讲义总论》（第2版），黎宏译，中国人民大学出版社2008年版。
④ 参见樊凤林《刑罚通论》，中国政法大学出版社1994年版。

(二) 立法模式

刑罚有罪刑均衡原则、罪刑法定原则等基本原则来平衡人权保护和一般刑罚目的，预防性监禁涉及对未来行为和人身危险性的预测，无法直接适用罪刑均衡原则来限制，加之其不定期的性质本就有侵犯人权的可能性，又涉及对人自由的限制，故而必须将其适用的场合、手段、期间、执行机关、程序等具体问题加以明文规定，以平衡人权保障目的和社会防卫目的。

各国现有对人身危险性的规定主要有三种模式：第一，立法确认模式，即法律对人身危险性的表征因素作出明确规定，法官依法认定，比如瑞士刑法典；第二，司法确认模式，即对人身危险性的认定交由法官根据案件具体情况自由裁量，比如中国和德国刑法典；第三，混合主义模式，即立法上对人身危险性的表征因素作出规定，同时法官也拥有一定的自由裁量权，可以根据具体案件综合判断，比如意大利和西班牙。[①] 混合模式结合了立法和司法模式之所长，在实践中更为可行，但无论采取何种模式，由于人身危险性的评估和对犯罪人的不利后果相连，所以必须严格限制这种评估，否则有可能导致对刑法基本规范的违反和对人权的侵害。

(三) 人身危险性的评估因素

对初犯和再犯犯罪人的评估因素是不同的。对于初犯犯罪人，其核心特征是违法行为，具体的事实情况，从宏观上包括了形势、犯罪率和民愤三个表征，[②] 从微观上则可以从内在的个人状态和外在的个人行为两方面分析。

1. 从个人状态上分析

个人状态也就是具体行为人的生理和人格状态，为了限制预防性监禁措施的适用，对什么样的人需要评估初犯可能性必须有明确的范围，笔者认为应当限制在精神病人、毒瘾者和有明显人格障碍的未成年人这三类群

[①] 参见刘旭东《累犯制度研究》，中国政法大学出版社2012年版。
[②] 陈兴良：《刑法哲学》，中国政法大学出版社1992年版。

体上。首先，对于精神病人，在其发病状态的危害行为通常表现为暴力和危险手段的伤害破坏行为，所以应当认定其有人身危险性适用预防性监禁措施。其次，对于毒瘾者，这类人在毒瘾作用下精神状态大多不再正常，比如日本法务省综合研究所对违反毒品相关法律的假释犯的精神诊断表明，其中56.2%的人属于精神准正常、精神衰弱和精神病质中的某种状态，① 在这种状态下很容易发生危害社会的行为，所以应当认定其有人身危险性适用预防性监禁措施。最后，对于未成年人，有一部分未成年人由于童年时期的社会、家庭原因没有形成健全的人格，容易与周围发生冲突，没有遵守社会规则的习惯，这类"虞犯少年"在严格的人格调查程序后，可以认定其有人身危险性适用预防性监禁措施。

2. 从个人行为上分析

行为角度主要是从违法行为的发生次数角度来评价其人身危险性，因为从多次的违法行为可以推测出行为人具有进一步实施更严重违法甚至犯罪行为的可能性，只有在这种情况下才能确定行为人具有初犯可能性，适用预防性监禁措施。

对于再犯犯罪人，对其人身危险性的判断也就是对再犯危险性的判断。再犯危险性是指"保护对象再次犯罪而破坏法律平稳的确实的概然性（bestimmteWahrscheinlichkeit）"，再犯危险性以未来的结果为判断根据，与常习性相区别，不能因为常习性的认定而当然地肯定再犯的危险性，需要将行为人的年龄、成长过程、家庭关系、教育、生活程度、性格和智力、职业和劳动意识、前科、前科和犯罪之间的时间间隔、犯罪的手段和动机、之后的状况等因素综合分析，② 总的可以分为犯罪和犯罪人两个角度。

1. 罪犯的个人情况

首先是罪犯的生理情况，包括生物学和病理学两方面，生物学特征主要指体型特征、遗传学特征，而病理学特征主要指犯罪人是否是精神障碍者。其次是罪犯的心理状态，这主要是从心理学角度对犯罪人的气质、性格、情感、意志等因素作出的评估，不同的心理状态会导致不同的行为结

---

① 参见［日］菊田幸一《犯罪学》，海沫等译，群众出版社1989年版。
② 参见［韩］李在祥《韩国刑法总论》，［韩］韩相敦译，中国人民大学出版社2005年版。

果。其次是一些不属于以上两类，但对犯罪人再犯可能性有影响的因素，比如年龄、性别、职业、家庭背景、文化程度、生活经历等。最后是从罪犯初犯前后的表现来评价其人身危险性，平时表现良好的偶犯，再犯可能性较小，甚至无再犯的可能性。①

2. 犯罪行为的情况

首先是对客观犯罪行为的分析，包括对犯罪种类、犯罪手段、犯罪对象、犯罪形态、犯罪时间、犯罪环境等因素的分析。其次是对犯罪主观情况的分析，包括对故意过失、犯罪动机、犯罪目的等因素的分析。比如直接故意的犯罪人的再犯可能性一般大于间接故意和过失犯罪的犯罪人，犯罪手段残忍的犯罪人的再犯可能性一般比较大，犯罪未遂的犯罪人，因外力而犯罪未遂的犯罪人的人身危险性比遇到障碍就自动中止犯罪行为的犯罪人要大，前者若有机会就可能再犯，后者则不尽然。②

（四）人身危险性的评估体系

正如前文所述，人身危险性和人权相关，其评估目的是预防可能发生的犯罪，由于笔者的预防性监禁理论包括了对恐怖主义犯罪行为的规制，所以笔者认为对人身危险性的评估时间可以不拘于犯罪之后，即采用广义的人身危险性概念，对初犯和再犯在一定的条件下都可以作出评估。

评估方法主要有定性和定量两种，我国现在主要是一种定性的方法，是基于对各种人身危险性表征因素综合考虑后的整体判断，这种方法的不利之处就在于结果不够客观和准确。现在也有学者在作出定量分析的尝试，比如有学者以影响刑释人员人身危险性的 14 种客观因素为自变量，以释放后表现（两年内是否重新犯罪）为因变量，除去固定因素，设计了刑释人员人身危险性（即重新犯罪可能性）的评估公式③，这个公式算出的刑释人员人身危险性的标志值 P 在 0 至 1，反映某刑释人员个体在 2 年

---

① 参见周振想《刑罚适用论》，法律出版社 1990 年版。
② 参见何道新、韩耀元《试论犯罪人的人身危险性》，《河北法学》1992 年第 6 期。
③ 刑释人员人身危险性标志值 $P = 性别 \times 0.081 + 文化程度 \times 0.034 + 捕前职业 \times 0.012 + 婚否 \times 0.01 + 罪名 \times 0.077 - 刑期 \times 0.007 + 剥政（剥夺政治权利）\times 0.033 + 前科次数 \times 0.11063 + 离监类型 \times 0.065 + 改造 \times 0.074 + 就业 \times 0.155 + 帮教情况 \times 0.2042 - 逮捕年龄 \times 0.032 - 释放年龄 \times 0.024 - 7.379$。参见邬庆祥《刑释人员人身危险性的测评研究》，《心理科学》2005 年第 1 期。

内重新犯罪的可能性大小（可转换为百分率）。①

外国的人身危险性定性评估方法主要有直觉法、临床法和统计法，直觉法是由司法工作者通过专业训练和经验评估；临床法是由受过犯罪学训练的心理学家或精神病学家通过访谈、观察等方法调查犯罪因素，对人身危险性进行判断；统计法则基于犯罪特征越多将来犯罪可能性越大的假定制作预测表，排出易于犯罪的若干特征和评估对象予以比较，用打分的方式评估危险性的大小。②

定量评估方法在美国最早开始于 Burgess 在 1928 年设计的对罪犯假释成败的预测表，他列举了可能与假释效果有关的因素，包括犯罪史；家庭史；结婚状态；就业；犯罪性质；是否共犯；犯罪发生地；逮捕时是否有居所；近邻的类型；刑期长短；假释前服刑多久；狱内被惩罚的记录；性格类型；精神医学诊断的结果等，他将这些因素放入预测表，罪犯获得分数越高，假释成功可能性越大。在这个预测表的基础上又发展出了多种测量表，比如 1972 年的"重要因素量表"（the Salient Factor Score）以及之后的危险测量表（Coding Scheme for Dangerousness Measure）、兰德量表（Greenwood Scale）等，这些表通过打分方式预测罪犯将来的犯罪可能性。③这样的评估表有利于假释委员会（或者其他负有复查和评估罪犯的机构）更有效和准确地判断被判处预防性监禁的行为人能否得到释放。

四　社会环境正当性
——风险社会的要求

1986 年德国学者乌尔里希·贝克（Ulrich Beck）在《风险社会》（Risk Society）一书中提出了"风险社会理论"，认为"风险社会"包括了一系列具有不确定性的政治、经济、社会、文化因素，它们承担着现存社会结构、体质和社会关系向着更加复杂、更加偶然和更易分裂的社团组

---

① 参见邬庆祥《刑释人员人身危险性的测评研究》，《心理科学》2005 年第 1 期。
② 参见黄兴瑞《人身危险性的评估与控制》，群众出版社 2004 年版。
③ 参见翟中东《当代英美刑法中的人格地位与人格评估》，《河北法学》2009 年第 2 期。

织转型的重任。①

这一理论自提出后引起各个学科的关注和讨论，刑法学界也不例外，这种对现代社会的安全和人类的自由两者间价值平衡的思考也反映在立法上。传统刑法的罪责模式基于已经实际存在的社会危害性，强调的是无行为无犯罪无责任，但风险社会下，有些具有现实发生紧迫性的危险行为，一旦发生会造成极大的社会危害，引起社会秩序的混乱，还有些危险行为虽然无法查清主观罪过，但可以证实客观罪行，这些行为都有必要纳入刑法规制体系之中，需要刑法机能进行变化来为处罚这些行为提供正当性。风险社会中的许多问题已经无法及时得到其他部门法的解决，只能由作为保障法的刑法直接介入处理，刑法的保护机能得到凸显，在立法上的表现就是法益保护的提前化。比如，1975年后德国刑法不断修改和扩张，将干预时间提前到了法益受到真正侵害之前。其手段除了增加未遂的可罚性之外还设立了抽象危险犯的概念。"对于抽象危险犯，不一定要像具体危险犯那样出现法益的事实上可以确定的具体危险，相反，行为人实施了一个在立法者看来具有一般危险性的行为，就足够了。"② 德国刑法典关于环境刑法、放火罪、竞争犯罪行为的规定都是这个思想的体现。

在刑事政策上风险社会概念也影响着犯罪学与刑罚理论的发展。兴盛于20世纪末西方社会隔离性刑罚的观念与现代社会具有风险社会的特质是密切相关的。不同于传统刑罚的概念，隔离性刑罚关注的重点不再是犯罪人的矫治，而是犯罪率的最低控制，原有的社会环境对犯罪人影响的理论和人的社会契约责任观点已经被强调风险、精算与统计的经济论述所取代：运用统计与精算的方式辨识和管理危险因子，以降低危险群体的危害，有效控制犯罪。将多次犯罪的犯罪人长期监禁，隔离于社会之外或者处以严厉的刑罚是符合现代社会控制风险的需求的，所以在近代各国也发展出了一些相应的措施，比如美国的三振法案、德国的保安监禁等。③

---

① 参见［德］乌尔里希·贝克、约翰内斯·威尔姆斯：《自由与资本主义》，路国林译，浙江人民出版社2001年版。

② J. Baumann, U. Weber, W. Mitsch, Strafrecht allgemeiner Teil. Leherbuch, 11. Aufl, 2003, §8Rn. 42f. 转引自［德］埃里克·希尔根多夫《德国刑法学：从传统到现代》，江溯、黄笑岩等译，北京大学出版社2015年版。

③ 参见刘旭东《累犯制度研究》，中国政法大学出版社2012年版。

预防理论强调犯罪预防是刑罚的核心目的，而在风险社会下，强调刑法的预防机能恰恰迎合了现代化一般大众想要不被犯罪干扰的追求安全与安宁的普遍心态，所以预防理论对刑法和刑事政策的影响越来越大。

从归责出发，以预防为导向的功利主义刑罚价值观对责任主义构成冲击，刑法的归责原则也需要重新调整，一方面，归责与归因出现分离，风险社会中严格责任的情况越来越多，当人们无法认定有经验支撑的行为和风险后果之间的联系时，往往采取了责任分担的做法或严格责任的做法，客观归责理论的发展就是两者分离的一个体现；另一方面，责任的承担由个人转向团体责任，大量以法人名义实施的危害公共利益的行为，无法将责任归责于个别行为人，所以追究团体责任是保护受害人利益和社会秩序的必然选择，这实际上也反映了刑法功能的预防转向。为保证人权保障和秩序维护两者的平衡，在对个人责任进行追究的时候就要注意把握不同阶段的判断标准，即要结合好可责性与需罚性这两个要素判断，首先，考察行为是否可以归责时，要以期待可能性等原则为标准，不具有可归责性的就不归责；其次，可以归责的行为不一定有惩罚的必要性，还应当从犯罪预防，社会秩序维护的需求角度考量是否需要承担刑事责任，进一步缩小实际承担刑事责任的范围。这样其各自所承载的人权保障与安全秩序的刑法价值追求就可以做到相互制约、共存共荣，不至于彼此伤害，使刑法走向极端。

五 预防性监禁制度的基本特征

基于以上从传统理论、刑罚以及现代风险社会的讨论，预防性监禁制度正当性的取得需要具有以下几个基本特征。

首先，预防性监禁措施应当具有不定期性，因为对犯罪人的预防和改造的效果不可能事先预知，只能根据当事人的危险状态和改造措施的进展与效果来确定。但这种不定期性是相对的，出于对人的自由的保护，需要确定某种限度，但对预防性监禁措施期限的限制比对刑罚的限制要灵活的多。[①]

[①] 参见［法］卡斯东·斯特法尼等《法国刑法总论精义》，罗结珍译，中国政法大学出版社1998年版。

其次，对预防性监禁措施的期限可以延长，但这种延长是受到严格限制的，比如比利时1930年4月9日的"社会防卫法律"对"不正常状态人"的规定、丹麦刑法典对累犯的规定，法国1954年4月15日法律中对危险酗酒者的规定等。

再次，不同于刑罚作出后难以更改的状态，预防性监禁措施在处分过程中随时可以根据当时的状况复审，作出取消、继续实行甚至加重措施的决定。《意大利刑法典》第208条，《丹麦刑法典》第70条与第75条，比利时1930年4月9日的"社会防卫法律"的第28条，法国1845年2月7日法令第27条都有相关的规定。①

此外，预防性监禁措施的实施以必要为限，以伦理为基础，这也是韦尔泽尔（Welzel）认定的保安处分的三大基石之一［"伦理容许性"（Die sittliche Zulassigkeit）、"有效性"（Nützlichkeit）、"目的性"（Zweckmassigkeit）］。从法治国观念分析，国家出于目的性和有效性的依据，通过司法途径将对社会治安产生威胁的习惯犯、常业犯、精神障碍者以及危险传染病患者等加以特别的矫治或疗护、监禁（隔离）的措施，这个依据不足以满足剥夺有人身危险性的犯罪人人身自由的正当性。② 迈耶（Mayer）也认为保安处分适用必须是合目的性、个人道德容许性和适用必要性的统一。如果没有这样的限制，就可能过分地扩大保安处分的外延，挤压个人自由的空间，导致滥用。

最后，预防性监禁措施应当是适当的，其种类和轻重应当与犯罪人的违法行为和人身危险性相适应，不能超出预期的预防目的和防卫的危险程度。比如德国现行刑法典第62条就规定，"矫正措施和保安处分如果与犯罪人实施或可能实施的行为的严重性和危险程度不相符时，不能科处"。

---

① 参见［法］卡斯东·斯特法尼等《法国刑法总论精义》，罗结珍译，中国政法大学出版社1998年版。
② 参见林山田《刑罚学》，台湾商务印书馆1983年版。

第四编

网络犯罪前沿问题

帮助信息网络犯罪活动罪的核心问题研究[*]

孙运梁[**]

一 引言

在信息化、国际化背景下，大量犯罪技术支持行为衍生出来，而且表现出产业化、专业化发展态势。伴随网络犯罪的产业化发展和成熟，犯罪服务型行业开始分化出来，作为新兴的产业分支，其通过市场化、商业化运作模式将网络技术、工具以商品形式流通，这样就使得许多潜在的犯罪人获得帮助而参与到网络犯罪中来。① 对网络犯罪实施来说，信息技术支持是必备的、往往也是至为关键的因素，对犯罪提供网络技术帮助的行为重要性突显出来。帮助行为成为消除网络犯罪技术阻碍的重要一环，技术性是信息网络空间的重要特征，由此决定了技术帮助行为不可或缺。早期的网络犯罪一般表现为白领犯罪（高智商犯罪），犯罪主体是网络技术精英，行为方式是各种网络攻击，可以说，普通犯罪人欠缺从事网络犯罪的专门技能，网络空间强烈的技术属性是横亘在一般人通往网络犯罪道路上

---

[*] 本文系国家社科基金重大项目"我国刑法修正的理论模型与制度实践研究"（项目编号：16ZDA061）之子课题四"刑法修正视野下的刑法改革与制度实践研究"、北京航空航天大学人文社科尖人才支持计划项目"网络服务提供者刑事责任的类型化研究"（项目编号：YWF - 19 - BJ - W - 41）的阶段性成果。本文原载《政法论坛》2019 年第 2 期，此次收入略有删节。

[**] 北京航空航天大学法学院副教授，博士生导师，刑事法中心主任。

① 参见张婷《中德网络帮助犯规制体系之评介反思》，《重庆邮电大学学报》（社会科学版）2017 年第 1 期。

的天然鸿沟。从总体上说，早期网络犯罪的数量是可控的，网络安全秩序和诸多法益可以得到有效保护。然而，网络社会的发展速度惊人，网络技术变得越来越易学易用，普通民众可以廉价、便捷地从网络空间取得进行网络犯罪的技术手段、工具，普通人实施网络犯罪不再那么"奢侈""高端"。技术帮助行为是绝大多数网络犯罪实现的决定性因子，也成为网络犯罪形势严峻的"罪魁祸首"。基于犯罪能力的高低，网络犯罪人群体可以区分为两类：另一种是技术高手，他们对各种黑客技术轻车熟路；一种是犯罪新手，他们掌握的计算机技能相当有限，从数量上说，后者占绝大多数。很显然，前者凭借高超的计算机编程技能和各类网络技术，易于实施网络犯罪；后者只掌握计算机基础知识和一般上网技能，根本不能实施多数网络犯罪行为，其社会危害性非常有限。但是，网络空间中公开传播犯罪工具、为他人非法侵入计算机信息系统提供技术帮助等行为逐渐增多，导致不具备或具备较低犯罪能力的网民参与到网络犯罪中来，例如传统犯罪组织转型到网络诈骗活动，这样就使法益面临更大的侵害和严重的风险。

　　刑法修正案九在刑法中统一对各种网络犯罪技术帮助行为进行专门性规定，即增加了第287条之二[①]，这有助于对各种网络犯罪帮助行为进行准确、有效地刑事处置，保护公民个人法益和社会公共法益，促进信息网络正面价值的实现。一般认为，刑法第287条之二第1款是对本罪罪质的规定，以前被评价为信息网络犯罪的帮助行为升格为单独正犯，从此网络犯罪中的帮助行为被独立作为犯罪处罚，这种共犯行为正犯化的立法体现了法益保护前置的态度和对该类行为的加重制裁。[②] 本文尝试在已有研究的基础上，对该罪存有较大争议的核心问题，如本罪的性质、明知、作为帮助对象的犯罪、网络犯罪帮助行为刑事责任的演化等，进行一些探索，

---

　　① 参见全国人大常委会法制工作委员会刑法室编《中华人民共和国刑法修正案（九）条文说明、立法理由及相关规定》，北京大学出版社2016年版，第233—234页；王爱立主编《中华人民共和国刑法解读》，中国法制出版社2015年版，第695—696页；郎胜主编《中华人民共和国刑法释义》，法律出版社2015年版，第505—506页。

　　② 参见周光权《刑法各论》，中国人民大学出版社2016年版，第356页；黎宏《刑法学各论》，法律出版社2016年版，第369页；刘宪权《论信息网络技术滥用行为的刑事责任——〈刑法修正案（九）〉相关条款的理解与适用》，《政法论坛》2015年第6期。

以期抛砖引玉，推进这些问题的研究走向深入。

二 关于本罪的性质

关于本罪的性质有两种不同的观点：一种观点认为，本罪不是帮助行为正犯化的规定，而是帮助犯的量刑规则；另一种观点认为，本罪是独立的罪名，是帮助行为正犯化的罪名。

张明楷教授认为，虽然刑法分则某一条文对帮助犯规定了独立的法定刑，也不意味着该帮助犯成立正犯化的罪名。梳理我国刑法分则关于帮助犯的有关规定，总体上可将对帮助犯设立独立法定刑的情形分为三种类型，分别是帮助犯的绝对正犯化、帮助犯的相对正犯化以及帮助犯的量刑规则。[①]（1）帮助犯的绝对正犯化是典型的帮助犯的正犯化，虽然这些分则条文中出现了协助、资助、帮助等用语，但这种帮助犯已被提升为正犯，与刑法分则其他条文规定的犯罪并无差别。例如，刑法第120条之一规定的帮助恐怖活动罪中，只要行为人存在资助行为，即使被资助者没有具体实施恐怖活动犯罪，行为人也能成立该罪，同时对该资助行为予以教唆、帮助的行为也能以共犯论处。（2）在帮助犯的相对正犯化的情形，作为共犯的帮助犯是否被提升为正犯尚需具体判断，也就是要具体考察该帮助行为是不是值得科处刑罚，如此一来，帮助犯有可能成立正犯化的罪名，也可能不成立正犯化的罪名。在不存在其他正犯的时候，根据该帮助行为是否侵害法益、侵害的具体程度，来判断帮助犯是否值得科以刑罚。例如，刑法第358条第4款协助组织卖淫的行为，要根据被协助的正犯有否实施组织卖淫行为、协助行为本身有否严重侵犯社会管理秩序，来判断该协助行为是否成立犯罪。（3）在帮助犯的量刑规则的情形，帮助犯不成立正犯化的罪名，帮助犯仍然属于帮助犯，由于刑法分则条文针对该帮助犯设置了独立法定刑，所以排除刑法总则有关从犯（帮助犯）处罚规定的适用。这种情形的代表之一就是刑法第287条之二第1款设立的帮助信息网络犯罪活动罪。

[①] 参见张明楷《论帮助信息网络犯罪活动罪》，《政治与法律》2016年第2期。

刘艳红教授主张第二种观点,其对张明楷教授的观点提出了不同意见①:(1)正是由于刑法第287条之二设置的帮助信息网络犯罪活动罪属于一个独立罪名,因而其才配备有独立法定刑。网络帮助行为拥有独立法定刑是以该行为单独成罪为前提的,刑法在被帮助的网络犯罪行为之外对网络帮助行为单独设立了一个罪名。这种立法模式是对帮助行为独立设置的罪刑条款,并不是对刑法总则共犯处罚规定的补充修正,如果将刑法第287条之二仅仅视为帮助犯的量刑规则,那么就只是突出了刑法分则条文的刑罚设置功能,而忽视了其罪名设置功能。②(2)刑法总则的规定对刑法分则具有指导意义,如果认为帮助信息网络犯罪活动罪是刑法总则共犯规定以外的一种量刑规则,这种场合不再适用刑法总则有关从犯、帮助犯的规定,那么就会使得刑法总则共犯原理被搁置、被架空,也就取消了总则对分则的指导作用,总则与分则之分也会不再存在。(3)刑法典中帮助恐怖活动罪、帮助信息网络犯罪活动罪等规定都是帮助行为单独入罪的立法形式,将这些条文划分为帮助犯的绝对正犯化、相对正犯化与量刑规则属于"强硬"的解释,与刑法解释的体系规则、正犯与共犯区分的刑法原理相悖。(4)刑法分则中带有帮助、协助、资助、提供等帮助行为性质的罪名,在规范模式上均能分解为明知+帮助,例如,帮助恐怖活动罪可被分解为明知对方是恐怖活动组织、实施恐怖活动的个人、恐怖活动培训,而给予金钱、物资的帮助,这种分解后的行为构造与帮助信息网络犯罪活动罪是完全一致的。可以说,刑法第287条之二设立的犯罪与帮助恐怖活动罪、协助组织卖淫罪等带有帮助、协助字样的罪名并无不同,均为帮助

---

① 参见刘艳红《网络犯罪帮助行为正犯化之批判》,《法商研究》2016年第3期。
② 已有观点对此做了进一步阐释:量刑规则说忽视了分则之罪均为独立的犯罪构成,会导致没有构成要件的量刑规则,造成罪名虚置。从体系解释上看,刑法分则条文一般是对罪的规定,即描述立法者想要处罚的某种犯罪的罪状,就第287条之二而言,单纯拿出一条来描述一个与构成要件无关的量刑规则,告诉司法者某种帮助犯应当如何处罚,似乎并不合立法例,也毫无必要,解释起来稍显牵强。诚然,我国刑法分则中有条文是专门关于量刑及处罚的规定,如第383条关于贪污罪的处罚、第149条关于第三章第一节的本节法条的竞合犯适用、第150条关于第三章第一节的单位犯罪的处罚等,但其都是以前面法条中已经具有了对犯罪基本构成的事实描述为前提的。对比第287条之二,如果我们说刑法只告诉了国民,为犯罪行为提供互联网接入、服务器托管等技术支持行为如何处罚,而不告诉国民行为人犯了什么罪,那岂不是使得本条成为一种没有构成要件的量刑规则?参见聂立泽、胡洋《帮助信息网络犯罪活动的规范属性及司法适用》,《上海政法学院学报(法治论丛)》2017年第1期。

行为正犯化后的罪名。

于志刚教授也不赞成张明楷教授的观点,其认为只有帮助犯的正犯化,并无帮助犯的量刑规则[①]:(1)量刑规则说论者的解释表现出厚此薄彼的随意性:认为被帮助者未实施犯罪时帮助恐怖活动行为绝对可罚,被协助者未组织卖淫时协助组织卖淫行为也可罚。客观地说,不管被资助的对方是否实施恐怖活动犯罪,帮助恐怖活动的行为都能够成立犯罪,这一结论存在争议。在被协助者未实施组织卖淫行为时协助行为是否可罚,也是存在争议的。上述两种帮助行为是否可罚都是相对的,刑法上并未明确规定可罚与否。在正犯行为犯罪未遂或者预备的可罚性上本来就不存在绝对明确的规则标准,被帮助的正犯未实施犯罪的场合,正犯本身是否具有可罚性都有着争议,那么共犯是否可罚自然也有着争议。(2)量刑规则说论者未明确指出所谓帮助犯的相对正犯化是否可以再次对其共犯予以处罚。在帮助犯正犯化的场合,立法将帮助行为拟制为正犯行为,从而具有独立的罪刑条款,对该帮助行为的共犯可以进行处罚。

由于张明楷教授的观点发表在前,刘艳红教授、于志刚教授已对张明楷教授的观点进行了上述回应。之后,黎宏教授发文对张明楷教授的观点予以支持,其认为[②]:(1)刑法第 287 条之二并未设立能够独立于被帮助的对方的罪名。根据该条文的规定,提供网络技术支持的行为人要成立犯罪,除了主观上要明知他人利用信息网络实施犯罪,客观上也要求为其犯罪提供互联网接入等技术支持。此处的"其"便是指被帮助的接受技术支持的人,亦即为正犯;此处的"犯罪"是指由刑法所规定的侵害法益的行为,既可以是正在实行的犯罪,也可以是将要实行的犯罪。易言之,要成立本条所规定的犯罪,作为客观构成要件的技术支持必须指向他人的犯罪亦即刑法规定的侵害法益行为。倘若被帮助的他人并未去实施犯罪,那么根据罪刑法定原则的要求,帮助者不能构成本罪。由此看来,本条规定的帮助信息网络犯罪活动罪仍然受到共犯从属性的制约。(2)独立法定刑并

[①] 参见于志刚《共犯行为正犯化的立法探索与理论梳理——以"帮助信息网络犯罪活动罪"立法定位为角度的分析》,《法律科学》2017 年第 3 期。

[②] 参见黎宏《论"帮助信息网络犯罪活动罪"的性质及其适用》,《法律适用》2017 年第 21 期。

不是本条规定独立罪名的根据。规定独立法定刑的行为尽管是单独罪名，但不意味着这种犯罪只能是正犯而不能是帮助犯。正犯、帮助犯是关于广义共犯划分的类型，与有无独立法定刑分属不同范畴。虽然帮助犯在成立条件上对正犯有从属性，但其也属于犯罪，其也可以拥有独立法定刑。质言之，是不是具有独立法定刑与行为性质到底是正犯还是共犯无关。只要观察刑法分则中的一些条文，便能得出这种结论。例如刑法第107条资助危害国家安全犯罪活动罪，该法条对犯本罪的直接责任人员规定了独立的两个档次的法定刑，同时，该法条还要求被资助的他人实施本章第102、103、104、105条规定的犯罪，即本罪的成立以被资助者实施特定犯罪为前提，若被资助者未实施特定的前提犯罪，资助危害国家安全犯罪活动罪便不能成立。倘若说具备独立法定刑的便不属于帮助犯，那么本罪也就不属于共犯了。然而，我们都承认，本罪本质上就是背叛国家罪等的帮助犯。（3）刑法增设本条规定并不会导致总则中相关共犯规定被排除适用。独立罪名说认为，如果把刑法第287条之二看作为刑法总则共犯规定以外的量刑规则，那么会虚置总则的有关规定，导致总则对分则的指导作用消失。[①] 然而没有必要存在这种忧虑。该条第3款规定：有前两款行为，同时构成其他犯罪的，依照处罚较重的规定定罪处罚。根据该规定，如果行为既成立本罪，也成立其他较重犯罪的帮助犯，则会适用总则第27条的规定，对行为人从轻、减轻处罚。这里便体现了总则共犯规定对于分则条款适用的指导意义。如果按照总则第27条的规定确定刑罚之后，仍然重于本罪的刑罚，那么就要适用第287条之二第3款的规定，对行为人依照处罚较重的犯罪的帮助犯论处，不以第287条之二第1款论处。实际上，刑法第287条之二只是对信息网络犯罪帮助行为设置了量刑的下限，并没有完全排斥总则第27条的适用。

针对黎宏教授的上述三个观点，笔者认为仍可商榷：（1）刑法第287条之二客观上要求为他人犯罪提供帮助，主观上要求明知他人实施犯罪，与其他帮助性质的正犯一样，该罪的罪状自然要求依附于他人的犯罪[②]，

[①] 参见刘艳红《网络犯罪帮助行为正犯化之批判》，《法商研究》2016年第3期。

[②] 下文将要详细分析他人犯罪的含义。

起码他人实施了侵害法益的行为，才能对该帮助行为人予以处罚，从这个意义上说该罪"并没有超出共犯从属性的范围"，但这是由该罪的实质帮助犯性质决定的，不能以此否定该罪是独立的罪名。（2）确定一种行为是否是刑法上的一个独立罪名，主要看刑法对这一行为是否做了罪刑式规定，即规定了罪状并规定了相应的法定刑。① 因此很难说"是不是具有独立法定刑，与行为性质到底是正犯还是共犯无关"。论者已经承认"规定独立法定刑的行为……是单独罪名"，又说"独立法定刑并不是本条规定独立罪名的根据"，似乎有些自相矛盾。论者举出第107条资助危害国家安全犯罪活动罪为例，认为"我们都承认，本罪本质上就是背叛国家罪等的帮助犯"，这不存疑问，但是理论界也都承认，刑法第107条是一个独立的罪名，即帮助行为正犯化的罪名。（3）论者只是认为刑法总则关于共犯的规定适用于第287条之二第3款竞合犯的规定，但是对于第287条之二第1款的规定，论者认为其是帮助犯的量刑规则，不再适用刑法总则的共犯规定，也就是在"有前两款行为，没有同时构成其他犯罪的"情形，以及"行为人的行为既构成本罪，同时又构成其他较轻犯罪的帮助犯"的情形，排除总则共犯规定的适用，这便导致刑法总则的共犯规定被虚置。

在对量刑规则说的反驳上，刘艳红教授、于志刚教授已经表达了较为充分的观点，这里还有以下补充：（1）按照量刑规则说，间接帮助犯与直接帮助犯均适用第287条之二的量刑规则，且不适用总则从犯的规定，易导致罪刑失衡。对信息网络犯罪活动进行直接帮助的，称为直接帮助犯；帮助上述直接帮助犯的，称为间接帮助犯。比较而言，后者对法益侵害的危险更小、更抽象，在违法性上相对较轻，所以在处罚上应当比前者轻。但是，按照量刑规则说，间接帮助也属于帮助信息网络犯罪活动的行为，应当按照第287条之二第1款的量刑规则进行处罚，如此一来，间接帮助与直接帮助一样都适用三年以下有期徒刑或者拘役，并处或者单处罚金，也不能适用总则第27条关于从犯的规定予以从轻、减轻或者免除处罚。如果采取独立罪名说，间接帮助犯是对帮助信息网络犯罪活动罪实施帮助的行为，是正犯背后的共犯，不是共犯背后的共犯，应当适用总则第27

---

① 参见陈兴良《共同犯罪论》，中国人民大学出版社2006年版，第510页。

条从犯的规定予以从宽处罚，甚至可以免除处罚。所以独立罪名说能够体现对间接帮助犯的从轻处罚，从而实现罪刑均衡。（2）量刑规则说的区分标准使得同一个法条既具有正犯构成要件的属性，也具有共犯量刑规则的属性，这与罪刑法定原则的明确性要求相违背。量刑规则说主张根据共犯从属性与法益侵害的标准可以判断刑法分则中有关帮助行为的规定何种是帮助犯的正犯化，何种是帮助犯的量刑规则，但是这个标准具有不稳定性。量刑规则说将我国刑法中的一些法条归属为帮助犯的相对正犯化，第358条第4款即是其适例，以共犯从属性与法益侵害性来检验，该款规定在有的场合表现为帮助犯正犯化，有的场合不属于帮助犯正犯化，"实施该款规定行为的人是否构成犯罪，不可一概而论"[①]。然而，我们在看待某一法条的时候，不能觉得将它解释为构成要件时不合适，就将其视为量刑规则，在将其解释为量刑规则时不妥当，又将其视为构成要件。[②] 当然，在解释刑法条文时实质解释可以发挥作用[③]，但是同样作为解释的方法、理念，形式解释的作用不能忽视。曾有学者作出论断：我国当前的刑事司法实践并未落入法律形式主义的泥潭不能自拔，以至于需要依靠实质解释论进行拯救，相反是落入了法律实质主义的泥潭，突破了罪刑法定原则的限制，恰恰需要采用形式解释论进行校正。[④] 正如有学者一针见血地指出：与民法解释相比较的话，刑法解释的空间会大大缩小，倘若通过解释可以随意变更刑法所规定的内容，那么就是舍弃了罪刑法定原则的作用，可能会造成罪刑擅断的恶果。[⑤] 从这个意义上说，将刑法分则中帮助行为性质的规定划分为帮助犯的绝对正犯化、相对正犯化、量刑规则三种，在划分标准与方法上可能有失妥当。[⑥] 在独立罪名说看来，在刑法分则帮助行为性质的条文中没有帮助犯的相对正犯化、帮助犯的量刑规则两种类型，立

[①] 参见张明楷《论帮助信息网络犯罪活动罪》，《政治与法律》2016年第2期。
[②] 参见聂立泽、胡洋《帮助信息网络犯罪活动的规范属性及司法适用》，《上海政法学院学报（法治论丛）》2017年第1期。
[③] 参见张明楷《实质解释论的再提倡》，《中国法学》2010年第4期。
[④] 参见陈兴良《形式解释论与实质解释论：事实与理念之展开》，《法制与社会发展》2011年第2期。
[⑤] 参见黎宏《刑法学各论》，法律出版社2016年版，第10页。
[⑥] 参见聂立泽、胡洋《帮助信息网络犯罪活动的规范属性及司法适用》，《上海政法学院学报（法治论丛）》2017年第1期。

法者已将这些帮助行为提升设置为正犯。

三 关于本罪的"明知"

本罪的成立要求行为人主观上明知他人利用信息网络实施犯罪。倘若行为人对于他人利用自己所提供的服务、产品去实行犯罪并不知情，那么就不可能符合本罪的犯罪构成。如何理解和认定明知，是本罪主观方面最为重要的问题。刑法理论上一般认为，明知有两种，即刑法总则上的明知与刑法分则上的明知，前者是故意的一般构成要素，后者是故意的特定构成要素，只有存在刑法分则中的明知，才能断定行为人对行为的危害性质和危害结果存在明知。① 在网络空间中，从事中立的业务行为者对他人利用自己的业务行为进行犯罪不具有认识，或者只具有概括性认识，这是中立的业务行为与犯罪的帮助行为区分的关键因素之一。与之相反，要成立犯罪帮助行为，要求行为人对他人利用其帮助行为进行犯罪活动存在明确性认识。具体到帮助信息网络犯罪活动罪的认定，要求提供帮助者对受帮助者的实行行为具有明确性认知。明知从文义上解释，便是明明知道、明确知道的意思。在我国刑法典中，存在明知与应知并列使用的立法例，如刑法第219条侵犯商业秘密罪第2款规定："明知或者应知前款所列行为，获取、使用或者披露他人的商业秘密的，以侵犯商业秘密论。"当然，虽然明知与应知经常相伴出现，但二者没有包容、交叉关系。可以说，明知与应知是处于同一层级上的概念，但是，我国许多司法解释在界定明知时，却常认为明知包含应知（应当知道）。② 在明知含义的认识上，我国实务界与学术界存在着不同观点。

在界定明知含义时，根据明知范围从窄到宽，有三种观点：（1）明知只能是确知，亦即明确知道、明明知道。③ 明知是一种现实的认识，而不

---

① 参见张明楷《刑法分则的解释原理》，中国人民大学出版社2012年版，第158页。
② 如两高1998年《关于依法查处盗窃、抢劫机动车案件的规定》、最高法院2000年《关于审理破坏森林资源刑事案件具体应用法律若干问题的解释》、两高一部一局2003年《关于办理假冒伪劣烟草制品等刑事案件适用法律问题座谈会纪要》、两高2004年《关于办理侵犯知识产权刑事案件具体应用法律若干问题的解释》等。
③ 参见蔡桂生《国际刑法中"明知"要素研究》，《法治论丛》2007年第5期。

是潜在的认识。① 如果行为人只有一定程度的合理怀疑，或者只是模糊地知道，那不是犯罪故意中的明知。明知是具体的、有针对性的明知，不能是抽象的明知。②（2）明知包括明确知道和可能知道，即明确知道是指一种达到行为人内心可以确信的认识状态，而可能知道只是达到了行为人内心的一种盖然性认知、或然性认识或者概括认识程度。③ 前者是对他人有犯罪行为存在确定性认识；后者是对他人有犯罪行为存在可能性认识，行为人依据案件有关事实，知道他人可能实施犯罪行为，但对此又不能确定。④（3）明知包括知道（确知）和应当知道（应知），这是许多司法解释主张的观点，也被许多学者所采纳。⑤

笔者认为，第一种观点符合明知的本来含义，值得采用，理由如下：（1）第二种观点认为明知包括可能知道，第三种观点认为明知也可以是应当知道，但是可能知道同时意味着可能不知道，应当知道的潜在意思便是不知道。如此这般，便是认为故意犯罪中的明知包含可能不知道、不知道的情形，这会导致欠缺主观要素也可能符合犯罪构成，从而在犯罪的认定上违背罪刑法定原则的要求，着实不能使人信服。最高司法机关的司法解释在解读刑法分则一些罪名的明知时指出明知含有知道、应当知道两种情形。从字面含义来看，对犯罪构成事实的潜在认识也属于应当知道，这就有可能将犯罪过失纳入进来，违背了刑法总则规定的"过失犯罪，法律有规定的才负刑事责任"。本罪作为帮助行为实行化（正犯化）的罪名，本身即是对犯罪圈的扩大，如果如同司法解释那样在明知的界定上包括应当知道的情形，那么在司法实务中本罪就有被扩大适用的双重风险。另外，本罪明知的内容是他人利用信息网络实施犯罪，但法条对这些犯罪的罪名并未明确化、具体化。倘若认为应当知道也是明知，在法条没有对被帮助的具体罪名明确加以限制的状况下，该罪很可能沦为空泛的网络犯罪的口袋罪。通过梳理司法解释中针对明知的规定，可以发现将明知规定为知道

---

① 参见张明楷《刑法学》，法律出版社 2016 年版，第 266 页。
② 参见涂龙科《网络内容管理义务与网络服务提供者的刑事责任》，《法学评论》2016 年第 3 期。
③ 参见于志刚《犯罪故意中的认识理论新探》，《法学研究》2008 年第 4 期。
④ 参见许成磊《侵犯注册商标权犯罪问题研究》，《法律科学》2002 年第 3 期。
⑤ 参见陈兴良《教义刑法学》，中国人民大学出版社 2010 年版，第 442 页。

或者应当知道存在于 2009 年之前的司法解释中，2009 年之后的司法解释中，涉及明知的规定不再含有应当知道，而且强调综合多种证据来判断明知，也采取列举加除外规定的推定方法来认定明知。在最近几年涉及明知的司法解释中，特别是有关网络犯罪的司法解释中，明知的界定中已经没有了应当知道的影子。（2）可能会有人认为，根据第一种观点对明知含义的理解，明知的限定范围可能过于狭窄，行为人对此可能加以利用，借口自己未被明确告知而没有明知，从而得以逃脱法律的制裁。然而，明知的本来含义只能是明确知道，不能为了减轻证据证明的困难便背离刑法解释的基本原理，任意扩大明知的认定范围。（3）司法实务中可以通过推定制度来认定明确知道的存在，根据在案证据推定行为人知道，在法律效果上是与行为人明确知道同样的。依据经验法则和社会常识来推定明知的存在，这符合司法认知的一般规律，同时也解决了明知认定难的问题。①

司法实践中，为信息网络犯罪提供技术支持、广告推广等帮助者多数是网络服务提供者，为了保障网络经营者的合法权利、促进网络技术的发展，在认定网络服务提供者的主观明知时必须十分慎重。网络服务提供者要成立本罪，要求其主观认识达到确定故意的程度，即对于他人正在或者将要利用信息网络实施犯罪行为是明确知道的。如果只是因为行为人知道他人可能利用其帮助行为去进行犯罪，就认定行为人成立本罪，那么就导致过于扩大了本罪的适用范围，这种严苛的刑罚加重了网络服务提供者的经营成本和风险，也不利于维护法的安定性，有损良好法治秩序的形成。②有学者认为，由于网络帮助人一般向不特定的对象提供技术和服务，他们的主观认识往往呈现出不确定的状态，易言之，网络服务商并未明确认识到是向哪些人提供了技术和服务。如此，网络帮助人与不确定的犯罪主体之间不成立共同犯罪，不能被追究共犯责任。倘若将针对不特定主体的帮助行为一律正犯化（犯罪化），则会对网络管理者、使用者课予不应有的义务，将会对网络科学技术的发展带来阻滞的不良后果。③ 实际上，帮助

---

① 参见刘科《帮助信息网络犯罪活动罪探析——以为网络知识产权犯罪活动提供帮助的犯罪行为为视角》，《知识产权》2015 年第 12 期。
② 参见周光权《网络服务商的刑事责任范围》，《中国法律评论》2015 年第 2 期。
③ 参见刘艳红《网络帮助行为正犯化之批判》，《法商研究》2016 年第 3 期。

信息网络犯罪活动罪的成立，要求帮助者的认识应该是明确的，行为人明确认识到哪些人利用其提供的帮助行为从事犯罪活动。倘若行为人提供技术支持和网络服务的对象并不确定，对哪些人会利用其支持、服务实行犯罪并不知情，那么这种支持、服务的行为就属于中立的业务行为，根本没有网络犯罪帮助行为的属性，不可能构成本罪。因此，持上述观点的学者对第 287 条之二中的明知要素的理解可能有些偏差，这种误解也导致其怀疑本罪设立的合理性。

明知是表现犯的表现，其并不是不正自明的，作为一种主观要素其是行为之外需要单独加以证明的，并不能从行为中直接得到确证。司法机关办理明知型案件时会出现比较棘手的问题：犯罪嫌疑人、被告人声称自己只是经营合法的信息网络业务，其为他人提供互联网接入、服务器托管等技术支持，提供广告推广、支付结算等劳务帮助，都属于合法的业务行为，至于他人是否利用这些业务行为开展信息网络犯罪其并不关心，也不知情。但是离开犯罪嫌疑人、被告人对受帮助者的犯罪行为的明知（明确认知），就难以认定他们的行为符合犯罪构成。可以说，这种对于明知认定中碰到的障碍是含有明知构成要素的犯罪认定中普遍存在的，如何加以解决，值得研究。一方面，不能因为追诉过程中明知难以认定，就主张立法修正时取消明知这个构成要素，欠缺明知要素也能定罪，就违背了刑法的责任主义原理，也不能在未能取消明知要素时，司法上知难而退，不去适用相关法条；另一方面，也不能践踏刑事诉讼中的程序正义，为了证明明知而以刑讯方法去获取口供。① 是否具备明知要素可以通过以下途径来判断：行政主管部门是否作出过整改通知、警告、行政处罚；是否有网络用户进行过维权行为，例如举报、告知、投诉等；网络服务提供者自身的安全监控系统是否记载有大量非法信息异常存在，通过这些客观事实可以证明明知的存在，而且可以依靠刑事推定来认定明知的存在。除了行为人本人的供述以及同案犯的指证，在判断行为人主观要素的时候，往往只能通过客观证据来进行推定。例如，著作权法上著名的红旗标准规则就值得刑法借鉴，该规则就体现了推定制度的运

---

① 参见刘科《帮助信息网络犯罪活动罪探析——以为网络知识产权犯罪活动提供帮助的犯罪行为为视角》，《知识产权》2015 年第 12 期。

用，倘若他人实施侵权行为的事实如同一面鲜亮的红旗在网络服务商面前随风飘扬，则可以推断网络服务商不可能没有发现他人实施的侵权行为，即能够认定网络服务商主观上存在明知。

当前，我国一部分司法解释以及一些规范性文件对明知的认定规则做了明确规定。其中两高一部2012年颁行的《关于依法严惩"地沟油"犯罪活动的通知》是比较有代表性的文件，其总结了以往司法解释有关明知认定的有益经验，其所阐述的方法合理可行，对司法机关办案具有科学的指导性，其指出："认定是否'明知'，应当结合犯罪嫌疑人、被告人的认知能力，犯罪嫌疑人、被告人及其同案人的供述和辩解，证人证言，产品质量，进货渠道及进货价格、销售渠道及销售价格等主、客观因素予以综合判断。"又如两高一部《网络赌博案件意见》中规定：行为人收到行政主管机关书面等方式的告知后，仍然实施帮助行为的；为赌博网站提供互联网接入、服务器托管、网络存储空间、通讯传输通道、投放广告、软件开发、技术支持、资金支付结算等服务，收取服务费明显异常的；在执法人员调查时，通过销毁、修改数据、账本等方式故意规避调查或者向犯罪嫌疑人通风报信的，以及其他有证据证明行为人明知的，具备以上情形之一的，即可认定行为人在主观上存在明知要件。

推定方法根基于人类的经验法则。对社会上发生的某种现象人们经过反复认识总结，渐渐对其内在规律有了深刻认识，根据这种认知能够得出某种结论，从而形成一定的经验法则，当然由于人们主观能力的有限性，这种经验法则也只具有高度的盖然性。因为刑事推定方法的机理来源于盖然性的经验法则，所以推定的结论并非具有完全确定性，而是具有或然性。为了保证程序正义的实现，确保推定结论的合理性、正确性，应该容许行为人进行反驳，在作出合理解释的基础上推倒结论。[①] 具体到明知的认定，如果行为人的反驳达到合理程度便可否认明知的存在。例如，行为人对于从事合法业务活动的服务对象收取较低的费用，但是对于从事违法犯罪活动的服务对象收取较高的费用，并且在服务内容、服务质量基本相同的情况下，可以推定行

---

① 参见刘科《帮助信息网络犯罪活动罪探析——以为网络知识产权犯罪活动提供帮助的犯罪行为为视角》，《知识产权》2015年第12期。

为人对于他人利用其服务实施违法犯罪活动是明知的。当然也允许行为人进行反驳，针对收取服务费明显高于市场正常价格的情况，如果行为人能够证明与同类服务商相比，其提供的服务内容多、服务质量高，或者其对所指控的违法犯罪活动收取的费用与对合法业务活动收取的费用相同，那么就能够说行为人作出了合理解释，就推翻了明知的存在。

四　关于帮助的对象"犯罪"

按照刑法第 287 条之二的罪状表述，要求行为人明知他人利用信息网络实施"犯罪"，为其"犯罪"提供帮助，要言之，行为人帮助的对象应当是"犯罪"。如何理解这里的"犯罪"，有两种不同的观点，第一种观点认为犯罪是指符合犯罪构成意义上的犯罪，按照我国传统的四要件犯罪论体系，是指符合犯罪构成的四个要件，按照大陆法系三阶层犯罪论体系，是指具备构成要件该当性、违法性和有责性三个要件。第二种观点认为犯罪是指犯罪行为意义上的犯罪，按照我国传统的四要件犯罪论体系，是指符合犯罪客观方面的行为要件，按照大陆法系三阶层犯罪论体系，是指该当客观构成要件的行为。这里的犯罪，是指广义上的犯罪，即客观上引起了侵害法益的结果，符合客观犯罪构成的行为，其并不一定要受到刑罚处罚。[①] 根据上述两种不同的观点来分析具体案件的话，会得出不同的结论：按照前一种观点，没有刑事责任能力的人实施的信息网络违法行为，具有刑事责任能力的人实施的没有达到法定罪量的信息网络违法行为，如被帮助人实施的传播淫秽物品牟利行为未达到法定数量或者违法所得数额的，就不属于第 287 条之二中的信息网络犯罪，相应地，帮助他人实施这些信息网络违法行为的，也不成立第 287 条之二的罪名。按照后一种观点，上述所列情形都属于信息网络犯罪，相应地，帮助他人实施这些行为的，就会成立第 287 条之二的罪名。例如，网络服务商甲明知乙丙丁等人分别在实施传播淫秽物品牟利的行为，这些人的行为独立来看均达不

---

① 参见黎宏《论"帮助信息网络犯罪活动罪"的性质及其适用》，《法律适用》2017 年第 21 期。

到传播淫秽物品牟利罪的定罪条件，而且他们之间也不成立共同犯罪，甲分别对他们提供了广告推广的帮助行为，整体上考量，甲的行为达到情节严重的程度。倘若认为被帮助的"犯罪"必须是完全符合犯罪构成意义上的犯罪，那么由于乙丙丁等人的行为均不构成犯罪，甲的帮助行为也就不成立帮助信息网络犯罪活动罪；倘若认为被帮助的"犯罪"是犯罪行为意义上的犯罪，那么乙丙丁等人的行为均属于犯罪，甲的帮助行为也就成立帮助信息网络犯罪活动罪。

本罪的客观构成要件行为表现为为他人犯罪提供帮助，这自然意味着本罪的行为对他人犯罪具有一定程度的依附性，在检验本罪的构成要件该当性时就是同时考察他人的犯罪。倘若按照阶层式的犯罪论体系来观察，上述两种观点的分歧实际上是成立本罪需要被帮助的他人犯罪达到何种程度的问题。如果将犯罪解读为完全符合犯罪构成意义上的犯罪，那么其是主张他人的犯罪具备不法与责任；如果认为犯罪只是犯罪行为意义上的犯罪，那么其是主张他人的犯罪有不法行为即可。可以说，基于不同的立场来解读该条文中的犯罪，将会直接关系到该法条所设定的处罚范围的宽窄。在对待网络犯罪时主张一律从严从重或者一律从宽从轻都不是妥当的观点。[①] 有学者认为基于共犯从属性原理，如果正犯的实行行为未具备严格的犯罪属性，那么就不能对提供网络技术支持以及其他帮助的行为进行归责，因此，对本法条中所规定的明知他人利用信息网络实施犯罪必须进行限定，其中的犯罪是指符合我国刑法分则所规定的犯罪构成、被认定为相应罪名的犯罪[②]，亦即提供帮助者成立本罪的前提是，他人利用信息网络实施的犯罪在经过犯罪构成的检验后得出成立犯罪的结论。且不说这种观点仍然将本罪看作狭义的共犯，在共犯从属性的框架内讨论共犯与正犯的关系，而且该观点主张被帮助的行为应当成立完整犯罪构成意义上的犯罪，即被帮助的他人不仅有不法行为，而且也具备有责性。这样一来，被帮助的他人如果欠缺责任能力、没有违法性认识可能性，或者不具备期待可能性，则提供帮助者不能成立犯罪。

---

① 参见刘宪权《刑事立法应力戒情绪——以〈刑法修正案（九）〉为视角》，《法学评论》2016年第1期。
② 参见刘宪权《论信息网络技术滥用行为的刑事责任》，《政法论坛》2015年第6期。

笔者对上述观点不予认可。从罪状表述上来看，帮助信息网络犯罪活动罪的帮助对象只限于犯罪而不包括违法行为，这可能导致该罪的适用范围过于限缩。为了克服这一缺陷，有必要对本法条中的犯罪着眼于行为的客观面进行考察，将犯罪解读为符合刑法分则客观构成要件特征的行为，而不是在严格的形式特征上解读本法条中的犯罪。我们认同犯罪行为意义上的犯罪说，原因在于：

（1）刑法典中所使用的犯罪一词，在不同的场合具有不同的含义，并不意味着一定要具备全部犯罪构成要件，也包括没有达到罪量标准而只是违法的情形，例如盗窃、诈骗、抢夺财物数额较小的行为（如刑法第269条转化型抢劫罪的前提罪名）。我国在评价不法行为时存在行政违法与刑事犯罪的二元化模式，犯罪的认定既要求定性也要求定量，而且定量标准可以因时因地而调整，从而具有相对确定性。基于该背景，只从行为性质上来理解犯罪也没有违背一般国民的预测可能性。在司法实践中，并不是在被帮助的行为人被生效判决有罪之后，才能审理提供帮助的行为人是否成立帮助信息网络犯罪活动罪。所以说，本法条罪状中的犯罪只是一个相对确定的概念。通常来说，犯罪是指齐备了构成犯罪的所有要件的行为，然而，犯罪的本质在于法益侵害，在这个意义上，只要一个行为侵害了法益，便拥有了犯罪的本质。一个行为是否侵害法益，从客观上进行判断已足矣。例如，不满14周岁的人放火与已满14周岁的人放火，在公共安全法益的侵害上并无不同，只是，根据责任主义原理以及刑事政策的考虑，对不满14周岁的人不以犯罪论处。有学者认为，在未满16周岁的人实施网络诈骗的场合，行为人对其提供网络技术支持的，虽然该提供行为在危害性上重于向成年人提供的行为，但由于实行行为人不成立犯罪，所以提供人不能成立帮助信息网络犯罪活动罪。① 其实，只从客观方面来考虑被帮助行为的犯罪性质，而暂不去考察被帮助者的责任要素，这种向未成年人（不具有刑事责任能力）提供技术帮助的行为，虽然未成年人利用帮助行为实施危害行为不成立犯罪，但是该帮助行为具有可罚性，应当被纳入

---

① 参见于志刚《网络空间中犯罪帮助行为的制裁体系与完善思路》，《中国法学》2016年第2期。

到本罪的制裁范围。按照这种对犯罪的理解，不管接受帮助的他人是否被查获、是否应承担刑事责任，只要在案证据能够证明其利用信息网络实施了侵害法益的行为，就可以认为帮助者成立帮助犯。①

（2）网络技术帮助行为具有一对多的特性，单个被帮助行为的危害性可能并不大，若要求单个的被帮助行为也构成犯罪，那么许多帮助行为将不能被评价和制裁。只从被帮助行为的性质去认定犯罪，而不去判断被帮助行为危害性的大小，可以解决上述问题。信息网络犯罪行为只有具备一定的情节、数额、结果，才能构成相应的犯罪，倘若将本法条中的犯罪解读为完全符合犯罪构成要件的行为，那么会导致应当受到处罚的帮助信息网络犯罪活动的行为处于刑事法网之外，以至于被纵容。正如有学者所指出的，在深度链接网络犯罪类型中，被帮助者构成虚拟世界中众多的点，这些点可能因数额没有达到起刑点而不能入罪，或者因信息网络的虚拟性而很难查获，然而网络技术帮助犯却客观存在着并发挥作用，可以说，没有帮助犯的网络技术支持，他人不可能成功实施侵权行为。某种意义上，在网络空间中，网络技术帮助犯与组织犯非常相似，其对网络空间中分散的众多的点（被帮助者）起到组织、聚拢作用，其对网络秩序的危害已经远超各个点（被帮助者）。②倘若主张网络技术帮助犯聚拢的点符合犯罪定量标准才能追究其刑事责任，那么就会得出不合理的结论，这无异于主张被组织的卖淫行为构成犯罪，才能追究组织卖淫者的刑事责任。③

（3）刑法解释要有体系性的视角，在其他罪名中对犯罪作出扩大化的解释也是存在的。例如，在理解刑法第312条掩饰、隐瞒犯罪所得、犯罪所得收益罪的上游犯罪时，刑法学理和司法实务上一般将其扩大解释为违法犯罪④，这种观点和做法也没有引起什么争议。暂且不讨论这种理解到

---

① 参见黎宏《论"帮助信息网络犯罪活动罪"的性质及其适用》，《法律适用》2017年第21期。由于论者认为刑法第287条之二是帮助犯的量刑规则，所以这里论者认为帮助者成立"帮助犯"。按照本文的观点，这里的帮助犯应该理解为"帮助信息网络犯罪活动罪"。
② 参见徐松林《视频搜索网站深度链接行为的刑法规制》，《知识产权》2014年第11期。
③ 参见刘科《帮助信息网络犯罪活动罪探析——以为网络知识产权犯罪活动提供帮助的犯罪行为为视角》，《知识产权》2015年第12期。
④ 参见冯英菊《赃物犯罪研究》，中国政法大学出版社2000年版，第53页；王作富主编《刑法实务研究》（下），中国方正出版社2007年版，第1389页。

底是扩大解释还是类推解释，它至少说明有必要对违法行为的帮助行为进行刑事评价和制裁。在网络空间中帮助行为的作用更加突出，针对违法行为予以技术帮助的行为非常活跃，需要将其纳入刑事制裁范围。《刑法修正案（七）》设立的提供侵入、非法控制计算机信息系统程序、工具罪，行为人提供程序、工具的对象即为"他人实施侵入、非法控制计算机信息系统的违法犯罪行为"，这里并不局限于犯罪行为。同样地，《刑法修正案（九）》设立的非法利用信息网络罪也是指向各种违法犯罪。实际上，提供侵入、非法控制计算机信息系统程序、工具罪是一种特殊的帮助信息网络犯罪活动的行为，既然如此，要求除此之外的其他帮助行为只能针对犯罪行为而不能面对违法行为是没有道理的。帮助信息网络犯罪活动罪在预备阶段通常体现为非法利用信息网络的行为，对于帮助违法行为在预备阶段的情形可以评价为非法利用信息网络罪并予以制裁，那么实行阶段的帮助违法行为更应当受到刑罚制裁。因此，在司法适用中，基于体系化解释，本罪中被帮助的行为应当包括违法行为在内。[1] 这样一来，学者的担心就不存在了。例如，有学者认为，"尽管这一罪名（指帮助信息网络犯罪活动罪——引者注）遵循了帮助犯正犯化的立法理念，但实际上帮助行为成立犯罪依然要以其所帮助的行为成立犯罪为前提条件。然而，由于我国行政违法与刑事犯罪二元化的立法模式，网络帮助行为在进行一对多帮助时，存在接受其帮助的个体实行行为的危害性无法成立刑事犯罪，但是网络帮助行为引发整体危害性巨大的情形，由于此时实行行为不构成犯罪，则无法成立帮助信息网络犯罪活动罪。"[2] 如果将本罪中的"犯罪"扩大解释为包括违法行为，上述情形也会成立帮助信息网络犯罪活动罪。

基于上述笔者支持的观点，不具备刑事责任能力的人实施的信息网络违法行为、具备刑事责任能力的人实施的未达法定罪量标准的信息网络违

---

[1] 参见于志刚《共犯行为正犯化的立法探索与理论梳理——以"帮助信息网络犯罪活动罪"立法定位为角度的分析》，《法律科学》2017年第3期。与本文观点不同，该学者认为，"帮助信息网络犯罪活动罪中被帮助的行为在司法上为了体系化解释不宜认为包括违法行为，但是，在立法上又的确应当包括"。笔者认为，恰恰在司法适用中，运用刑法体系解释的方法，应当将本罪法条中规定的犯罪解释为包括违法行为，以便与其他罪名协调适用，也有利于法益保护的周延。

[2] 参见于志刚《网络空间中犯罪帮助行为的制裁体系与完善思路》，《中国法学》2016年第2期。

法行为（如没有达到情节严重、数额较大、后果严重等）、不具有违法性认识可能性的或者缺乏期待可能性的被帮助人实施的信息网络违法行为等，均属于本法条中被帮助的对象——犯罪。相应地，为这些信息网络犯罪行为提供技术支持或者其他帮助的，构成刑法第287条之二的罪名。

根据我国传统刑法理论的观点，犯罪是指一种规范意义上承担刑事责任的行为形态。由于局限于这种对于犯罪的单一理解，就无法将犯罪的存在与犯罪的处罚这两个原本不同层面的问题区分开来，理论上只是着眼于追究刑事责任这一个层面来构建犯罪构成理论，这种理论研究视野上的狭隘使得许多具体问题的分析遇到瓶颈。值得我们借鉴的是，德日的犯罪构成理论是阶层式的犯罪论体系，这种理论体系的重大贡献是将违法和有责区分开来，由此存在两种意义上的犯罪形态，即违法性意义上的犯罪与有责性意义上的犯罪。前者注重于考察行为的客观违法性，主要进行事实判断；后者注重于考察行为人的主观可谴责性，着眼于刑事责任的实际承担，需要进行规范判断。难怪有学者疾呼：传统刑法理论在处理网络犯罪帮助行为时遭遇重大挑战和冲击，借鉴域外的阶层递进思维模式来改造我国传统的犯罪论体系势在必行。①

五 网络犯罪帮助行为刑事责任的演化

（一）共犯责任

考察域外的法律实践可以发现，对待网络服务提供者的犯罪行为以共犯理论来追究刑事责任是通行的做法。例如，在美国，BuffNET案被称为网络服务提供者承担刑事责任的第一案，法院便是根据共犯理论来作出判决。网络服务提供者被认为对第三方犯罪行为提供了方法、手段或者机会、场合，从而帮助、促进了犯罪活动，对此检察官援引《美国法典》第18篇的规定来进行指控。② 在大陆法系的代表国家德国，对于网络服务提

---

① 参见于志刚《网络犯罪立法与法学研究契合的方向》，《重庆邮电大学学报》（社会科学版）2015年第6期。
② 参见涂龙科《网络服务提供者的刑事责任模式及其关系辨析》，《政治与法律》2016年第4期。

供者的帮助责任也是依据共犯理论来评价和制裁，而且，德国法律根据功能类型的不同对网络服务提供者做了分类，不同类型的网络服务提供者在刑事责任的承担上并不相同。[①] 以互联网接入服务提供者为例，其具有刑事责任豁免权，但是有例外情形，按照德国《电讯媒体法》[②] 第8条第1款第2句的规定，当网络接入服务提供者与用户之间，以及服务提供者之间通谋进行犯罪活动的，其不再享有豁免权，其将作为共同犯罪人被追究刑事责任。

在我国《刑法修正案（九）》颁行之前，网络服务提供者的共犯责任已在司法解释中明确规定。对于明知他人利用信息网络实施犯罪而为其提供互联网接入等技术支持的行为，司法解释认定为相应犯罪的共同犯罪。例如，两高2004年《关于办理利用互联网、移动通讯终端、声讯台制作、复制、出版、贩卖、传播淫秽电子信息刑事案件具体应用法律若干问题的解释》（以下简称《淫秽电子信息的解释》）、两高一部2010年《关于办理网络赌博案件适用法律若干问题的意见》（以下简称《网络赌博案件意见》）、两高2011年《关于办理诈骗刑事案件具体应用法律若干问题的解释》等。

网络犯罪帮助犯经常与实行犯之间欠缺双向的意思联络，这导致共同犯罪认定上的困难。为了对网络犯罪帮助犯进行有效的处罚，最高司法机关对传统理论所否认的片面共犯[③]予以有限地承认。两高2004年《淫秽电子信息的解释》改变了我国传统刑法理论和司法实务不承认片面共犯的状态，首次认可网络犯罪帮助行为虽欠缺双向意思联络但明知对方实行行为的情形可以成立共同犯罪。该解释第7条规定："明知他人实施制作、复制、出版、贩卖、传播淫秽电子信息犯罪，为其提供互联网接入、服务器托管、网络存储空间、通讯传输通道、费用结算等帮助的，对直接负责的

---

① 参见王华伟《网络服务提供者的刑法责任比较研究》，《环球法律评论》2016年第4期；[德] 乌尔里希·齐白《网络服务提供者的刑法责任：刑法总论中的核心问题》，王华伟译，《刑法论丛》2016年第4卷；[德] 乌尔里希·齐白《比较法视野下网络服务提供者的责任》，王华伟、吴舟译，《刑事法评论》2015年第2卷。

② Federal Telemedia Act（"TMG"）.

③ 如有传统观点否认片面共犯的概念，认为片面共犯不成立共同犯罪。参见何秉松主编《刑法教科书》（上卷），中国法制出版社2000年版，第440页。

主管人员和其他直接责任人员，以共同犯罪论处。"由此，司法机关在制作、复制、出版、贩卖、传播淫秽物品牟利罪中认可了片面共犯的存在。随后，两高2010年《淫秽电子信息的解释（二）》第7条、两高一部在2010年《网络赌博案件意见》第2条、两高2011年《关于办理危害计算机信息系统安全刑事案件应用法律若干问题的解释》第9条，也认可网络犯罪帮助行为在某些罪名中能够以片面共犯被追究刑事责任。

虽然司法解释作出了这些规定，但是在追究网络技术帮助行为的刑事责任时仍遭遇到难题和挑战。这些司法解释上的规定虽然对这种行为的定性问题做了明确回应，但是在对正犯的从属程度、具体犯罪情节的认定、主犯的认定等问题上还有着诸多争议。

（二）正犯化责任

教义学上所称的共犯正犯化，是指刑法将狭义的共犯行为（帮助行为、教唆行为）视为正犯行为（实行行为），直接承担正犯的刑事责任。根据德日刑法理论的一般观点，共犯的刑事责任是相对于正犯而言的二次责任，[①] 立法上将帮助行为正犯化，也就意味着作为二次责任的共犯升格为作为一次责任的正犯。可以说，这体现了立法者对网络帮助行为的特殊评价，是为了强化法益保护而拓宽了刑法的作业线。

1. 以被帮助行为的罪名定罪的帮助行为正犯化

两高2010年《淫秽电子信息的解释（二）》第4条规定："以牟利为目的，网站建立者、直接负责的管理者明知他人制作、复制、出版、贩卖、传播的是淫秽电子信息，允许或者放任他人在自己所有、管理的网站或者网页上发布，具有下列情形之一的，依照刑法第三百六十三条第一款的规定，以传播淫秽物品牟利罪定罪处罚"；第5条规定："网站建立者、直接负责的管理者明知他人制作、复制、出版、贩卖、传播的是淫秽电子信息，允许或者放任他人在自己所有、管理的网站或者网页上发布，具有下列情形之一的，依照刑法第三百六十四条第一款的规定，以传播淫秽物

---

① 参见［德］罗克辛《德国刑法学总论》（第2卷），王世洲等译，法律出版社2013年版，第10页；［德］韦塞尔斯《德国刑法总论》，李昌珂译，法律出版社2008年版，第289页；［日］山口厚《刑法总论》，付立庆译，中国人民大学出版社2011年版，第295页。

品罪定罪处罚";第 6 条规定:"电信业务经营者、互联网信息服务提供者明知是淫秽网站,为其提供互联网接入、服务器托管、网络存储空间、通讯传输通道、代收费等服务,并收取服务费,具有下列情形之一的,对直接负责的主管人员和其他直接责任人员,依照刑法第三百六十三条第一款的规定,以传播淫秽物品牟利罪定罪处罚"。按照上述司法解释的规定,为传播淫秽物品行为提供网络技术支持等帮助的网络服务商,不再被追究共犯的刑事责任,对帮助者直接作为传播淫秽物品(牟利)罪的实行犯进行定罪处罚,如此,在这两个罪名中体现了帮助行为的正犯化。

2. 以独立罪名定罪的帮助行为正犯化

在网络犯罪制裁体系中,理论上所称的帮助行为正犯化是指把独立的网络技术性帮助行为提升为实行行为,直接以正犯来定罪量刑,不再通过共犯理论来对该帮助行为加以评价[1],这样可以避免在应对网络犯罪新问题时共同犯罪理论呈现的局限性。刑法分则针对网络技术帮助行为设立的独立罪名至少有两个:一是《刑法修正案(七)》设置的第 285 条第 3 款提供侵入、非法控制计算机信息系统程序、工具罪,其是针对网络技术帮助行为首次共犯正犯化的尝试,对明知他人实施侵入、非法控制计算机信息系统的违法犯罪行为而为其提供程序、工具的帮助行为以立法上的独立罪名加以处罚。二是《刑法修正案(九)》设置的第 287 条之二帮助信息网络犯罪活动罪,该罪是近几年刑事立法上共犯正犯化的一个代表性罪名。[2] 该法条正是帮助行为正犯化立法策略的应用,它设立了涵摄性很强的构成要件,严密了应对网络犯罪的刑事法网,严格了网络犯罪人的刑事责任。[3]

我国刑法应对网络犯罪的规范体系先后增加了上述两个罪名,从中可以发现我国刑法制裁网络犯罪帮助行为具有以下特点:首先,从行为方式看,由单一到全面,从提供侵入、非法控制计算机信息系统的程序、工具扩展到为他人利用信息网络实施犯罪提供互联网接入等技术支持或者广告

---

[1] 参见于志刚《网络犯罪与中国刑法应对》,《中国社会科学》2010 年第 3 期。
[2] 参见车浩《刑事立法的法教义学反思——基于〈刑法修正案(九)〉的分析》,《法学》2015 年第 10 期。
[3] 参见梁根林《刑法修正:维度、策略、评价与反思》,《法学研究》2017 年第 1 期。

推广、支付结算等帮助。针对前罪，曾经有学者认为，它是对提供黑客工具行为[①]的专门性立法，帮助行为的表现形式比较简单，只是对刑法分则中两个具体罪名[②]的帮助行为作出了规范评价。但是，网络技术帮助行为对传统刑法理论带来的挑战是全面性的，不仅在计算机信息系统罪名上，而且在传统罪名上都有所体现，如果还指望一罪一立法的模式来应对，显然是不现实的。帮助信息网络犯罪活动罪所涵摄的行为方式则是多样化的，包括了各种技术支持行为，还有广告推广、支付结算等诸种帮助行为，可以说是立法对于网络犯罪帮助行为的整体性回应[③]，本罪应当是为信息网络犯罪予以技术帮助行为的兜底性罪名，将是未来规制这些帮助行为的基础性罪名。其次，从行为主体来看，《刑法修正案（九）》在第285条中增设了第4款，即提供侵入、非法控制计算机信息系统程序、工具罪的行为主体也可以是单位。本罪的行为主体中不仅包括单位，而且列举的行为方式更是体现了对网络服务提供者这种特殊主体的刑法规制。

将为信息网络犯罪提供帮助行为设立为单独罪名进行规制，是基于以下考虑：

（1）现实生活中经常出现单个实行犯的社会危害性尚达不到成立犯罪的程度，但为其提供互联网接入、通信传输等帮助的行为却具有严重的社会危害性，它指向的范围广，帮助的次数多，应当被纳入犯罪圈。在现实空间中发生的传统犯罪，其帮助行为与实行行为相比危害性较小，一般是从犯。与传统的帮助行为相比，网络犯罪的帮助行为在犯罪的实现过程中起着越来越大的甚至是决定性作用。其社会危害性突显，在有的案件中如果综合全案事实，已经超出了实行行为。从服务对象、社会影响上看，网络技术帮助行为不容忽视。网络技术服务的对象范围是宽泛的，技术服务行为产生的社会影响是深刻的。倘若网络技术服务的对象是犯罪主体，则受其帮助的犯罪主体可以成千上万，如此对法益的侵害会加倍扩大。例

---

① 参见于志刚主编《共同犯罪的网络异化研究》，中国方正出版社2010年版，第254页。
② 即刑法第285条第1款规定的非法侵入计算机信息系统罪，第285条第2款规定的非法控制计算机信息系统罪。
③ 参见于志刚《网络空间中犯罪帮助行为的制裁体系与完善思路》，《中国法学》2016年第2期。

如，近几年来P2P网络借贷平台生长迅速，这离不开网络服务提供者在互联网接入、服务器托管、支付结算等方面的技术支持。但是，许多P2P网络借贷平台违规经营涉嫌犯罪，导致大量民众的投资无法收回，侵害了公民的财产权、金融监管秩序，严重影响到社会稳定。为此，为网络借贷平台提供技术支持的网络服务商受到社会民众和公安司法机关的关注。鉴于这类技术服务行为具有严重的社会危害性，通过传统的共犯理论无法对其进行有效评价和惩罚，作为对这种行为危害性突显的回应，共犯（帮助）行为的正犯化是出路之一。

（2）回避片面共犯问题上的争议。我国传统刑法理论在解读共同犯罪的成立条件时，要求共同犯罪人之间彼此存在犯意联络。将片面帮助行为独立入罪评价，可以回避学界在片面帮助的情形如何定性处理的分歧。① 作为帮助行为正犯化的罪名，帮助信息网络犯罪活动罪的行为人可能仅存在单向的帮助故意。倘若置于共同犯罪的框架中分析，将会涉及片面共犯定性争议，如今单独成罪评价便在该种行为的处置上消解了理论上的纷争。

（3）在网络犯罪中，正犯具有隐蔽性，行为方式具有灵活性，公安司法机关经常难以查获并收集到有关犯罪证据。② 由于网络空间存在跨地域属性，网络犯罪中的正犯经常散布在全国各地，有的在境外，抓获他们非常困难，在这种正犯不能到案的案件中，追究帮助犯的刑责便极其被动。③ 在设立本罪之后，即使正犯不能到案，也可以单独追究帮助者的刑责。

（4）树立行为规范，发挥评价功能。罪刑规范具有行为评价、威慑犯罪的机能，对帮助行为单设罪名和法定刑，更加体现了法对该行为的否定性评价，表明了立法者对帮助犯的特别非难和谴责，从而引导国民规范本人的行为。刑法第287条之二把为犯罪提供互联网接入、服务器托管、网络存储、通信传输等技术支持，以及提供广告推广、支付结算等帮助的行

---

① 参见苏彩霞、侯文静《"帮助信息网络犯罪活动罪"正当性考量——〈刑法修正案九（草案）〉第29条之评议》，《中南财经政法大学研究生学报》2016年第1期。
② 参见郎胜主编《中华人民共和国刑法释义》，法律出版社2015年版，第506页。
③ 参见胡云腾《谈〈刑法修正案（九）〉的理论与实践创新》，《中国审判》2015年第20期。

为设置特定罪名，为国民树立了行为规范标准。

（5）随着风险社会的到来，人们的日常生活面临着各种风险，人们对安全、秩序等利益非常看重，也要求社会生活各个领域作出合理回应。体现在刑法领域，历来重视法益保护的刑事政策和刑法教义学研究也日益重视风险预防。作为预防刑法的代表性立法策略，共犯正犯化开始受到立法者的重用，帮助信息网络犯罪活动罪正是该立法策略的一个缩影。当前网络犯罪汹涌而来，对公民财产权利、公共安全、国家安全、社会公共秩序等法益造成了侵害和威胁，出于防卫社会安全的需要立法者以刑法修正的形式设立了本罪。

（三）演化规律

1. 网络犯罪帮助行为刑事责任的独立性由弱到强

不管是司法解释还是立法修正均是以网络犯罪帮助行为的独立化评价为方向，这表明刑法规范体系承认并强化了网络犯罪帮助行为的独立性特征。[①] 在目前刑法规范体系中，这些行为的独立化表现为由弱渐强的阶层性：（1）司法解释承认网络犯罪帮助行为成立片面共犯，在主观上相对独立，但仍然在共同犯罪框架中定罪量刑。（2）司法解释在特定罪名中承认网络犯罪帮助行为的正犯化，使该种帮助行为的认定独立于实行犯，但要按照被帮助的实行行为的罪名来定罪。（3）刑法修正案在立法上承认网络犯罪帮助行为的正犯化，设立了帮助信息网络犯罪活动罪等罪名，在罪名上独立于实行行为的罪名。

2. 以司法解释与立法规定双轨制裁并行

面对网络犯罪帮助行为对于传统刑法理论的挑战，司法机关在处理此类案件时开始感到不适，所以，最高司法机关逐渐在一些司法解释中对这类行为的定性作出规定。一直以来，司法解释在处理网络犯罪帮助行为的刑事责任时发挥主导作用，但是在修正案九颁布施行之后，局面有所改变，第287条之二将作为应对网络犯罪帮助行为的基础性罪名，刑事立法

---

① 参见于志刚《网络空间中犯罪帮助行为的制裁体系与完善思路》，《中国法学》2016年第2期。

的作用得以加强。

3. 以共犯责任与正犯责任组成网络犯罪帮助行为刑事责任体系

（1）共犯责任是指司法解释在一些信息网络犯罪中承认其帮助行为能够成立片面共犯，从而回应该类帮助行为单向明知、一对多帮助的特性。（2）正犯责任是指由司法解释和刑法修正案将网络犯罪帮助行为予以正犯化。在司法解释层面，将特定网络犯罪帮助行为按照被帮助行为的罪名来评价和制裁，这种帮助行为直接被评价为被帮助罪名的实行行为；在刑事立法层面，刑法修正案针对网络犯罪帮助行为设立了单独的罪名和法定刑。通过上述刑事责任体系的构建，依据所涉及罪名的不同，在网络空间中提供技术帮助者，可能被评价为共同犯罪中的帮助犯，也可能被评价为被帮助的罪名的正犯，还可能被评价为独立罪名的正犯。

六 结语

帮助信息网络犯罪活动罪的设立是严而不厉刑事政策的体现，改变了目前惩罚网络空间中一些危害严重的帮助行为无法可依的局面。这种网络技术帮助行为的正犯化，是立法者在风险刑法、安全刑法、预防刑法等积极刑法立法观[①]的引导下所进行的一次有力尝试，有利于严密刑事法网，保障网络安全，维护信息网络秩序。通过本罪的设立，我国刑法对网络领域不法行为的处罚范围有所扩张，控方举证难度有所降低，网络服务提供者自我审查义务有所加重。有学者更是指出，这一重大修正体现了我国犯罪化立场上的转向，即由消极立法、被动立法、谦抑立法向积极立法、主动立法、扩张立法改变，刑事立法的活性化时代已经到来。[②]

在犯罪领域中，信息网络技术发生着三个阶段的演变，即从犯罪对象到犯罪工具，再到犯罪空间，在此过程中，犯罪行为借助信息网络技术对法益的侵害和威胁不断加重。当前网络犯罪的严峻形势引起民众的关注，动用刑事手段来治理也逐渐达成共识。网络服务提供行为或者说网络帮助

---

① 参见周光权《积极刑法立法观在中国的确立》，《法学研究》2016年第4期。
② 参见梁根林《传统犯罪网络化：归责障碍、刑法应对与教义限缩》，《法学》2017年第2期。

行为显现出新的特点，如帮助行为独立化、依附行为主动化[①]，在整个网络犯罪流程中其有时居于支配地位，扮演着核心角色。按照传统共同犯罪理论追究网络犯罪参与人的刑事责任遇到了严重挑战，出现了一些较为棘手的问题，如帮助行为对实行行为的从属性有无及程度，犯罪参与人之间的犯意联络难以证明，没有正犯的共犯之困境，网络服务提供行为是否属于中立的帮助行为，网络服务提供者是否对他人具有保证人义务等。这些理论上的难题以及立法上的规范供应不足造成了对网络犯罪尤其是网络共同犯罪的追诉障碍。现实的需要呼唤立法的回应，因而从司法解释中对个别罪名实现帮助行为正犯化到最终在立法上统一设置帮助行为正犯化的基础性罪名。

同时也应注意的是，在立法上已经设置帮助信息网络犯罪活动罪的情况下，在司法适用过程中，必须对网络服务提供行为所带来的利弊充分权衡，在保护信息网络行业创新发展与打击网络犯罪之间求得平衡，重视"情节严重"对于本罪适用的限制作用，否则可能因噎废食，吓阻网络科技的创新发展，不利于正在勃兴的中国互联网产业。

[①] 参见于志刚《网络空间中犯罪帮助行为的制裁体系与完善思路》，《中国法学》2016年第2期。

网络知识产权犯罪的挑战与应对
——从知识产权犯罪的本质入手

王志远[*] 陈昊[**]

伴随着互联网经济时代的到来，如何有效防治计算机网络犯罪尤其是网络知识产权犯罪成为社会治理面临的一个较为突出的问题。网络空间的虚拟性与知识产权的非物质性紧密结合，网络环境下原本脆弱的知识产权更加容易受到侵害，这给传统知识产权刑事保护体系带来了新的挑战。与此同时，网络环境下行为人的犯罪成本降低而收益扩大，对权利人造成的损害也进一步增大。因此近年来"如何应对网络时代下知识产权刑法保护所面临的挑战"成为理论界和司法实务界普遍比较关注的话题之一。

一 前提：回归知识产权犯罪的本质思考

当前，网络知识产权犯罪制裁主要面临着实践与理论的双重挑战，这两方面的挑战促使我们反思将研究视角回归知识产权犯罪本质的必要性。从司法实践层面来看，网络知识产权犯罪的认定主要面临着以下两个方面的困难：一是网络环境给知识产权犯罪的行为方式把握带来的挑战；二是网络环境下对传统知识产权犯罪危害后果认定所带来的困难。

关于网络环境给知识产权犯罪行为方式把握带来的挑战，在侵犯著作

---

[*] 中国政法大学刑事司法学院副院长，教授，博士生导师。
[**] 中国政法大学刑事司法学院刑法专业 2018 级硕士研究生。

权犯罪中体现得最为明显,随着我国网络游戏市场的急剧扩张和用户数量的快速增加,与此相伴而繁荣的是网络游戏外挂产业,尽管相关部门多次出台了要求严厉打击"外挂"产业的通知文件,但收效甚微。由于司法实务界和学术界对"外挂"的性质认定并不统一,实务部门往往为了追求审理结果的"稳定性",舍弃侵犯著作权犯罪而适用非法经营罪予以规制。"外挂"的英文名称是 plug-in,原是指一种能增强功能的软件,即通过修改服务器端程序、客户端程序和修改客户端程序与服务器端程序之间传送的数据的方法作弊,以增强游戏的效果。① 困扰实务界的问题正是这里的"修改作弊"的行为是否属于侵犯著作权罪中的"复制发行"行为?

以"007外挂软件案"② 为例,被告人谈某等人未经版权人许可私自开发了一种能够使得用户在游戏升级过关中取得优势地位的软件,并在网络上大量销售以牟取暴利。审理法院认为检察机关指控的罪名并不适当,理由是行为人调取并修改原始数据的行为并不符合侵犯著作权罪中的"复制发行"行为要求,因此最终将被告人的行为认定为非法经营罪。有学者对此提出质疑:在外挂的开发过程中,尽管游戏外挂的开发使用了许多高端技术,外挂本身具有一定的技术含量,但从本质上看,外挂是行为人在未经网游著作权人许可的情况下,进行的破坏他人技术保护措施,破译、调用他人核心源代码和复制利用他人数据的行为,这无疑侵犯了他人的著作权。③

网络环境也给知识产权犯罪危害后果的认定带来了困难。以销售假冒注册商标的商品罪为例,当前该罪名主要适用于在网络交易平台上大量销售假冒商品的情形,但由于"刷单"等行为的存在便给犯罪数额的认定制造了困难。在最高人民法院公布的指导性案例"郭某等假冒注册商标案"④中,被告人在网络平台上私自销售假冒的三星手机非法获利 200 余万元。

---

① 于同志:《网络游戏"外挂"的认定与处罚》,《政法论丛》2008年第6期。
② 参见罗鹏飞《擅自制作网游外挂出售牟利如何定性—北京一中院判决谈文明等非法经营案》,《人民法院报》2008年3月6日。
③ 于志刚、陈强:《关于网络游戏中"外挂"行为的刑法思考》,《山东警察学院学报》2009年第1期。
④ 参见贺志军、莫凡浩《涉"刷单"网络假冒注册商标犯罪数额之推定证明——以最高人民法院第87号指导性案例为切入点》,《中国刑警学院学报》2019年第3期。

本案的争议焦点之一便是被告人存在"刷单"以虚增交易额的行为，犯罪数额的认定是否应当去除这一部分？如果应当去除，那如何认定去除部分的数额？这便成了困扰司法机关的难题。

从理论研究层面来看，纵观中国大陆过去十年间对知识产权犯罪问题的讨论，刑法学界的精力主要集中于以下方面：知识产权犯罪的性质（是否属于目的犯）、保护对象的范围、行为模式、危害后果的判断标准、刑罚的配置与适用、网络服务提供者的刑事责任以及知识产权的保护理念等具体问题。关于知识产权犯罪是否属于目的犯这一问题，当前学界较为一致地认为在网络环境下知识产权犯罪的目的往往具有多样性，因此不应再将"以营利为目的"作为知识产权犯罪的主观要件，否则将会削弱刑事法网的严密性，无法有效发挥刑法的保障功能。[1] 关于知识产权犯罪的保护对象，学界已经达成"当前我国知识产权犯罪的保护对象和范围过于狭窄，应当与民事、行政法律规范中知识产权的种类、权利内容保持一致"这一共识。[2] 关于网络环境下的知识产权犯罪的行为模式，较为一致的观点认为传统的知识产权犯罪的行为类型已经无法涵盖网络环境下的犯罪行为模式，例如在侵犯著作权及销售侵权复制品犯罪中，原有的"复制、发行"这一行为要件无法涵盖信息网络传播行为，因此司法解释不得不将网络传播这一犯罪行为解释进"复制、发行"的概念范围内。[3] 关于危害后果的判断标准，有学者指出知识产权犯罪以违法所得、非法经营数额等因素来判断已经无法适应网络空间犯罪的特征，因此应当建立考虑侵权规模等因素的多元化判断标准。[4] 也有学者认为仍然应当以销售数额作为判断知识产权犯罪的构成要件要素，理由在于其具有客观性和可量化性，而且

---

[1] 龚义年：《网络知识产权犯罪对传统刑事法之挑战及应对》，《科技与法律》2017年第6期。当然也有少数学者对此提出质疑，例如西南科技大学法学院的廖勇副教授就曾撰文从刑法谦抑性这一立场对"取消知识产权犯罪的营利目的限制"这一观点表达了不同观点，详见廖勇《网络知识产权刑法保护的基本理念》，《民主与法制》2013年第2期。

[2] 郭丹、高立忠：《网络知识产权的刑事法保护》，《甘肃政法学院学报》2006年第3期。

[3] 于志强：《网络空间中著作权犯罪定罪标准的反思》，《中国刑事法杂志》2012年第5期。

[4] 参见阴建峰、张勇《挑战与应对：网络知识产权犯罪对传统刑法的影响》，《法学杂志》2009年第7期。持类似观点的学者还有于志强博士（参见于志强《我国网络知识产权犯罪制裁体系检视与未来建构》，《中国法学》2014年第3期）、程莹博士（参见程莹、孟文玲《网络文化视域下知识产权的刑法保护》，《学术探索》2018年第7期）。

在一定程度上可以直观地反映某种行为的社会危害性。① 关于刑罚的配置与适用，较为一致的观点是应当进一步提升罚金刑的适用范围和金额，并且增加资格刑的适用。② 宏观上关于知识产权的保护理念，有学者提出当前我国刑法对知识产权保护不足，应当从刑事政策上寻找根本原因，即由"适度保护"转向"平等保护"的立场之上。③ 应该说，对我国知识产权犯罪制裁体系所面临的实际问题，已有研究成果的观照是全面的，所思、所议也不乏建设性。

然而，无论是网络知识产权犯罪对传统知识产权犯罪行为构成要件带来的挑战，还是对危害后果的判标准造成的认定难题，抑或是对知识产权犯罪的保护对象和范围带来的突破，实质上都是对知识产权犯罪圈的重新划定，因此如果只是将研究视角置于知识产权犯罪的犯罪构成内部，采取一种"头痛医头脚痛医脚"的对策式研究范式，尤其是缺少对知识产权犯罪所保护的法益以及其规范保护目的的系统性检视，就会出现遗漏本该纳入刑事惩罚的行为或过度扩张侵犯知识产权罪名适用范围的乱象。

回顾我国网络知识产权犯罪的研究现状，笔者认为立法者对于知识产权犯罪的制裁体系缺少一贯性的规范构想，而这正是深刻检讨所面临的问题，也是妥当提出有效的解决方案之关键所在。无论是立法者还是法学研究者，如果脱离了目的理性思考，或者缺乏合理的目的理性构想，都将无法保证其所构建之"制度性存在物"的积极实践效果。实际上，我国学者对此已经有所认识，例如寇占奎教授明确指出，当前将我国知识产权犯罪置于破坏社会主义市场经济秩序犯罪一章，淡化了知识产权的私权属性，应当在归类问题上充分体现知识产权的私权本位，将侵犯知识产权犯罪从第三章犯罪分离出来。④ 这实际上就是一种罪质层面的思考。

---

① 参见李兰英、高扬捷等《知识产权刑法保护的理论与实践》，法律出版社2018年版，第185页。
② 参见程莹、孟文玲《网络文化视域下知识产权的刑法保护》，《学术探索》2018年第7期。
③ 参见于志强《我国网络知识产权犯罪制裁体系检视与未来建构》，《中国法学》2014年第3期。
④ 寇占奎、路红兵：《我国知识产权犯罪体系的反思与重构》，《河北师范大学学报》（哲学社会科学版）2014年第6期。

二 检视：我国现行知识产权犯罪的罪质观

知识产权是与人身权、物权、债权并列的一种重要的私权利，其内容与外延是丰富而复杂的。当前学界较为流行的观点认为知识产权是基于创造性智力成果和工商业标记依法产生的权利的统称。[①] 知识产权法学者普遍将其视为一种特殊的民事权利（私权利），知识产权的私权性要求对知识产权这类专有权利应当给予适当的、公正的保护，避免私法保护不足与私法过度保护两种极端。[②]

刑法学界有学者基于以上原理认为知识产权的私权属性不仅是知识产权法律体系的基点，同样也是建立知识产权犯罪刑事制裁体系的着眼点，并且进一步指出我国传统的将以国家利益、社会利益为中心展开的知识产权刑事保护体系，忽视知识产权权利人的个人利益，因此应当将其独立成立一个章节。[③] 笔者对此持有疑问。在我们看来，尽管我国现行刑法将知识产权犯罪作为一节置于破坏社会主义市场秩序罪之下，但从其罪名设置、规制的行为对象以及危害后果的判断标准进行审视便不难得出与论者论断恰恰相反的结论，即我国立法者实际上并未突破"知识产权犯罪最终侵犯的是权利人对此所享有的财产权"这一观点的桎梏，实质上仍然将知识产权犯罪作为侵犯财产犯罪的一种特殊行为进行处理，从而过度地将焦点置于权利人的权益之上，忽略了行为对市场秩序尤其是竞争秩序所造成的危害。笔者将以上立法出现的"怪象"概括为形式与实质之间的"错位"，具体来讲就是立法者形式上将知识产权犯罪视为不同于一般财产犯罪的扰乱市场秩序的行为，实质上在对具体罪名的构成要件设置时却将其置于侵犯财产犯罪的视野之下。

首先，从罪名的设置和保护对象的范围上来看，我国知识产权犯罪体系实际上仅仅保护商标、著作权、专利和商业秘密这四种权利，这也是多

[①] 刘春田主编：《知识产权法》，中国人民大学出版社2002年版，第6页。
[②] 冯晓青：《知识产权法》（第三版），中国政法大学出版社2015年版，第9页。
[③] 参见寇占奎、路红兵《我国知识产权犯罪体系的反思与重构》，《河北师范大学学报》（哲学社会科学版）2014年第6期。

数学者诟病我国刑法对知识产权的保护范围过于狭窄的直接原因。知识产权具有无形性，这一特征也正是其区别于一切有形财产及以此为对象产生的权利之所在，因此知识产权法学者常常强调应严格区分知识产权本身与权利载体，因为知识产权虽然是无形的，但其总是要通过一定的客观形式展示出来，即物质化的载体，知识产权的价值属性也正是以此表现出来的。

这里的"物质化载体"则主要是指有形财产，以著作权为例，著作权是指作者或其他权利人对其创作的作品依法享有的权利，权利内容具体包括人身权和财产权两大部分，人身权主要是指作者对其创作的作品享有的非财产性的权利，例如发表权、署名权、修改权和保护作品完整权等；财产权则主要包括复制权、发行权、出租权、展览权、表演权等。著作权的物质载体则主要是指作品（客体）所展现出来的形式，包括书籍、照片、电影光盘、美术作品、工程设计图等图形作品或模型以及建筑物等。刑法第217条侵犯著作权罪的保护对象是著作权权利本身，具体包括权利人的复制权、发行权以及美术作品的署名权，而第218条销售侵权复制品罪的保护对象直接指向的是承载著作权的物质载体。再以商标权为例，刑法第213条假冒注册商标罪的保护对象是商标专用权，而刑法第214条销售假冒注册商标的商品罪的保护对象则直接指向承载商标权的商品本身。由此不难看出，我国刑法在知识产权犯罪一节中不仅设置了针对知识产权物质载体的罪名（还包括刑法第215条的非法制造、销售非法制造的注册商标标识罪），而且在保护的具体权利内容上也更加偏重于与财产权有关的权利，或者是说与能够为权利人创造财富密切相关的权利内容，这一点较为集中地体现在侵犯著作权罪所保护的人身权利仅限于美术作品的署名权（即部分署名权），保护的重心则放在了能够为权利人带来大量财富的复制、发行权上。因此，与其是说我国刑法忽视了对知识产权人私权利的保护，不如说是现行体系过分注重财产权的维护而轻视了对权利人人身权的保护，后者显然更为恰当。

其次，从危害后果的判断标准来看，我国刑法"唯数额论"的单一判断标准正是过分注重权利人的财产权利的进一步表现。已有研究表明，这种单一的判断标准不利于互联网时代下对知识产权犯罪的认定与打击，例如有学者一针见血地指出危害结果的评价是摆在知识产权犯罪网络异化后的难题之一，传统知识产权犯罪基于物质载体有形性和权利的财产属性所作出的以侵权物质载体的数量、违法所得数额、非法经营数额为核心的认定标准也产生了一定程度上的异化。① 笔者赞同论者的上述结论，但对其论据的合理性存有疑问：难道仅仅是因为网络环境下通过知识产权侵权行为获得收益的方式更加多元化？还是因为合法财产与违法所得之间的界限愈加模糊导致传统标准操作上的难题？笔者以为上述论证还只停留在现象的表面，而忽略了"异化"的症结在于立法者实际上并未将知识产权犯罪作为侵犯市场秩序犯罪来对待，而是将视角集中在知识产权的私权属性尤其是财产权属性之上。无论是违法所得还是非法经营收入，实际上都是为了使得行为人不得因其侵权行为获得利益，从而避免受害人因此丧失原本应当由其享受的财产性利益。尽管立法者也将情节严重作为危害后果的判断标准，但司法解释在对"情节"进行解释时也无一例外地将其判断最终归结于数额或数量的认定之上。不少学者所提倡的将"网页浏览量""下载次数""点击次数"等作为知识产权犯罪危害性的判断因素，实质上也正是为"侵犯市场秩序尤其是竞争秩序"这一危害后果提供更加具体、清晰的判断资料和标准，将原有只重视财产结果的一元化危害程度判断标准转变为"财产结果＋秩序损害"的综合标准。

三 竞争秩序：知识产权犯罪罪质的应然把握

（一）知识产权犯罪制裁体系的价值取向

从理论上看，在刑事法律中保护知识产权一般是基于以下两种理论：一是保护私人财产权；二是维护竞争秩序。② 在价值取向上的不同侧重决定了知识产权刑事立法上的差异，以美国知识产权保护的刑事立法规定为例，根据美国的《假冒商标法》等立法规定，区分知识产权犯罪危害程度的标准在于侵权行为对权利人专有权侵害的严重性程度，即以侵权复制品

---

① 参见于志强《我国网络知识产权犯罪制裁体系检视与未来建构》，《中国法学》2014 年第 3 期。

② 田宏杰：《论我国知识产权的刑事法律保护》，《中国法学》2003 年第 3 期。

的数量和零售价值为标准进行衡量,因此可以据此推断出美国的知识产权刑事保护体系是建立在保护私人财产权这一立场之上的。于是根据我国现行的刑事立法规定,有学者认为我国的刑事立法偏重于对市场竞争秩序的维护,只有危害了社会主义市场竞争秩序的侵权行为才能够纳入刑事处罚范围内。① 笔者对此结论表示质疑:正如前文所述,实际上论者所关注到的只是表面现象,即仅仅以知识财产权犯罪所处的章节为判断依据,忽视了蕴含在具体的各种知识产权犯罪构成要件之中的立法者的价值取向,从而理所应当地认为我国的知识产权犯罪实际上保护的主要是竞争秩序,进而提出我国知识产权刑事保护的价值理念应当适时转变为以保护个人权利为中心,并以此为基础对我国知识产权犯罪的具体构成要件进行相应的调整。根据我国刑法规定,区分知识产权犯罪危害程度的标准主要是违法所得、非法经营数额以及侵权制品的数量,这一点与美国的立法规定并无实质差别,那为何论者会得出前者注重保护的私人财产权而后者注重的是维护市场竞争秩序这一结论呢?这显然是缺乏依据和违背正常逻辑的。

对价值取向的不同侧重还会影响到知识产权刑事保护的权利范围。已有研究表明我国学界一致认为当前阻碍我国知识产权犯罪治理不力的重要因素在于我国刑法保护的知识产权种类、权利内容小于或少于《著作权法》《商标法》《专利法》《反不正当竞争法》等民事或行政法律法规所规定的范围。笔者对这一结论同样存在疑问:难道说民事侵权行为或者行政违法行为必然会成为刑法所要规制的对象吗?答案显然是否定的,因为刑法中存在着大量行政犯,行政违法行为并非必然会构成刑事犯罪,也并非所有违反国家行政或民事管理规定的知识产权侵权行为,只要具备"情节严重"这一要件就会构成犯罪。由于民事法律、行政法与刑法在立法目的和价值追求方面均存在较大差异,民事侵权、行政违法与刑事违法之间并不存在必然的因果联系。

刑法的补充性并不能否定其独立性,其是规定犯罪与刑罚的法律规范,制裁手段也是最为严厉的。刑法的目的在于打击犯罪和保障人权,与民事法律恢复受侵害的状态和补偿的目的、行政法调控行政管理行为的目

---

① 田宏杰:《侵犯知识产权犯罪的几个疑难问题研究》,《法商研究》2010年第2期。

的不同，因此决定了罪刑法定原则和意思自治原则、比例原则分别是三种法律体系的基本原则。三种法律各有其立法目的和原则，断然的一律与民事或行政法律法规保持一致会导致刑法独立性的丧失，也不符合刑法的价值追求。刑法中一些概念的内涵和外延与民事法、行政法中的概念也并不相同，例如有学者强调刑法中的"信用卡"与行政法中的"信用卡"范围并不一致，中国人民银行发布的《银行卡业务管理办法》中规定，银行卡分为两种即信用卡和借记卡，而司法解释采用的"信用卡"概念实际是行政法中的银行卡概念。①

2018年地方各级人民法院共新收和审结知识产权民事一审案件283414件和273945件，新收和审结知识产权行政一审案件13545件和9786件。②与前文所列举的刑事案件的数据对比便不难发现，对于知识产权侵权行为现阶段更多依靠的是民事法律、行政法律等手段予以规制的。正如有学者指出，我国当前通过民事法律、行政法律和刑事法律对知识产权的分层保护、逐级递增、由弱到强"三位一体"的保护机制并不违背TRIPS的相关规定，而将民事侵权行为、行政违法行为一律纳入刑事制裁体系违背了TRIPS的规定实际上是希望成员国将知识产权侵权案件尽量划入民事和行政制裁体系之内的初衷。③另外将目光移至域外立法实践，也不难发现很多国家知识产权刑事保护的权利范围与民事、行政法律法规的种类范围并非一致，例如美国立法对商标权的刑事保护也只规定了假冒商标罪，对于其他的侵权行为一般并不纳入刑事程序，而是通过民事保护实现对权力人的救济。但需要注意的是，笔者并不是否认我国知识产权刑事保护体系的范围存在问题，而是反对盲目提倡刑事扩张的观点。

笔者认为，我国知识产权犯罪制裁体系应当坚持以维护市场竞争秩序为出发点，理由是既然立法者将知识产权犯罪单独成节放置于破坏社会主义市场秩序犯罪一章之下，那么社会主义市场秩序就当然地成为知识产权

---

① 涂龙科：《论经济刑法解释的独立性》，《政治与法律》2011年第5期。
② 数据来源于最高人民法院知识产权审判庭：《中国法院知识产权司法保护状况（2018年）》，人民法院出版社2019年版，第3—4页。
③ 张心向：《我国知识产权刑事保护现象反思》，《南开学报》（哲学社会科学版）2010年第4期。

犯罪应当保护的法益内容,但由于社会主义市场秩序这个概念既模糊又抽象,违背了刑法的明确性原则,应当对其进一步细化。在经济刑法中,如果说金融犯罪刑法规范的价值目标是维持金融秩序,知识产权犯罪刑法规范的价值目标就是维持知识产权秩序。① 有论者对此提出了质疑:过分地强调"超个人"的集体法益,而忽视了对权利人个人利益的保护,知识产权犯罪首先侵犯的是权利人的利益,其次才是国家的管理制度,进而才是知识产权秩序。② 事实上,承认知识产权犯罪保护法益的"超个人"属性并非否认知识产权权利本身,这正是以保护权利人知识产权权益、维持其竞争优势为出发点所得出的结论。如果进一步追问为什么要保护知识产权秩序,最终还会落脚在知识产权的私权属性之上,但并不能因此就直接否认掉知识产权刑事保护的维持秩序的价值目标。日本学者西原春夫曾提出:"妨害国家利益或社会利益的不良行为如果作为刑罚法规的对象,也应当以国民的欲求为基础而不是以国家或社会欲求为基础。刑罚是为了保护国民的利益而存在就应当考虑把公共利益还原为个人的法益,否则处罚的范围就有扩大的趋势。"③ 因此知识产权犯罪的客体应当是知识产权秩序,犯罪对象则是知识产权权利本身。

(二) 知识产权犯罪的规范保护目的

既然我国知识产权犯罪重点保护的应是市场竞争秩序,那这种秩序就必然能够还原为个人的法益,否则知识产权刑事保护的范围就超出了国民的正常欲求。

从知识产权诞生与演进的历史进程中可以看出知识产权制度的创设就是为了保护权利人的市场利益,即权利人参与市场竞争或将要参与时所具有他人并不享有的竞争优势。以著作权为例,著作权制度产生是以造纸术和印刷术为核心的技术手段在全世界范围内的传播,导致作者的作品有机

---

① 谢炎:《知识产权刑法法益分析》,《北方法学》2017年第4期。
② 寇占奎、路红兵:《我国知识产权犯罪体系的反思与重构》,《河北师范大学学报》(哲学社会科学版) 2014年第6期。
③ [日] 西原春夫:《刑法的根基与哲学》(增补版),顾肖荣等译,法律出版社2017年版,第146—147页。

会广泛出版传播为前提的。在 15 世纪前期罗马教皇、法国国王和英国国王都先后颁布过保护印刷商印刷特权的法令，英国还批准成立了专门出版书籍的公司，其他企业、私人不允许未经特许擅自出版他人作品，可以看出这一阶段著作权制度实际上主要是用来保护出版商的合法权益。18 世纪初英国颁布的《安娜女王法》则规定了作者是享有著作权的主体，尤其是强调保护作者享有的与市场利益息息相关的复制发行权。[①] 伴随着后期作品传播手段的不断更新，"作品"竞争的市场也得到有效扩展，为保护作者在市场竞争中凭借"作品"这一优势所享有的财产性或人身性利益，"广播权""信息网络传播权"随之出现在各国法律规定之中。同时知识产权的国际开放性与互动性不断提升，为防止权利人的市场利益遭受不法侵害，"翻译权"也被逐渐纳入各国著作权权利体系之中。

当前我国社会主义市场经济体系已经基本确立，市场经济在资源配置中起决定性作用。市场主体若想在激烈的市场竞争环境中谋求一席之地，就必须对产品、生产技术、管理方式等进行革新，扩大自身的竞争优势，尤其是伴随着互联网经济时代的到来，创新便成了一切发展的动力，而作为创新发展的重要载体，知识产权逐渐成为市场竞争主体尤其是企业的核心资产。企业等主体通过获得版权、商标权、专利权以及商业秘密的使用实现在市场竞争中获得优势地位的目标，进而获得财富、创造价值。以华为与中兴两家互联网手机公司的 2014 年专利之战为例，华为在全球多地起诉中兴公司侵犯其研发的第四代通信系统专利，并且未经授权在其商品上使用其已经注册的商标，实际上近年来类似科技公司之间的专利纠纷数不胜数，曾经在全国掀起巨大反响的王老吉与加多宝公司商标权纠纷一案，事实上争抢的都是专利、商标等知识产权背后所代表的一种权利，而这种权利是能够为权利人带来巨额利润的、使其在市场竞争中占据主动地位的不可或缺的优势。

从笔者搜集到的侵犯著作权犯罪的典型案例来看，行为人的网络侵权行为多是集中体现为以下三种类型：一是网络游戏私服的提供者未经许可

[①] 以上历史梳理参考冯晓青《知识产权法》（第三版），中国政法大学出版社 2015 年版，第 60 页。

复制发行他人游戏软件的;二是行为人未经著作权人许可,通过网络平台提供小说、视频、音乐等浏览、阅读、下载等服务的;三是未经权利人许可,私自开发用于使他人正常使用正版软件的程序的。① 行为人的以上行为不仅会分流著作权人的用户,影响著作权人财产权的顺利实现,而且损害了权利人因知识创新等享有的在市场竞争中原有的竞争优势,消解了知识产权本身存在的市场价值,是对市场竞争秩序的严重破坏。以最高院公布的 2014 年十大知识产权案件之一"思路网侵犯著作权罪"一案②为例,审理法院认为被告人所经营的"思路网"表面上是介绍电影技术和资讯的网站,实际上通过链接可以向用户提供付费下载服务,其行为侵犯了多家影视公司的电影版权,吸引了数量庞大的用户群,使得这些用户不再选择通过正规途径观看电影,进一步侵犯了电影制作人、发行人等权利人的合法权利,瓦解了其本应享有的市场竞争优势,进而严重扰乱了正常的电影放映市场秩序。

具体到专利权犯罪,我国《专利法》第 63 条规定:假冒专利的,除依法承担民事责任外,由管理专利工作的部门责令改正并予公告,没收违法所得,可以并处违法所得四倍以下的罚款;没有违法所得的,可以处二十万元以下的罚款;构成犯罪的,依法追究刑事责任。由此可以看出,权利人因侵权行为遭受的财产损失已经由行为人承担的民事责任所弥补,除此之外,还需要接受行政部门的没收与罚款等行政处罚措施,情节严重的,还需要承担刑事责任。假冒专利罪的保护对象实际上指向的是专利标识权,问题是为什么刑法要保护权利人的标识权呢?这是因为行为人冒用专利标识,误导消费者陷入严重认识错误,基于对先进技术或外观新颖产生的信赖而选择购买这种假冒商品,从而对权利人的商誉造成损害,降低了消费者对技术创新的信赖。因此假冒专利罪所关注的并非仅仅限于权利人因假冒行为遭受的财产损失,而是侵权行为对知识产权管理制度与以此形成的良好的市场竞争秩序的破坏,其实质是为了保护专利权人因创新而

---

① 以上归类的代表性案例分别为:〔2012〕深中法知刑终字第 35 号"燕亚航侵犯著作权案"、〔2013〕普刑(知)初字第 11 号"张俊雄侵犯著作权案"、〔2015〕深中法知刑终字第 133 号"袁某某等侵犯著作权案"。

② 案件号:〔2014〕一中刑终字第 2516 号。

产生的市场竞争优势，从而保护权利人的智力成果，激发创新的活力。正如有学者所概括的，这类行为所具有的共同特征是，损害了专利权人基于专利技术而享有的市场竞争优势，导致市场利益的减损。①

对于侵犯注册商标罪而言，行为人的行为固然侵害了商标权人的专有权，但商标专用权实际上正是权利人参与市场竞争的优势所在，实际上是侵害了权利人由此获得的应有的市场份额和收益，消解了商标权应有的财产价值，最终破坏了商标权的管理制度，扰乱了正常的市场竞争秩序。以陈某销售假冒注册商标的商品罪一案②为例，尽管权利人实际上并未使用或授权他人在行为人销售的同一种商品上使用，因此市场上并未存在真实对应的产品，因此行为人的行为不会对消费者产生误导，也并未侵害到商标所有权人的实际利益。但是在该案中不容忽视的是行为人的假冒行为侵犯了商标权管理制度，损害了权利人未来投放市场的潜在竞争优势和未来的市场份额，因此陈某的行为构成了侵犯商标权的犯罪。侵犯商业秘密罪保护的对象是具有经济价值的商业秘密，这类商业秘密往往涉及企业的核心技术、管理架构、客户资料等直接影响企业经营状况的因素，我国《反不正当竞争法》中也对侵犯商业秘密的行为予以规制，不难看出我国对商业秘密的司法保护的出发点在于其在市场竞争中所发挥的重要作用。

综上，至少可以得出一个结论：我国知识产权犯罪的刑事制裁体系的价值取向不仅仅在于保护权利人的财产权益，更在于维护正常的市场竞争秩序，而其背后正是保护知识产权给权利人在市场竞争中带来的优势地位，这种优势地位则主要表现为权利人因技术创新或智力成果所享有的市场竞争利益。因此也可以说，知识产权犯罪保护的法益是市场竞争秩序，但其最终的目的是维护知识产权人因知识创新等获得的在市场竞争中具有的优势地位。

---

① 何鹏：《漫谈知识产权的权利边界：缺乏目的性变形的使用权能》，《知识产权》2018年第6期。
② 案件参考周洁《无实际被假冒对象的销售假冒注册商标商品行为不宜入罪——以"梅兰日兰"商标案为例》，《知识产权》2016年第2期。转引自李兰英、高扬捷等《知识产权刑法保护的理论与实践》，法律出版社2018年版，第116页。

四 网络知识产权犯罪突出问题的解决方案

综上,为了有效应对网络空间下知识产权犯罪的变异,解决知识产权犯罪适用过程中的疑难问题,在厘清刑法保护现状、找出症结所在的基础上,需要对我国的知识产权犯罪制裁体系进行重新审视,将其构成要件回归到以保护市场竞争优势和秩序为价值取向的应然模式之上。

(一) 犯罪圈的重新划定

从知识产权犯罪案件的具体类型来看,侵犯商标权的案件数量占比较大,其次则是侵犯著作权和商业秘密的案件数量占据一定比重,侵犯专利权的案件数量占比最小。① 在网络环境下的侵犯知识产权犯罪罪名分布与以上比重基本一致,网络知识产权犯罪可以大致分为两种类型:一种是将网络作为媒介或者犯罪手段实施的侵犯知识产权犯罪;另一种则是将网络知识产权作为行为对象的犯罪,例如侵犯域名专有权、销售"私服外挂"等行为。知识产权犯罪价值取向的转变必然会引起犯罪圈的扩大或者缩小,具体如下。

1. 制作、销售网络游戏"私服外挂"的行为应当以侵犯著作权罪论处

如前文所述,将制作、销售网络游戏外挂的行为定性为侵犯著作权罪面临的最大障碍是能否将修改行为视为"复制发行"?笔者对此持肯定态度,理由是无论是研究者还是司法实务者在对刑法条文进行解释时,必须把握两个原则:一是遵循罪刑法定的基本原则,不能突破条文本身的文义射程;二是解释者不宜随意对刑法条文的含义提出质疑,而是应当尽最大努力合理利用各种解释方法和技巧得出公正的结论。因此,在对制作、销售网游"私服外挂"的行为进行定性时,应当从形式到实质作出综合性的

---

① 2018年在地方各级人民法院审结的侵犯知识产权犯罪的一审案件中,假冒注册商标罪案件1852件,同比上升9.78%;销售假冒注册商标的商品罪案件1724件,同比上升15.39%;非法制造、销售非法制造的注册商标标识罪案件305件,同比上升17.31%;假冒专利罪案件2件;侵犯著作权罪案件136件,同比下降20%;销售侵权复制品罪案件6件,同比上升50%;侵犯商业秘密罪案件39件。数据来源于最高人民法院知识产权审判庭《中国法院知识产权司法保护状况(2018年)》,人民法院出版社2019年版,第5—6页。

把握，即充分结合知识产权犯罪的罪质进行分析。就上述"007外挂案"而言，行为人并非直接将正版游戏直接上传至个人服务器进行传播，也并未以其他方式直接复制正版游戏软件，而是通过修改和调取部分函数为用户提供升级通关上的便利进行牟利，但需要注意的是行为人的修改并销售的行为是在未经权利人许可的前提下，私自调取、复制并进一步加工利用游戏运营商的原始数据，毫无疑问的是行为人的上述行为已经扰乱了正常的网络游戏参与体验的秩序，降低正常玩家的游戏体验，最终会减少网络游戏的参与用户数量，导致游戏运营商的市场份额的减少。同时，上述行为严重扰乱了正常的市场竞争秩序，损害了权利人本应因为其智力成果获得的市场竞争利益，因此，笔者认为对于严重扰乱市场竞争秩序、损害著作权人竞争利益的开发、销售网游"私服外挂"的行为应当以侵犯著作权罪论处。

2. 假冒注册商标罪的保护对象范围扩大化

根据刑法条文及相关司法解释，侵犯商标权犯罪中的商标仅限于商品商标且已经注册的商品商标，这一规定实际上忽视了在市场竞争中存在着商家在经营使用过程中已经具有一定知名度、区分度的商品标识，这些标识常常代表着商家自身良好的声誉、口碑，因此使得商家在市场竞争中往往凭此具有一定的优势地位，有着较为稳定的客户来源和收入。但是现行刑事保护体系并未将其纳入保护范围之内，这意味着即使有人假冒这类未予注册的知名商标，损害了商家的市场竞争优势，导致商家严重受损、市场竞争秩序混乱，也无法得到有效救济，显然并不符合知识产权犯罪的立法目的。这也是基于我国当前知识产权保护意识仍然薄弱、存在着一些知名（或驰名）商标使用人怠于注册现象的现状所作出的考量，因此对于虽未注册但经过使用产生一定声誉、使得商家获得相对竞争优势的商标，我国刑法也应予以一定程度上的保护。此外，我国商标法第3条规定，注册商标不仅包括商品商标，还包括服务商标、集体商标，后者也具有区分来源的功能，同样能够为商家参与市场竞争获取竞争优势，理应纳入刑法保护范围。

3. 著作权犯罪的合理设置

重新审视我国著作权刑法保护体系，就会发现在现有规定下存在着两种不合理的现象：一是如果行为人不具有营利的目的，即使损害了权利人的竞争优势，扰乱了市场竞争秩序，其行为仍然不构成侵犯著作权犯罪；二是行为人将作者并未公开发表的作品擅自复制发行的，情节严重的将以侵犯著作权罪论处。第一种情形的不合理之处在于将营利目的作为侵犯著作权犯罪的主观构成要件要素，忽略了网络时代犯罪目的多元化的现实，会不当地限缩犯罪圈的成立，造成刑事法网的不周延。第二种情形的不合理之处在于尽管行为人侵害了作者的发表权、发行权等人身财产权利，但我国《出版管理条例》第九条明确规定报纸、期刊、图书、音像制品和电子出版物应当由专门的出版单位出版发行，这也决定了如果仅仅未经作者允许将他人未公开发表的作品复制发行的行为并未侵犯我国的出版管理制度，对权利人造成的损失完全可以通过民事法律解决，况且，在未授予出版单位发行权的情形中，作者也并未参与市场竞争之中，何谈"竞争优势"？因此，第二种情形应当作出罪化处理。

（二）危害后果判断标准的重新设置

传统犯罪在网络空间中往往会出现一定程度的变异现象，这种"异化"具体表现为犯罪对象的网络变异、犯罪行为的网络变异、犯罪目的的网络变异和犯罪结果的网络变异。[①] 已有研究也是多从网络知识产权犯罪在犯罪结果的认定上出现"异化"这一角度出发，得出知识产权犯罪危害后果不宜再以非法经营收入、违法所得等财产计算作为判断标准的结论。[②] 笔者赞同论者的结论，但对其论据的合理性存在疑问：网络环境中的确存在着难以判断行为人的收入是否系其犯罪行为带来的收益这一证明上的难题，要么造成对犯罪人的轻纵要么造成对其定罪量刑上有失公允。但这并不是网络知识产权犯罪特有的司法难题，而是网络环境下传统犯罪普遍面临的问题，难以作为对知识产权犯罪构成要件进行修改的有力依据。按照论者的逻辑，难道为所有以违法所得数额为危害后果判断标准的传统犯罪都要单独设置一套在网络环境下的犯罪后果判断标准？答案显然是否定

[①] 参见于志刚《网络犯罪与中国刑法应对》，《中国社会科学》2010年第3期。
[②] 参见于志强《我国网络知识产权犯罪制裁体系检视与未来建构》，《中国法学》2014年第3期。

的。因此笔者认为应当调整论证的出发点，以"知识产权刑法保护的价值取向是维护权利人市场竞争优势、维护社会主义市场竞争秩序"这一认知出发，也能得出现有标准与立法价值取向相违背，需要对其进行调整的结论。

在网络环境下，由于网络环境下的虚拟性和开放性，侵权行为对权利人市场竞争优势的损害不再单单体现为物质载体的数量或者非法销售侵权的物质载体的数额等财产结果，而是转化为导致权利人网络用户量的减少、关注度的下降等与市场竞争优势密切相关的损害结果。基于互联网的基本定律－梅特卡夫法则①，网络的价值与用户数量的平方呈正比，也就是 $V = K \times N^2$（其中 V 是一个互联网络的价值，K 是价值系数，N 是客户数量），浏览网页的用户量越大，互联网的价值会随此呈现指数型增长。在网络经济时代，谁能够在短时间内争取到最大的用户量，谁就能够在激烈的市场竞争中获得优势。值得注意的是，相关司法解释也对此作出了一定调整，在侵犯著作权犯罪中将"点击次数""注册会员数量"作为"严重情节"的构成要素之一。② 遗憾的是，上述解释仅仅针对网络侵犯著作权的犯罪后果认定，因此在未来对知识产权犯罪立法或司法解释活动中应当将"点击次数""用户数量"等作为"情节严重"的重要考量因素。

---

① 参见董晓松等《中国数字经济及其空间关联》，社会科学文献出版社 2018 年版，第 16 页。
② 《最高人民法院、最高人检察院、公安部关于办理侵犯知识产权刑事案件适用法律若干问题的意见》第十三项规定具有下列情形之一的，属于刑法第 217 条规定的"其他严重情节"：（三）传播他人作品的实际被点击数达到五万次以上的；（四）以会员制方式传播他人作品，注册会员在一千人以上的。

互联网传销的刑法规制

时方*

传销活动作为庞氏骗局的表现类型之一,是通过拉人头、发展下线、骗取入门费并用后加入者的资金弥补前期参与人回报的模式维持运作,传销组织结构呈现金字塔状,因此也称为金字塔骗局。① 基于传销活动并不具有可持续性盈利的项目收益,当后加入者所投入资金不足以满足先前加入者支付的本金及收益时,不可避免将出现资金链断裂并最终导致骗局泡沫破裂,其后果不仅使陷入传销组织的参与人遭受财产损失,与传销过程中间接引发的人身暴力性犯罪共同交织对公民人身财产等个人法益造成直接侵害;同时,传销活动参与人数量众多、发展区域广泛,对社会治安稳定造成重大影响。当前传销运作呈现与互联网金融等新兴技术相结合的新型互联网传销模式,隐蔽性更强,法益侵害属性更加严重,对社会经济平稳运行、国家经济安全产生直接威胁。如何准确识别互联网传销运作模式,挖掘其背后运作机理,确立传销参与人地位与作用,有效发挥刑法惩治手段,是当前规制、打击互联网传销活动面临的重要难题。

---

* 中国政法大学刑事司法学院副教授,法学博士。

① 根据刑法第224条之一组织、领导传销活动罪的条文规定,对于传销组织"拉人头"发展人数要求"并按照一定顺序组成层级",突显了传销组织立体发展的金字塔结构,以区别于其他单纯对参与人数有要求的涉众型经济犯罪类型。如2010年12月13日最高人民法院《关于审理非法集资刑事案件具体应用法律若干问题的解释》第3条对于非法吸收公众存款罪刑事责任追究标准,"个人非法吸收或者变相吸收公众存款对象30人以上的,单位非法吸收或者变相吸收公众存款对象150人以上的,"并未对发展人数结构规定要求。

一 互联网传销运行模式及特征

（一）互联网传销运行模式

1. 虚拟货币传销

随着对虚拟货币的不断炒作，有不法分子以发行虚拟货币为名，行诈骗之实，谎称投资虚拟货币只涨不跌，其中主要包括"山寨币""空气币""传销币"等表现形式。例如，近年来具有广泛影响的诸如五行币、亚欧币、维卡币等网络传销案件，不法分子以虚拟货币、区块链为幌子，在实质上没有区块链作为底层技术的情况下进行概念炒作，以高额利益回报为诱饵进行非法集资、传销等违法犯罪活动，成为新型庞氏骗局主要形式。全国首起虚拟货币网络传销"维卡币"案，国内涉及资金150亿元人民币，传销人员账号200多万个，涉及全国20多个省市。该案组织者以加密货币和区块链为噱头、以高额回报利诱，要求参加者支付相应等级入会费，通过老会员推荐新会员入会并购买激活码获得加入会员资格，按照投资的金额及先后发展的顺序组成层级，呈现新型网络传销组织特征。

2. 互联网平台传销

在互联网传销运作模式中，夹杂着消费返利等具有迷惑性的市场营销手段。以互联网购物平台传销为例，网络购物平台通过发展会员并许诺给予不同等级会员购物返利，鼓励会员在平台消费并推荐发展新会员，此种运营模式实则是通过后加入会员的入会费以及对支付商品金额提成实现先前会员返利，平台本身不以商品交易为主要目的，也无资金来源进行会员返利，平台组织者以收取会费和商品价款提成取得收益。如果后期加入会员较少将导致平台资金无法满足先期会员返利要求，庞氏骗局终将崩塌。2018年5月广州警方摧毁的"云联惠"特大网络传销犯罪团伙，即是以"消费全返"等为幌子，采取拉人头、交纳会费、积分返利等方式引诱人员加入，骗取财物，严重扰乱经济社会秩序，涉嫌组织、领导传销活动犯罪。[1]

---

[1] 据报道，至2018年5月8日"云联惠"总部遭到广州警方查处时，云联惠累计交易金额为3300亿元。参见《超千亿特大传销团伙"云联惠"被广东公安摧毁》，https://www.sohu.com/a/231097088_100144429，访问日期2019年3月20日。

3. 其他资本运作传销

除了利用虚拟货币、网购平台实施的互联网传销模式外,其他诸如股权投资、金融互助、微信手游等名义实施的传销活动形式各异、眼花缭乱。互联网传销组织以高额回报为诱饵,借助各类网络媒介开展所谓资本运作,变相收取入门费,通过拉人头、发展下线等手段给予提成、返利。如微信手游传销,传销组织以参与网络游戏为幌子,诱使加入者办理游戏充值卡业务变相交纳会费,再利用高额奖励鼓励加入者吸收新会员,参与者并非被游戏软件吸引,充值目的在于获得高额收益,此类借助网络游戏进行投资获益的传销模式隐蔽性更强,基于参与人挣快钱的投机心理,高额返利加速传销骗局崩塌,造成短期内大量参与人遭受重大财产损失。

(二) 互联网传销运行特征

互联网传销借助金融科技、资本运作等名义扩大宣传,更具迷惑性与传染性;资本运作模式代际更新,罪名认定更加复杂困难;相比传统传销人身控制、线下商品销售模式,互联网传销法益侵害属性本质改变,危害性更加严重。

1. 宣传手法更具迷惑性与传染性

区别于传统传销假借销售"空壳"商品的欺骗伎俩,抑或通过人身监禁等物理手段强迫民众参与,互联网传销往往披上金融创新、普惠金融等高科技外衣,以"纯资本运作""金融互助""虚拟货币""股权投资"等宣传手法进行洗脑诱骗;加之我国民众普遍缺乏基本金融投资常识,一味追求高收益、忽视风险的投机心理极易被互联网传销组织蛊惑加入,传销组织对参与人人身控制减弱、精神控制加强,互联网传销更具迷惑性与传染性。

2. 运作模式代际更新

互联网传销将传统传销组织物理性控制模式转向网络空间发展团队,传销组织更加隐蔽,呈现"形散而神不散"特征;为规避司法机关对组织、领导传销活动罪追诉标准的认定,互联网传销不再简单复制传统传销活动"拉人头"获取返利升级的运作模式,着重在组织层级、成员数量、门槛费收取等不同方面进行创新"升级";通过诱骗参与人不断发展下线获得收益的运作模式造成传销活动与非法集资两者出现交织混同,导致相关行为在刑法罪名认定上更加复杂困难。

3. 法益侵害属性发生改变

互联网传销组织以金融资本运作模式呈现,法益侵害属性由对被害人个体法益侵害转向对国家经济安全超个人法益侵害,具有金融犯罪属性。① 典型如涉案金额超千亿元的广州"云联惠""太平洋直购案"等,借助消费全返、层级计酬、股权代理等隐蔽性运营模式,致使资金聚集迅猛、辐射面不断蔓延,不仅侵害公共秩序稳定与社会民众个体人身、财产安全,对于国家经济安全产生直接侵害。互联网传销作为一种虚拟经济活动,不存在真实商品或者服务的等价交换,无法使社会财富增值,相反数额巨大的传销资金流转并掌握于少数传销人员之手,巨量民间资金脱离金融监管,隐藏很大金融风险。②

二 互联网传销基本构造:与关联行为区分

(一) 互联网传销与直销区分

传统依靠商品销售的直销与传销在 1998 年 4 月 18 日国务院《关于禁止传销经营活动的通知》之前并没有被监管部门有效区分,由此导致大大小小的非法传销公司如雨后春笋般地涌现出来,以至于 1997 年底到 1998 年初非法传销大肆猖獗,国家对直销企业几乎失控。

直销与传销两者合法性与违法性认定的关键在于:从形式上看,可以通过运作模式的单层次与多层次性进行判断,我国《直销管理条例》所允许的直销运作模式也仅限于单层次直销行为,直销人员之间没有连带关

---

① 当前互联网传销运作手法从曾经的化妆品销售、资源开发、种植养殖等"实体经营行为"向众筹理财、期货、虚拟货币等"资本运作"手段进化,有统计数据显示,金融投资理财类传销在传销组织中的占比达到 30%,已发展成为新型网络传销的主流模式。参见《2018 年重大传销案盘点:发展势头如洪水猛兽,花样百出影响更加恶劣》,http://dsdod.com/a/20181228/70630/,访问日期 2019 年 3 月 21 日。

② 参见黄太云《刑法修正案(七)解读》,《人民检察》2009 年第 6 期。

系，依赖个人业绩计酬①；而多层次直销基于参与人员上下线之间的连带关系，上线依据发展下线的数量及销售业绩为计酬依据，不论多层次模式是否以销售实际商品为目的，其拉人头、发展下线建立层级营销模式在我国属于《禁止传销条例》明令禁止的经营行为。因此，只要形式上存在拉人头建立层级的运营模式在我国一律为法律禁止，排除在正规直销经营活动之外属于违法行为。从实质上看，单层次直销业务员直接面对的是最终消费者，通过商品销售提高个人业绩，属于合法经营活动；传销活动主要是依靠发展下线、建立层级形式收取入门费，缺乏实质经营活动，行为人主观上具有非法获利目的，属于刑法规定的诈骗型传销类型之一。此外，以销售商品为目的的多层次传销行为虽然为我国《禁止传销条例》规制，但《刑法修正案（七）》未将此类团队计酬型传销模式作为犯罪认定，相关行为只能作为传销违法行为进行行政处罚。即通过实质经营内容有无的判断，对形式上具备金字塔结构的传销活动进行处罚性质与严厉程度不同的行政与刑法双层次打击，由此构成合法直销与传销违法犯罪区分的形式与实质认定标准。

当前互联网传销组织除借助金融创新等虚伪外衣包装渲染，为掩饰其传销本质往往对运行模式进行改造，典型如互联网传销组织设计出单层计酬制，传销成员仅对自己发展成员的第一级下线计酬，下线再次发展成员所获收益则与自身无关，意图在层级模式上混淆与直销活动构造差异，规避刑法对于传销犯罪认定标准。②同时，基于传销与直销在运作模式上具有相似性基因，为防止获得直销牌照的企业由于经营不规范涉嫌违法传销

---

① 2005年规制我国传销与直销活动的两部核心法律《禁止传销条例》与《直销管理条例》几乎同时出台，其中《直销管理条例》第24条规定："直销企业支付给直销员的报酬只能按照直销员本人直接向消费者销售产品的收入计算报酬总额（包括佣金、奖金、各种形式的奖励以及其他经济利益等）不得超过直销员本人直接向消费者销售产品收入30%。"以及第14条规定"直销企业及其分支机构不得发布宣传直销员销售报酬的广告，不得以缴纳费用或者购买商品作为成为直销员的条件。"

② 如江西太平洋网络直购案，其运作模式是上下级渠道商之间有层级进行团队计酬，即上级渠道商对其发展的下一级进行业绩提成，但上级对下级业绩的提成是一次性的不具有持续性，下级渠道商再发展的下级与其上级无关，各团队只能形成上下两级计酬，无法形成传统传销组织认定的三级层级。参见朱庆《传销抑或创新：太平洋直购案的法律解析》，《法商研究》2015年第1期。

甚至犯罪，应当在规范直销活动的前提下打击互联网传销。即对获得正规直销牌照的公司仍应进行严格监管，对建立层级的多层次直销经营活动依照现有法律作为违法传销认定，不因具有直销牌照而直接承认其合法性，对于涉嫌传销犯罪的企业建立直销牌照退出机制。引发全社会广泛关注的天津权健集团、河北华林酸碱平生物技术有限公司等为代表的我国直销领域巨头，在已取得商务部颁发的直销牌照前提下通过虚假宣传、高额回报诱骗民众参与，依靠拉人头、发展层级收取入会费，形成庞大金字塔结构，因涉嫌组织、领导传销活动罪于 2019 年初被刑事立案。

（二）互联网传销与非法集资区分

非法集资与传销活动本质上都会对参与者个体财产法益造成侵害，涉及参与群体数量广泛使得法益侵害发生质变，由对个体财产法益侵害转变为对市场经济秩序的超个人法益侵害，易引发群体性事件影响社会治安稳定，甚至对国家经济安全产生威胁与侵害，这也使得传销与非法集资成为侵犯社会主义市场经济秩序超个人法益犯罪的典型代表。随着互联网传销种类日益繁杂，在实际运行过程中，互联网传销与非法集资存在竞合情形，引发认定分歧与困难，进而影响司法裁判与财产处置过程中一系列社会稳定因素。

具体而言，刑法对于非法集资与传销不论在刑罚设定抑或财产处置上都具有较大差异：就刑罚严厉程度而言，非法集资相关罪名虽然在 2015 年《刑法修正案（九）》时废除死刑规定，但其最高刑期无期徒刑仍具有极大的惩治与威慑力；与此相对，组织、领导传销活动罪情节严重时仅在 5 年以上有期徒刑范围内进行裁判，刑罚严厉程度较非法集资轻微很多。甚至相比较单纯侵犯个体财产法益的诈骗罪，诈骗型传销在法益侵害上虽然扩展到对超个人法益的经济秩序侵害，法益侵害更具多元性与严重性，但刑罚惩治力度相比较作为基础性罪名的诈骗罪轻很多，呈现法益侵害属性与刑罚制裁不成比例局面，这也使得不同罪名的认定对于犯罪分子施加的刑罚严厉程度存在巨大差异。就参与人法律保护态度而言，当前刑法虽然没有完全承认集资参与人的被害人地位，但仍会对集资参与人的损失进行最大程度的追赃挽损，减轻集资参与人损失；相较而言，尽管存在被欺骗交纳入门费情形，刑法对于传销参与人完全否定其被害人地位，对于传销组织吸纳的成员财产表现更为严苛，一律作为传销活动违法所得没收，不予返还参与人。因此同样作为聚众型经济犯罪，非法集资与传销不同类型属性界定与罪名认定对于案件产生的社会效果具有极大影响。

通常情况下，非法集资与传销具有较为明显的构造差异：就组织运行结构而言，非法集资以吸收公众存款为目标，参与人数量众多成为客观事实，但集资参与人之间不以建立层级为目标，也无上下级之间的收益抽成。传销运作模式依靠拉人头、建立层级实现组织规模不断扩大，是其维持运行的核心要求。就参与人获取收益基础而言，非法集资参与人以投入资金数额为基础，通过还本付息形式获取静态固定收益；传销活动参与人则通过拉人头、建立层级的动态运行获得佣金，实现按劳分配。可以认为，非法集资是静态平面式获取收益的线型结构，传销活动是动态立体式获取收益的金字塔结构。但随着互联网传销模式的复杂变化，两者出现交叉竞合情形：典型如互联网传销组织一方面规定参与成员交纳各种名义的入门费，承诺按交纳资金比例给予业绩返还，呈现类似非法集资静态还本付息样态；同时为维持传销组织日常运行、扩大组织规模，要求参与成员不断发展下线，可以从发展下线交纳的入门费中获取一定比例的提成，激发成员发展下线的动力，最终形成传销参与人获取动态收益的金字塔结构。当互联网传销同时呈现非法集资特征时，形成组织、领导传销活动罪与非法集资相关罪名的想象竞合情形。因此，有观点指出，互联网传销也是一种非法集资，只不过是集资形式不同。①

根据 2013 年 11 月 22 日两高一部《关于办理组织领导传销活动刑事案件适用法律若干问题的意见》第 6 条罪名适用问题，明确了"以非法占有为目的，组织、领导传销活动，同时构成组织、领导传销活动罪和集资诈骗罪的，依照处罚较重的规定定罪处罚"。即当传销与非法集资出现交织难以区分时根据想象竞合犯原理从一重罪处罚。从加大犯罪刑事打击力度、遏制犯罪发生角度考虑，上述司法解释既体现了维护社会经济安全稳定的刑事政策要求，也符合相关犯罪认定原理。但更为现实

---

① 参见明航《根治虚拟货币传销骗局需用重典》，《经济参考报》2017 年 12 月 14 日第 2 版。

的问题是，当出现行为样态认定模糊时，不能简单通过从一重罪处罚的竞合原理进行处理，不同罪名认定对于犯罪违法所得处置方式产生直接影响，关涉到参与人尤其是被欺骗加入违法犯罪活动的民众受损财产能否得到法律保护问题，对社会稳定产生重大影响，考验案件办理社会效果，此时需要对参与人在传销活动中的具体地位与作用作进一步刑法规范评价。

三　互联网传销参与人刑法规制立场

（一）传销参与人地位分析

传销参与人地位是由其在传销活动中扮演的实质作用所决定，也决定了刑法对此类群体的保护抑或规制态度。传销参与人被欺骗加入传销活动时普遍具有被害人属性，交纳相应入门费即出现实际财产损失结果，此时有权利要求法律救济并对财产损失进行追缴返还。但当金字塔骗局最底层的传销参与人被洗脑后为获得层级晋升与财产收益，积极发展下线时其身份则由被害人转变为从事违法犯罪活动的实施者，具备了可罚的违法性。尤其是加入传销组织之后明知从事传销违法活动的参与人，其主观上具备有责性，只要实施发展下线、建立层级即具备行政处罚的违法性与可罚性，当发展人数与层级达到刑法规定的组织、领导传销活动罪的认定标准时则构成相应刑事犯罪，应当受到刑罚惩罚。因此，理论上而言，传销组织中参与人的被害人地位认定空间较小，只可能是刚被骗加入传销组织交纳相应入门费还没有来得及继续发展下线的金字塔底层人员，甚至当其已经着手实施发展下线人员但并未成功时已经不具备认定传销活动的被害人地位，其遭受的财产损失也无法获得法律救济。

从法律层面进行逻辑推演可以较为明确分析出传销参与人的被害人属性与地位，但根据现行法律规定与司法解释，对于传销参与人的法律规制与权益保障存在理论上的冲突与悖论。作为刑法第254条合同诈骗罪之一条的组织、领导传销活动罪，刑法规制的对象主要是具有欺诈属性与构造的诈骗型传销，被诈骗的对象即为被欺骗参与到传销组织中的人员。但司法实践中，并未将被欺骗进入传销组织的成员作为被害人认定，被欺骗的财产也是作为违法所得的赃款予以没收，没有根据诈骗罪逻辑构造对被欺骗的被害人进行法律保护并将受损财产返还给被害人。基于立法将组织、领导传销活动罪作为诈骗类型犯罪惩治，将传销组织成员实施的拉人头、发展下线行为作为诈骗行为认定，同时又不认可被欺骗进入传销组织成员的被害人地位，与诈骗罪认定逻辑存在内在矛盾，不符合诈骗犯罪犯罪构成的认定逻辑。与此相应是司法实践中对于非法集资参与人的地位认定与救济态度，同样作为涉众型经济犯罪类型，集资诈骗罪的被害人具有要求返还被诈骗财产的法定权利，符合诈骗罪中对于被害人财产法益保护的内在逻辑与立法要求；即使是法律没有明确认定为被害人的非法吸收公众罪中的参与人，虽然不具有受欺骗交付财物的诈骗罪构造，但在司法实践中对此类群体遭受的财产损失同样进行积极追缴返还。① 由此，对于当前刑法明确规制的诈骗型传销犯罪，立法与司法机关对于具有诈骗对象属性的传销参与人，对其权利保护与受损财产处置显得并不公平合理，与法律面前人人平等原则存在冲突。

  从惩治犯罪效果与参与人在不同犯罪类型中的地位考量，刑法对传销参与人的严苛具有一定的实践合理性，这也是基于遏制快速蔓延的新型传销犯罪刑事政策所决定。对于传销参与人的严厉打击，体现出立法者与司法者基于社会维稳目标的实现，对不同特性的聚众型经济犯罪在规制策略上的差别：在非法集资类犯罪中参与人虽然基于一定程度的贪利遭受财产损失，但其只是静态获益，自身并没有实施非法集资犯罪行为，其参与行为不具有法律规范意义上的违法性。国家为了尽可能减少社会民众财产损失通过法律手段为此类群体追赃挽损，体现对民众财产法益的保护与救济；而传销组织结构及其运作模式决定了参与其中的人员并非静态坐等收益，而是通过自身不断"努力"将传销骗局蔓延扩大，诱使更多无辜群众陷入传销组织，传销参与人对于传销违法犯罪活动的推动作用更为明显。加之传销参与人经过洗脑之后具有了实施违法犯罪的主观恶性，客观上实施传销活动，法律为严惩传销犯罪将参与人一并严惩。此外，从犯罪预防

---

① 参见时方《非法集资犯罪中的被害人认定——兼论刑法对金融投机者的保护界限》，《政治与法律》2017年第11期。

角度考量，传销参与人就像感染了病毒的传播者，即使传销组织遭受打击被解散，其成员在社会中仍具有继续开展、实施传销违法活动的可能性，使得传销活动屡禁不止，如若一律将受欺骗加入传销组织的参与人作为被害人进行保护，对其财产权益进行追缴返还无疑是为其继续传播蔓延传销活动提供资金支持。

（二）互联网传销参与人刑法规制立场

我国《刑法修正案（七）》虽然将传销活动独立成罪，但从相关罪名以及条文表述可知，刑法只是将传销活动组织者、领导者作为犯罪认定，对于其他参与人并不能以组织、领导传销活动罪认定。[①] 如有些传销人员通过搭建网络宣传平台、建立微信群等方式大肆宣传传销运作模式，以培训导师身份对社会民众进行洗脑、诱骗参与投资，上述个人可能发展下线人数与层级达不到"三十人以上且层级在三级以上"的立案标准，但从实际危害性而言该类传销参与人对传销组织的发展与扩大起到重要作用。虽然《禁止传销条例》对于参与传销组织的成员规定了行政处罚措施，但惩罚力度过于轻微，加之客观原因导致行政制裁不到位，无法实现对传销组织中积极参与人的打击与惩治效果。

根据2001年最高人民法院批复，对于从事传销活动构成犯罪的应当以非法经营罪定罪，对于传销组织中存在的骨干分子虽然不起组织、领导作用，但其行为属于扰乱市场秩序的非法经营行为，应当作为非法经营罪定罪量刑。有观点据此指出，《刑法修正案（七）》在刑法第255条之一增设组织、领导传销活动罪，只是规定具有骗取财物为目的的诈骗型传销犯罪，因此本质上与合同诈骗罪具有同质属性，都属于特殊诈骗犯罪类型；但2001年最高人民法院批复是针对外延辐射更为广泛的所有传销活动进行的刑法规制，除对骗取财物为目的的诈骗型传销犯罪进行规定，其他不

[①] 在《刑法修正案（七）》之前，2001年最高人民法院发布的《关于情节严重的传销或者变相传销行为如何定性问题的批复》规定："对于1998年4月18日国务院《关于禁止传销经营活动的通知》发布以后，仍然从事传销或者变相传销活动，扰乱市场秩序，情节严重的，应当依照刑法第225条（四）项的规定，以非法经营罪定罪处罚。"根据最高人民法院2001年批复，对于传销活动以非法经营罪认定并未区分传销的组织者或经营者，只要参加传销活动的成员即具备入罪的主体条件，打击范围相比当前更为宽泛。

具有骗取财物要素的传销活动仍应作为非法经营罪认定,即新罪名的制定不影响到原司法解释的效力,最高人民法院2001年批复仍有效力,因此对于原本就可以进行处罚的传销积极参与人,仍应当依照以往司法解释以非法经营罪进行认定。①

对上述观点存在如下难以解释的困境:首先,从法律体系解释角度而言,刑法针对某一违法行为专门设立罪名进行规制,当该罪名只规定处罚组织、领导者这一在犯罪活动中起主要作用的人员,而没有规定处罚一般参与人的情况下,在法律适用过程中基于严密法网、加大打击面对其中起较轻作用的成员进行其他罪名定罪,有违罪刑法定原则之嫌。其次,基于刑法体系解释的立场,纵观我国刑法对于有组织犯罪对象的处罚范围,既包括组织、领导者,也包括积极参加者与一般参加者,典型罪名如组织、领导、参加恐怖组织罪,组织、领导、参加黑社会性质组织罪等,立法者如果意图处罚组织、领导者之外的其他参与者往往会在犯罪条款与罪名中直接予以体现,只需要根据行为人参与程度与责任大小分别规定不同严厉程度的法定刑即可,在组织、领导传销活动罪中立法者没有对其他参与人进行规定并非立法疏忽。根据《关于〈刑法修正案(七)〉草案的说明》可知,立法者单独规定组织、领导传销活动罪的意图在于改变司法实践中长期出现的罪名适用不统一问题,希望通过专门罪名对此类犯罪进行统一适用②,而上述通过刑法解释将传销活动中组织、领导者之外的参与人进行补漏式规制有违立法者专门设立罪名惩治传销活动犯罪的立法初衷。此外,虽然组织、领导者的行为与积极参与人、一般参与人的行为有所不同,但实质上都是传销性质活动,一旦认定为性质不同的罪名,将存在不协调、不一致的问题。③

也有观点指出,刑法单独制定组织、领导传销活动犯罪,表明立法者并不处罚传销活动中组织、领导者之外的其他参与人,其他人员只能作为

---

① 参见黄芳《惩治传销犯罪的法律适用:概念、思路和机制》,《法律适用》2017年第21期。
② 《关于〈中华人民共和国刑法修正案(七)(草案)〉的说明》指出:"目前在司法实践中,对这类案件主要是根据实施传销行为的不同情况,分别按照非法经营罪、诈骗罪、集资诈骗罪等犯罪追究刑事责任的。为更有利于打击组织传销的犯罪,应当在刑法中对组织、领导传销组织的犯罪作出专门规定。"
③ 参见姜德鑫《传销行为的犯罪化问题探析》,《政治与法律》2009年第8期。

传销违法活动的行政处罚对象。对于一般的传销参与人既是违法者同时也是受害者，对其可以进行行政处罚和教育，这样不会使打击范围过大。[①] 从传销组织犯罪聚众型犯罪的实际特点考虑，限缩打击面有利于减少司法办案机关工作压力，加大对重点犯罪分子的集中惩治，一定程度上也体现了刑法谦抑理念。但从保护国家经济安全的刑事政策角度考量，对传销组织中起着巨大推动、贡献作用的参与人不进行相应的刑罚处罚，存在打击新型传销犯罪刑法惩治不力的弊端，放纵对违法犯罪分子的刑事处罚，不利于保障国家经济安全。未受到法律严厉制裁的传销参与人由于具有丰富的参与、运作传销活动的经验，在社会上很容易加入或者自行组织研发其他传销骗局，这也是当前各类互联网传销骗局频发、传销活动组织屡禁不止、无法根除的重要原因之一。因此，不能因为案件数量的繁重与办案中面临的困难对犯罪分子进行选择性打击，对于组织、领导者之外的其他有积极贡献的传销参与人同样应当进行刑法惩治。

四 互联网传销刑法规制机制

虽然国家监管部门近年来开展多次打击传销违法犯罪专项行动，为维护人民群众合法权益、保障市场经济秩序稳定及国家经济安全起到积极作用，但互联网传销活案件数量始终处于高发态势，遏制效果并不明显[②]，可从刑法正向规制与被害人、参与人反向规制两方面进一步完善互联网传销犯罪刑法规制机制。

（一）刑法正向规制机制

1. 制定灵活的刑事认定标准

针对互联网传销骗局规避刑法认定标准作出的模式翻新，如混淆与合

---

① 参见黄太云《刑法修正案（七）解读》，《人民检察》2009年第6期。
② 从2009年《刑法修正案（七）》专门规定组织、领导传销罪以来，检索中国裁判文书网，可查询到2010年—2018年全国法院审理组织、领导传销活动刑事案件数量分别为5件、9件、23件、254件、1222件、998件、2083件、2136件、2887件，总体上呈现不断上涨趋势，既体现司法机关打击力度加强，同时也表现出传销活动愈加猖獗的发展态势。

法直销运营模式差别进行单层级模式改造，或者针对传销犯罪认定标准的3级30人立案标准，在下线发展人数上设定限制，如团队成员只发展到28或29人即可完成升级等。① 对于互联网传销组织刻意规避法律制裁，通过在团队人数以及发展层级上进行模式变换与创新，以往发布的司法解释认定标准在面对新型传销模式存在一定的滞后与机械。

在实践中认定新型传销活动应该紧抓其庞氏骗局的本质特征，即拉人头、发展下线、骗取入门费，前两者是以人员数量为获利依据建立金字塔层级结构，骗取入门费即体现传销骗取财物的主观目的，两者结合成为传销活动运行的核心要素。因此，对于互联网传销活动的法益侵害应对其整体组织规模、涉案金额进行总体评价，遵循罪刑法定原则前提下实现对新型涉众型经济犯罪严厉打击的政策要求：一方面，根据新型传销模式的变化制定更具适应性的司法解释，对传销组织发展人数、层级认定进行一定灵活调整，规定对于故意规避传销组织3级30人立案追诉标准的行为，可以根据团队运行实际情况灵活把握，如对于不具有实际经营行为的互联网传销组织，即使没有形成团队计酬的三级层级，对于整体运作组织应作为传销活动认定。另一方面，在确立互联网传销犯罪刑事认定标准的前提下严密打击法网。传销活动之所以久禁不绝，除了其自身的隐秘性、迷惑性，很大程度上与刑法规制的不及时、不到位密切相关，存在较大的犯罪黑数。基于刑罚的威慑力并不在于其残酷性，更主要体现在其确定性与不可避免性，这就要求对于互联网传销活动的刑法打击应严密法网，准确识别互联网传销活动庞氏骗局运作内核，对于形式上规避司法立案认定标准的运作模式应当坚决打击。

2. 提高刑罚惩治力度

就刑罚惩治力度而言，当前刑法规定组织、领导传销活动罪情节严重时仅判处5年以上有期徒刑，在涉众型经济犯罪中属于量刑较轻微的罪名，刑罚威慑力与法益侵害性不成正比。虽然当前对于经济犯罪处罚

---

① 如广西北海"1040阳光工程"，行为人参与时先交纳69800元，次月"组织"会退还19000元，实际出资额即为50800元。随后每个成员至多可以发展3个下线，3个下线再分别发展3个下线，当发展到29人的时候，即可晋升为老总，这一过程叫"上总（老总级别）"，即可开始每月拿"工资"，直至拿满1040万元，就从"组织"里出局，最终完成"资本运作"。

具有轻缓化趋势,但互联网传销在法益侵害属性与严重程度远远超过传统传销活动的危害性,刑法针对一般传销活动的法定刑无法有效规制具有法益侵害多元性的新型互联网传销活动,应加大对组织、领导传销人员的刑事惩治力度。(1)基于互联网传销活动的法益侵害性与非法集资犯罪相当,加之传销活动所具有的诈骗属性,互联网传销活动的刑罚惩罚力度应当与集资诈骗罪相等同,而当前两种法益侵害属性相似的涉众型经济犯罪法定刑相差较大,未能很好贯彻罪刑相适应原则。(2)公安侦查工作量与司法裁判结果失衡,造成侦查资源浪费,办案积极性受挫。互联网传销的专业性、复杂性、隐蔽性及传销组织跨区域性等特征,对侦查机关业务素质提出了严峻的挑战,此类新型案件在侦办过程中占用公安大量人力、物力和财力,工作量繁杂,与案件最终判决结果的轻微形成鲜明反差,打击侦查机关办案积极性。[1](3)从传销犯罪再犯预防角度而言,正是基于组织、领导传销犯罪法定刑处罚力度过轻,没有对传销活动犯罪分子产生应有的刑罚威慑,导致传销组织成员释放后重操旧业的比例非常高。[2]

因此,随着互联网传销的肆虐,为有效打击并遏制新型传销蔓延泛滥,应加大对相关传销组织人员的刑罚处罚力度:在立法上针对涉及经济安全的互联网传销提高刑期时限,规定情节严重、数额巨大时判处无期徒刑,与集资型庞氏骗局刑期相对应;在司法裁判上,对于传销活动主要成员应当避免自由刑判处过短甚至判处缓刑情形:传销活动作为精神邪教,通过对行为人自由的剥夺实现思想改造很有必要,当前对于传销活动的组织、领导者自由刑隔离时限过短,无法发挥刑罚教育改造功能,再次返回社会使得传销活动继续蔓延扩散,甚至愈加猖獗;同时加大对传销人员的罚金处罚力度,限制其再次实施传销犯罪的物质基础,发挥罚金刑对于经

---

[1] 检索中国裁判文书网,以刑事案由对组织、领导传销活动罪进行关键词检索,截至2019年3月23日共检索出刑事案件10417件,随机查阅案件判决结果,多数传销活动案件组织、领导者被判处5年以下有期徒刑,很多案件犯罪嫌疑人被判处3年以下有期徒刑并宣告缓刑,并未执行实际刑期。具有全国影响的江西精彩生活"太平洋直购案"涉案金额66亿元,发展渠道商与会员689万人,本案主犯被判处10年有期徒刑,是当前可查到组织、领导传销罪刑期最高的案件。参见(2013)赣刑二终字第63号刑事判决书。

[2] 参见王烨《新型传销犯罪的侦办难点及对策》,《人民公安报》2012年10月28日第3版。

济犯罪的惩罚性与预防性功能。

（二）刑法反向规制机制

1. 构建被害人防范机制

面对纷繁复杂的互联网传销，参与人的不断涌入是传销骗局无法根除的重要原因，除发挥刑法正向规制机制，还应努力构建传销骗局被害人防范机制：一方面，通过新闻媒体、互联网平台、手机短信、社区宣传等途径立体式通报互联网传销案件，及时公布互联网传销犯罪运作模式、欺骗手法、规律特点等，对互联网传销造成的损失与危害后果进行揭示，提升民众防范新型传销骗局的意识与敏锐性；另一方面，基于互联网金融领域创新及相关违法犯罪蔓延速度迅猛，很多互联网传销活动基于其隐蔽性、欺骗性以及发展规模，政府监管及侦查部门无法第一时间发现并进行打击，民众不能单纯因为政府没有及时打击就认为所参与投资活动是合法行为，应加强民众自身合格投资人的培养，在参与前根据金融常识进行甄别，如在投资过程中注重审查投资平台资质与合法性，参与活动的收益可行性及与回报是否成正比等。参与人对于以交纳会费、拉人头等为名号实施的投资模式更应增强警惕，克服投机贪利心理，在不了解投资内容及项目运行状况的情况下切勿盲目参与，防止从犯罪活动的被害人进一步演变为犯罪实施者，成为刑法打击规制的对象。

2. 传销参与人刑事惩治机制

有观点指出，就组织、领导传销活动的规制范围而言，仅处罚领导者与组织者，其他参与人不承担刑事责任。但这并不意味着其他参与人不构成任何犯罪，应当根据其参与实施传销活动的属性进行区分讨论：就原始型传销活动，参与人仍可以认定为非法经营罪[①]；在诈骗型传销活动，参

[①] 就刑法惩治传销活动在《刑法修正案（七）》之后是否完全遵循单轨制处罚模式，仅依靠组织、领导传销活动罪一罪认定而不再以非法经营罪处罚，最高人民法院针对相关司法裁判作出批复，即根据最高人民法院〔2012〕刑他字第56号"对组织、领导传销活动的行为，如未达到组织、领导传销活动罪的追诉标准，行为人不构成组织、领导传销活动罪，亦不宜再以非法经营罪追究刑事责任。"参见"曾国坚等非法经营案〔第865号〕"，《刑事审判参考》（总第92集），最高人民法院刑一至五庭，法律出版社2014年版。

与人可能构成集资诈骗罪等罪名。①

就立法规定而言，当前刑法只是对传销活动中的组织者、领导者进行刑事处罚，虽然通过解释论的方法可以对其他参与人进行集资诈骗罪、合同诈骗罪甚至非法经营罪等罪名认定，但这在一定程度上与罪刑法定原则相冲突。基于经济犯罪尤其是互联网金融犯罪迭代更新速度之快与刑法固有的立法滞后性之间的冲突，在当前新型网络传销模式更新频繁、法益侵害愈加严重，传统组织、领导传销活动罪不能有效规制犯罪、保护法益的情况下，为有效保障国家经济安全、加大对互联网传销犯罪的惩治，对于立法不足之处应当进行相关立法完善与补正，不能碍于立法滞后之情面而一味扩大刑法解释范畴，过度发挥刑法解释的补正功能只会暨越罪刑法定原则防线，侵犯犯罪人人权。因此，虽然有些传销人员在传销组织中所处层级不高，但对整个传销活动的推广起着重要作用，应当将组织、领导者之外的积极参与人纳入犯罪主体之中，可以参考借鉴日本对于传销犯罪的规定，既惩治组织、领导者，对于参与人员也规定相应刑期。②

结合我国当前互联网传销案件呈现特点以及司法办案客观状况，对于传销组织中的其他参与人可以单独设立罪名，承担轻于组织、领导者的刑事责任，但需要根据参与程度以及对传销活动的作用力大小，区分为积极参与人与一般参与人，对于前者可以比照日本《无限连锁会防止法》规定的职业性劝诱罪进行刑事责任认定，而对于一般参与人尽管对于发展下线也起到一定作用，但情节并不严重，同时结合司法机关实际办案压力，可以只作为行政处罚认定，既有效打击情节恶劣的传销活动犯罪分子，对于

---

① 参见张明楷《传销犯罪的基本问题》，《政治与法律》2009年第9期。此处所说的原始型传销实际上是指诈骗型传销之外具有经营行为的团队计酬型传销，但正如前文所指出，在2013年11月4日两高一部颁布的《关于办理组织、领导传销活动刑事案件适用法律若干问题的意见》实质上将团队计酬型传销活动不作为犯罪处理，张明楷教授文章观点是在该司法解释出台之前提出，当前在司法实践中将原始型传销的参与人作为非法经营罪认定已经不具有法律依据。

② 日本对于传销活动的刑事处罚主要规定在附属刑法《无限连锁会防止法》，在第5条规定无限连锁会开设、运营罪，与我国组织、领导传销活动罪中的组织者、领导者作用相似。此外，日本在传销活动组织中对劝诱他人入会行为单独规定入罪，在第6条、第7条中分别规定职业劝诱罪与一般劝诱罪，即对传销组织活动中对参与人按照劝诱的频率、数量、职业性与否作出严厉程度不同的刑事处罚。但不论如何，即使刑事责任不重，但对于一般性劝诱他人入会也会作为犯罪处理，给予20万元以下罚金处理。参见郑泽善《日本对非法传销行为的刑事处罚》，《中国刑事法杂志》2007年第6期。

传销犯罪实现有力的刑事打击；同时对于情节轻微的传销组织人员做到区别对待，体现了刑法谦抑原则，有效贯彻宽严相济刑事政策。①

五 结语

尽管"马甲"不断变化，互联网传销通过拉人头、发展下线、骗取入门费并用后来者的资金弥补前期参与人回报的庞氏骗局运作本质没有改变。当前以资本运作等为名实施的互联网传销无法依靠商品交易本身获得实质性收益，没有实际盈利能力，偿还投资者的利益回报只能通过新投资者加入进行维持，属于典型"拆东墙补西墙"的庞氏骗局运作模式。打击传销过程中不能忽视传销参与人在其中的地位与作用，即使在事实层面承认其具有受欺骗并遭受财产损失的被害人属性，但基于其在传销活动中的积极行为，此类主体不具备刑法保护的正当性。为遏制高发的互联网传销犯罪，对于刻意规避司法认定标准的互联网新型传销，应确立较为灵活的刑事认定标准，提高刑罚惩治力度，并通过反向构建被害人防范机制，根据参与人实质作用予以刑法规制，实现对互联网传销犯罪的预防与打击。

---

① 参见张智聪、董铕铕《日本对非法传销处罚的司法实践即启示》，《中国检察官》2013年第5期。

论网络服务提供者的合规规则

——以德国《网络执行法》为借鉴

孙禹[*]

一 问题的提出:"通知—取缔"机制本土化的"水土不服"

面对通过共同犯罪、不作为犯等传统刑法理论解决网络服务提供者关于第三方违法内容的刑事责任问题所存在的局限性以及由此所引发的混乱,我国立法者将目光转向网络服务提供者责任的特殊规则。为此,《刑法修正案(9)》增设了拒不履行信息网络安全管理义务罪,明确了网络服务提供者的责任主体地位,试图消除法律上的不安定性,以给予网络服务提供者更为明确的指引。

拒不履行信息网络安全管理义务罪规定:"网络服务提供者不履行法律、行政法规规定的信息网络安全管理义务,经监管部门责令采取改正措施而拒不改正,有下列情形之一的,处三年以下有期徒刑、拘役或者管制,并处或者单处罚金:(一)致使违法信息大量传播的;(二)致使用户信息泄露,造成严重后果的;(三)致使刑事案件证据灭失,情节严重的;(四)有其他严重情节的。"

从形式上看,拒不履行信息网络安全管理义务罪借鉴了最早的网络服务提供者的特殊责任规则——美国《数字千年版权法案》(Digital Millenni-

---

[*] 中国社会科学院法学研究所助理研究员,博士后研究人员。

um Copyright Act）中的"通知—取缔"规则。不同的是，其并没有全部移植"通知—取缔"规则的实质内容，例如关于违法信息种类、通知与反告知程序、涉事内容的处理流程等方面的规定。简言之，我国关于网络服务提供者的刑事立法借鉴了经典的责任规则框架，但在具体规定方面存在空白。

可以说，拒不履行信息网络安全管理义务罪虽然提供了一个明确的归责思路，但却使责任认定陷入另一种不明确之中。特别是拒不履行信息网络安全管理义务罪还采用空白罪状的描述方式——本身并未说明何为信息网络安全管理义务，而是需要参照法律、行政法规的相关规定，这使责任规则的具体内容更为模糊。而且，作为我国网络基本法的《网络安全法》以及其他涉及互联网的相关法律、行政法规都没有对信息网络安全管理义务进行明文规定。在这种情况下，信息网络安全管理义务的内容尚待明确。

根据该罪所规定的三种情形，信息网络安全管理义务可能包含三个子义务。① 从侵犯信息权犯罪的角度来看，"致使违法信息大量传播的"是分析信息网络安全管理义务的重要出发点。可是作为义务基础的"违法信息"的外延并不明确，而且显然不可能将所有的违法信息纳入网络服务提供者的处理范围之内。所以，信息网络安全管理义务的范围也是不清晰的。

即使根据关于信息网络安全管理义务的立法措辞以及该罪所规定的情节，可以大致地推测该义务的主要内容是涉及违法信息的删除，但我国的法律、行政法规中关于网络服务提供者处理违法信息的规定普遍较为笼统，无法为刑法中的相关规定提供有力的支撑。以《网络安全法》为例，其第47条规定："网络运营者应当加强对其用户发布的信息的管理，发现法律、行政法规禁止发布或者传输的信息的，应当立即停止传输该信息，采取消除等处置措施，防止信息扩散，保存有关记录，并向有关主管部门报告。"此处所没有说明的是，网络服务提供者应如何判断用户信息的违

---

① 本文只从"导致违法信息大量传播"的角度讨论信息网络安全管理义务。如无特殊说明，文中的信息网络安全管理义务仅指与处置违法信息相关的义务。

法性，以及如何从程序上保障用户的信息自由。更为重要的是，信息网络安全管理义务是否仅包括停止传输或者删除所发现的违法信息，还是也包括避免该违法信息进一步扩散。除此之外，并不是所有的与违法信息传播结果具有因果关系的义务都应该上升为刑法上的义务，此时还应该考虑网络服务提供者是否具有履行义务的实际能力。

那么，由于信息网络安全管理义务本身并不明确，监管部门也难以认定网络服务提供者是否履行了义务。认定标准不明确，则意味着监管部门具有更大程度的自由裁量权，这可能会同时导致两种极端情况的出现：如果对于认定标准的把握过于宽松，会无法促使服务提供者进行有效的自我管理；不清晰的义务标准也可能成为监管部门压迫服务提供者的工具，严重干涉其业务自由。在这种情况下，监管部门责令改正的内容相应地也缺乏明确性。虽有学者从责令主体、监管权限、改正期限、通知内容等程序方面的要求对"责令改正"进行解释，但是并没有具体论及责令改正所涉及的改正行为及其限度问题。①

总的来看，借鉴"通知—取缔"特殊责任规则来处理网络服务提供者责任的思路是正确的。拒不履行信息网络安全管理义务罪依靠法律、行政法规来明确其构成要件的做法也无可厚非，但是由于相关规定本身并不明确，而且两者之间的衔接也不紧密（法律、行政法规并没有明确界定"信息网络安全管理义务"），故拒不履行信息网络安全管理义务罪尚处于模糊之中，从而影响了其在司法实践中的适用性。立法者原本希望通过拒不履行信息网络安全管理义务罪建立治理网络犯罪的合作模式，"意在通过监督管理责任的引入，促进网络服务提供者切实履行安全管理义务，保障网络安全和网络服务业的健康有序发展"②。而正是由于安全管理义务内容的不明确性，立法上所希望贯彻的刑事合规理念难以得到贯彻。因此，当务之急是在相关法律、行政法规的基础上构建具体化的网络服务提供者合规规则体系，并使之与拒不履行信息网络安全管理义务罪顺畅衔接，以弥补该罪罪状在明确性方面的不足。

---

① 参见赖早兴《论拒不履行信息网络安全管理义务罪中的"经监管部门责令改正"》，《法学杂志》2017年第10期。
② 李本灿：《拒不履行信息网络安全管理义务罪的两面性解读》，《法学论坛》2017年第5期。

二 全新的解决思路：德国《网络执行法》中的合规规则

就网络服务提供者的责任规则而言，德国早前处于与我国相似的情形之中。在美国制定《数字千年版权法案》之后，欧盟仿照该法案制定了《电子商务指令》（Directive on electronic commerce），而德国作为成员国将其转化为国内法——《电信服务法》（Teledienstgesetz）。《电信服务法》虽然经过一次修正并与《国家媒体服务协议》（Mediendienste-Staatsvertrag）合并［合并后称为《传媒服务法》（Telemediengesetz）］，其仍然保留了类似《数字千年版权法案》的主要责任框架。

德国同样没有完全借鉴"通知—取缔"规则的具体内容，只是笼统地规定服务提供者在获悉违法信息后应立刻采取措施移除或者屏蔽违法信息。① 近年来，德国立法者认为"现有的机制以及社交网络的自律无法充分发挥作用，并且在执行相应法律方面存在重大问题"，故于2017年9月1日颁布了《改进社交网络中法律执行的法案》（Gesetz zur Verbesserung der Rechtsdurchsetzung in sozialen Netzwerken），简称《网络执行法》（Netzwerkdurchsetzungsgesetz，NetzDG）。② 《网络执行法》针对立法借鉴上存在的空白而提出的解决方案是在德国现有法律体系内嵌入网络服务提供者的合规规则，以实现对于违法信息的快速有效处理。德国学者指出，《网络执行法》并没有规定一个新的删除义务，而是要求网络服务提供者自己监督"通知—移除"机制的履行状况，将该机制进行有效的具体化并且对执行的状况进行报告。③ 可以说，德国《网络执行法》所采取的措施正是我国行政法中关于网络服务提供者义务规定的有待完善之处。

新的立法将德国所借鉴的服务提供者责任规则引向了另一个方向——《数字千年版权法案》在多数情况中只是简单地要求服务提供者机械性地

---

① Vgl. TMD § 10.
② BT-Drs. 18/12356, S. 11.
③ Vgl. *Bernd Holznagel*, Phänomen "Fake News" -Was zu tun? Ausmaß und Durchschlagskraft von Desinformationskampagnen, Multimedia und Recht 2018, 18, 21.

根据权利人的通知来暂时删除或者屏蔽相关内容，而《网络执行法》更多要求服务提供者对相关信息的违法性进行判断并在此基础上采取相应的处置活动。德国联邦部长 Zypries 将这种倾向描述为"执法的私人化"（Privatisierung der Rechtsdurchsetzung）。德国学者也认为："《网络执行法》所采取的措施是全新的，其并未与国外其他的既存措施相联系。相反，德国政府希望通过《网络执行法》建立一个创新性的合规系统。"① 《网络执行法》的核心内容主要包括三个方面：界定违法性内容的主要范围（第一条第三款）、在特定期限内删除违法内容的投诉处理机制（第三条）、关于处理特定投诉内容的法定报告义务（第二条）。

（一）违法内容的范围

"违法内容"（Rechtswidrige Inhalte）是《网络执行法》中的基础概念，该法所设立的广泛的合规义务都是以违法内容为主要对象。《网络执行法》第一条第3款对"违法内容"作出如下界定："违法内容是指第一款意义上，充足刑法典第 86，86a，89a，91，100a，111，126，129 至 129b，130，131，140，166，184b 及与此相对的 184d，185 至 187，201a，241 以及 269 条构成要件且不具有违法阻却性的内容。"② 《网络执行法》通过列举刑法分则的构成要件来明确哪些内容是合规义务的对象，以便网络服务提供者能够更准确地定位并进行处理。借用刑法分则的构成要件来界定违法内容是一个极具创新性的思路，通过刑法中较为精细的描述来定义具有危害性的内容，既节省了立法资源，又可以保证法律规则之

---

① *Bernd Holznagel*, Das Compliance-System des Entwurfs des Netzwerkdurchsetzungsgesetzes—Eine Kritische Bestandsaufnahme aus internationale Sicht, Zeitschrift für Urheber-und Medienrecht 2017, 615, 615.

② Netzwerkdurchsetzungsgesetz §1 abs. 3. 上述构成要件所依次对应的德国刑法罪名是：86（散布违宪组织之宣传物品）、86a（使用违宪组织之标示）、89a（预备犯严重危害国家之暴力犯罪）、91（指导违犯严重危害国家之暴力犯罪）、100a（叛国之伪造罪）、111（公开煽动犯罪）、126（恐吓犯罪破坏公共安全）、129 至 129b（建立犯罪组织、建立恐怖性犯罪组织、境外之犯罪与恐怖组织）、130（煽动民族罪）、131（描绘暴力行为之罪）、140（酬谢与赞同犯罪行为之罪）、166（辱骂信仰、宗教团体与世界观团体罪）、184b（散布儿童色情刊物）及与此相对的 184d（借由电信媒体开放儿童及青少年色情内容）、185 至 187（侮辱罪、诽谤罪、诋毁罪）、201a（以录像侵害最私密之生活领域）、241（恐吓罪）以及 269（伪造有证明重要性之电子资料罪）。

间的连贯性。

其不足之处在于,《网络执行法》并没有处理好其所界定的"违法内容"与刑法构成要件之间的关系。"违法内容"这一全新术语是《网络执行法》与刑法的连接点,此处的"违法"并非我国法律语境下的"违法",而是指德国刑法中构成要件符合性、违法性以及有责性三阶层体系中的"违法"。然而,"违法内容"这一新创造的术语与德国刑法教义学及其措辞是相背离的,因为内容本身并不可以是违法的或者具有违法阻却性,罪责以及违法性的法律基础是指人的行为,而非与此相对的行为客体,如文本或者媒体性展示。① 此外,在草案的理由说明中,其解释也与立法原文存在出入:"此处所包含的仅仅是充足一个或者多个第三款中提及的刑法构成要件且违法的行为,但这些行为并不是必须是以有责的方式实施的"(立法原文的表述是"充足构成要件且不具有违法阻却性的内容")。② 正是由于立法原文与理由说明之间的冲突,"违法内容"这一新提出的术语所表达的含义并不清晰。对此,德国学者存在两种理解:一是认为《网络执行法》规定了与刑法不同的自成体系的违法性概念,内容的违法性仅仅需要参照所提及的犯罪行为的记叙性行为客体要素(deskriptiven Tatobjektsmerkmale)。对此,客观的可罚性(objektive Strafbarkeit)的检查就已经足够。换言之,只需要考虑所列举的犯罪行为的客观构成要件。这并没有完全切断违法性与刑法的联系,因为决定内容违法性的仍然是与行为有关的刑法规范的构成要件符合性③;二是认为违法性内容只能以符合构成要件行为的存在为基础,这意味着所列举的犯罪行为的主观和客观构成要件都必须被满足。④

相比较而言,第一种理解更为合理。因为关于"违法内容"条款的立法理由表明,"(《网络执行法》)草案的目的并不在于对社交网络中违反

---

① Vgl. *Liesching*, Was sind "rechtwidrige Inhalte" im Sinne des Netzwerkdurchsetzungsgesetzes? Zeitschrift für Urheber-und Medienrecht 2017, 809, 810.
② BT-Dr. 18-12356, S. 19f.
③ Vgl. *Höld*, Das Vorabentscheidungsverfahren nach dem neuen NetzDG, Multimedia und Recht 2017, 791, 792.
④ Vgl. *Guggenberger*, Das Netzwerkdurchsetzungsgesetz in der Anwendung, Neue Juristische Wochenschrift 2017, 2577, 2578.

现行法律的内容条目进行国家层面的反应"①。也就是说，该法并不意在追究违法内容发布者的责任。其之所以创制"违法内容"这一新概念并围绕其列举相关的刑事构成要件，是希望规范网络服务提供者打击仇恨言论以及虚假信息的行为，为其提供明确的指导。最终目的在于消除网络中的违法内容。所以，是否存在用户的传播、发布等行为以及故意等主观构成要件并不重要。反之，如果以上述要素作为认定违法内容的条件则会导致不合理的情况出现。例如，某用户在未浏览视频内容的情况下只是根据标题认为内容合法并且转发，但实际上视频内容与标题无关且属于儿童色情。根据德国刑法184b散布儿童色情刊物的规定，其主观构成要件至少具备间接故意，而且文本的内容必须被包含的在故意之内。② 如果因为无法认定故意传播的行为而不将儿童色情视频认定为《网络执行法》意义上的违法性内容，会致使服务提供者没有权限处置这种具有严重危害性的内容。

所以，可以认为《网络执行法》中的违法内容及其违法性与德国刑法教义学中的违法性并不相同。但这并不意味着两者是完全相互冲突的。《网络执行法》中的违法性判断是刑法基础上的缩减，其判断的对象只涉及行为客体要素。

（二）关于违法内容的投诉管理机制

违法内容投诉的管理机制是《网络执行法》的核心内容，其不仅细化了网络服务提供者处理违法内容的流程，而且还建立一个较为复杂、意在保障违法内容能够有效得到处理的辅助性义务体系，即一个合规的义务系统。正如立法理由所述："在第三条中所规定的规则仅仅在于保证，删除或者屏蔽违法内容的法定义务能够被快速且全面地执行。"③ 管理机制的意义纯粹在于细化、诠释服务提供者的删除义务，并为其执行提供保障条件。从整体来看，管理机制主要包括三部分，即关于违法内容投诉的获取、相关内容的处理以及处置的组织性保障。

首先，为了保障用户的投诉渠道，《网络执行法》要求服务提供者必

---

① BT-Drs. 18/12356, S. 19.
② Vgl. *Fischer* StGB, §184b, 63. Auflage, 2016, Rn. 40.
③ BT-Dr. 18-12356, S. 22f.

须设立用户友好的投诉提交机制。具言之,"服务提供者必须向用户提供容易识别、可直接访问且持续有效的关于违法内容投诉的提交程序"①。在此基础上,该程序必须保证服务提供者能够迅速地了解投诉的情况,以便对投诉所涉及的内容进行检查,并决定是否需要删除或者屏蔽相关内容。②

其次,就关于违法内容的投诉而言,《网络执行法》并不仅仅细化了相关的处置流程,而是以违法内容的处理为核心,设立了一系列具有高度关联性的义务。第一,明确了违法内容删除的期限以及特殊情况,网络服务提供者通常应该在接收到投诉之日起 7 日之内删除相关违法内容,而对于"明显的违法内容"则应该在 24 小时之内删除。③ 第二,为保障对可罚内容发布者的刑事追诉而设立了储存义务④,服务提供者应在删除违法内容的情况中对相关内容进行为期 10 周的储存。⑤ 第三,为保障用户有机会维护自己正当表达的权利而设定了通知义务,服务提供者应立即通知用户以及投诉者其处理决定,并对承受不利结果的一方说明理由。⑥ 第四,为了强化对服务提供者的监督而规定了记录义务,要求其对每一个投诉及所采取的矫正措施进行记录。⑦

最后,为了保障网络服务提供者具备处置违法内容的组织能力并且能够正常运作,《网络执行法》对于网络服务者的内部事务作出了具体规定:(1)网络服务提供者的领导小组必须按月对投诉的处理情况进行检查;(2)处理投诉过程中存在的组织性缺陷必须及时被消除;(3)授权处理投诉的工作人员必须至少每半年进行培训。⑧

从整体来看,《网络执行法》将违法内容的处理机制扩展为一个义务系统而不再是简单的违法信息的删除,任何一个相关义务的不履行都可能触发处罚。相应地,违法信息的删除情况也不再是考察义务履行状况的唯

---

① Netzwerkdurchsetzungsgesetz §3 abs. 1. S. 2.
② Vgl. Netzwerkdurchsetzungsgesetz §3 abs. 2. Nr. 1.
③ Vgl. Netzwerkdurchsetzungsgesetz §3 abs. 2. Nr. 2,Nr3.
④ Vgl. BT-Dr. 18 – 12356,S. 24f.
⑤ Vgl. Netzwerkdurchsetzungsgesetz §3 abs. 2. Nr4.
⑥ Vgl. Netzwerkdurchsetzungsgesetz §3 abs. 2. Nr5.
⑦ Vgl. Netzwerkdurchsetzungsgesetz §3 abs. 3.
⑧ Vgl. Netzwerkdurchsetzungsgesetz §3 abs. 4.

一标准。立法材料表明，对于违法内容删除义务的一次性违反通常并没有满足构成要件，因为一次性的义务违反并不意味着服务提供者没有提供有效的处理机制。① 所以，惩罚所针对的并不是存在缺陷的个案性判断，而是超越个案层面的系统性缺陷。②

对于这一合规系统，德国学者主要提出了以下几方面质疑：（1）立即了解投诉并且进行检查的义务超越了欧盟《电子商务指令》（Richtlinie über den elektronischen Geschäftsverkehr）第14条以及德国《电讯传媒法》（Telemediengesetz）第10条所确立的标准，后者只是要求网络服务提供者在（对违法内容）知情后必须立即采取行动。而对没有足够迅速知悉投诉的情形进行处罚意味着确立的了"必须知道"（Kennen-Müssens）的义务③；（2）24小时以及7天的刚性时间期限与《电子商务指令》为了有利于信息自由而没有规定时间期限的做法相冲突④；（3）"投诉管理机制所欲建立的激励制度之中存在一种固有的删除的系统性倾向，该机制会导致'寒蝉效应'"⑤。也有学者将这种倾向描述为"存疑情形中的删除"（Löschung im Zweifelsfall）。⑥ 具体而言，"网络服务提供者处于一种困难的境地——其在所有情况中都会选择删除或者屏蔽内容，因为在有保留违法内容的错误决定中会面临高达五百万欧元的罚款；而在删除用户内容的错误决定中仅仅需要面对合同性的请求，这种情形中所造成的损害从表面上是极其难以估量的。因此，当服务提供者被迫处于准法官的角色时，激励的方向设定是删除而非检查"⑦；（4）服务提供者缺乏判断内容违法性的

---

① Vgl. BT-Drs. 18/12356, S. 24.
② Vgl. *Höld*, Das Vorabentscheidungsverfahren nach dem neuen NetzDG, Multimedia und Recht 2017, 791, 792.
③ Vgl. *Liesching*, Die Durchsetzung von Verfassungs-und europarecht gegen das NetzDG, Multimedia und Recht 2018, 26, 29.
④ Vgl. *Liesching*, Die Durchsetzung von Verfassungs-und europarecht gegen das NetzDG, Multimedia und Recht 2018, 26, 29.
⑤ *Guggenberger*, Das Netzwerkdurchsetzungsgesetz—schön gedacht, schlecht gemacht, Zeitschrift für Rechtspolitik 2017, 98, 100；*Heckmann/Wimmers*, Stellungnahme der DGRI zum Entwurf eines NetzDG, Computer und Recht, 2017, 310, 314.
⑥ Vgl. *Liesching*, § 1 NetzDG, Rn25.
⑦ *Spindler/Gerald*, Der Regierungsentwurf zum Netzwerkdurchsetzungsgesetz-europarechtwidrig? Zeitschrift für Urheber-und Medienrecht 2017, 472, 481.

条件。"就法律评价而言，实践所表明的是：大部分受到投诉的内容既不是明显违法也不是明显合法的，而是处于灰色地带。对此需要一个在法治国中通常只有法院才有资格进行的深入且全面的法律检查（在侦查程序、法庭调查以及听取被告人供述之后）。"① 尽管如此，网络服务提供者却必须在缺乏知情可能性以及缺乏法院可以利用的前置性侦查程序以及法庭调查等资源的情况下，作出类似法院的判断②；（5）就部分内容违法性的判断而言，有必要在具体情况中进行同等级法益之间的衡量，而投诉管理机制对此并没有予以程序法上的保障，因为投诉管理机制并没有强制规定，服务提供者在作出判断之前必须征求发布相关内容的用户的意见。③ 根据德国联邦宪法法院的判例所衍生出的原则，既不存在有利于言论自由的单方面优先权，也不存在有利于名誉保护或者公共安宁的单方面优先权，而是需要在具体情况中对不同的抽象法益进行比较。④ 那么，在对冲突的法益进行比较时，代表冲突法益的双方——违法内容投诉者以及发布者，都有权利表达自己的意见并应作为服务提供者作出判断的重要参考。

（三）报告义务

立法者基于透明性要求在《网络执行法》中设立了服务提供者的报告义务，其目的在于使公众能够了解网络服务提供者处理违法内容的情况。此外，常规性的报告义务对于法律效果评估也是必要的，特别是对违法内容投诉处理状况的评估。⑤

报告义务要求网络服务提供者根据特定的标准，制作关于其处理违法内容的德语报告，并且每半年在联邦司法公报及自己的主页进行公开。⑥

---

① Nolte, Georg, Hate Speech, Fake News, das "Netzwekdurchsetzungsgesetz" und Vielfaltsicherung durch Suchmaschinen, Zeitschrift für Urheber-und Medienrecht 2017, 552, 556.

② Vgl. Nolte, Georg, Hate Speech, Fake News, das "Netzwerkdurchsetzungsgesetz" und Vielfaltsicherung durch Suchmaschinen, Zeitschrift für Urheber-und Medienrecht 2017, 552, 558.

③ Vgl. Kalscheuer, Hornung, Das Netzwerkdurchsetzungsgesetz-Ein Verfassungswidriger Schnellschuss, NVwZ 2017, 1721, 1724.

④ Vgl. Kalscheuer, Hornung, Das Netzwerkdurchsetzungsgesetz-Ein Verfassungswidriger Schnellschuss, NVwZ 2017, 1721, 1723.

⑤ BT-Drs. 18/12356, S. 20.

⑥ Vgl. Netzwerkdurchsetzungsgesetz §2 abs. 1.

就具体要求而言，主要包括投诉数量以及处理情况的统计学说明，例如报告期间的投诉总量、（关于内容违法性判断）外部咨询的数量、实际删除或屏蔽的数量、删除或者屏蔽所用时间[1]；也包括负责处理投诉的团队的情况说明，例如投诉处理部门的体制、人员配备、专业和语言资质以及人员培训和监管状况、提交投诉的机制以及所采用的内容删除或者屏蔽的判断标准、向投诉者以及相关用户通知处理决定的措施[2]。除此之外，网络服务提供者还需要进行一般性的说明，其为阻止平台上的可罚性行为采取了哪些努力。[3]

相对《网络执行法》的其他内容而言，报告义务较少受到德国学者的关注，但这并不意味着报告义务本身毫无特点。首先，这一透明性义务将网络服务提供者的自我治理推上了新的高度。从表面上看，周期为半年的报告似乎并没有任何重大影响，实际上网络服务提供者处于更为严格的监管环境之中。通过报告文件，网络服务提供者的处理违法内容的情况更详细地暴露在公众以及监管部门的视野之下，监管部门可以据此来判断服务提供者履行义务情况，而不必再到企业进行实地调查、评估。更重要的是，长期以来影响服务提供者责任认定的"明知"问题也得到了一定程度的解决。由于网络服务提供者需要报告其所接收的全部关于违法内容的投诉，也就从侧面体现了网络服务提供者对于违法内容的知情范围。

其次，从更深层次来看，报告义务有助于促进违法内容删除机制的合理化发展。正如前文所述，网络服务提供者可能处于一种偏激的激励结构中："如果其过于抑制对网络中违法内容的反应，则会承受放纵仇恨言论以及侵犯个人权利内容所带来的谴责；如果进行过于广泛的删除，则会因不当地限制言论自由而受谴责。但很明显，网络服务提供者更倾向于忍受因压制处于合法边缘地带言论而受到的谴责，而不是承受放纵违法内容的罪责。"[4] 在这种状况下，网络服务提供者判断违法内容的标准会偏于严

---

[1] Vgl. Netzwerkdurchsetzungsgesetz §2 abs. 2. Nr. 3, Nr. 6, Nr. 7, Nr. 8.
[2] Vgl. Netzwerkdurchsetzungsgesetz §2 abs. 2. Nr. 2, Nr. 4, Nr. 9.
[3] Vgl. Netzwerkdurchsetzungsgesetz §2 abs. 2. Nr. 1
[4] *Eifert*, Rechenschaftspflichten für Soziale Netzwerke und Suchmaschinen, Neue Juristische Wochenschrift 2017, 1450, 1452.

格,以致信息自由受到损害。而报告义务使得公众能够对网络服务提供者对违法内容的处理标准进行观察、讨论以及矫正:一方面,超越个案层面的广泛讨论所带来的批判性反思会中和服务提供者所承受的来自监管部门和法律责任的压力,使得激励结构趋于平衡;另一方面,来自民主社会、新闻行业以及学术领域的评论,对服务提供者实践标准的规范性导向具有重要促进意义。①

(四) 整体评价

德国通过《网络执行法》确立了一种全新的合作规制模式:一方面通过罚金形式的负向激励促使网络服务提供者针对网络中的违法内容进行自我规制;另一方面又明确赋予网络服务提供者判断、处置其控制领域内容的权力。最值得注意的是,其以违法内容的删除为核心构建了一个相互联系、相互影响的义务系统。

尽管如此,《网络执行法》几乎受德国学者"一边倒"的负面评价。如前文所述,大多批判主要集中在两个领域,一是与欧盟法的有关规定相冲突;二是侵犯言论自由与信息自由。然而,一些批判的合理性是存在疑问的。首先,与欧盟相关层面规定的冲突并不能从根本上说明《网络执行法》本身是存在缺陷的。欧盟《电子商务指令》中的服务提供者责任规则制定至今已有近20年,而为了适应快速发展的网络状况其必然存在变革的必要性。例如,要求服务提供者提供投诉渠道并对相关内容投诉进行检查的义务,在2018年3月欧盟委员会出台的《关于有效治理在线违法内容措施的建议》(Commission Recommendation on measures to effectively tackle illegal content online)中也得到了一定程度的肯定。② 另外,《网络执行法》对于时间的具体规定,实际并未与《电子商务指令》中"立即采取行动"的要求相冲突。欧盟指令的特点在于只规定目标而不限制成员国实现该目

---

① Vgl. *Eifert*, Rechenschaftspflichten für Soziale Netzwerke und Suchmaschinen, Neue Juristische Wochenschrift 2017, 1450, 1452.

② Commission Recommendation on measures to effectively tackle illegal content online, https://ec.europa.eu/digital-single-market/en/news/commission-recommendation-measures-effectively-tackle-illegal-content-online, 2018年7月10日。

标的形式与手段，那么成员国具有具体解释"立即采取行为"的自由立法空间。而且，从法的安定性、明确性角度来看，模糊的要求并不必然优于具体的时间规定。

其次，就言论自由与信息自由而言，多数德国学者似乎陷入一种经验性的思维定式，即服务提供者必然会在责任的威胁下扩大内容删除的范围，进而造成对言论以及信息自由的压制。这种思维上的惯性使其忽视了《网络执行法》为了平衡偏激的激励结构而进行的制度设计。从整体上看，《网络执行法》确立一种系统性的运行机制。对于违法内容的投诉，重要的是网络服务提供者是否进行了处理。而处理的方式不仅包括删除（在认为内容违法的情况下），还包括保留（在认为内容合法的情况下）。准确地说，网络服务提供者并不会仅仅因为没有删除违法内容而受到处罚，而是会因为没有按照规定对相关投诉作出反应而受到惩罚。在基于错误判断而保留违法内容的情形中，只要服务提供者完全按照规定行事，原则上不应受到处罚。除此之外，网络服务提供者的报告义务也会对服务提供者不加考虑而删除内容的倾向存在一定的抑制作用。从细节上来看，《网络执行法》通过从三个方面的设计将其对言论自由以及信息自由的影响控制在宪法允许的范围之内：(1)《网络执行法》对于违法内容的删除期限进行了灵活性处理，在规定一般性的期限（7天）的情况下保留了变通的可能性；(2) 存疑情况中不存在时间期限，即当内容违法与否取决于某一事实判断或者其他事实情形，且相关事实尚不清楚的情况下关于删除时间期限的规定不再适用；(3) 内容违法性判断的转移，网络服务提供者可以选择将投诉所涉及的违法性判断工作转交给"受到认可的自我治理机构"，而网络服务提供者根据该机构作出的关于违法性的判断再作出是否删除的决定，在这种情况中服务提供者也不受一般删除时间期限的限制，同时还无须承担违法性判断错误的法律风险。① 实际上，在这些"对冲设计"的作用下，学者所担心的"固有的删除倾向"以及"存疑情形中的删除"在很大程度上受到了抑制。

---

① Vgl. *Schwartsmann*, Verantwortlickkeit Sozialer Netzwerke nach dem Netzwerkdurchsetzungsgesetz, GRUR-Prax 2017, 317, 318.

诚然，《网络执行法》并不是完美的，其在基本概念（违法内容）界定上的疏忽、用户言论自由保护方面的不足以及网络服务提供者判断能力的欠缺都是无法否认的。不过整体而言，《网络执行法》所采取的思路和方法是值得肯定的。其通过刑法构成要件对违法内容进行界定的方式以及强调服务提供者违法内容处理透明性的报告义务都体现了极强的创新性。更重要的是，《网络执行法》从违法内容处理前的投诉程序、作为处理能力保障的组织条件以及处理的具体流程等方面进行了全方位、立体性地细化。总而言之，《网络执行法》建立了一个前所未有的网络服务提供者的合规系统，为督促网络服务提供者清除网络中的违法内容提供了一种新的解决思路。

三 借鉴可能性
——现有法律资源背景下我国网络服务提供者合规系统的构建

我国刑法通过援引法律、行政法规中的规定来定义信息网络安全管理义务，这种做法虽然导致义务内容不明确，但另一方面却提供了很大的解释空间。这就使得我们能够依据拒不履行信息网络安全管理义务罪所规定的基本框架，寻找、整合并且利用法律、法规中的相关规定来构建一个符合我国情况的服务提供者合规系统。

（一）"执法私人化"的取舍

《网络执行法》所设计的违法内容处理方案在经典的"通知—取缔"规则之外提供了一种新的可能性，由此而带来的问题是是否应该要求网络服务提供者对网络中内容的违法性进行判断，或者说服务提供者是否应该具有这样的权力——即"执法私人化"是否是有必要的。目前，对于"执法私人化"的必要性存在这样一种质疑："在从国家层面考虑对网络中刑法所禁止的内容采取的措施时，问题的关键并不在于缺少与服务提供者的合作，而是在于刑事追诉机关不充分的配置与培训。通过屏蔽或者删除无法持久地阻止他人发布刑法所禁止的违法信息，而需要通过使信息发布者意识到实施犯罪行为会受到相应的惩罚。刑法必须通过刑事追诉机关以及法院得到执行，只有如此其威慑效应才能发挥作用。"① 这种质疑实际上混淆了国家层面与网络服务提供者层面对网络违法内容作出反应所追求的不同目的。国家侦查、检察以及司法机关的一系列活动重在追究违法内容发布者的责任，从而实现对行为人的惩罚。而服务提供者审查并处理相关内容的目的在于消除违法内容所产生的不良社会影响，相关行为是否受到惩罚对其并不重要。单纯就消除网络中的违法内容而言，对违法内容发布者的刑事追诉无法完全取代服务提供者的处置活动。"因为处于中间的平台用户免于直接性的国家控制，甚至一个或然的刑事追诉并不必然会产生强制删除违法内容的效果，所以强化针对平台用户的刑事威胁或者刑事追诉并不是（与服务提供者的处置）同样有效的。"②

其实，对于第三方执法的问题，美国学者在很早以前就提出了一个系统的分析框架。其指出，一个成功的"守门（Gatekeeping）"可能要求："(1) 现行的惩罚无法威慑严重的失范行为；(2) 缺乏或者不充足的私人守门激励；(3) 守门人能够并且将会可信赖地阻止失范行为，而并不考虑失范行为人的偏好以及市场替代；(4) 法律规则能够以合理的成本指引守门人调查失范行为。"③ 根据这一分析框架，不仅网络服务提供者作为"守门人"来处理网络中违法内容是必要的，而且相关制度构建的也极有可能会是成功的。首先，网络在降低犯罪成本的同时，还增加了侦查与追诉的难度。在当前有限的司法资源不足以应对网络犯罪高发态势的状况下，刑法的直接威慑效果是十分微弱的，至少在内容性犯罪方面存在这种情况。其次，网络服务提供者通常并不会从违法内容的删除中获得利益。相反，正是那些处于灰色地带甚至是违法的内容会为服务提供者带来巨大的网络流量和利益。这意味着在没有责任威慑的作用下，服务提供者很可能不会主动去处理违法内容。再次，在大多数情况中，网络服务提供者凭借对技

---

① *Nolte*, *Georg*, Hate Speech, Fake News, das "Netzwekdurchsetzungsgesetz" und Vielfaltsicherung durch Suchmachinen, Zeitschrift für Urheber-und Medienrecht 2017, 552, 555.

② *Buchheim*, Anfängerhausarbeit-Öffentliches Recht: Grundrechte-Zensor wider Willen? Juristische Schulung 2018, 548, 554.

③ Reinier H. Kraakman, *The Anatomy of Third Party Enforcement Strategy*, Journey of Law, Economy & Organization, Vol. 2, No. 1, 1986, 53, 61.

术设施的控制可以轻易地删除其网络中存在的违法内容。而且，这种处置并不会导致相应的用户向其他网络平台转移。最后，虽然要求网络服务提供者主动调查违法内容的做法被普遍禁止，但对此仍存在一些变通措施。例如要求网络服务提供者为用户提供举报的途径，从而解决违法内容来源的问题。这种变通性实际上降低了网络服务提供者"守门"的难度。所以，服务提供者层面的私人执法与国家层面的执法并没有相互重复或冲突，两者实际是一种相互补充的关系。那么，在服务提供者有能力的前提下有必要以法律责任形式激励其处理违法内容。

此外，我国学者也进一步从方法论角度指出了执法私人化可能存在的缺陷：一是网络服务提供者判断内容违法性的能力；二是私人执法所带来的社会成本，即其对正常网络活动的影响，特别是用户合法表达的权利。[①]不可否认，关于违法内容的执法私人化的确在上述两个方面存在不足。就某些内容的违法性判断而言，即使是掌握更多资源的法院也难以在短时间内就内容是否违法作出准确的判断。而且不论如何努力，服务提供者都不可能避免错误删除合法言论表达的情形。但这都不足以否定执法私人化的解决思路。因为，任何制度都不可能是完美的，但我们并不会因此而放弃——就如我们不会因为刑讯逼供、冤假错案的存在而否定整个司法体制。相反，我们会在现有体制的基础上不断完善细节性的制度设计，以最大限度地保障正义的实现。同理，执法私人化所存在的缺陷也可以通过具体的制度设计来弥补或者弱化其不利影响。具体而言，对于服务提供者判断能力不足的问题，一方面可以像《网络执行法》那样通过强化服务提供者的组织建设来提高其团队的法律素质，另一方面还可以通过限制其处理的违法内容范围来降低工作的难度；而对于言论自由的保护则可以通过程序制约以及救济机制来实现。所以，执法私人化已不再是一个"应不应该"的问题，是而一个"如何实现"的问题。

（二）"违法内容（信息）"及其范围

如果说要赋予网络服务提供者判断其网络中内容的违法性以及据此

---

① 参见赵鹏《私人审查的界限》，《清华法学》2016年第6期。

进行处置的权利,那么首先需要明确的是网络服务提供者需要进行判断的违法内容的性质及范围。值得注意的是,拒不履行信息网络安全管理义务罪并没有采用"违法内容"这一术语,而是使用了"违法信息"。这两种表述虽然在形式上不尽相同,但本质上是同一事物的两个侧面。信息这一表述更多地体现了网络与数据化的时代背景,是内容的技术性形式;而内容则更强调信息所表达的社会意义。故两者可以在同一意义上进行使用。

就违法信息的本质而言,其所指的是法律所不允许的信息内容类型,而非传播违法信息的不法行为。也就是说,网络服务提供者关注的重点应该是信息内容本身是否被禁止,而非传播的行为是否违法。那么应该如何确定信息网络安全管理义务中"违法信息",从而使网络服务提供者至少对自己任务有一个基本的了解?从法律条文来看,该罪罪状只明确了义务的法律来源,却没有指出认定违法信息的法律依据。对此有学者建议,"应当以现行法律、法规的明确规定来认定传播的信息是否违法。所谓'现行法律、法规'至少应当与《刑法》第96条所解释的'国家规定'含义相一致,即违法的'法'应该是指全国人民代表大会及其常务委员会制定的法律和决定;国务院制定的行政法规、规定的行政措施、发布的命令和决定"。①这一建议试图通过将认定违法信息的法律依据限制为效力层级较高的规范来提高认定标准,但其并没有触及违法信息所涉及的实质问题——违法信息的范围以及具体认定标准,对此有必要近一步讨论和明确。

我国关于互联网的法律、行政法规已经对网络中的禁止性信息内容作出了一般性的规定,这可以作为网络服务提供者所处理违法信息范围的基本框架和依据。以《网络安全法》为核心,包括《全国人民代表大会常务委员会关于加强网络信息保护的决定》(以下简称《信息保护决定》)、《全国人民代表大会常务委员会关于维护互联网安全的决定》(以下简称《互联网安全决定》)、《互联网信息服务管理办法》(以下简称《信息服务办法》)、《计算机信息网络国际联网安全管理办法》(以下简称《联网安

---

① 谢望原:《论拒不履行信息网络安全管理义务罪》,《中国法学》2017年第2期。

全办法》）在内的互联网法律体系主要规定了以下 14 类违法信息内容：（1）煽动颠覆国家政权信息；（2）煽动分裂国家信息；（3）损害国家机关信誉信息；（4）宣扬恐怖主义、极端主义信息；（5）煽动或宣扬民族仇恨、民族歧视信息；（6）暴力、淫秽信息；（7）虚假信息/谣言；（8）虚假宣传；（9）教唆犯罪信息；（10）宣扬邪教和封建迷信信息；（11）侮辱或诽谤信息；（12）侵犯名誉；（13）隐私信息；、（14）侵害他人商业或者商品信誉。① 这些违法信息大致分布于国家安全、公共秩序以及个人权利三个领域。

违法信息内容类型	相对应的刑法分则具体罪名
煽动颠覆国家政权	煽动颠覆国家政权罪
煽动分裂国家	煽动分裂国家罪
宣扬恐怖主义、极端主义	宣扬恐怖主义、极端主义、煽动实施恐怖主义活动罪，非法持有宣扬恐怖主义、极端主义物品罪，利用极端主义破坏法律实施罪
宣扬或煽动民族仇恨、民族歧视	煽动民族仇恨、民族歧视罪
淫秽	介绍卖淫罪，制作、复制、出版、贩卖、传播淫秽物品牟利罪，传播淫秽物品罪
教唆犯罪	传授犯罪方法罪以及刑法总则关于教唆犯的规定
宣扬邪教、迷信	组织、利用会道门、邪教组织、利用迷信破坏法律实施罪
侵害他人隐私	侵犯公民个人信息罪
侮辱	侮辱罪
补充	侮辱国旗、国徽、国歌罪，非法利用信息网络罪（仅限于制作或者销售毒品、枪支、淫秽物品等违禁物品、管制物品或者其他违法信息）

这些违法信息类型并不适合全部纳入网络服务提供者的处理范围，对此还需要从两个方面进行限缩：一是网络服务提供者的判断能力；二是对

---

① 参见《网络安全法》第十二条，《全国人民代表大会常务委员会关于加强网络信息保护的决定》第八条，《全国人民代表大会常务委员会关于维护互联网安全的决定》第一条、第二条二、第三条，《互联网信息服务管理办法》第十五条，《计算机信息网络国际联网安全管理办法》第五条。

于用户言论自由的保护。① 那么，涉及真假判断的违法内容［例如虚假信息（谣言）、诽谤、虚假宣传、损害他人名誉、损害他人商品或商业信誉、损害国家机关信誉］，不宜由网络服务提供者来判断。因为当涉及这类内容的违法性判断时，对于内容真实性的反复的事实调查是必要的，这一复杂的过程不仅是网络服务提供者所无法承担的，也使违法内容的快速删除无法实现。② 以诽谤性内容为例，其至少要求捏造的事实存在为前提，如果某一内容虽对他人造成不利影响但并不存在捏造事实的情况，也不得认定为其诽谤性内容。此时问题的核心是特定表达的真与假，而网络服务提供者并没有能力也不应该被要求对此进行调查。而且，在某一信息内容的真假无法判断时，出于保护言论自由的目的也不能对此进行删除。

为了进一步细化违法内容的类型以及提供更为明确的判断标准，可以参照德国《网络执行法》的做法将违法信息内容的类型与刑法分则规定中的具体构成要件相联系。相比较其他部门法而言，刑法更为精确、细致，以相关罪名的构成要件为判断标准可以增加判断的准确性和科学性。以淫秽信息为例，只有在刑法分则以及相应的司法解释中才存在关于淫秽信息较为详细的定义，这是其他法律都无法做到的。③ 此外，将违法信息类型与刑法分则构成要件相联系的另一个好处是可以限制违法信息的种类，只有刑法所关注的、具有一定严重性的违法信息类型才会成为网络服务提供者的处理对象。所以，根据互联网相关的法律、行政法规所规定的违法信息范围，可以将以下刑法分则规定作为违法信息内容的依据：第103条第二款（煽动分裂国家罪）、第105条第二款（煽动颠覆国家政权罪）、第120条之三（宣扬恐怖主义、极端主义、煽动实施恐怖主义活动罪）、第

---

① 参见陈洪兵《拒不履行信息网络安全管理义务罪的适用空间》，《政治与法律》2017年第12期。

② Vgl. *Karl-Nikolos Peifer*, Fake News und Providerhaftung—Warum das NetzDG zur Abwehr von Fake News Falschen Instrumente liefert, Computer und Recht 809, 813.

③ 见《刑法》第三百六十七条第一款，"本法所称淫秽物品，是指具体描绘性行为或者露骨宣扬色情的诲淫性的书刊、影片、录像带、录音带以及其他淫秽物品"；见《关于办理利用互联网、移动通讯终端、声讯台制作、复制、出版、贩卖、传播淫秽电子信息刑事案件具体应用法律若干问题的解释（一）》，"刑法第三百六十七条第一款规定的'其他淫秽物品'，包括具体描绘性行为或者露骨宣扬色情的诲淫性的视频文件、音频文件、电子刊物、图片、文章、短信息等互联网、移动通讯终端电子信息和声讯台语音信息"。

120条之四（利用极端主义破坏法律实施罪）、第120条之六（非法持有宣扬恐怖主义、极端主义物品罪）、第246条（仅限侮辱罪）、第249条（煽动民族仇恨、民族歧视罪）、第253条之一（侵犯公民个人信息罪）、第295条（传授犯罪方法罪）、第300条（组织、利用会道门、邪教组织、利用迷信破坏法律实施罪）、第359条（限介绍卖淫罪）、第363条（制作、复制、出版、贩卖、传播淫秽物品牟利罪）。

除此之外，我们认为还需要进行两点补充，第一是关于教唆犯罪的违法信息，由于刑法分则只涉及特定类型的教唆犯，所以这类违法信息的认定还需要参照刑法总则的规定；第二是一些较新的刑事立法并未及时补充到网络相关的法律、行政法规中，如《刑法修正案（九）》所设立的非法利用信息网络罪以及《刑法修正案（十）》设立的侮辱国旗、国徽、国歌罪。其中非法利用信息网络罪所涉及的违法信息应该限制为"制作或者销售毒品、枪支、淫秽物品等违禁物品、管制物品或者其他违法信息"，而为实施诈骗活动所发布的信息不应该包括在内，因为其同样涉及真假判断的问题。

需要注意的是，将刑法分则的构成要件作为判断违法信息的主要依据并不是要求网络服务提供者判断是否存在发布的行为、行为的构成要件符合性以及行为人是否存在主观故意，而是仅仅从纯客观层面判断相关内容是否符合构成要件中行为客体要素。另外，这些违法信息内容类型以及对应构成要件的限制作用仅存在于网络服务提供者根据用户投诉处理违法内容或者自发审查网络内容的情况，而对于法院作出的生效判决以及监管部门的责令则不受上述范围的限制。

（三）信息网络安全管理义务的展开

对于信息网络安全管理义务的具体内容而言，目前只存在非常宽泛的解读，而缺乏深入的研究。有学者将信息网络安全管理义务理解为禁止性规范（例如不得传播淫秽信息）和命令性规范（例如发现法律、法规禁止发布的信息，应立即停止传输）共同为网络服务提供者设定的义务。[①] 也有论者认

---

① 参见谢望原《论拒不履行信息网络安全管理义务罪》，《中国法学》2017年第2期。

为信息网络安全管理义务只是一种作为义务,包括主动审查义务与配合义务。① 至少可以明确的是,信息网络安全管理义务只应是基于命令性规范的作为义务。如果将禁止性规范设定的义务也包含在内则会产生对于同一种行为的矛盾的刑法评价,例如网络服务提供者传播淫秽信息的行为(针对"不得传播淫秽信息"的禁止性规范所设立的义务的违反)可能直接构成传播淫秽物品罪或传播淫秽物品牟利罪,但是根据拒不履行信息网络安全管理义务罪的规定在监管部门责令改正后却不构成犯罪。那么,如果说信息网络安全管理义务是基于命令规范作为义务,应如何将其具体化?

(1)信息网络安全管理义务的内涵

正确的思路是以刑法的具体规定——"致使违法信息大量传播"——为限制,以法律和行政法规规定的义务为来源,根据因果关系来确定这一义务的具体内容。② 根据这一思路有两种义务可能成为信息网络安全管理义务的主要内容,即用户信息管理义务(《网络安全法》第47条)和针对恐怖主义、极端主义内容信息的监督义务(《反恐怖主义法》第19条)。但《反恐怖主义法》所要求的对于内容进行审查、搜索、过滤的主动审查义务已经超过了服务提供者能力范围而应该被排除。③

关于网络服务提供者对于用户发布信息的管理义务,除了《网络安全法》第47条以外,《信息保护决定》第5条、《互联网安全决定》第7条、《信息管理办法》第16条以及《联网管理办法》第10条都存在类似的规定。综合上述规定,这一义务可以概括为一种情形下的四个举措:所谓一种情形是指网络服务提供者发现法律、法律禁止发布或者传输的信息,四个举措分别是指(1)停止传输;(2)进行处置,防止扩散;(3)保存记录;(4)向有关主管部门报告。首先,发现法律禁止的违法信息的情形是网络服务提供者义务的触发条件。前文已经确定了禁止信息的范围,那么需要讨论的是如何理解网络服务提供者的"发现"。国外立法规定以及国内外学者基本对网络服务提供者主动寻找违法信息的义务一致持反对态

---

① 参见敬力嘉《论拒不履行网络安全管理义务罪——以网络中介服务提供者的刑事责任为中心展开》,《政治与法律》2017年第1期。
② 参见皮勇《论网络服务提供者的管理义务及刑事责任》,《法商研究》2017年第5期。
③ 参见皮勇《论网络服务提供者的管理义务及刑事责任》,《法商研究》2017年第5期。

度，所以此处的"发现"至少不应该解释为"主动寻找"。① 另外，以推定的方式认定网络服务提供者发现（明知）违法信息的存在也是存在风险的，可能导致服务提供者因为实际不知情的违法信息而承担责任。较为科学的方法是设计一种帮助"发现"的制度，对此《网络执行法》提供了一个很好的参考，即要求网络服务提供者为用户提供投诉违法信息的渠道并且及时对投诉进行检查和处理。为了能够提供一个判断是否"发现"的标准，有必要建立辅助性的投诉管理义务。而且，这一义务也可以纳入信息网络安全管理义务之中：建立并运作及举报机制是法律规定的网络服务提供者义务——我国《网络安全法》的第49条规定，"网络运营者应当建立网络信息安全投诉、举报制度，公布举报、投诉方式，及时受理有关网络信息安全的投诉和举报"；缺乏违法信息的举报机制或者举报没有及时得到处理，与网络违法信息的大量传播存在较近的因果关系。所以，信息网络安全管理义务不仅包括通常理解的处置发现的违法信息，还应包括建立并运行一个用户投诉与检查机制。

（2）网络服务提供者对信息内容违法性的错误判断

在网络服务提供者收到用户的投诉，采取相应的措施之前，还涉及对于投诉涉及信息的违法性的判断。对此非常重要的是，如何评价网络服务提供者对信息违法性错误判断的情形，尤其是错将违法信息判定为合法信息的情形。有学者将其归结为违法性认识错误（禁止错误）的问题，并认为网络服务提供者在咨询专业人士后即使发生错误判断也可以排除故意。② 这种观点虽然极力在错误判断的情形中给予服务提供者以保护，但其定性并不准确。违法性认识错误通常存在于这样的情形中：行为人认识所有的构成要件情状，而在此基础上仍然认为自己的行为是被允许的（也就是说不具有违法性）。③ 此处网络服务提供者判断的对象并不是自己的行为是否

---

① 参见赵鹏《私人审查的界限》，《清华法学》2016年第6期；涂龙科《网络内容管理义务与网络服务提供者的刑事责任》，《法学评论》2016年第3期；皮勇《论网络服务提供者的管理义务及刑事责任》，《法商研究》2017年第5期。禁止一般监控义务的相关国外立法包括《欧盟电子商务指令》第15条、德国《电讯传媒法》第7条第2款、美国《千年数字版权法》第（m）条第2款。

② 参见谢望原《论拒不履行信息网络安全管理义务罪》，《中国法学》2017年第2期。

③ Vgl. Roxin, Strafrecht Allgemeiner Teil, Band I, Verlag C. H. Beck, München, 2006, S. 484.

违法，而是用户发布的信息内容是否违反相关法律法规——服务提供者并没有认识到所有的构成要件情状。所以说，网络服务提供者对于投诉内容的错误判断不是违法性认识错误的问题。这种错误的定性会导致所谓的畸形的激励结构出现——网络服务提供者为了避免错误判断所招致的处罚而倾向于删除难以准确判断的信息内容，因为违法性认识错误在通常情况下并不能排除网络服务提供者的故意，即网络服务提供者需要对因错误判断而没有删除的违法信息承担责任。然而，实际上作为判断对象的"违法信息"属于规范性构成要件之情状，对于规范性构成要件情状的错误理解通常可能导致两种极易混淆的情形——构成要件认识错误或涵摄错误。德国学者罗克辛对这两种情形进行了理论上的区分，"这关键取决于：当行为情状的社会意义是可以理解并且已经被理解的时候，即使没有认识到用以标示其的法律概念，错误的法律解释（涵摄错误）也不会因此影响故意。相反，一个错误的理解使得行为人无法准确认识其行为的社会意义（他相信所拿走的是属于自己而非他人的物品，因此自己是无罪而非有罪的），这种类型的错误就排除了相关规范性行为情状方面的故意。"[①] 就违法信息的错误判断而言，并不存在对用以标示其法律概念的错误理解（即涵摄错误，例如行为人无法精准地将给他人汽车车胎放气的行为归结刑法规定中的"破坏财物"，但这不影响其对放气行为的社会意义及危害性的认识）。而当网络服务提供者错误地认为某一信息内容并没有为法律所禁止时，其对自己行为的社会意义也发生了错误的认识，其认为自己是在依法保护信息自由和言论自由，而非为违法内容发布者提供支持。所以网络服务提供者关于信息内容违法性的判断错误属于构成要件错误。只要网络服务提供者对投诉的信息内容进行判断并给出理由，即使对信息内容的违法性发生错误判断，也应该排除故意而不进行处罚。

（3）网络服务提供者对违法内容的处置

如果网络服务提供者认定某一用户投诉的信息内容是违法的，则应采取相应的措施。法律、行政法规中规定的四个举措并不都与违法信息大量传播的后果存在因果关系。根据这一限制可以将"保存记录"与"向有关

---

① *Roxin*, Strafrecht Allgemeiner Teil, Band I, Verlag C. H. Beck, München, 2006, S. 489.

主管部门报告"排除在信息网络安全管理义务之外。① 对于另外两种相关措施而言,"停止传输"相对容易理解。例如网络直播平台收到关于个别主播进行淫秽表演的投诉,则应该及时采取措施停止传输。而对于已经确定的违法内容采取处置措施,避免进一步扩散则的做法可能存在两种理解:一是删除基于用户请求或者其他技术目的而自动储存的违法信息;二是除了前述处置以外,还需要寻找已经传播的相同违法信息并删除。以用户 A 在网络平台中发布违法内容为例,根据第一种理解只要求服务提供者删除其储存的 A 发布的内容;而根据第二种理解,服务提供者不仅需要删除 A 所发布的违法内容,还需要调查其他用户是否转发了 A 发布的违法内容并进行删除处理。第二种理解实际上变相地赋予网络服务提供者一般性的调查义务,要求网络服务提供者主动审查网络中的违法内容。这种要求超出了网络服务提供者的能力范围而且也不具有可行性,因此应该被排除。德国《网络执行法(草案)》也存在类似的规定,其第三条第 2 款第 6 项要求网络服务提供者删除存在于其网络中的所有违法内容的复制件。这一规定由于涉及内容的监控义务而受到学者的反对,因此最后出台的《网络执行法》取消了这一条款。故应该限制性地去理解"处置违法内容,防止扩散"的要求,仅以投诉所涉及的特定违法内容为处理对象,而并不要求服务提供者去调查他人转载或者复制文件并删除。

(4) 不履行信息网络安全管理义务的认定

根据前文的论述,信息网络安全管理义务是包括提供用户投诉渠道、分析判断用户投诉以及根据相关判断进行处置在内的义务体系。所以对于网络服务提供者是否履行义务的判断,应从系统性、机制性的角度去考察。易言之,义务履行的关键在于网络服务提供者是否建立了投诉的接收、审查、处理的流程和机制以及该机制在是否得到充分的运作,而个别的违法性信息是否因为错误而没有删除并不是十分重要。那么,监管部门责令改正的内容也应该是针对违法信息内容举报与管理机制的系统性缺陷,例如网络服务提供者没有提供举报的途径、没有及时处理投诉等。

---

① 保存记录的义务可能涉及拒不履行信息网络安全管理义务罪中的第三种情形"致使刑事案件证据灭失",但本文只在致使违法信息大量传播的狭义角度定义信息网络安全管理义务。

为了保证对于不履行信息网络安全管理义务认定的准确性以及有据可依，有必要进一步细化法律、行政法规中规定的投诉、举报制度以及信息内容管理制度。《网络安全法》第49条只是简单地提及了投诉、举报制度，而对于投诉机制的基本要求、实现方式、网络服务提供者对投诉进行查看的频率都未涉及。另外，《网络安全法》第47条以及其他相关法规关于违法信息内容管理制度的规定也不够详尽，如缺乏关于删除违法信息的一般性时间期限、特殊情况中时间期限的延长等情况的具体规定。

在监管部门认定网络服务提供者没有履行信息网络安全管理义务后，其责令改正的内容应针对投诉机制以及违法信息管理机制的系统性缺陷，而不必着眼于极为具体的个别情形。因此，针对网络服务提供者的行政监管不应该是耗费大量行政资源的"贴身盯防"。[1] 另外，有论者认为"经责令而拒不改正"要件限制了处罚范围而应该删除，这一思路实际上忽略了对于立法目的的考虑。[2] 如果说拒不履行信息网络安全管理义务罪本质上是刑事合规规则，那么其目的更倾向于督促网络服务提供者建立一种处理违法内容的常态化机制，而不是强化将网络服务提供者因第三方违法内容而承担的刑事责任。所以，监管部门具有指导性的责令是具有必要性的——其既可以帮助网络服务提供者构建法律规定的合规系统，也能够为网络服务提供者避免刑事责任提供一个缓冲的机会。

四　结语

在网络发展之初，美国《数字千年版权法》最早给出了网络服务提供者责任与违法内容的解决方案。此后，该法所设计的"通知—取缔"规则在全世界得到了广泛借鉴和应用。德国近来在刑事合规理念下通过《网络执行法》对"通知—取缔"规则的改良，为我国对"通知—取缔"规则本土化的尝试——拒不履行信息网络安全管理义务罪，提供了可借鉴的解

---

[1] 参见李本灿《拒不履行信息网络安全管理义务罪的两面性解读》，《法学论坛》2017年第3期。

[2] 参见李本灿《拒不履行信息网络安全管理义务罪的两面性解读》，《法学论坛》2017年第3期。

释思路。可以说，将信息网络安全管理义务理解为一个关于违法内容的合规系统是可能的，或许也是有效的。这种解释方案要求进一步细化《网络安全法》中的相关规定，例如第 47 条关于删除违法信息的规定、第 49 条中的举报制度等。此外，网络服务提供者的合规规则是一个极为复杂的系统，涉及多方面权利的兼顾与平衡。拒不履行信息网络安全管理义务罪只在刑事领域涉及了部分合规规则，其存在的不足或者产生的不利影响还需要在其他的法律领域内进行弥补或缓和。特别值得注意的是用户对于删除违法内容的申诉制度，其对于用户言论自由与信息自由的保护具有重要意义，而德国的《网络执行法》以及我国的《网络安全法》都忽视了这一制度的构建。而用户申诉制度也会相应地影响网络服务提供者处理违法内容的时间期限、流程等方面的规定，这就意味着在设立用户申诉制度后关于信息删除的规定也要进行相应地调整。由此可以发现，信息网络安全管理义务是以服务提供者合规规则体系中的所有具体规定为基础的，在细节性的规定没有健全、明确之前，这一罪名难以发挥作用。

第五编

刑事一体化与立体刑法学

刑法结果归属问题研究中的社会科学哲学*

刘涛**

"单独的逻辑并不能成为促成社会进步的工具,只有借助社会科学的补充,逻辑才能够达到这一效果。"①

现实中发生的法益侵害是否以及在多大程度上能够归属于一个或多个行为人,并进而确立对行为主体进行非难(罪责要素)的不法基础是近年来我国刑法学研究与刑事司法实践共同面临的难题。② 结果归属理论本身在实定法中并没有特定的刑法条文与之对应,但是在所有的刑法适用中,结果归属问题都是犯罪构成的必要组成部分。结果归属问题的理论研究在很大程度上代表了刑法学对现代刑事归责体系的基本认知,从而体现出深刻的哲学意涵。现有文献中对这一教义学理论背后的哲学维度尽管有所阐释③,但是在近年来此领域的深刻变动中,具体的理论探讨与案例分析成

---

* 本文系江苏省哲学社会科学基金课题"立体刑法学视角下网络空间治理的刑事政策研究"(项目编号:18FXC008)的阶段性成果。

** 南京师范大学法学院讲师,中国法治现代化研究院研究员。

① [美]本杰明·N. 卡多佐:《法律的成长》,李红勃、李璐怡译,北京大学出版社2014年版,第84页。

② 英美刑法理论中有一种观点认为刑法归责不需要考虑结果问题,或者说结果与行为人在责任上的"应得"(desert)无关。因果关系问题也就不属于与归责相关的研究领域。这属于一种道德哲学层面的理论探讨,并不属于本文的研究范畴。对此,可参见 Lacey, Reviewed By Nicola. "Larry Alexander, Kimberly Kessler Ferzan, and Stephen Morse, Crime and Culpability: A Theory of Criminal Law", Ethics 121.3 (2011): 633-637.

③ 比如,童德华就从"刑法方法论"的角度探讨了客观归责(属)理论背后的哲学方法论(诠释学)。但是,这种讨论:1. 局限于一种而不是普遍意义上的结果归属问题;2. 仅仅涉及刑法哲学方法论,而没有关照刑法结果归属问题在哲学本体论与知识论上的基础。参见童德华《刑法中客观归属论的合理性研究》,法律出版社2012年版,第161页以下。

为主流，而更具有基础性意义的刑法哲学思考并没有成为关注的重点。本文试图对后一更为基础性的问题作出考察。

一 结果归属问题研究的历史脉络：本体论的考察

在我国传统刑法学理论中，结果归属的问题被视为因果关系的问题。必然因果关系与偶然因果关系的二元论成为支配理论。但是，正如张明楷教授所指出的："必然因果关系……这种学说基本上是事实判断，没有联系刑法目的进行判断……偶然因果关系说基本上也是事实判断，同样缺乏规范判断。"[①] 黎宏教授则认为，将必然因果关系论和偶然因果关系论对立起来本身就是一个错误。首先，二者探讨的不是一个问题。必然因果关系说探讨的是先后发生的两个现象之间是不是存在合乎规律地引起和被引起的特定关系问题，是在承认二者之间具有客观关联性的基础上，从刑法规范立场出发所做的一种价值判断。相反，偶然因果关系说探讨的是在发生了危害结果的情况下，按照一定的原则，确定哪些行为和结果的发生之间具有关系，它是从事实判断的立场出发，对两个具有联系的现象之间的关系所做的一种客观描述。上述两种观点，一个是价值判断的问题，另一个是事实判断的问题，两者讲的不是一回事，原本并不存在相互冲突的理由。[②] 可以说，传统的双层次因果关系理论由于在事实和规范层面不加区分，容易使得研究者和适用者对理论与概念本身产生误解。

在笔者看来，针对结果与行为之间因果性的判断，主要是对客观的甚至是实体的事实存在与否的检验。这种检验说明传统刑法学在哲学上本体论上试图与自然科学看齐，从而也就限制了作为规范诠释的刑法理论在因果问题上的充分展开，切断了刑法上的结果归属与价值评价的关联。由此

[①] 张明楷：《刑法学》，法律出版社2016年版，第175页。这里张明楷教授所言的"事实"其实是内在于规范以及刑法教义学的事实性，与内在于刑法教义学的规范性相对。内部视角下的事实性并非等于社会实在，它只是对可能动用的社会实在的一种预设。对此，可参见高鸿均等《商谈法哲学与民主法治国：〈在事实与规范之间〉阅读》，清华大学出版社2007年版，第39页。

[②] 黎宏：《刑法总论问题思考》，中国人民大学出版社2007年版，第158—159页。

可以推知，传统刑法理论中的不法归责论体系是建立在实证主义哲学本体论的基础之上。因果性的判断仅是对客观事实以"有、无"为结论的表达，不加入价值分析。[1] 实证主义本体论下的因果关系学说可能带来的消极影响是：1. 事实认定代替规范评价；2. 规范评判与事实认定逻辑上的断裂与内容上的混淆。更明确地说，是忽视犯罪构成是判断而不是描述，具有价值属性。[2] 这些消极影响进一步使得研究者与刑事司法的实践者忽视归因与归责之间逻辑递进关系，从而使得刑法上的不法归责呈现去规范化的效应。

随着近年来德日刑法学理论引进我国，结果归属问题逐渐从上述传统理论严格的实证主义立场中脱离。虽然学术论争激烈，但学界达成了一个普遍的共识，即事实判断和规范判断的区分是必要的。[3]

当然，不能忽视的是结果归属理论研究在哲学本体论上的范式转换得益于，并且反馈在对司法实践问题的思考上，而非仅仅理论自身的推进成果。近年来我国司法实践中，特别是在一些传统犯罪领域——例如故意杀人罪以及传统犯罪形态——例如共同犯罪中，出现了（或者说由于理论研究水平的提高而被发现了？）一些疑难案件，使得刑法上的结果归属问题引起司法实践者的关注。[4] 此外，从宏观维度来看，国家治理现代的推进对犯罪治理提出了新的时代要求。国家治理体系的现代化的内涵中有对法治的需求，对法规范的需求。法规范体系及其运作显然不仅仅是（实证主义意义上的）认知体系，而是一套价值体系。刑法被赋予了积极参与社会

---

[1] 参见吴玉梅《德国刑法中的客观归责研究》，中国人民公安大学出版社2007年版，第132—133页；也有学者认为因果关系理论传统通说并非不重视价值评价，只是缺乏体系性的方法。参见李冠煜《污染环境罪客观归责的中国实践》，《法学家》2018年第4期。

[2] 参见邵六益《法学知识"去苏俄化"的表达与实质——以刑法学为分析重点》，《开放时代》2019年第2期。

[3] 也有学者并未明确区分事实归因与结果归属，但其并非没有意识到刑法上的因果关系判断，或者说，行为与结果之间是否具有刑法上的关系不仅仅属于事实判断问题。这些学者其实是将我国刑法理论上传统的因果关系概念进行了改造：刑法因果关系不只是一个事实问题，更有其基于刑事政策的法律的基奠。此种学说的代表，可参见张小虎《论刑法上典型异样因果形态的因果关系特别判断》，《学术月刊》2017第11期；叶金强《相当因果关系理论的展开》，《中国法学》2008年第1期。

[4] 参见杨海强《刑法因果关系的认定—以刑事审判指导案例为中心的考察》，《中国刑事法杂志》2014年第3期。

治理的规范内涵与价值内涵。①

可以说,理论的自我演进、司法实践的需求以及宏观层面治理模式的转型共同促成了传统刑法学因果关系哲学本体论层面的。因果关系从实证主义的本体论向规范论的转移则体现了刑法学知识的生产并非自足的过程,而是与体系外部的社会结构紧密关联。即使是被普遍认为具有较强技术性因果关系问题,其在哲学本体论上规范论转向也得益于社会价值与规范评价的变迁。从探究"事实"发生规律的角度上来说,因果关系也仅仅是作为观察者的个体或作为观察的社会系统解释现象构建意义的一种方式、一个过程。甚至可以说,自然科学本身就是一种对因果律的考察,而社会科学是探究意义与追寻理解的科学。② 近年来因果关系理论的转型体现了这种对自然科学与社会科学哲学知识论的不同诉求:传统的因果关系理论没有注意到"社会实在",或者说"事实"本身的构建属性,即"理解从未是再现行为,而是创造性行为"③。在刑法理论中,这通常被表述为,结果归属的判断必须通过"目的",而非"描述"来实现刑法的功能,合理定位刑罚(权)的边界。这也是本文在其后部分需要考察的知识论问题。

二 结果归属问题研究的当代进路:知识论上的辨析

上述本体论的考察说明,当代结果归属问题研究超越了我国传统刑法学的因果关系论。从知识论上说,研究者意识到因果关系并不是,或者在刑法学上不仅仅是行为与结果引起和被引起的条件性判断(条件说),即使沿用"因果关系"的概念来指称这一研究领域,研究者与司法实践者也无法回避在因果判断中具备的规范性内容与价值判断因素。在知识论的角度上来看,学者对刑法结果归属问题的探讨主要形成了两条进路:

---

① 参见周光权《转型时期刑法立法的思路与方法》,《中国社会科学》2016 年第 3 期。
② May, Tim, and Malcolm Williams. An introduction to the philosophy of social research. Routledge, 2002.
③ [德] 阿图尔·考夫曼、温弗里德·哈斯默尔:《当代法哲学和法律理论导论》,郑永流译,法律出版社 2017 年版,第 372 页。

第一条研究进路是对传统因果关系理论的改造，即在条件说的基础上，对"介入因素""假定的因果关系""自陷风险"等例外情形做实质、规范理论构建。此条研究进路的处理方案以德日刑法阶层论体系为基础，并对构成要件符合性进行实质判断。[1] 因此，在不法阶层中，结果归属的判断依然处于边缘，属于例外性的判断。这种处理方案与其说是对传统因果关系理论进行实质化改造，不如说是构建了一种实质化的构成要件知识体系。

沿着第二条研究进路的学者则认为，结果归属问题应当成为不法阶层的核心研究领域，因果关系问题不能涵盖结果归属问题的全部。"由于刑法中因果关系的判断深受事前的与风险分配相关的规范的影响，而规范已变得日益复杂，并对刑法归责的认定产生重要的影响，在此种背景下，试图只通过对传统因果关系理论进行微调而实现重构的目的，明显低估了这项任务的艰巨程度及其重要意义。"[2] 行为人的非难可能性，即行为人的罪责必须建立在符合刑法保护目的的、客观上可归属于行为人的结果基础之上。罗克辛等人提出的客观归责理论，作为一种支持上述观点的刑法知识论体现被引入我国刑法理论。在客观归责理论下，不法阶层的判断应当依循从归因到归责的次序展开，而归责的依据不再是知识论上的实证性的因果关系，而是归责理论背后的规范性内容。与传统归责理论相比，客观归责理论在内容上强调客观性、规范性和实质性，在技术上注重体系性和类型化。该理论主张归责的最终根据是刑法规范，突出了归责的规范性。[3] 正如罗克辛所言："和以前不同时代的体系性发展相比，我的犯罪论最大的不同点在于，我并不是按照存在论的标准（古典犯罪论因果关系体系以及目的理论），而是按照刑事政策的目标设定（刑法任务和具体的刑罚科处）来进行体系化构建的。"[4] 客观归责理论实乃刑法中结果归属问题的现代阐释，反映了现代刑法学实质化思潮，具有在缺乏定型的行为中实现罪刑法定的功能。在不法层面，构成要件符合性与违法性之间的区隔由于客

---

[1] 参见周光权《客观归责方法论的中国实践》，《法学家》2013年第6期；蔡桂生《非典型的因果流程和客观归责的质疑》，《法学家》2018年第4期。
[2] 劳东燕：《风险分配与刑法归责：因果关系理论的反思》，《政法论坛》2010年第6期。
[3] 参见李波《规范保护目的理论与过失犯的归责限制》，《中外法学》2017年第6期。
[4] ［德］克劳斯·罗克辛：《刑事政策与刑法体系》（第二版），蔡桂生译，中国人民大学出版社2011年版，第81页。

观归责理论的功能性，或者说目的理性导向的刑法理论，而趋于整合。①

我们应当看到，无论是提倡在实质的构成要件理论中解决结果归属判断的学者，还是力图通过引入客观归责理论突出结果归属判断独立性的研究者，其实都不否认刑法学作为一门规范性而非纯粹描述性的社会科学，不免在知识论上涉及价值选择与价值判断，即对社会实在进行知识论上的解释。古典刑法知识体系受到自然科学深刻影响。自然科学的方法是根据规律性联系对经验事实作出一般的抽象和分析，以一种形而上学的有效性和具有数学形式的概念体系，达到对现实的一种纯"客观"的、摆脱一切价值的认识。② 古典刑法知识体系也强调客观、中立和无价值的构成要件，坚持最严格的罪刑法定原则，力图将刑法体系的要素控制在经验上可计量、证明的范围之内。此种知识体系注重对客观的行为、结果和主观的心理状态的描述，价值判断则被尽力避免。③

从知识论上分析，当代不法归责理论（无论实质的不法论还是客观归责理论）则加注重规范维度：刑法的归责问题并非主体对客体的描述，而是如何归责以及归责目的的确定。多数学者并不否认刑法因果关系是客观世界中所存在的诸多联系中的一种，具有客观性、相对性、时间序列性等特点，但是从不法归责的目的看，因果关系是以发生某种具体结果作为成立要件的结果犯的构成要件要素之一，是需要从刑法规范保护目的的角度加以判断的内容。因此，刑法中因果关系之有无及其表现形式的判断，就不能从纯粹自然科学角度出发，而是从"应当如何或者不应当如何"的规

---

① 周光权教授的观点与此相类似，但是其认为我国刑事司法实践中其实已经在以客观归责，或者更为准确地说，是以客观归责的思维方法进行规范判断。这种观点又依赖于其对客观归责理论的双层次理解：第一，作为刑法规范判断方法的客观归责理论。这个意义上的客观归责论，其认为与相当因果关系学说并无本质区别，都是对所谓法律因果关系的规范判断；第二，作为故意既遂、过失犯成立条件中的结果归属、危险实现的"技术性"判断的客观归属论。这个意义上的客观归属论，主要集中在风险分配、被害人自我答责等问题上。参见周光权《客观归责论的中国实践》，载梁根林、埃里克·希里根多夫主编《刑法体系与客观归责：中的刑法学者的对话》，北京大学出版社2015年版，第80页。上述观点都是在承认刑法体系本体论转向的基础上，对刑法知识论结构的一种新的认知与构建。

② 参见吕新雨《"价值无涉"与学术公共领域：重读韦伯——关于社会科学研究方法论的笔记》，《开放时代》2011年第1期。

③ 参见［德］克劳斯·罗克辛《刑事政策与刑法体系》（第二版），蔡桂生译，中国人民大学出版社2011年版，第65—66页。

范角度出发。换句话说，刑法上所谓的行为与结果以及它们二者之间的关系，都是从规范或者法律角度出发而选择出来的事实现象，因此绝不是自然科学意义上的纯粹的行为和结果及其相关关系。① 从刑法归责的目的来看，在日益风险化的现代社会，纯粹描述性的构成要件并不利于处罚的精确化，规范化与实质化的理解成为趋势。②

此外，虽然上述两种研究进路对因果关系与结果归属范畴的界定上有所差异，但是两者都不否认刑法上的结果与行为之间关联性的判断必须是实质化的，是刑法学自身的知识构建。从刑法学的实践品格与目的出发，刑法归因与归责的区分具有相对性。因为刑法因果关系的判断始终为归责问题服务的。所谓事实上的或自然科学上的归因关系，其实归责判断方案的组成部分，它"无时无刻不在为归责的目标服务，也需要运用一定程度的政策衡量"③。卢曼作为社会科学家，深刻地指出了归因过程的真正意义可能就在于归罪。④ 也正如金德霍伊泽尔教授所言，刑法决不可以盲目地就采用哲学上、科学理论或者自然科学中发展起来的一个因果关系的概念，而是必须按照刑法本身的目标来确定其因果关系概念。⑤ "社会—历史的世界的经验不能以自然科学的归纳程序提升为科学。"⑥ 经验不应该被化约为特定数据收集方式之所得，而是与多样化的理论构想联系在一起的。这也就意味着经验的表达依赖于高度的理论知识。⑦ 从知识论上来看，这也就意味着，观察的对象与观察的结果，都处在体系内部。即使是条件说，也是刑法学上的条件说。只有当行为与结果之间具有条件关系，而且行为的危险已经现实化为侵害结果的时候，才能将该侵害结果归属于行为。在理论的分析上，将事实归因放到社会之内，而不是将其视为对客观

---

① 参见黎宏《刑法总论问题思考》，中国人民大学出版社2007年版，第156页。
② 参见李波《规范保护目的的理论与过失犯的归责限制》，《中外法学》2017年第6期。
③ 韩强：《法律因果关系理论研究》，北京大学出版社1998年版，第97页。
④ [德]卢曼：《生态沟通：现代社会能应付生态危害吗?》，汤志杰、鲁显贵译，台北桂冠图书有限公司2001年版，第15页。
⑤ 参见[德]乌尔斯·金德霍伊泽尔《刑法总论教科书》（第六版），蔡桂生译，北京大学出版社2015年版，第76页。
⑥ [德]汉斯·格奥尔格·伽达默尔：《真理与方法：哲学诠释学的基本特征》（上卷），洪汉鼎译，上海译文出版社2005年版，第4页。
⑦ 参见[德]卢曼《对现代的观察》，鲁贵显译，台北左岸文化出版公司2005年版，第34页。

实在的描述，则可以揭示事实归因的社会构建性。正如卢曼所言，事实可以说是一种存在于系统运作外部的信息（information），其并不是事先给定的，预先存在于这个世界上仿佛随时准备好从这个世界被输入进来一般；相反地，信息是由系统予以归因的。①

三 结果归属问题研究中的社会科学方法论

从结果归属问题研究中哲学本体论的转向以及与之相关的教义学体系的知识论形态中，可以看出作为规范论的刑法学具有的社会功能与意义。事实归因和结果归属问题在刑法学理论上的区分，在一定程度上体现了价值问题以及识别价值问题在现代社会科学哲学方法论上的流变。

现代哲学的语言学转向对启蒙主义时代以来的科学哲学方法论具有颠覆意义。"主体—客体"的认识过程逐渐被"互为主体性"，乃至"系统沟通性"取代，并对有关规范的科学产生促动。现象学和日常语言分析都强调主体间意义，使它成为当代社会科学方法论脉络中的重要概念。② 现代法解释学（诠释学）的兴起与此有关。从方法论上来说，解释是以给出理由的方式证实事情的，评价一个解释的好坏，关键要看这种解释是不是给出了好的理由。③ 从诠释学的角度上来看，"因果关系并非一种实体，而是我们对行为与结果之关系的抽象理解。这一理解本质上并非是面向'因果关系'本身的，而是面向结果与行为之间的关系是否可纳入某种刑法评价的"④。诠释学的路径并不在于提供一个新的规律、公式。显然，自然科学方法论很难解决这种不涉实体的问题，诠释学构建的目的在于说服。⑤

---

① 参见［德］玛格特·博格豪斯《鲁曼一点通：系统理论导引》，张锦慧译，台湾暖暖书屋2016年版，第79—80页。
② 参见徐冰《心理学与社会学之间的诠释学进路》，生活·读书·新知三联书店2013年版，第27页。
③ 参见徐冰《心理学与社会学之间的诠释学进路》，生活·读书·新知三联书店2013年版，第36页。
④ 王志远、张玮琦：《发现与修辞：因果关系问题的诠释学转向》，《华东师范大学2019年"因果关系的理论与实践"会议论文集》，第6页。
⑤ 参见王志远、张玮琦《发现与修辞：因果关系问题的诠释学转向》，《华东师范大学2019年"因果关系的理论与实践"会议论文集》，第10页。

事实上的因果关系与规范论上的结果归属问题的区分,与科学哲学方法论上的实证主义与诠释学之间的争议具有关联。在方法论上,科学实证精神拒绝神秘主义,为我们理解世界以及构建社会提供了更多的可能性。借助科学实证方法,从某种意义上讲,刑法事实因果关系打破了哲学、宗教领域笼罩在因果关系上的抽象、神秘色彩,借用了物理联系的判断方法。欧洲启蒙思想下的世界是中性的:事实就是如此(the way it is)。因此,实证主义传达的信息具有一种(假定的)普适性,而不需要考虑事实发生的特定情境。实证主义成为人们以主体(地位)改造客观世界,将世界工具化的重要手段与方法。

实证科学方法论认为事物与人们的主观态度都可以还原为原子式的原始事实(brute facts),对此研究者可以得到原子式的原始资料(brute data)。但是这个进路难以解释社会、文化脉络的意义。非实证主义(构建论)的观点则认为,所有的存在的东西都无法以其原本的样子存在,而是靠人的设定,因为任何东西都在运动。[1] 这种设定,就是一种社会构建。社会/环境的区分构成了社会意义涌现的基础。实证主义者只承认经验判断和逻辑判断,而忽视了解释对于理解的作用,因此他们倡导的方法论有很大的局限性,特别是针对社会科学领域。[2] 韦伯认为,在社会科学方法论上,对社会现象的理解应当以解释性的方法展开,应当将"意义"作为理解社会行为的根本取向。方法论上的关键出发点是"主体所意指的意义"[3]。韦伯社会科学方法论中的"理解"并非揭示隐藏的心理运作[4],而是揭示主体间意义或以社会的方式构成的规则,这些规则定义了既定社会

---

[1] 参见[德]弗里茨·B. 西蒙《我的精神病、我的自行车和我—疯狂的自我组织》,于雪梅译,商务印书馆2018年版,第22页。
[2] 参见张庆熊《社会科学的哲学——实证主义、诠释学和维特根斯坦的转型》,复旦大学出版社2010年版,第6—7页。
[3] 参见Georg Kneer/Armin Nassehi:《卢曼社会系统理论导引》,鲁贵显译,台湾巨流图书公司1998年版,第36页。
[4] 从这一点上来说,韦伯的社会科学方法论与实证主义哲学家,特别是密尔(J. S. Mill)所提出的社会现象的因果律研究方法有很大不同,因为后者在探索社会现象规律的时候,将心理学规律放在最上端。即使这里的心理规律是心理的联想律等支配人如何应付环境和总结经验的规律,但是其与韦伯等具有诠释学色彩的非实证主义认识到的人类社会行为关系性特点—即非从主体心理出发的思路仍然迥异。参见张庆熊《社会科学的哲学——实证主义、诠释学和维特根斯坦的转型》,复旦大学出版社2010年版,第23页。

中的行动的意义。① 在韦伯看来，作为社会科学研究者，能够除了纯粹确定功能的互相联系和规范（规律）以外，还能做些所有自然科学永远无法企及的东西，就是对参与个人举止的理解。② 温奇（Peter Winch）也认为，科学的研究对象在人类交往之前便已存在，人们是通过概念来认识自然现象的。不过对社会世界来说，没有现象先于概念产生，我们生活的社会世界并无一种既定的因果律，而且因果律无法加深我们对社会现象的认知。任何社会科学的理解和描述都不可能是一种置身具体社会情境之外的"实验"，社会科学在这个意义上，即在区分社会现象与自然现象产生来源的意义上，实证科学的视角也是一种内部观察的视角，因此都不具有纯粹的"实证"（empirical）特性。对社会现象的研究而言，我们需要的不是"正确"的理解，而是更好的"解释"。③

由此可知在方法论上，研究人类行为的因果律无法仅仅借由观察人类行动的外部特征而得知，研究者还必须通过对行为人主观意义的解释来发现。人类社会是一个体现精神价值的意义世界。所以，在行为与结果之间的归属时，"客观性"并不是一个值得追求（desirable）目标，实证意义上的说明就不是解释行为社会意义的必要条件。对社会现实的因果性说明只需要做到"主观充分性"（subjectively adequate）即可。④ 也就是说，规范科学的根据寓于行动经验空间之中，它们尝试分析、论证或校正某个行动所包含的主观意义。⑤ 经验是在维特根斯坦所言的"生活形式"基础上形成的⑥，逻辑的标准起源于生活的方式和社会生活的模式，而且只有在

---

① 徐冰：《心理学与社会学之间的诠释学进路》，生活·读书·新知三联书店2013年版，第12页。
② 参见［德］马克斯·韦伯《经济与社会》（上卷），林荣远译，商务印书馆1997年版，第48页。
③ Winch, Peter. The idea of a social science and its relation to philosophy. Routledge, 2008.
④ 郑戈：《法律与现代人的命运：马克斯·韦伯法律思想研究导论》，法律出版社2006年版，第37、66页。
⑤ 参见泰明瑞《从因果解释到等值功能主义——卢曼方法论思想探析》，《社会理论学报》2016年第2期。
⑥ 参见张庆熊《社会科学的哲学——实证主义、诠释学和维特根斯坦的转型》，复旦大学出版社2010年版，第149页。

这一背景（context）中才是可理解的。① 这也是为什么韦尔策尔借助韦伯的方法论提出，对于思维活动和意志活动来说，除了因果关系之外，"意图性"也是一种决定的形式。② "法规范能够要求或禁止的，并不是单纯的因果进程，而只能是受到目的性操控的行动（即行为）或该行动的不作为。"③

四 启示与反思：结果归属研究中的"社会构建"问题

从上述梳理与分析中可以发现以实证主义为奠基的刑法学体系不断接受其他哲学本体论、知识论以及方法论的冲击与改造，结果归属问题的研究及其争议也在这种背景下展开。学者试图在主观与客观、形式与实质中找到平衡与调节。

从上文的分析中我们可以发现，即使现有的、结果归属问题研究的前沿，特别是对刑法实质化浪潮中存在论（实证主义）与规范论的理论定位依然存在诸多争议，但是也没有哪一种理论能够彻底放弃存在论。④ 否认客观存在，也就无法为通过语言媒介构建的社会沟通提供外部指涉。所有人的行为都是在哈贝马斯所称之客观世界中发生的，而客观世界是社会世界的本体论基础，因此所有人的行为势必涉及客观世界，尽管并非都是针对客观世界。⑤ 因此，在笔者看来，现代社会的运作与法治秩序的构建，

---

① 温奇：《社会科学的观点及其与哲学的关系》，张庆熊等译，上海人民出版社2004年版，第109页。

② 参见［德］汉斯·韦尔策尔《目的行为导论——刑法理论的新图景》（增补第4版），陈璇译，中国人民大学出版社2015年版，第5页。

③ ［德］汉斯·韦尔策尔：《目的行为导论——刑法理论的新图景》（增补第4版），陈璇译，中国人民大学出版社2015年版，第4页。

④ 即使是雅克布斯的规范论，在笔者看来，其依然预设了观察的主体，而没有将规范保护放到一种"去主体化"的沟通结构中，因此也就没有真正做到构建主义的要求，主体依然构成观察的施为者，也就意味着主客体之分。在构建论看来，所谓的观察或客体，是观察者与观察对象的互动的结果，而非单凭一方决定。参见汤志杰《理论作为二阶观察：如何解决"无中不生有"与"无中生有"的吊诡》，《社会理论学报》2010年第1期。

⑤ 参见张庆熊《社会科学的哲学——实证主义、诠释学和维特根斯坦的转型》，复旦大学出版社2010年版，第194页。

是在承认事物存在的基础上，对社会实在（包括规范性命题）的观察与构建。

承认客观存在，也就意味着在社会科学哲学上不否认人类感知（perceptions）的媒介意义。法益侵害或者法益侵害的危险都是基于主体对环境的感知，特别是主体基础性的生理反应与控制机制。否认这种客观实在以及这种客观实在与人的认知、理解之间的关联性，不仅违背常识，也无益于规范理论的构建。在这个意义上说，社会的构成，或者说社会制度与规范体系的质料（substance）来源于我们对外界实体存在的感知。

但是，一种构建主义的哲学观不只于此。"对意义的理解，并非纯粹感受过程，反而经常是由理解主体先行自我理解。"规范本身并非是《圣经》式的文献，亦非纯粹的艺术性文本，其本身是个意义的体系，无法完全"自在"地独立于解释者。构建主义哲学虽然不否认实然存在与人们的基本感知能力相连，但是在其体系下事物的命名、意义的获得以及秩序的构建等问题并不由实然存在本身决定。我们的感知经验本身已经带有某种理解的成分，而这样的理解是与我们所掌握的概念有关的。[①] 构建主义的哲学观认为，事物的命名、安排与价值取向属于社会，而非自然的实在，是构建在语言基础之上的。社会沟通并不能直接观察，而只能通过同步指涉社会概念（内部指涉，例如行为、法益）与具体存在（外部指涉，例如具体的行为人与具体的被害人），并将其纳入不断演化的语言（概念体系）框架中，才能真正获得人们日常实践所依赖的意义结构。

进一步而言，意义结构与对它的诠释是相互交织的。语言的特殊性是我们理解人类行为可理解性与理智性的基础。人类的世界关系是语言性的，从而是可理解的，诠释成为哲学的普遍方法。[②] 诠释学将"理解"置于本体论中予以解决。因此，诠释成为构建主义哲学观的基本立场。后期的维特根斯坦指出，人们是使用日常语言来表达自己的经验的。因此经验实在本身便蕴含着逻辑，只是这是日常语言而不是自然科学的或者数理的

[①] 参见张庆熊《社会科学的哲学——实证主义、诠释学和维特根斯坦的转型》，复旦大学出版社2010年版，第144页。

[②] 参见［德］汉斯·格奥尔格·伽达默尔《真理与方法：哲学诠释学的基本特征》（上卷），洪汉鼎译，上海译文出版社2005年版，第616页。

逻辑。① 经验问题，即在哲学存在论、认识论意义上的经验，显然比实证研究所指涉的经验范围要广，也更为复杂，卢曼的系统论正是在后面一种意义上探讨了包括科学研究在内的社会运作的构建论与传统实证主义认识论之间的区分。②

对于刑法体系而言，笔者并不否认刑事法的运作是一种"社会存在"，但构建主义的哲学观强调的是一种作为社会沟通而获得社会意义的刑法体系。这种刑法体系知识对于人作为具有权利与义务者之沟通加以沟通。③ 在社会/环境区分的基础上，刑法体系的运作构建了对罪与非罪的法律系统区分，并根据法律系统的二元符码、条件纲要（也就是具体的法规范）区分属于系统沟通的结构和属于环境的信息，从而产生法的"适用"。如果说立法是这种二元区分的第一次运作，那么由刑法教义学体系构建出来对法规范的自我观察则是重新运用这种二元区分，并在这种区分的基础上，来检验司法适用是否符合规范目的。因此，教义学体系也就形成了对刑法运作的二阶观察。

在这种不断对社会构建本身进行二阶观察的过程中，刑法学当然需要吸收外部的环境（信息），而这种环境（信息）已不再是那种自然意义上的存在（实证主义的观点），或者主体感知的直接投射，而是社会体系内部的构建要素。这意味着刑法体系既没有忽视外在变化，外在变化也以"刺激—反应"方式映射在体系内部。④ 这种对刑法社会构成的定位，将刑法体系的结构理解为一种不断基于特定符码区分而形成的沟通系统。

构建主义哲学观对于我们理解结果归属问题具有以下优势。

第一，狭义的因果关系，即事实归因问题，依然在刑法不法归责中具有独立意义，并发挥特定功能。以条件说为基础的因果结构依然被视为实

---

① 参见徐冰《心理学与社会学之间的诠释学进路》，生活·读书·新知三联书店2013年版，第23页。
② 参见万毓泽《让卢曼的系统论（重新）成为问题：一个本黑式的视角》，《社会理论学报》2009年第1期。
③ 参见王效文《刑罚目的与刑法体系——论 Gunther Jakobs 功能主义刑法体系中的罪责》，《成大法学》2015年第2期。
④ 参见图依布纳《现代法中的实质要素和反思要素》，矫波译，《北大法律评论》1999年第2期。

存之物。正如普珀（Puppe）所言，一个将（狭义的）因果关系与对它的分析相脱钩的客观归责理论，最终只能沦为一堆论题和案例群的集合体。① 如果不在条件说的基础上进行不法归责，就会使不法归责脱离事实根据。而离开事实根据的规范判断则会损害构成要件符合性判断与违法性判断的安定性。不过，构建主义哲学观下的因果"条件"不能被理解为物本逻辑上事物之间的关联性，而是社会/环境区分中的构建之物，是已经过观察体系（在这里就是刑法体系）运作之后得到的有意义的条件关联。因此，将这种意义结构进行否定并非不可能，但需要充分的理由，也就是需要在系统二阶观察的层次上具备相应的结构。在结果归属中，这一般被理解为行为人对结果支配力不足（条件关系弱化的）的时候，存在可以弥补的归责有效性。也就是说，对于事实因果条件的判断也是规范化的，不会单纯依赖于经验法则或自然因果律。

第二，结果归属的规范性判断则主要依据刑法体系的目的来确认。这里的目的，并非解释者（或立法者）的主观目的，也不是从解释者个体出发而构建的体系目的。正如哈贝马斯对社会科学研究中的行为系统的解读：这一系统概念下的行动者或行为人被抽象为一种行动的单元（units），成为对行动效果（在刑法学中，也就是法益侵害结果—笔者注）进行归因的主体。主体成为分析结构中的一环，并被构想为处于各种社会子系统中的构建成果。②

因此，这里的目的应当被视为体系的"客观目的"，并且这种客观目的是对社会构建中的意义结构，即行动者的主观目的的把握。这也就是知识论上所说的主观意义的客观脉络：科学永远是一种客观的意义脉络，所有关于社会世界的科学论题都是针对一般的或特定的主观意义脉络去构作客观的意义脉络。③ 因果适当性与意义适当性概念具有关联，因此需从主观意义脉络的客观呈现找到现象学上，或者说哲学上的根据。④ 这种因果

---

① 参见［德］英格伯格·普珀《客观归责的体系》，徐凌波、曹斐译，《刑事法评论》第39辑。
② Habermas, Jürgen, *The Theory of Communicative Action*, Vol. 2, Beacon press, 1984, p. 235.
③ 参见［奥］阿尔弗雷德·舒茨《社会世界的意义构成》，游淙祺译，商务印书馆2012年版，第316页。
④ 参见［奥］阿尔弗雷德·舒茨《社会世界的意义构成》，游淙祺译，商务印书馆2012年版，第329—330、331—332页。

适当性在刑法学对因果关系理论的研究中较为常见。例如，黎宏教授就指出，通过判断"实行行为"和"结果"之间是否具有"通常会如此"的引起和被引起的关系，挑选出引起危害结果发生的主要条件即原因。具体来说，就是在和结果发生有关的各种实行行为当中，按照一定标准，选择出能够称得上是结果发生原因的条件，将该条件作为结果发生的原因，从而将其他情形排除在因其结果发生的原因之外。① 这里的"通常如此"的判断，从社会科学哲学的角度来看，显然与评价者的主观意向有关。这也是为什么适当因果概念的法学版本（相当因果关系学说）不被认为是一种因果关系理论，而是一种归责理论，理由便是相当因果关系学说是为了解读行为与结果之间关联在法律上的"意义"问题。② 韦伯也曾指出，法学的知识论部分受到具有必然性的逻辑一般原则的限制，部分受到约定俗成的一般原则的限制。③ 作为诠释的法学知识论之所以能被称之为科学，恰恰在于研究者能够意识到这些诠释之适用范围与限度。④

但是，正如前述客观诠释的主观脉络意味着这种客观性并非否认主体对社会构建及其意义脉络的促动效果，是类似于哈贝马斯基于诠释学所言的社会沟通行动中存在的"深度诠释"（depth hermeneutics）。也正如学者所言，反对纯粹客观主义的诠释学进路也能避免主观主义和相对主义。它对自然主义及其翻版的批评是为了揭示人类存在的整体论性质，揭示社会生活中的真理，维护社会科学的科学性。⑤ 诠释学的角度，即颠覆了形而上学的客观真理，也避免了主观主义的相对真理，还超越了解构主义的真

---

① 参见黎宏《刑法总论问题思考》，中国人民大学出版社2007年版，第163—164页。
② 相当因果关系理论其实并不是一种传统意义上的因果关系理论，而是实行行为理论。相当因果关系的重心是在行为属性的界定上，即该行为"根据一般经验法则能够导致某种结果"，实际上根本不是对行为到结果的因果流程做了规范评价，而是对实行行为性做了描述——这样能够一般性导致危害结果发生的"行为"是"实行行为"，于是便将某些偶然导致结果发生（但不可再现）的行为排除出实行行为的范畴。这才是"相当性"的价值所在。
③ 参见［德］马克斯·韦伯《学术与政治》，钱永祥等译，广西师范大学出版社2010年版，第178页。
④ 参见［德］马克斯·韦伯《学术与政治》，钱永祥等译，广西师范大学出版社2010年版，第301页。
⑤ 参见徐冰《心理学与社会学之间的诠释学进路》，生活·读书·新知三联书店2013年版，第44、60页。

理虚无论。① 社会体系，包括刑事司法体系的运作，其动力来自于沟通创造的多种可能性以及体系内部各沟通的连接可能性（communication connectivity），而这种沟通之间的可连接性并不依赖体系在结构上围绕一种中心原则来构建，而是依赖沟通媒介所起到的简化系统外部环境复杂性，增强系统创造沟通可能的复杂性之能力。

在这个意义上说，基于规范目的判断的结果归属无法仅仅围绕一种刑法目的（例如法益保护）展开，而是应当从体系能否化简环境复杂性，能否增强系统沟通沟通可能性的标准上来进行判断。法律之功能乃是为了服务整体社会系统的稳定。② 也可以说，结果归属问题是一种对刑法规范（即法体系的条件纲要）进行的二阶观察，是一种方法上的认定标准。正如周光权教授对"客观归责"这种规范性的结果归属理论的评价："客观归责论所要讨论的是作为结果犯的既遂要件，毕竟和事实上、科学意义上的原因探讨不同，结果能否看做行为人的作品，归属是否妥当，是结果犯的成立要件之一，在很多时候，必须进行事实之外的规范程度较高的判断，即客观归责是根据法的、规范的观点，判断法律上客观的责任的有无或范围。"③ 笔者认为，周光权教授对客观归责理论的解读，与其说是将此理论视为一种实质化的因果关系理论，不如说在谈客观归责理论所具备的指导构成要件判断的方法论意义。④ 在社会科学哲学中，包括客观归责在内的客观归属理论所运用的方法属于一种等值功能主义判断方法："如果具备一定的条件，那么对规律的要求可以转化为程序要件，对因果关系的探究可以转化为功能等价的探测。"⑤ 也就是在规范上判断，几种事实（行

---

① 参见高鸿均、赵晓力主编《新编西方法律思想史》（现代、当代部分），清华大学出版社2015年版，第278页。

② 王效文：《刑罚目的与刑法体系——论 Gunther Jakobs 功能主义刑法体系中的罪责》，《成大法学》2015年第2期。

③ 周光权：《客观归责论的中国实践》，载梁根林、埃里克·希尔根多夫主编《刑法体系与客观归责：中的刑法学者的对话》，北京大学出版社2015年版，第91页。

④ 也有学者从诠释学的角度将客观归责理论视为一种探讨结果归属问题的"视域"或"语境"，这与本文从哲学层面解读结果归属问题具有一定的相似性。参见王志远、张玮琦《发现与修辞：因果关系问题的诠释学转向》，《华东师范大学2019年"因果关系的理论与实践"会议论文集》，第15页。

⑤ 季卫东：《法治秩序的建构》（增补版），法律出版社2014年版，第152—153页。

为、介入因素等)是否具有等值的引起某一事实(结果)的功能。①

第三,结果归属理论依然服务于对行为人最终答责的确定。虽然在本文看来,社会实在具有一种相对脱离主体意识的沟通属性,但是正如前述,主体依然参与社会运作,更是刑事归责的最终目的与承载对象。个体的"行为"依然是系统延续观察(包括价值判断)时,必须依赖的概念指涉。同样,基于主体及其行为概念构建的法益概念依然是刑法体系沟通的重要结构。这种包含主体性的刑法体系定位恰恰说明了通过语言形成的社会沟通与个体意识之间共享某些结构性因素,从而能够产生紧密的结构耦合。个体外部行为的可描述性以及这种描述在个体层面的可接受性成为理解刑法作为社会治理方式、塑造个体,乃至改造个体心灵功能的关键。通过行为概念的构建,以及观察行为(其实是从系统内部构建人的形象),刑法体系得以产生针对个体的规范化(normalization)效果,即雅克布斯所言的刑法运作对规范有效性的保护。②

个体(意识)为社会沟通的延续提供了运作动力。刑法体系处于整体社会沟通之内,但无时无刻不在与其环境(个体意识)产生激扰。通过语言,刑法的社会沟通对行为人的规范意识起到促成和规制效果,形成人与社会的共同演进(co-evolution)。③

---

① 参见泰明瑞《从因果解释到等值功能主义——卢曼方法论思想探析》,《社会理论学报》2016年第2期。

② 雅克布斯认为,如果规范并不意味着对个体环境规律性的一种指涉,如果规范的有效性并不是对一种"可能效果"的支配,也就是说,如果"应当"不能从"是"从推导出来,那么我们必须将对其定位放到超越个体的领域中。犯罪行为是对社会沟通的贡献,对其的解释并非依据自然规律,而是依据社会语义学的规则,即行为的社会意涵。参见王效文《刑罚目的与刑法体系——论 Gunther Jakobs 功能主义刑法体系中的罪责》,《成大法学》2015年第2期。正如我国学者评论,行为无价值论所说的规范是一个价值概念,包含着较为浓重的伦理主义色彩。但雅克布斯所说的规范则是一个描述性而非价值性的概念,是指社会构造性规范。参见陈兴良《教义刑法学》(第三版),中国人民大学出版社2017年版,第362页。

③ 共同演进是卢曼社会系统论中的关键概念,其定义了不同系统之间的生产、制造与互动的模式。共同演进意味着在多种同时发生(simultaneous)的系统间存在永久性的互相回馈(feedback)。个体与社会就由于语言媒介而产生这种永久性的回馈。不然,社会与人类就将灭亡。而法律与社会结构的共同演进,则不能仅仅宣称,法律的某些类型与社会组织、经济组织和政治组织的某些特征是一起发生变化的。它还必须说明法律结构与社会结构之间的关系,并有助于我们理解各种转型是如何发生的。参见图依布纳《现代法中的实质要素和反思要素》,矫波译,《北大法律评论》1999年第2期。

第四，由于刑法体系的沟通结构具有"反事实"（规范性）的特点，也就是，规范在存有效力的情况下不受相反事实（即认知性因素）的影响。[1] 但这不是否认在结果归属判断中事实的作用和功能。正如前述，结果归属的判断需要不断对环境进行外部指涉，对进入系统内部的信息（事实）进行诠释。事实/规范的区分由此成为系统/环境区分在体系内部的再现。从刑法体系在规范层面的封闭（反事实特点）与在认知层面的开放（信息的汲取）共生的观点来看，对事实的刑法认定与对规范的刑法诠释并无哲学立场上的差异。开放系统的特色反而在于，它在环境改变的时候自己调整内部的组织，而不被外部因果地限制着及单线地被规定，因为在这些适应及改变过程中始终是关于系统内部的运作。[2]

五　余论

通过对刑法结果归属问题背后的哲学观念的挖掘，笔者发现现代刑法教义学中的结果归属问题呈现出一种构建主义的哲学观。在这基础上，本文也试图揭示这种诠释性的、注重社会意义结构的哲学观，本身也是一种社会构建的模式，从而深刻影响了我们对整体刑法体系的认知与运用。

以此种哲学观念作为指导，对行为人的行为与结果关联性的判断需要放到社会/环境的区分及其在不同社会子系统中的意义结构特点来进行考察。在不同社会子系统中对条件关系（包括狭义共犯与结果之间的条件关系、特殊形态的犯罪行为与结果之间的条件关系、特定领域不作为与结果之间的条件关系）的判断允许且必然存在差异。法秩序要求行为人在操控这类行为的时候，应当给予"在交往中必要的注意"，从而避免发生不受欢迎的附随结果。如果行为人在行为时无法符合注意义务，那么法秩序就

---

[1] 规范的反事实特点与规范的效力（validity）有关，而不牵涉，或者至少说首先并不关注法律的实效（efficacy）。韦伯特别使用了期待实现的可能性（probability），而非现实性来定义法律权利，从而也说明了反事实的规范期待并不与法律实效直接关联。

[2] 参见 Georg Kneer/Armin Nassehi：《卢曼社会系统理论导引》，鲁贵显译，台湾巨流图书公司1998年版，第31页。

禁止他实施该行为。① 这种对不法发生的客观流程所进行的主观目的性考察笔者在前述章节中已进行了探讨，这里再试图对此展开一定程度的延伸分析。

在笔者看来，韦尔策尔在目的行为理论中考虑的"注意义务"，在本文揭示的结果归属问题的社会构建中，便是各社会子系统的交往与沟通规则。例如在交通运输领域，不仅需要考察行为人行为是否违反交通行政法规，还需要具体地、实质地考察"行为规范"的隶属。② 再如非法行医的规范保护目的判断。③ 此外，相关例证还包括在金融领域中"非法集资"与"非法吸收公众存款"的行为外延上的显著差异性。"存款"概念在金融系统中的特别指涉，使得非法吸收公众存款与非法吸收公众资金的行为不能画等号。④

结果归属问题中对社会系统规则的探索与托依布纳所言的现代法律系统中的反思法研究路径（reflexive law）具有相似性。反思法使得法律职业者"反思"通过抽象和形式化的规则是否能够对社会诸领域理性给出恰当的决策，以及实质性法律的规范性价值判断是否能够超越和决定社会诸领域自身的价值和规范。所谓的法的反思要素更可能是一种社会子系统的反思要素与法律规范的结构耦合的过程，其中社会规范与法律规范的界限在一定程度上是不明确的，在这种法律的反思性演化过程中，也体现出现代社会国家与社会、私领域与公共领域的融合。甚至可以说各社会领域的操作规范是现代意义的"习惯法"。"法律常常必须承认行为常习的习惯的途径，并且表明纵使今日，我们还不能在一切的情形中截然划分出何者是由法律拘束力的规范和何者是仅有社会拘束力的规范。"⑤ "法律成为一个协调半自主的社会子系统内部及其相互之间行为的系统。"⑥ 这种模式下的法

---

① 参见［德］汉斯·韦尔策尔《目的行为导论——刑法理论的新图景》（增补第4版），陈璇译，中国人民大学出版社2015年版，第6页。
② 具体可参见"陈全安交通肇事罪"，陈兴良、张军、胡云腾《人民法院刑事指导案例要旨通纂》（上卷），北京大学出版社2013年版，第38页。
③ 具体可参见"贺淑华非法行医案"，陈兴良、张军、胡云腾《人民法院刑事指导案例要旨通纂》（上卷），北京大学出版社2013年版，第947页。
④ 参见徐宏《共享单车"押金池"现象的刑法学评价》，《法学》2017年第12期。
⑤ ［美］博登海默：《博登海默法理学》，潘汉典译，法律出版社2015年版，第73页。
⑥ ［德］图依布纳：《现代法中的实质要素和反思要素》，矫波译，《北大法律评论》1999年第2期。

律及其教义学体系并不需要在规范与社会效果之间建立线性的因果关系。①

前述所言开放性系统的特色就在于，它在环境改变的时候自己调整内部的组织，而不被外界因果地限制以及单线地被规定。正如学者所言："如果我们要赋予一个独立的、能够自我组织的体系一种模式的话，那么就必须得摒弃这种直线型的解释，因为它们根本就无法与观察得到的现象相'匹配'。"②

当然，这种对子系统规范的考察，最终是为了不法归责的目的，即在刑法上，并不是所有的法律规范或交往规范都可以称为注意规范，相反，只有与构成要件的保护目的具有关联性的交往规范才可能称为注意规范，只有违反这些注意规范才具有指向法益损害结果的危险性。③ 行为没有引起注意规范的保护目的所指向的结果时，不能将结果归属于行为。也就是说，违规行为引发结果，但是不符合前置性法律规定的保护目的，不可归责。

此外，从规范构建论视角出发，以作为/不作为的区分来构建不同的结果归属类型，也不能忠实地反映不法归责目的的核心。例如在网络服务提供者承担刑事责任的领域，如果过分强调网站管理者（企业）的作为义务④，而不是从特定领域规范的角度上来考察是否应当将"他人"造成的法益侵害归属于特定监管主体，则可能不当扩大或缩小刑事责任的不法基础。再如，《刑法修正案（九）》在危险驾驶罪中增设第2款，"机动车所有人、管理人对前款第三项、第四项行为负有直接责任的，依照前款的规定处罚"，如何认定"直接责任"，必须结合具体领域，无法从刑法条文规定本身循环定义来取得。⑤

总而言之，结果归属问题研究中反映的哲学观的转变与社会科学哲学

---

① Teubner, Gunther, ed., "Dilemmas of Law in the Welfare State", Vol. 3, Walter de Gruyter, 1986, p. 315.

② ［德］弗里茨·B. 西蒙、［德］克里斯特尔·莱西－西蒙：《循环提问——系统式治疗案例教程》，于雪梅译，商务印书馆2013年版，第63页。

③ 参见李波《规范保护目的的理论与过失犯的归责限制》，《中外法学》2017年第6期。

④ 参见王华伟《网络服务提供者刑事责任的认定路径——兼评快播案的相关争议》，《国家检察官学院学报》2017年第5期。

⑤ 参见车浩《刑法教义的本土形塑》，法律出版社2017年版，第220—221页。

的现代转型戚戚相关。任何社会学科在哲学上遇到的难题都预示着理论上的革新。重要的是，在那些受到实证主义统摄的社会科学领域，哲学的转向似乎并非时刻显现，也并非像在刑法教义学这样一门价值科学中体现得如此重要与突出。识别结果归属问题中所体现的哲学观念的变迁，不仅对于指导今后理论的发展具有意义，甚至对于总结和反思整体社会科学哲学思想也具有一定的启示意义。在当今学界社科法学研究方法的带动下，发现传统法学规范体系自身变动中吸收并加以改进的哲学观念，在一定程度上可以避免法学研究全面的"实证主义"取向，更有可能为价值科学自身的科学地位争取话语权。① 这便是笔者写作此文的目的。

---

① 邹兵建指出，社科法学的刑事司法研究只包括刑事处罚必要性研究的内容，而不涉及刑事违法性研究的内容。参见邹兵建《社科法学的误会及其风险》，《法商研究》2019年第4期。这似乎是一种对社科法学现有研究的归纳，不能被理解为社科法学由于自身研究方法所限而只能研究"处罚必要性"问题。本文的研究对象和研究方法在一定程度上对这一观点提出了质疑。

论涉枪行为的刑法内外协调治理[*]

石经海^{**}　金舟^{***}

　　基于国家对社会控制的需求和民众对安全保障的考虑，我国对枪支历来进行严格的管控。然而，近年司法中诸如天津赵大妈持有玩具枪、仿真枪[①]而被定罪处刑的做法，不仅没有理想地实现对枪支的有效控制，而且还严重地影响到刑事裁判的公众认同。虽然最高人民法院、最高人民检察院和一些地方司法机关先后于近期发布了相关的规范性文件[②]，但因其所采用和体现的治理模式并未随新时代"国家治理体系和治理能力现代化"的转型，而仍会难以取得理想的治理效果。本文试就此进行探究，以就教于理论与实务界同仁，并企求为涉枪行为的有效刑法治理提供理论支撑。

一　反思与疑问：涉枪行为治理现状的困境梳理

　　近年来，非法持有、买卖枪支等涉枪治理问题频出，治理过程与治理

---

[*] 本文系最高人民法院司法研究重大课题"刑事裁判公众认同问题研究"（ZGFYKT2018—1905）、重庆市第四批哲学社会科学领军人才特殊支持计划项目"新时代刑法的社会治理功能研究"（2018年）、西南政法大学创新课题项目"社会治理视野下枪支管理刑法规制研究"（FXY2019032）的阶段性成果。

[**] 西南政法大学法学院教授，博士生导师，法学博士。

[***] 西南政法大学量刑研究中心研究人员。

[①] 2016年10月12日，赵春华在街头摆射击摊被警方抓捕，被天津市河北区人民法院以非法持有枪支罪判处有期徒刑三年六个月。本案一审宣判后，引起了社会广泛关注。二审法院对其量刑依法予以改判，以非法持有枪支罪判处赵春华有期徒刑三年，缓刑三年。

[②] 如2018年最高人民法院、最高人民检察院出台了《关于涉以压缩气体为动力的枪支、气枪铅弹刑事案件定罪量刑问题的批复》。在这一批复的基础上，浙江省高级人民法院和省人民检察院也于2018年发布了《关于办理涉以压缩气体为动力的枪支刑事案件的会议纪要》。

结果存在较大争议,治理效果与预期有较大差距。具体可以从枪支管控效果、司法裁判认同与法律规范适用三个方面加以阐述。

(一)枪支管控效果不佳,治理重点有所偏离

在枪支管控方面,我国刑法领域的枪支管理存在着打击效果不佳、治理重点偏离的现象。我国实施严格枪支管控的目的在于"维护社会治安秩序,保障公共安全",从数量与质量两个维度出发,这一目标的达成遭遇了相应障碍。在打击数量上,我国枪支刑事犯罪率不降反升。通过北大法宝的案例检索可以得知,近年来枪支刑事案件数呈现爆炸性增长,2012年为1000余件,2013年达到了2000余件,增加了一倍,2014年高达7000余件,与2012年相比,三年内增长了七倍,其后均以一年增加1000余件的速度增长。这虽然体现出司法机关在与犯罪做斗争的过程中战果颇丰,但"全面禁枪"已实施二十年有余,当今枪支领域整体犯罪率却陡然攀升,这也说明枪支刑法治理在具体实施环节、社会控制效果上值得反思。在案件质量上,刑事领域的犯罪打击缺乏针对性与合理性。根据相关数据统计,当前刑事案件涉案枪支类型以仿真枪为主,比例接近50%;其次是射钉枪改装和"快排"组装的枪支占46.5%,欠缺杀伤力的枪支类型占据了当今涉枪案件比例的96.5%。[1] 此外,当事人使用枪支的用途多是收藏自娱和打猎使用,这一用途占全国案件数的88%,真正持有枪支用于实施违法犯罪行为的极少[2],其中更出现了以"赵春华非法持枪案""旅游购买仿真枪"为代表的一系列欠缺社会危害性的涉枪行为。在2010年至2012年北京市大兴区人民法院审理的涉枪案件中,接近90%被控"非法持有枪支罪"的案件皆是起于仿真枪的贩售和储藏。[3] 刑法的实施需要耗费大量司法资源,我国的枪支管理也并非依赖于刑法的单一管理,如果将刑事打击重点放置于欠缺危害性的轻微违法行为上,不仅会造成司法资源的浪费,也会使得刑事制裁忽视对具有真正严重危害性行为的打击,不利

---

[1] 方海涛:《非法买卖枪支犯罪现状、问题及反思》,《江苏警官学院学报》2017年第1期。
[2] 黄郑:《我国非法持有枪支案件现状、困境及对策》,中国犯罪学学会预防犯罪专业委员会2017年版,第1372页。
[3] 陈志军:《枪支认定标准剧变的刑法分析》,《国家检察官学院学报》2013年第5期。

于"维护社会稳定"目标的实现。

(二) 刑事裁判屡遭质疑，公众认同有待提高

在社会效果方面，近年来，在涉枪领域涌现出大量极具争议性的司法裁判案件，引发了公众广泛质疑。天津赵春华案、河南朱金洲案①、广州王国其案②、旅游购买仿真枪案③等均是具有代表性的争议案件。在数量上，这些案件也并非个例。以"非法持枪"为案由，在"中国裁判文书网"上可以搜得包括赵春华案的类似案例共计 23 个。从主观而言，这些行为人并不一定具有犯罪的故意，从客观而言，这些行为欠缺显著的社会危害性，将其一律予以刑事追诉的做法值得商榷。因此，枪支领域争议案件的频发使得普通民众、新闻媒体以及专家学者都对我国的刑事立法与司法产生了质疑之声。在赵春华案中，被告人女儿王艳玲坚决反对摆摊打玩具枪涉嫌犯罪。随着案件的宣判，社会各界对赵春华也给予了广泛的同情，更有媒体指出，摆摊打气球入罪是司法的"任性"，"从公安局到检察院、法院，整个系统都没有纠正的机制，这才是让人感到害怕的地方"④。在刘大蔚案中，刘大蔚更是发出了被广泛报道的，"请用我买的枪枪毙我，如果能打死我，我就承认我有罪！"的知名言论。另有学者指出，这类案件的错误裁判是突破了"司法良知与立法底线"的结果⑤。不可回避的是，如果当今刑事裁判认同度不高的情况难以改变，普通民众的法观念将同现行立法与司法产生较大隔阂，刑法的预防和矫正功能难以发挥，这会直接

---

① 朱金洲因开设的玩具店内出售的玩具枪超过公安部的枪支认定标准而被捕。其间经历一审、二审均判其有罪，刑期为 7 年有期徒刑。

② 王国其因玩具店贩卖的仿真枪超过了枪支认定标准被认定为"非法买卖枪支"，一审、二审均被判处有期徒刑十年，再审改判有期徒刑四年，后经"法院准许检察院撤诉"被无罪处理。并于 2018 年获得国家赔偿 43 万元。

③ 类似案例颇多，据统计，从 2010 年 1 月至 2012 年 10 月，深圳市人民检察院受理审查起诉走私武器、弹药罪案件共 33 件，其中从香港走私仿真枪入境而触犯该罪名的有 23 件，占近七成，被告人中甚至有爱好军事的在校中学生。参见蔡胜龙《"军迷"香港买仿真枪被捕》，http://news.ifeng.com/gundong/detail_2012_11/27/19568082_0.shtml，2012 年 11 月 27 日。

④ 参见张丰《摆摊打气球判三年，司法就这么任性？》，http://www.sohu.com/a/123090605_405849，2019 年 3 月 24 日。

⑤ 刘艳红：《"司法无良知"抑或"刑法无底线"？——以"摆摊打气球案"入刑为视角的分析》，《东南大学学报》2017 年第 4 期。

影响到涉枪行为问题的社会治理效果。

（三）相关规范适用存疑，有关争议尚需厘清

在规范适用方面，枪支刑法治理领域存在着法律规范的制定与适用难题。首先，现行枪支认定标准引发的社会效果并不乐观，合理性有待商榷。枪支鉴定标准是枪支认定中不可或缺的一环。当前司法实践中的枪支鉴定依据以"公安部标准"为主导。2007年10月29日公安部发布的《枪支致伤力的法庭科学鉴定判据》和2010年发布的《公安机关涉案枪支弹药性能鉴定工作规定》，将原有的"射击干燥松木板法"改为了"枪口比动能"鉴定方法，使得枪支认定标准从原有的16焦耳/平方厘米大幅降低至1.8焦耳/平方厘米。在此之后，涉枪刑事案件大幅增加，司法裁判争议频出。例如北京市西城区人民检察院受理的涉枪案件数量从2007年开始大幅增长，年平均增长率达225%，被告人均以为所涉及对象是"玩具"。[①] 上述赵春华案、王其国案等案件，均是在这一标准改变后产生的争议裁判。其次，"枪支认定标准"的适用存在争议，司法认定存在困难。我国刑法对于涉枪犯罪的处罚以"违反枪支管理规定"为前提，现今的法律适用中，事实上存在着公安部制定的《枪支致伤力的法庭科学鉴定判据》（简称"公安部标准"）和人大制定的《枪支管理法》（简称"人大标准"）两个参照规范的适用难题。由于上述"公安部标准"带来了涉枪行为被大量入罪的情况，有观点呼吁，对于枪支的认定标准应当适用效力更高的"人大标准"，但是，"人大标准"在具体的执行和量化上存在困难，仍需有权机关作出进一步规定[②]。在缺乏相应标准的情况下，如果不适用"公安部标准"，这类案件便将缺乏判决依据，难以进行司法裁判。最后，相关改革的前景仍需观望。为了解决上述实践中枪支认定的争议与困境，最高人民法院、最高人民检察院于2018年3月发布了《关于涉以压缩气

[①] 参见王晓飞《网络涉枪案，年增225%》，http://news.ifeng.com/c/7fcyT7TaYe4，2012年8月19日。

[②] 赵春华案辩护律师徐昕在赵春华案二审辩护词中提出本观点。参见王琦《天津大妈摆射击摊案二审判决书细节披露：法院认为枪支认定标准合法有效》，https://www.oeeee.com/mp/a/BAAFRD00002017020626460.html，2017年2月6日。

体为动力的枪支、气枪铅弹刑事案件定罪量刑问题的批复》（以下简称《批复》），但是，由于《批复》发布时间较短，且《批复》内容回避了枪支认定标准问题，实践操作中仍存在着相当大的疑问。短期内，当今司法实践出现了大量犯罪嫌疑人被取保候审、大量涉枪案件积压的情况，司法机关在涉枪案件的侦查、起诉处理上也陷于尴尬处境，"严控枪支"和"慎重定罪"的矛盾亟待解决。

综合而言，无论是在枪支的管理效果还是裁判的社会效果上，我国的非法持枪治理现状并不乐观，相关的法律规范存在着适用困境，难以带来良好的规制效果。因此，对现有困境进行理性剖析，推进枪支刑法治理的有效改革具有极大必要。

二 越位与错位：涉枪行为治理模式的问题剖析

涉枪行为的治理难题并非司法的单方问题，其根源在于刑法治理模式的滞后。我国的社会治理模式素有"社会管理型"的传统，这是一种单向度的、以国家为本位和以政府为主体的、政府凌驾于社会之上并习惯于包揽一切社会事务的、自上而下的命令式管控模式。这一治理模式可能引起立法、司法、执法、守法共生与并存的隐形问题，最终将引发司法难题，造就法律运行的系统性危机。[①] 表现在刑法治理上，便是出现当前社会治理中的"刑法依赖综合征"以及非常态化的犯罪治理，非理性甚至情绪性、象征性刑法立法现象，以及脱离法律体系和法治体系的法律理解与适用等问题。接下来，笔者将围绕这一原因对于涉枪行为领域立法、执法、司法的具体症结加以进一步论述。

（一）立法的犯罪性失位

在刑事立法层面，传统社会管理模式使我国刑事立法突破了犯罪基本特征的规制，造成了立法的"犯罪性失位"。依据传统理论，一个行为如果要构成犯罪，必须符合犯罪基本特征，即经受"社会危害性"、"刑事违

---

① 杨建军：《法律的系统性危机与司法难题的化解》，《东方法学》2017年第3期。

法性"和"应受刑罚惩罚性"的检验。① 但是，由于我国传统治理模式是一种自上而下的"管理模式"，面对犯罪现象，为了达到立竿见影的效果，国家在立法上倾向于将原本应由其他法律的调整范畴，一并交由刑法解决。刑法并未以"犯罪基本特征"作为根本处罚依据，刑事法律成为社会治理领域的前沿法律，其他法律的前置性调整效果未有效发挥，这也是涉枪行为治理隐患的来源。

  从微观层面分析，非法持有、非法买卖枪支的刑事立法规定突破了犯罪基本特征的制约，以至其针对具体个案时存在难以全面保障人权的窘境。首先，在"社会危害性"方面，现今规定并未达到严重"社会危害性"的要求。根据现行普遍适用的"公安部标准"，枪口比动能临界值1.8焦耳/平方厘米即可认定为枪支，而根据国际通行规定，可以穿透皮肤的比动能临界值在10—15焦耳/平方厘米②，1.8焦耳比动能的弹丸远远不能击穿人体皮肤。将在多数情况下不能刺穿皮肤的"枪支"一律纳入刑法处罚是值得商榷的。在抽象危险犯对实害结果没有要求的基础上，这种超越大众认知的认定标准，使得现今刑法禁止的非法持有、非法买卖枪支等行为是否具有严重"社会危害性"的结论存疑。其次，在"刑事违法性"方面，作为行政犯，犯罪的认定或许需要借助于相应的行政管理规定，但"刑事违法"并不能等同于"行政违法"。现今非法持有枪支罪、非法买卖枪支罪的立法采用了"抽象危险犯"的形式，相比于实害犯，这一形式对于犯罪结果与主观故意的认定要求较低，使得"违反枪支管理法规"极易成为客观方面唯一构成条件。加之相应文件的层级并未加以限制，造成非法持枪犯罪的判断实质上完全依赖于规范性文件，"刑事违法独立性"存疑。最后，在"应受刑法处罚性"层面，在2010年发布的最高人民法院《关于审理非法制造、买卖、运输枪支、弹药、爆炸物等刑事案件具体应用法律若干问题的解释》中，对枪支的定罪处罚采用了"唯枪支数量

---

① 这一原则并未在理论界达成共识，但实践中早有体现。我国首例安乐死案件便是以犯罪基本特征为原则予以出罪。这一案件中，最高人民法院指出："虽然'安乐死'的定性问题有待立法解决，但就本案具体情节，可以依照〈刑法〉第10条（现为13条）的规定，对蒲、王的行为不作犯罪处理。"此外，从规范角度出发，最高人民法院颁布的《关于贯彻宽严相济刑事政策的若干意见》第14条也确立了相应原则。

② 陈志军：《枪支认定标准剧变的刑法分析》，《国家检察官学院学报》2013年第5期。

论"的形式,并没有对社会危害性进行综合评估,对于行为人的主观认知、动机目的等均未纳入考量;在责任认定层面,立法者对抽象危险采用了推定的形式,使控方在证明上免于承担严格证明责任,这使得"应受刑罚处罚性"的特征也被模糊化。

从宏观层面分析,刑事立法规定的刑法前置化倾向愈加突出,刑法社会管理功能的不断拓展,致使刑事制裁范围不当扩大,法律体系冲突不断加剧。刑法、行政法等部门法均是社会治理的工具,在治理体系中共同发挥作用。一般而言,行政制裁较为轻缓,可以用于调整日常生活中的利益分配,而刑法制裁较为严厉,一般后置于行政法发挥作用。从这一意义上而言,行政制裁与刑事制裁相互独立,具有承接关系,以不同"社会危害程度"对应不同制裁手段。但是,在非法持枪领域,由于刑事处罚并未注意"社会危害程度"的合理区分,刑事处罚范围不当扩张,引发治理风险。从形式上来看,我国的枪支管理应当是由行政法和刑法两部法律共同规制,但由于刑法处罚的入罪标准很低,使得仅仅构成行政违法的涉枪行为范围被严重压缩,这导致了我国对于枪支实际上只有单一的刑法管理体制。① 这就意味着,一旦涉及枪支管理问题,该项事件的处理很可能直接进入刑事制裁领域,行政法和其他部门法的调节作用难以发挥。而由于刑事追诉过程本身便存在着限制公民自由,对公民财产造成损伤的风险。在我国司法机关独立性有待加强的情况下,也难以将出罪任务一律交由司法机关,这就增加了刑罚处罚大面积适用于"一般违法行为"的可能,出现大量类似于赵春华案的治理难题。

综合而言,刑法这一治理工具在社会治理体系中具有积极价值,是社会控制的重要手段,但与此同时,刑法也具有单向度、伤害性的特征,在惩治犯罪之时以损害另一权益为代价,可能会造成资源浪费与权益损伤。正如有的学者所言,"尽管刑法一直在工具合理性与价值合理性之间寻找最佳的平衡点,却容易在方法合理性中迷失目的合理性与价值妥当性。"② 为了避免刑法仅注重工具效果而忽视价值、目的的合理性,犯罪圈的扩大

---

① 邹兵建:《非法持有枪支罪的司法偏差与立法缺陷——以赵春华案及22个类似案件为样本的分析》,《政治与法律》2017年第8期。
② 高铭暄、孙道萃:《预防性刑法观及其教义学思考》,《中国法学》2018年第1期。

必须以犯罪基本特征、刑法基本原则为界限，否则，将会出现所处罚的行为可能并不能定义为"犯罪"的现象，带来治理隐患。

（二）司法的犯罪性失守

在司法层面，传统社会管理模式之下，司法机关在适用法律过程中缺乏对犯罪基本特征的精准把握，造成了"犯罪性失守"。司法适用中，为了实现罚当其罪，必须对犯罪人及其行为的社会危害性、人身危险性做实质、个别的判断。但在传统管理模式之下，司法活动以"维护稳定"为目标，具有命令式管控的特征，缺乏独立性与能动性，容易形成强调秩序维护而忽视具体案情的局面。正如有些学者指出，以刑事思维为先、以刑法规范为先和以刑事处理为先的具体司法操作方式会导致不当后果，"在可罪可不罪的案件中以犯罪论处，在可罚可不罚的案件中以刑罚处置。"[①]

一方面，刑事司法在面对涉枪行为时，存在"单向入罪"思维。合理的犯罪构成体系应同时具备出罪和入罪机制，在具体司法适用中，发挥入罪与出罪的双重功能。但是，传统刑法治理模式之下，司法机关极易以维护秩序为目标，习惯单向入罪，阻碍出罪功能的发挥。以赵春华等非法持枪为例，赵春华等人虽然"持有枪支"，但抽象危险犯的成立仍需结合具体案情加以判断，司法中仍存在着诸多可以出罪的方式。在客观层面，这些枪支的枪口比动能虽然高于认定标准，但现实意义上的致伤力仍待考量。在主观层面，案件的行为人均是以营利为目的进行摆摊，"枪支"用途在于摆摊打气球而不是预备犯罪。与赵春华一起被带走处理的同行者均认为自己所使用的仅仅只是"玩具枪"，这些枪也多数是市面上可以购买得到的仿真玩具。在违法认识可能性以及故意的认定上，仍有许多值得商榷之处。综合而言，通过对于"枪支"的目的性限缩解释、对于行为人主观故意的否认或者通过"但书"等方式均可以对这类个案进行合理调整。但事实上，法院并未根据具体案情适用法律，类似判决的定罪率极高。除了摆摊打气球的事件，甚至还有上述王国其因开设的玩具店内出售的玩具枪超过公安部的枪支认定标准，被判处7年有期徒刑等案件。这些均是司

[①] 杨兴培：《刑民交叉案件中"先刑观念"的反思与批评》，《法治研究》2014年第9期。

法层面机械适用法律的后果。

另一方面，刑事司法在面对涉枪行为时，存在"有罪必罚"观念。社会危害性是犯罪的本质特征，但根据罪刑法定原则的形式侧面与实质侧面的要求，有一定的社会危害性并不必然要求处罚，有时"有罪不罚"也是对罪刑关系的理性认识。① 当今司法思维倾向于"有罪必罚"，"有罪不罚"的情况则十分鲜见。在涉枪案件中，即使从构成要件角度难以否认罪名的成立，但仍可以在刑罚缺乏实质合理性的情况下对被告人做恰当处置。在这些引发争议的案件中，多数被告人均是以收藏或是娱乐为目的持有或购买枪支，且涉枪案件的枪支致伤力并不高，如刘大蔚一案，本案中涉案枪形物枪口比动能最大的刚超过10焦耳/平方厘米，仅一支，最小的才1.66焦耳/平方厘米。此外，这类案件的被告人一般均是初犯、偶犯，并不具备再次犯罪的可能，完全可以通过不起诉或是免于刑事处罚等方式予以从宽处理。但是，上述提到的典型案件中，除了朱金洲案在再审过程中检察院撤回起诉，其余案件均在罪名成立的情况下予以处罚。在司法实践中，还出现了类似于帮朋友保管20世纪80年代的猎枪而被判非法持有枪支罪的案件。② 刑法条文的漏洞与滞后性难以避免，"有罪必罚"观念在特定情形下会导致我们忽视罪责刑相适应原则，忽视案件的实质合理性，难以带来理想的法律效果与社会效果。

综合而言，自上而下的管理模式使得司法机关害怕承担责任，也无力承担责任，机械适用法条会使司法的解释和补正效果难以发挥。基于"社会稳定"的考量，当一些轻微违法行为触犯了预先所规定社会秩序时，以社会规范为先的思维模式会使法官在可否定罪的边缘更加倾向于入罪处理。如果这一现状不加以改变，非法持枪的有罪判决将会居高不下。

（三）执法的常态性失衡

在执法层面，执法缺乏常态性的现状加剧了当今的治理矛盾。执法机关处理违法行为的模式、对违法行为的态度以及行政人员的执法水平直接

---

① 高铭暄、孙道萃：《预防性刑法观及其教义学思考》，《中国法学》2018年第1期。
② 王晓易：《家里放着朋友的猎枪被判非法持有枪支罪》，http://news.163.com/15/0630/02/ATASGSQQ00014AED.html，2019年3月24日。

关涉法律能否从纸面真正走向社会、能否从"传统管理"迈入"现代治理"。"社会管理"模式之下,以国家为单一主体的管理模式可能难以及时观察到社会问题,国家资源的有限性也难以兼顾所有法律的统一、严格实施。这导致治理精细度不足、治理措施稳定性欠佳,也使得民众对某些行为的认知与法律评价形成巨大反差,法律难以指导日常行为并产生预防效果,造成治理乱象。

在枪支管理领域,存在着较为典型的非常态、阶段式执法问题。执法机关重"堵"轻"疏",强调控一时之乱而忽视综合治理的习惯性做法值得我们反思。气枪射击气球的游戏并不是近期才兴起的,早在十几年前,类似的射击摊点便已经出现在公园或是其他娱乐场所,公安机关对这种摊点并未进行严格的审查管理。这种长期放任的举措使得民众本能地相信,既然游戏摊点摆在了各种明显的位置,并且行政机关并未对其进行取缔,那么这一行为应当属于合法的经营活动而非犯罪行为。正如有的学者指出:"执法机关的放任使得社会公众心目中逐步重新塑造了'枪支管理'的标准、范围和限度,塑造了持枪、用枪的合法、合理新边界"[①] 但是,一旦政策环境变更,执法机关又会"从严""从快"集中打击涉枪犯罪,民众的日常认知与法律现有规定存在巨大反差的现状下,这一转向便会产生治理矛盾。以赵春华案为例,虽然在此案之前出现过少量类似事件在民众中发酵,但"打气球"的犯罪风险并未广为人知,这次的治理矛盾集中爆发来源于天津警方的"治枪患"活动。2016年6月,天津市开展"管理枪患"专项动作,动作时期将严肃攻击涉枪涉爆、违法犯罪勾当。在此之前,摊主们并未接到有关摆摊打气球可能涉及"治枪患"的消息,在此之后的几天警方也再未进行统一的针对摆摊打气球的执法行为。依据官方消息,公安机关在"治枪患"一个月时共破获涉枪案件27起,抓获违法犯罪嫌疑人34名,收缴枪支和仿真枪261支。[②] 这一数据虽然可以看出该活动成果颇丰,但也从侧面反映了在非法持枪治理层面的非常态化、集中式、阶段式犯罪治理习惯。如果公安长期致力于非制式枪支管理,这些摊

---

① 杨建军:《法律的系统性危机与司法难题的化解》,《东方法学》2017年第3期。
② 孙瑞丽、赵明:《老太摆气球射击摊因非法持枪 获刑引鉴定标准争议》,https://www.minshengwang.com/shehui/353674.html,2019年3月24日。

主们自然不会选择采用持有"枪支"这种犯罪行为来作为日常营生。所谓的打击成果，也许不过是在长期疏于枪支管理后，又进行阶段式执法的产物。

枪支管理领域非常态化执法现象，是国家资源有限情况下，枪支治理的非刑法治理措施失位的必然结果。在枪支治理领域，存在着玩具枪、仿真枪生产不规范、行政制裁缺位等诸多问题。在赵春华、王国其等案中，被告人所持有或者贩卖的枪支均是来源于正常的销售渠道。天津市"治枪患"活动中，从打气球摊主手中缴获的仿真枪很多是被称为"301仿真枪"的品牌枪支，来自于正规生产线路，在互联网销售渠道可以轻易购买。对于这类"玩具枪""仿真枪"的生产规范监督，本应是枪支管理中的重要环节，但却长期处于松散管理甚至忽视状态，这导致了市场上流行的此类"枪支"极易成为非法持枪或是买卖枪支的"危险源"。此外，如前所述，在枪支认定标准大幅度降低的现状下，留给行政法制裁的空间极小，执法机关也难以前期地、经济地以罚款、批评教育等方式解决问题。在对枪支源头管控缺失，行政制裁缺位的情况下，非法持枪领域并未形成良性经济的枪支治理体系，涉枪行为治理大量依托于枪支治理末端的刑法制裁，而刑事制裁资源耗费巨大，在执法资源有限的情况下，非常态化、阶段性执法习惯也是现实中的无奈之举。

综合而言，社会问题的解决依赖于治理体系内所有治理工具的协调运转、相互补足。其他治理措施一旦缺位，为了解决问题，刑法便会积极前置参与枪支管理，但在国家资源有限的情况下，枪支的执法管理很可能走向非常态化的路径模式。这一执法模式又人为改变了民众对于枪支的认定概念，使得法律的预防作用难以发挥，造成恶性循环。如上阶段式、非常态化的执法模式看似可以取得重大的"行政指标性"成果，但最终的社会效果却是值得反思的。

三 回应与革新：涉枪行为治理模式的现代转型

解决非法持枪治理难题的关键在于调整社会治理模式，即当今的治理模式必须由"社会管理"转向"社会治理"。所谓社会治理,就是政府、社会组织、企事业单位、社区以及个人等社会主体,基于平等合作型伙伴关系,依法对社会事务、社会组织和社会生活进行规范的管理,并最终实现公共利益最大化的过程,具体到刑法治理上,这一转变涉及目标、主体、方式的多方转变,摆正刑法的位置,发挥其应有的功能。

(一) 观念革新:从"国家本位"转向"社会本位"

在治理观念上,我国的刑法治理观念必须实现从"国家本位"到"社会本位"的转向。治理过程是利益协调过程,治理观念涉及如何平衡各项利益之关系问题,这也是治理模式转型的首要命题。社会治理中利益协调的重点,便是国家利益与人民利益之关系。二者在根本上存在统一性,但具体治理过程中,国家利益与人民利益不可避免存在短期冲突。比如维护社会稳定与公民自由保障、发展政府经济与发展自由市场的阶段性冲突。具体到刑法治理领域,处理好国家利益与公民利益之关系问题,就是平衡好社会控制与人权保障之关系。"刑事立法的界限反映的是国家在处理保护社会利益和自身利益时所持的容忍态度。"[1]

我国传统治理模式,是由"国家本位"治理观念主导的社会管理模式。"国家本位"治理观基于实现并保证国家有效统治这一根本立场,高度强调国家利益与国家权威[2]。在治理主体上,常常以国家为单一治理主体,习惯从国家宏观视角考虑问题,而基于社会其他视角的思考则较为有限。在治理工具的运用上,突出强调刑法的政治属性和政治功能,容易将刑法仅作为"社会控制"的工具,单方强调刑法威慑功能,导致法律工具主义。具体而言,在手段上,我国曾以"严打"的形式对严重犯罪行为进行重刑整治,但实际效果值得反思。在方式上,近年来我国立法犯罪化进程加速,大量与公共利益、国家利益相关的行为被纳入刑事处罚,但这一进程中,也出现了如"非法经营罪""非法吸收公众存款罪"等系列罪名适用中缺乏限度的问题,存在着醉驾入刑、恶意欠薪入罪等治理争议,这

---

[1] 何荣功:《自由秩序与自由刑法理论》,北京大学出版社2013年版,第110页。
[2] 张士彬:《法治背景下刑法的社会定位及其回归路径》,《财经法学》2016年第4期。

些都是国家本位治理观下刑法定位不当所产生的问题。

因此，在当今治理矛盾下，我们需要进行"社会本位"治理观的转型，以确认、追求公民自由为出发点，对私权保障予以重视。在治理主体方面，多元、协调、制度化治理是推进治理能力现代化的必由之路，应进一步释放社会基层组织的活力，拓宽社会主体融入社会治理的渠道，国家不能仅凭政府一己之力来应对社会问题。在刑法的运用上，不仅强调刑法打击犯罪的功能，必须意识到，刑法并非仅仅是社会控制的"工具"，而是社会关系的"调节器"，社会矛盾的"化解器"。刑法是重要的治理工具，但如果过度强调社会保护的目标，则容易忽视刑法处罚的正当性，导致刑法处罚范围的划定缺乏限制。促进人权保障、社会和谐为目标的前提下，刑法强制力的发挥必须具有一定限度。必须以"刑法基本原则""犯罪基本特征"为指导，在社会体系、法律体系之内，对适用刑法的正当性和必要性作出审慎思考。

（二）功能调整：从"政策法"转向"保障法"

在治理模式上，我国刑法治理必须从"政策法"模式转向"保障法"模式。

刑法与政策的关系问题一直是刑法治理领域的重要命题。一方面，刑法规范与社会政策存在共生关系，它们都必须回应社会需求，建立并维持社会秩序。刑法在一定程度上以规范化的形式表达政策诉求，二者存在呼应。另一方面，刑法与政策又有着根本区别，刑法来源于公意，根本上是对公权的限制，而政策则是权力的直接体现。刑法制度作为国家公共政策的重要环节，必须回应社会需求。但是，基于刑法的安定性、公意性特征，为了防止刑法成为权力恣意的工具，刑法的回应必须具有合理的途径与限度。[①]

传统社会管理模式之下，刑法具有鲜明的"政策法"属性，存在着对政策的过度回应甚至混淆问题。具体而言，刑法与政策的区分并不明显，行政法与刑法的边界也并不分明。我国政府在权力运行中常常处于

---

① 何荣功：《自由秩序与自由刑法理论》，北京大学出版社2013年版，第139—142页。

强势地位，行政权长期主导社会管理，这也导致了刑法对"刑事政策"的回应事实上可能成为对行政权的配合与回应。一方面，刑法由于其特殊的打击效能被大量运用于社会管理，对于新兴的"社会风险"，国家选择优先或重点运用刑法加以应对。除了非法持枪的治理难题，前文所述醉驾入刑问题、恶意欠薪入罪的治理矛盾也是刑法作为治理工具优先适用、过度回应的结果。另一方面，在刑事领域，大量的行政犯依据"行政法规"而设定，导致了刑法与行政法，甚至是与"政策"的混淆。正如有论者指出，行政犯天生具有"法益欠缺性"的特征[1]，除了非法持枪罪，包括非法经营罪、以危险方法危害公共安全罪、寻衅滋事罪、非法吸收公众存款罪、破坏计算机信息系统罪等罪名，均是由于行政法规而设定的法律规范。而在现实的司法实践中，这些基于行政法规设立的刑法规范其刑事立法的独立性并未得到有效贯彻。因此，刑法在某种程度上可能成为具有行政性质的"政策法"，产生一些依政策、形势随意扩张的"口袋罪"。

社会治理转型进程中，刑法治理边界应以"保障法"属性为根本标尺，对政策之需求必须做到理性回应。"法律只是对于利益关系进行调整的辅助性技术，只有无法达到在正常社会秩序状态的时候，法律才会应政治的需要而出场。"[2] 在认识到刑法后果严厉和效果迅速的同时，我们必须承认，"刑法仅仅是一部法律，不能让其承担超越法律职能范围以外的使命。"[3] 刑法应当发挥其应有的功能，不得在部门法范围之外，更不能在整个法律体系之外运用刑法。这具体又可以分为两个方面：

其一，在刑法的专治领域，发挥刑法的保障机能，针对刑事政策做适时调整。刑法所处罚的犯罪，应当以犯罪的基本特征为标尺，"严重的社会危害性"是刑法处罚的必要条件。刑法的严厉性以及刑罚的报应、预防功能是针对严重危害社会行为的最有力武器。因此，正如有的学者指出，在我国当前刑事立法现状中，尽管刑事法网开始不断由封闭走向开放，但

---

[1] 刘艳红：《"法益性的欠缺"与法定犯的出罪——以行政要素的双重限缩解释为路径》，《比较法研究》2019年第1期。
[2] 何荣功：《自由秩序与自由刑法理论》，北京大学出版社2013年版，第139页。
[3] 孙万怀：《刑法的功能贫困》，《华东政法大学学报》2003年第4期。

专属于国家掌控的犯罪治理领域仍然没有改变，随着时代的发展，当今的犯罪样态日益集团化、国际化、智能化，国家必须及时、合理作出反应。①在这些领域，刑法发挥着不可替代的作用，一些严重犯罪只有依赖具有严厉性的刑罚才能加以威慑与规制，而刑法的报应与预防功能在一定程度上也必须依赖政府掌握的暴力机器才能得以实现。

其二，在其他治理领域，保留刑法的后置地位，保持对刑事政策回应的合理限度。推动刑法与其他法律互补、并行关系的建立是全面推进依法治国的要求之一。刑法毕竟具有伤害性的特征，将本来可以通过道德或者民事、行政等相对平和的法律手段解决的问题，一律诉诸刑事手段，无助于社会公平正义的实现。此外，国家资源的有限性也无法让刑法规制涉及生活的细枝末节、方方面面，容易造成顾此失彼的混乱现象，甚至无法顾及应当打击的固有阵地。在整个法律体系中，解决社会矛盾纠纷机制的"第一道防线"，应当由民法、行政法、经济法等部门法构成。把刑法置于其他部门法律之前，不仅会混淆刑法与其他法律的界限，也会降低甚至损毁刑法的权威、功效。

（三）目标转向：从"秩序稳定"转向"福利增进"

在治理目标上，我国刑法的治理目标应当从"维护稳定"转向"福利增进"。

传统的社会管理模式根植于中国改革开放后现代化转型进程，高度强调"维护稳定"，这也是社会转型时期的无奈选择。社会结构的剧烈变化导致了新旧冲突、阶级转换、意识形态变更，也必然导致社会冲突加剧、犯罪率上升。在这一时期，我国面临着十分严峻的犯罪与治安形势。因此，国家管理高度强调"稳定为先"。在犯罪治理资源难以迅速跟进的情况下，针对现行的、典型的、严重犯罪问题，进行"从快""从严""从重"打击。这一方式有其积极意义，正如有论者提出，"在历史巨变的非常时期，通过对犯罪进行高强度、高效率的暴风式整治，以合法的暴力压制暴力，可以快速满足民众对于社会安全的心理需求，更易加强社会团结

---

① 莫晓宇：《刑事政策体系中的民间社会》，四川大学出版社2010年版，第255页。

和稳定社会秩序"①。但是,长期而言,这种集中而短期的争执方式具有较大局限。从手段出发,"从严""从重"的集中整治行为存在突破法治底线的风险,不利于公民自由的保障。从效果出发,"严打"等方式并不能从根本上解决问题,甚至会导致国家以透支日常治理资源为代价,去支持暴风式的集中治理活动。其他部门本该承担的职责,也可能因刑法的强势介入而被淡化,导致一些管理部门的"惰政",最终丧失建立合理社会治理布局,进行常态化治理的条件。

当今的社会治理模式转型,可以随着社会转型的进程,参考"社会福利"模式进行相应调整。在国家法治进步与司法资源相对发展的情况下,刑法治理模式不应仅仅强调控制犯罪的有效性,而且注重刑法对社会整体福利的推动,换句话说,需要考虑刑法的"经济效益最大化"。从正面意义而言,我们需要考虑实施刑法制裁和社会可能付出的成本之间的关系,只有经过了成本收益的分析,发现使用刑法不仅能够预防犯罪,还能提高整个社会的福利,那么对这种行为的入罪才具有了成本收益分析支撑的正当性。②从反面意义而言,如果投入一定的成本就可以完全实现惩罚犯罪、保障人权的目的,那么就不应当进行多余的投入。否则,不仅不能发挥刑罚效果,还会导致暴政。③

这一目标下,我们需要结合刑法治理的经济性,建立常态化的刑法治理模式。根据"沙堆积聚效应"理论,各种社会纠纷与一般违法犯罪活动纠结在一起,整体上犹如一个"沙堆",最上层是刑事案件,中间是一般违法问题,底层是一般社会纠纷。从犯罪规律出发,在大案要案产生之前,必然要经历一般社会纠纷增加,导致治安案件产生,再到一般刑事案件大量产生的过程。治理问题的解决犹如"基底铲沙",只有将重点放在底部的治安案件、一般刑事案件的根除,使底部的沙堆变小,才可以根源性、经济性解决问题。如果仅关注沙堆顶部一些突出问题,进行阶段性、

---

① 单勇、侯银萍:《中国犯罪治理模式的文化研究——运动式之罪的式微与日常性治理的兴起》,《吉林大学社会科学学报》2009年第2期。
② 王强军:《刑法功能多元化的批判及限制路径》,《政法论坛》2019年第1期。
③ [意]切萨雷·贝卡里亚:《论犯罪与刑罚》,黄风译,北京大学出版社2008年版,第63页。

集中式的整治行为并不能带来持续性、经济性的效果。① 因此，在国家现代化转型的新时期，我们必须改变阶段式治理习惯，逐步建立常态化治理制度。一方面，刑法治理不能将治理重点仅仅放在当下盛行的、严重的犯罪行为，而是将重点转向对轻微违法犯罪环节、前期环节的合理处罚，进行常态化治理，重视犯罪预防，减少犯罪产生。另一方面，刑法治理必须以建立良好社会秩序为基础，这就要求我们不仅仅从刑法的角度思考问题，需要运用各种预防犯罪的手段，以各方力量最大化地发挥作为根本标尺。

四 贯彻与重塑：涉枪行为的刑法内外治理体系构建

涉枪行为领域治理混乱的根源在于治理模式失当，那么，在国家治理现代化进程中，涉枪行为的刑法治理必须在"社会管理"模式向"社会治理"模式的转型中进行相应的调整，并以此构建涉枪行为刑法治理的具体规则。

（一）刑法体系内：以犯罪基本特征规制处罚范围

在刑法体系内，我们要明晰刑法边界，澄清法律间的模糊地带，关键是要以犯罪基本特征为指导合理限制涉枪行为的刑法处罚范围。其原因在于，妥善处理国家权力与公民权利关系是走向社会本位治理观的必然要求，之于刑法，便是确立"伤害原则"或"法益侵害原则"等犯罪化的基本原则，任何行为构成犯罪必须具有严重"社会危害性"，以防止由于政治因素、舆论因素以"国家利益"为由，对犯罪圈的边缘行为进行入罪处理。在这一前提之下，为了避免行政法和刑事法混同，防止刑法的"政策

---

① 从 2000 年开始，这一理论开始被逐渐运用于我国的犯罪治理实践。某些地区的刑法治理重点逐渐从严重犯罪行为转向轻微违法行为。2005 年开始，北京市广泛运用该原理进行社会治安管理，取得了显著成效。3 年后，案件数量与 2005 年相比下降了 9%。破案率提升了 23.3%。并在奥运期间，运用该原理有效保证了"平安奥运"目标的实现。参见田军《从"沙堆效应"原理中受益》，《人民公安报》2009 年 4 月 3 日第 4 版。

法"倾向，必须从形式和实质上坚持"刑事违法性"。在法律适用上，必须结合个案的具体案情综合评定，以判断是否达到"应受刑罚惩罚性"。具体而言，需要从立法、司法两方面加以规制。

1. 立法的形式限缩

在刑事立法领域，针对立法规定模糊，容易不当拓展处罚范围的情况，应针对立法现状，进行相应限缩。必须明确的前提是，枪支管理既涉及公众安全，也涉及政权稳定，在"全面禁枪"的基本政策和理念下，在刑法上设定以行政法规为基础的行政犯以打击犯罪是必然要求。此外，枪支的认定问题涉及专业领域，也必须依据其他规范加以具体判断。因此，如何处理好"行政规范"与"刑事法律"的关系，既能让行政规范为刑法的认定和处罚提供基础，又能避免行政法与刑法混同，避免刑法对"政策"的过度回应，便是刑事立法调整的关键所在。

非法持枪、非法买卖枪支等涉枪行为领域法律援引与适用混乱之根源，在于刑事立法对需要援引的行政规范范围与层级未予规定。在涉枪案件中，存在着两个参照规范，即"人大标准"与"公安部标准"，这两个规范均存在不同视角的问题。其中，"人大标准"过于抽象，"公安部标准"又有认定标准过低的嫌疑，二者在实践中存在着适用的混乱，造成了参照规范实质上的不明确。除此之外，由于公安机关在案件前期处理中的优势地位，往往是由"公安部标准"主导枪支认定，"公安部标准"作为部门规范性文件，其效力等级并不高，在抽象危险犯对实害结果没有明确要求的基础上，这一现状极易导致刑法的范围与后果实质上受制于效力极低的内部规范文件，这对于"犯罪人大宪章"的刑法，是十分危险的。与此同时，也导致涉枪行为相应罪名之独立"刑事违法性"丧失，使刑法极易成为"政策法"。

针对这一问题，有的学者指出，对于行政规范的援引与参照，应当坚持"法律主义"。[①] 法律主义是指，必须由成文的法律规定犯罪及其后果，这也是定罪量刑的依据。我国《刑法》第96条规定："本法所称违反国

---

① 邹兵建：《非法持有枪支罪的司法偏差与立法缺陷——以赵春华案及22个类似案件为样本的分析》，《政治与法律》2017年第8期。

规定,是指违反全国人民代表大会及其常务委员会指定的法律和决定,国务院的行政法规、规定的行政措施、发布的决定和命令。"这条规定明确指出了"国家规定"的范围。刑罚权来源于国家主权,而国家主权源于社会契约和公民的权利让与,因此,刑罚权的行使必须以代表最高民意的机构指定的成文法律为依据,有且只有代表最高民意的代议机构才能规定刑事责任的根据、范围与后果。在这一基础之上,结合《刑法》总则的明确规定,无论是泛指的"违反规定"还是特指的"违反某一规定",其所涉及的规定都应当只限于国家立法机关制定的法律和国家行政机关制定的行政法规层级的规范,除此范围之外,应当被禁止参照。①

在涉枪行为领域,从刑法处罚对象须有独立的"刑事违法性"角度出发,根据法律主义原则,行政犯所依据的法律法规必须具有层级限制。具体可以是非法持枪、非法买卖枪支罪等犯罪以"违反枪支管理规定"为前提,并对此处的"枪支管理规定"具体是指哪一些规定作具体要求,或者直接将"违反枪支管理规定"改为"违反枪支管理法律"。这一改革思路是保持刑事立法独立性、处罚范围合理性的必然要求,如果不将行政规范和刑事规范的认定加以切割,在"刑事违法"独立性丧失的情况下,严重的"社会危害性"这一特征也难以进一步凸显,进而导致刑法犯罪圈的划定丧失依据,造成法律恣意。

综合而言,针对刑事立法的"犯罪性失位"问题,首要便是对于"国家规定"等法定犯法源进行形式上的限缩,要求严格遵守相关规定,以免犯罪圈的扩大带有随意性。正如有论者指出,对于欠缺法益侵害性的法定犯,判断其中的行政要素时,首先必须坚持形式上的合法性。② 这也是该领域刑法治理之实质合理性探讨的限度与基础。

2. 司法的实质判断

在立法规定尚未改变的情况下,司法领域仍有许多亟待解决的问题。司法适用中,司法机关必须针对个案情形,进行实质判断,改变以"维护

---

① 邹兵建:《非法持有枪支罪的司法偏差与立法缺陷——以赵春华案及22个类似案件为样本的分析》,《政治与法律》2017年第8期。
② 刘艳红:《"法益性的欠缺"与法定犯的出罪——以行政要素的双重限缩解释为路径》,《比较法研究》2019年第1期。

稳定"为先的司法思维，发挥司法的能动作用。

如前所述，非法持枪治理中，对于边缘行为一律入罪的现状是机械司法的表现。在赵春华案中，天津市第一中级人民法院在判决中指出："枪支独有的特性使其具有高度危险性，因此，……非法持有枪支本身即具有刑事违法性和社会危害性。"这一意见驳回了辩护人提出的赵春华的行为不具有任何社会危害性的辩护意见。但事实上，如果对公安部现行的标准进行实质判断，就会发现，公安部现行的枪支致伤力界定标准过低，并不能反映枪支在人们观念中理应具有的显著杀伤力与"高度危险性"。何况，赵春华等行为人使用这些枪支仅仅适用于摆摊打气球，是给大众提供娱乐消遣，这一行为根本不可能具备常态化的典型危险性，如果以公安部的定义认定非法持有枪支罪意义上的"枪支"，难以契合该罪立法保护的宗旨与抽象危险犯的法理，显失妥当。①

为了改变这一现状，在司法层面，我们应该对于具体个案作综合评估。这具体又可以分为两个方面。

其一，改变"单向入罪"思维。在具体的枪支认定标准调整之前，司法上应当将刑法意义上的"枪支标准"以"致人伤亡或者丧失知觉"的实质含义为指导，作限缩解释。②一方面，从抽象危犯的立法特征出发，虽然立法者在抽象危险犯的刑事立法方面享有一定程度的自由裁量权，但这并不意味着，任意行为均可以被评价为具有"对法益的抽象危险"。在立法拟制的基础之上，对于抽象危险犯之"危险"，仍须依靠司法者在具体个案中结合基础的案件事实进行判断。非法持有枪支罪等罪名规定在"危害公共安全类"犯罪中，这一类犯罪之"社会危害性"的要求，必须在具体行为中，达到"对不特定人的人身财产造成重大威胁"之程度。另一方面，从行政法与刑法各自的保护目的出发，正如有的学者指出，"行政法上涉及枪支的规定与刑法中涉及枪支的罪刑规范，其规范保护目的往往各有不同，因而，对行政法与刑法中相同的概念完全可能作出不同的解释"，仅仅基于公安部的内部文件中对枪支作出了

---

① 王钢：《非法持有枪支罪的司法认定》，《中国法学》2017年第7期。
② 劳东燕：《法条主义与刑法解释中的实质判断——以赵春华持枪案为例的分析》，《华东政法大学学报》2017年第6期。

量化的标准，便认为刑法相关罪名中的枪支也可径直采纳这一标准，是不符合逻辑的。① 因此，在当今公安部认定标准过低，并不能达到刑法意义上的社会危害性的情况下，为了正确认识刑法的保护目的，保持独立的"刑事违法性"以及事实上的"社会危害性"，我们必须以"致人伤亡或者丧失知觉"的枪支实质含义为指导，在个案中作限缩解释与实质判断，结合"但书"对于"情节显著轻微"之规定，将明显欠缺社会危害性的涉枪行为予以出罪。

其二，改变"有罪必罚"观念。除了对"枪支"要件做限缩解释之外，司法适用必须围绕"犯罪基本特征"，对各项因素做综合评估，以判断是否予以刑罚处罚。从罪名的设定上来看，由于我国对于犯罪的定义采取"定性+定量"的模式，在非法持枪等罪名的定量因素中，仅仅通过枪支数量或者是枪支的杀伤程度这两个因素难以全面评价社会危害性和人身危险性。必须结合其他要件综合评估，以考虑行为在"量"上是否达到了"应受刑罚惩罚性"。从量刑角度分析，行为人的行为目的、初犯、偶犯等情节均反映了行为人的人身危险性，需要纳入司法裁量的范围，对"犯罪情节轻微"的情形可以不予处罚。最高人民法院、最高人民检察院联合发布的《关于涉以压缩气体为动力的枪支、气枪铅弹刑事案件定罪量刑问题的批复》（法释〔2018〕8号，以下简称《批复》）的规定中指出，对于非法制造、买卖"枪支"的行为，应考虑涉案枪支的数量、用途、致伤力大小以及行为人的主观认知、动机目的等情节，综合评估社会危害性，确保罪责刑相适应。因此，在这一基础上，针对摆摊打气球的经营行为、持有年代久远的猎枪防范野兽的行为，完全可以在结合枪支致伤力的情况下，根据持有的目的、行为人背景等情况综合评估其社会危害性，考虑初犯、偶犯情节，或是娱乐等目的动机，对"犯罪情节轻微"的情形，作出不起诉或者不予处罚的决定。②

---

① 劳东燕：《法条主义与刑法解释中的实质判断——以赵春华持枪案为例的分析》，《华东政法大学学报》2017年第6期。

② 人民检察院案件信息公开网公开的法律文书显示，《批复》施行后，已有涉及气枪的非法持有枪支、非法买卖枪支案的检察机关认为犯罪情节轻微，不需判处刑罚，作出不起诉决定。如天津市河东区检察院4月19日对一玩具店主作出不起诉决定。参见津东检公诉刑不诉〔2018〕17号不起诉决定书。

综合而言，针对现今涉枪行为司法领域的"犯罪性失守"问题，在司法的具体认定中，必须将构成要件与案件事实相联系，进行实质化判断。对"情节显著轻微"的情形，以及"犯罪情节轻微"的情形予以恰当处理。以犯罪的基本特征为标尺，保持刑法的独立性以及处罚范围的合理性。

（二）刑法体系外：以社会联动机制实现多元治理

非法持枪的有效刑法治理不仅仅要求刑法的内部调整，更要求在"社会治理"模式转型下，反思与整合刑法在法律体系、社会体系中的功能与地位，实现"刑法内外协调治理"。在立法、司法调整的基础之上，刑法在法律体系、社会体系中仍需实现主体多元化转变，建立社会联动机制，回归刑法保障法机能。

1. 在整体法律体系中完善各部门法分工

在枪支管理的法律体系中，现今的"刑法一元化"管理体制亟待改变，刑法并不适合主导社会的日常管理，应当发挥行政法在社会管理中的作用，回归刑法的"保障法"机能。

与西方体系不同，我国除了刑法惩罚体系外，还存在着以公安机关为主体，以一般违法行为为对象的行政法处罚体系。二者的不同特征决定着二者适用的阶段、对象有着本质差别。刑法侧重于矫正的正义，刑法介入生活的基本要求是发生了法益侵害结果或危险，而刑法产生的后果也是巨大、难以挽回的，故而应当谨慎使用。行政法侧重于分配的正义，以促进效率为基本价值，可以用于调整日常生活中的利益分配。因此，在日常的社会管理中，必须回归刑法的保障法属性，各门法律各司其职，各得其所。

在非法持枪的治理领域，应当建立起事实上的刑法、行政法的"二元管理划分"，实现枪支管理法与刑法的分工合作。在具体方法上，刑事领域的枪支认定虽然需要以行政法规范为参考，但刑法意义上的枪支与行政法意义上的枪支在社会危害性上有本质的差别，不能完全以行政法意义上的枪支决定刑法的处罚。针对当今枪支认定标准混同的问题，2018年最高人民法院、最高人民检察院发布了《关于涉以压缩气体为动力的枪支、气枪铅弹刑事案件定罪量刑问题的批复》。在这一批复的基础上，浙江省发布了《浙江省关于办理以压缩气体为动力的枪支刑事案件的会议纪要》（以下简称《纪要》），其中第二款第一条规定："涉案气枪枪口比动能在1.8焦耳/平方厘米以上、不足5.4焦耳/平方厘米的，公安机关可以予以行政处罚，检察机关一般可以依法不起诉，已经起诉的，人民法院可以认定为情节轻微，免予刑事处罚。"这项规定在提高刑事领域枪支认定标准的基础之上，将枪口比动能1.8焦耳/平方厘米—5.4焦耳/平方厘米的范围纳入了行政法的处罚范畴。这一规定有利于打破刑法的一元管理，回归刑法、行政法的"二元管理"模式，这种尝试也为枪支治理变革划定了基本框架。

但是，在枪支改革的进程中，仍需注意的是，要真正做到刑法与行政法任务的合理分配，单纯提高枪支认定标准并不足以解决问题，必须做到处罚对象的实质性划分。正如有论者指出，"社会危害性"作为犯罪的基本特征，这一特征的确定需要注重部门法的协调性"[1]。在我国区分一般违法与犯罪，采取刑法、治安罚和行政罚的制裁体系之下，刑法处罚不仅应注重行为性质，更应注重该行为在违法程度上是否达到了刑法处罚的必要性，注重制裁体系的衔接与协调。因此，如上文所述，在刑法内部，我们必须对行政规范的级别作严格限定，以"社会危害性"为根本标准，结合案件的具体情况综合判断；与此同时，在刑法外部，又必须合理处置刑法处罚范围之外的一般违法行为，做到刑法与其他法律的衔接。具体而言，对于生活中出现的摆摊打气球、农民持有自制、陈旧猎枪、海外购买仿真枪等行为，由于未达到刑法意义的社会危害性，完全可以纳入行政法处罚范围。刑法的打击应集中于一些恶性的持枪案件或者涉黑、涉暴类犯罪。综合而言，在重新树立刑法以"严重的社会危害性"为介入基础的前提下，明晰行政法的"社会管理法"定位，对于当今"玩具枪""仿真枪"以及真正的枪支进行合理打击与分工管理，实现对犯罪行为、违法行为的精准打击、合理分配。

此外，在枪支治理方面，不应仅仅陷于二元管理，而需建立"多元

---

[1] 何荣功：《自有秩序与自由刑法理论》，北京大学出版社2013年版，第170页。

法律管理体系"。比如，对于港澳的"仿真枪、玩具枪"旅游代购加强税收、罚款，加强海关管控，以更大程度地降低枪支带来的风险隐患，减少"持有类"犯罪的适用率。发挥民法、经济法等其他法律的应有功能，对玩具枪、仿真枪销售平台加强监管，规范销售行为。将刑法置于保障法的地位，在法律体系内综合发挥效果，才可以真正发挥刑法的保障功能。

2. 在具体法律适用中凸显行政执法品质

治理目标的达成不仅仅依赖于法律制定，也依赖于法律执行。在非法持枪领域，不合理的执法行为加剧了枪支治理难题，必须进行相应的调整。一方面，执法不严和非常态、"集中式"执法行为难以持续的、根源性解决治理难题，另一方面，这种模式也会导致公众意识与法律规定产生严重偏差，难以发挥刑法预防功能。此外，业务考评管理模式也使得公安机关极易将一般违法行为纳入犯罪处理，不利于保护人民权益。因此，要实现国家治理模式的转型，必须杜绝上行下效的机械执法，也必须杜绝"非常态化"执法。在执法过程中，以社会危害性为标尺，改变执法行为模式与思维方式，凸显执法品质，实现执法常态化。

首先，必须改进执法行为模式。上文的分析已经指出，阶段式、非常态式执法习惯是改革时期社会剧变、执法资源短缺情况下的无奈之举。但是，随着国家治理能力现代化的转型，持续发展的治理目标以及相对发展的治理资源要求我们必须进行执法行为模式的转型，建立经济性、常态化的执法行为模式。在涉枪行为的刑法治理中，我们应当明白，刑法这一治理工具效果的发挥，不仅在于刑法的威慑力，更在于刑法打击的确定性。如果空有严厉性，而难以做到有效、必然的打击，势必难以产生良好的预防效果。这一前提下，常态化的刑法治理模式要求我们合理分配执法资源。一方面，在日常执法活动中，在合理限度刑法处罚范围的情况下，集中执法资源，针对具有严重社会危害性的涉枪行为，运用刑法精准打击。另一方面，在建立合理的制裁体系基础之上，针对一般违法行为，采用行政罚、治安罚的执法方式，侧重于执法的常态化与确定性，给予恰当的、较为轻缓的处罚。

其次，必须改变执法思维方式。法律本身具有法定性、确定性的特征,但为了适应变化多样的生活,法律又必须保持一定的灵活度,执法者执行法律时必然带有一定的主观性。① 对于一个行为的违法性判断并不局限于司法裁判阶段,在执法阶段就已经开始,如果执法者的执法思维出现了问题,那么将会带来极大的社会风险。实践中,除了"非常态化"执法习惯,公安机关在认定非法持有枪支行为时还存在着机械执法问题,一般主要判断非法持有的枪支是否符合枪支的形式要件,而常常容易忽视枪支的实际社会危害。根据重庆市的一项数据调查显示,被查获的非法持有的枪支大多属于自制猎枪,这些枪支以火药为发射动力,以铁砂为子弹,射程大多在10米至20米,事实上,枪支的制作手法、动力装置、射程均对枪支的杀伤力有影响,但这些因素均未纳入执法机关的考量。② 因此,要改变这种执法的错误倾向,公安机关在日常处理非法持枪行为时,必须改变执法思维。在执法过程中,必须以社会危害性为根本的判断标尺,对非法持枪的目的、枪支的构造进行审查判断,对于一些轻微违法行为可以进行批评教育,将有些行为纳入行政法的处罚范畴。刑法治理效果的有效发挥,要求执法人员在执法初期便坚守保障人权,公平正义的基本观念,促进公共利益,而不是一味地采用打击犯罪,维护稳定的态度去对待日常的执法行动。

最后,必须完善执法考评制度。执法人员忽视社会危害性,将违法行为一律入罪的重要原因在于当今的业务考核指标。当今的考核指标是定量化的考核指标,一般采用数值化的形式,具有僵硬性。然而,打击犯罪需要遵循一定的规律,一定时期内犯罪产生的数量和原因都是相对复杂、难以量化与精准预测的。硬性的考核指标与案发规律相违背,这必然造成行政机关违背案发规律打击犯罪。要解决枪支治理问题,必须改变这种硬性的业务考核制度,改变以数值化的破案率、定罪率为首要标准的业务考评机制。此外,还需加强对于犯罪打击的宏观调控,如有论者提倡统一由中央政法委出面协调制定更为合理的考核制度,打破各自为政,自上而下的

---

① 李林、张一薇:《司法考核制度下非法持有枪支罪司法认定实证研究》,《中国刑事法杂志》2012年第6期。
② 李林、张一薇:《司法考核制度下非法持有枪支罪司法认定实证研究》,《中国刑事法杂志》2012年第6期。

单线考核,① 这一观点具有合理性。改变考核的硬性数量化指标,加强各机关工作协调性是合理执法的根本要求。

3. 在社会治理运行中建立协调防控模式

枪支管理是一个复杂的体系性问题,中国坚持全程严格管理原则,那么就不应该依赖于国家一元化单向度的刑法治理。枪支治理必须置于社会体系中,以社会力量治理枪支问题。枪支的生产过程、销售过程、申请过程、使用保管过程都应有严格的程序和制度。根据上文提出的"沙堆积聚效应"理论,要做到刑法治理的经济性,必须将整体治理的重心放在一般违法行为、犯罪产生前期以及社会秩序的维护领域。

首先,在主体性上,应当加强枪支治理的社会参与。正如有的学者所言,"中国在实践犯罪防控与社会治安的综合治理政策时的'综合性'较低,'社会化'程度不高,空有'综合'之名,却背离了国家与社会联合防控之实,实际上大多数均是'政府包办'"②。因此,应当加强社会组织与国家力量的联合防控。在实践中,可以尝试成立枪支防控的民间小组。"朝阳群众""丰台劝导队"等民间力量都在相应领域发挥了积极的作用,那么在枪支管理领域,也可以激发这一形式社会力量的积极作用。针对非法持枪犯罪多发的农村地区,对于持有猎枪的农户进行有关的安全教育和劝导工作,成立互助小组解决周边安全问题,减少持枪需求,从国家一元治理向社会共治转变。

其次,在手段性上,可以加强枪支生产源头的规范。实践中,很多超越了认定标准的"枪支"均是通过正常渠道获得。如上文指出的,在天津市"治枪患"运动中,从打气球摊主手中缴获的仿真枪来自被称为"301仿真枪"的品牌。与赵春华一同被查处的另一摊主所持有的 3 支枪均是这一品牌的仿真枪,其枪口比动能略微超过了现有标准。因此,在大量动用刑事力量打击之前,有必要规范仿真枪、玩具枪行业制造标准,加强仿真枪、玩具枪监管,针对生产、销售等行为进行多方规制。

最后,在阶段性上,应当加强犯罪前的风险防控。在非法持枪刑法治

---

① 李林、张一薇:《司法考核制度下非法持有枪支罪司法认定实证研究》,《中国刑事法杂志》2012 年第 6 期。

② 卢建平:《中国犯罪治理研究报告》,清华大学出版社 2015 年版,第 91 页。

理领域，如果过度地将犯罪的前期活动纳入刑法处罚，甚至将缺乏实质社会危害性的"持有"行为也纳入刑法的处罚范围，或可以达到短暂的"维护稳定"效果，但由于刑法启动成本的高昂和刑罚后果的难以恢复性，对社会福利的提高是百害而无一利。在集中打击有严重社会危害性的涉枪犯罪基础上，应加强对社会治安面和不稳定因素的滚动排摸、分析研判，对于枪支前置性管理完全可以通过惩罚为辅，监控为主观念代替刑法的惩治。此外，在对非法持枪刑法规范的调整和制定时，决不能贸然采取频繁立法行动，在立法前，应广泛利用试点和实证考察的方式对成本、收益进行考察。

刑民交叉案件中财产权益
保护若干问题研究[*]

郭世杰[**]

早在 20 世纪 80 年代，法学界就已有文章开始注意"刑、民两种性质的交叉关系"，1991 年最高人民法院经济审判庭回复公安部第五局的函中也使用了"刑事案件与经济纠纷案件交叉"的提法。[①] 其后，理论界和司法实践界将案件同时涉及刑事、民事两种法律关系，且存在相互牵连和影响的现象，概括为"刑民交叉""刑民交织""刑民交错""刑民互涉"或"刑民冲突"等名称。[②] 随着商品经济的持续发展和经济形式的不断创新，在司法实践中，刑民交叉现象集中地出现于非法集资、民间借贷和诈骗等案件中，在法律关系上常常表现为合同之债与诈骗犯罪之间的交叉、侵权之债与故意伤害和故意毁坏公私财物犯罪之间的交叉、无因管理之债与侵占和盗窃犯罪之间的交叉等。在这些案件中，如何厘清刑事和民事法律关系，如何平衡国家、集体利益与个人利益，如何实现法律效果与社会效果的统一，从而有效地保护群体数量相对较大的受害人的财产权益，就成为一个亟待解决的疑难问题。

---

[*] 本文系笔者主持的国家社会科学基金项目"恐怖主义犯罪的立法与司法研究"（项目编号：18BFX090）阶段性成果。
[**] 国际关系学院法律系讲师，法学博士。
[①] 参见陆翼德《试论法人犯罪中刑、民两种性质的交叉关系》，《中国法学》1986 年第 6 期；1991 年 12 月 11 日《最高人民法院经济审判庭有关刑事案件与经济纠纷案件交叉时如何处理的问题的函》（法经〔1991〕195 号）。
[②] "刑民交叉"表述的提出，参见赵岜《刑民交叉案件的审理原则——相关司法解释辨析》，《法律适用》2000 年第 11 期；赵岜《刑民交叉的存单纠纷案件之定性与审理》，《法制与社会发展》2001 年第 1 期；何帆《刑民交叉案件审理的基本思路》，中国法制出版社 2007 年版，等等。

一 刑民交叉案件中财产权益保护的司法实践

整体来说,对刑民交叉案件中财产权益的保护,我国已经基本建立起了以刑事附带民事诉讼制度为基础,以追缴、责令退赔为主线,以刑事责任和民事责任承担次序为规则的框架体系。其中,《刑法》第 36 条和《刑事诉讼法》第 101 条分别从理念层面和制度层面建立了刑事附带民事诉讼,明确了在被害人,包括国家、集体在内,因犯罪行为遭受经济或物质损失时,有权在刑事诉讼过程中对被告人提起附带民事诉讼;① 自 2013 年 1 月 1 日起施行的《最高人民法院关于适用〈中华人民共和国刑事诉讼法〉的解释》(法释〔2012〕21 号,以下简称"2012 年刑诉法解释")第六章"附带民事诉讼"分别从提起刑事附带民事诉讼的情形、条件、主体和赔偿范围、赔偿责任人以及诉讼中的保全、审判等事项进一步予以全面明确和细化。《刑法》第 64 条和 2012 年刑诉法解释第 139 条则确立了追缴和责令退赔制度,一方面明确规定犯罪人违法所得的一切财物或非法占有、处置被害人的财产,应依法追缴或者责令退赔;另一方面还指出追缴、退赔的情况可以作为量刑情节予以考虑。《刑法》第 36 条和第 60 条明确了刑事责任和民事责任的承担次序,规定应当优先承担对被害人的民事赔偿责任和偿还正当债务;《最高人民法院关于财产刑执行的若干规定》(法释〔2010〕4 号)第 6 条予以进一步完善,无论被判处罚金或是没收财产,均应当优先履行对被害人的民事赔偿责任和所负的正当债务。这一刑事、民事责任的承担顺序,在 2017 年开始施行的《中华人民共和国民法总则》第 187 条中再次得到确认:"民事主体因同一行为应当承担民事责任、行政责任和刑事责任的,承担行政责任或者刑事责任不影响承担民

---

① 实际上,《刑法》第 36 条第 1 款规定了因为犯罪行为而遭受"经济损失"的,犯罪分子应根据情况赔偿;而《刑事诉讼法》第 101 条第 1 款规定了因为犯罪行为而遭受"物质损失"的,有权提起刑事附带民事诉讼,第 2 款规定了国家财产、集体财产遭受"损失"的,人民检察院在公诉时可以提起附带民事诉讼。从范围上来说,《刑法》对损失的界定范围最广且未区分个人与集体和国家财产,确立的是平等保护的理念;《刑事诉讼法》则采取了区别对待、不平等保护的做法:对于个人财产,刑事诉讼实践中只保护因犯罪行为而造成的"物质损失";对于集体、国家财产,则保护(所有)"损失"。

事责任；民事主体的财产不足以支付的，优先用于承担民事责任。"

刑民交叉案件中财产权益保护的司法实践，大体确立了"先刑后民"的刑事优先原则。早在1985年，《最高人民法院、最高人民检察院、公安部关于及时查处在经济纠纷案件中发现的经济犯罪的通知》和1987年《最高人民法院、最高人民检察院、公安部关于在审理经济纠纷案件中发现经济犯罪必须及时移送的通知》就指出，各级人民法院在审理经济纠纷案件时发现经济犯罪的，一般应将经济犯罪与经济纠纷全案移送给有管辖权的公安机关或检察机关侦查、起诉；必须分案审理或经济纠纷案件审结后才发现有经济犯罪的，可只移送经济犯罪部分；经公安、检察机关侦查，犯罪事实清楚后，仍需分案审理的，经济纠纷部分退回人民法院继续审理。① 这两部规范性文件基本确立了刑事案件优先以及在刑事案件和民事案件交叉时一般应全案移送的原则，仅仅在特殊情形下，才可以将具有交叉情形的民事案件交由人民法院继续审理。

1997年《最高人民法院关于审理存单纠纷案件的若干规定》（法释〔1997〕8号）第3条第2款规定，人民法院受理存单纠纷案件后发现犯罪线索的，应及时书面告知公安或检察机关；涉及伪造、变造、虚开存单或涉嫌诈骗等犯罪时，存单纠纷案件确须待刑事案件结案后才能审理的，人民法院应当中止审理；追究刑事责任不影响对存单纠纷案件审理的，依法及时处理。这在一定程度上改变了之前数十年来的"先刑后民"操作惯例，明确提出在不影响存单纠纷案件审理时应当依法及时处理。但在司法实践中，各级人民法院在理解"确须待刑事案件结案后才能审理"时常常倾向于严格解读的思路，因此往往作出中止对相关民事案件审理的决定。

1998年《最高人民法院关于在审理经济纠纷案件中涉及经济犯罪嫌疑若干问题的规定》（法释〔1998〕7号，以下简称"《审理经济纠纷案件若干规定》"）将存单纠纷案件扩展为经济纠纷案件，对刑民交叉问题作出了较为全面的规定：因不同"法律事实"而分别涉及经济纠纷和经济犯罪嫌疑的，应分开审理；与在审的经济纠纷案件有牵连但不是"同一法律关

---

① 这两部规范性文件自2013年1月18日起失效。同时，1985年还发布了《最高人民法院关于审理经济纠纷案件发现违法犯罪必须严肃执法的通知》，在第3点再次予以强调：经济犯罪必须追究刑事责任，人民法院应线索和材料及时移送公安机关或人民检察院查处。

系"的经济犯罪嫌疑线索、材料,应当移送有关公安机关或检察机关查处,经济纠纷案件继续审理;人民法院经审理认为不属经济纠纷案件而有经济犯罪嫌疑的,应当裁定驳回起诉,将有关材料移送公安机关或检察机关。该司法解释同样肯定了刑事案件和民事案件虽有交叉但仍然存在可以分开审理的情形,值得注意的是,在这一部司法解释中先后出现了"法律事实"和"法律关系"两种刑民交叉案件的判断标准,给司法实践造成了一定的混乱。

2014年最高人民法院、最高人民检察院和公安部联合发布的《关于办理非法集资刑事案件适用法律若干问题的意见》(公通字〔2014〕16号)第七点"关于涉及民事案件的处理问题"间接涉及刑民交叉案件的处理规则:公检法正在侦查、起诉、审理的非法集资刑事案件,有关单位或者个人就"同一事实"提起民事诉讼或者申请执行涉案财物的,人民法院不予受理并将材料移送;人民法院在审理民事案件或执行中发现有非法集资犯罪嫌疑的,裁定驳回起诉或者中止执行并及时移送材料。该规定将刑民交叉案件的判断标准从"法律事实"和"法律关系"修改为"同一事实",明确了非法集资涉嫌刑事犯罪的情形以刑事案件审理为先,基于此,最高人民法院和广州市中级人民法院有观点认为,"先刑后民"的立场得到重新确认。①

2015年《最高人民法院关于审理民间借贷案件适用法律若干问题的规定》(法释〔2015〕18号)同样论及民间借贷案件中刑民交叉的处理:人民法院立案后,发现民间借贷行为涉嫌非法集资犯罪的,裁定驳回起诉并移送;发现与民间借贷纠纷案件虽有关联但不是同一事实的涉嫌非法集资等犯罪的线索、材料的,继续审理民间借贷纠纷案件并移送涉嫌犯罪线索、材料;民间借贷的基本案件事实必须以刑事案件审理结果为依据,而该刑事案件尚未审结的,人民法院应当裁定中止诉讼。该规定再次确认了对刑民交叉案件采取的"同一事实"标准,并且还特别观照到《民事诉讼法》第150条第1款第5项"本案必须以另一案的审理结果为依据,而另

---

① 参见王林清、刘高《民刑交叉中合同效力的认定及诉讼程序的构建——以最高人民法院相关司法解释为视角》,《法学家》2015年第2期。

一案尚未审结的"才中止诉讼的规则。

问题在于,我国目前调整刑民交叉问题的现行有效法律规范位阶偏低,仅有《刑事诉讼法》专章规定了刑事附带民事诉讼,其余则以司法解释甚至是部门规定和通知等规范性文件为主。而且,这些法律规范中,还存在着忽视"大民事审判格局"的司法改革,仍旧存在着用"经济纠纷"指代"民商事纠纷"的落后做法,缺乏整体上的科学性和系统性,无法做到前后呼应和互相观照,因而在刑事交叉案件的司法实践屡屡遭遇难题。

二 立案程序与刑民交叉案件中的财产权益保护

刑民交叉案件的立案程序,依据刑事、民事诉讼及其诉讼阶段的不同,分别会涉及公检法等不同机关,与财产权益的保护密切相关。

公安机关的立案,一般是指对涉嫌刑事犯罪的刑民交叉案件展开侦查,往往会给当事人的经营、信用和出国境等事项带来实质性影响。司法实践中,公安机关的经济犯罪侦查部门(多简称为"经侦部门")办理刑民交叉案件较多,也时常会出现插手经济纠纷并将其视为经济犯罪升格办理,或者放纵经济犯罪将其视为经济纠纷降格处理等违规违法现象。对此,有评论文章给予严厉批评:不少地方公安经侦部门频频出事,一些经侦警察滥用刑侦权,违法介入民商事纠纷,甚至以刑侦为名帮忙讨债或干预纠纷,不仅侵害了公民和企业的正当权益,也损害了法律的权威。[1] 这种现象的产生,一方面,与经侦部门及经侦警察的权力滥用和监督机制不健全等因素有关;另一方面,还与案件当事人的不当行为有关。例如,刑民交叉案件中的被害人在案件发生后往往倾向于以追求最大限度的经济补偿为目的而掩盖刑事案件之实,被告人为逃避刑事责任也往往愿意积极配合,客观上增加了经侦部门对经济犯罪的侦破难度。还有的案件当事人只提供部分线索、材料,甚至提供虚假的线索、材料,故意混淆视听,以刑事案件报案,借公安机关权力达到拖延法院正在进行的民事诉讼进程或者恶意打压、造谣、抹黑竞争对手等不正当目的。此外,刑事法律和民事法

---

[1] 参见人民日报评论员《经侦乱象真该治治了》,《人民日报》2015年2月11日第18版。

律之间存在显著差异，公安机关在招录、培训和考核等工作中往往更为看重对刑事法律的掌握，精通民商事法律和经济知识的专门人才严重匮乏，导致对法律事实的认定和法律关系的分析出现偏差和错误。例如，民事法律语境中的"占有"在刑事法律中具有不同含义：民法注重观念，承认代理人占有、间接占有和占有改定等观念性占有；而刑法要求事实性的支配和管理，包括行为人对财物的利用意思和排除权利人的管理、支配。① 同样，在"财物"一词的理解上，民事法律和刑事法律也有较大差异。

法院的立案，标志着民事诉讼程序的启动，是实现程序公正的第一道门槛，理论层面上分析，法院不得拒绝受理所有具备《民事诉讼法》第119条规定的起诉条件的案件，以保障当事人的诉权和财产权益。那么，在被告人以单位名义对外进行民事活动且单位存在过错时，法院能否以案件涉嫌犯罪而拒绝受理对方当事人的民事诉讼请求？最高人民法院曾就具体案例发表评议：原告民生银行广州分行曾以相同诉讼标的、相同理由、相同被告在广州市中级人民法院提起诉讼，后者审查认为有经济犯罪嫌疑并全案移送给公安机关侦查，并未对该民事纠纷进行实体审理和判决，因此，既然是平等主体之间因财产关系发生纠纷而引起的民事案件且未经法院实体审理和判决，就应当属于人民法院受理民事诉讼的范围，原审法院应当受理。② 也就是说，刑民交叉案件中财产权益的保护，跟涉案民事法律关系的效力认定直接相关，我们不能由于案件同时牵涉刑事法律关系、当事人涉嫌构成刑事犯罪而将其一概认定为无效或有效，而是要在厘定刑事、民事法律关系的基础上，参考民事法律关系的成立和生效要件，具体案情具体分析，分别采取继续审理或中止审理等方式。

此外，公安机关和人民法院还会由于对"同一法律关系"、"同一法律事实"和"同一事实"等刑民交叉案件判断标准的理解不同，而对案件性质作出不同判断，从而引起移送立案问题。例如，在法院发现犯罪嫌疑而将案件材料移送侦查机关时，后者是否必须立案，应当在多长期限内完成

---

① 参见［日］佐伯仁志、道坦内弘人《刑法与民法的对话》，于改之、张小宁译，北京大学出版社2012年版，第183页。
② 参见最高人民法院民事审判第二庭编《最高人民法院商事审判指导案例（第五卷上、下）》，中国法制出版社2011年版，第840页。

立案审查工作，决定不立案时是否通知法院，法院有无补救措施？侦查机关、检察机关发现法院受理的案件存在犯罪嫌疑而发函，会引起什么样的程序效果？《审理经济纠纷案件若干规定》第12条对其中的个别问题进行了简要回答，公安机关和检察机关认为有经济犯罪嫌疑而函告立案审理的法院时，后者应认真审查，认为确有经济犯罪嫌疑的应当移送；认为确属经济纠纷案件的应依法继续审理。2005年《公安机关办理经济犯罪案件的若干规定》第11条到第13条有相对详细的规定，公安机关发现经济犯罪嫌疑，与法院已受理或作出生效判决、裁定的民事案件系同一法律事实的，应当说明理由并附有关材料复印件，函告法院并通报检察院；在法院决定将案件移送公安机关或撤销该判决、裁定或者检察院依法通知公安机关立案时，公安机关应当立案侦查；如果不属同一法律事实，公安机关可以直接立案侦查但不得要求法院裁定驳回起诉、中止审理或撤销判决、裁定。而《刑事诉讼法》第3条和第7条规定，公检法分工负责，侦查机关有权决定是否立案。因此，在公安机关对法院移送案件不予立案时，当事人似乎只有申请复议或者申请检察监督的救济渠道；而且，公安机关发现有犯罪嫌疑而函告法院的情形下，是否必然引起管辖的移转，也存有争议。公安部经侦局认为，这只是明确了公安机关完全应当立案侦查的两种情形，并未绝对排除在其他必要情形下，公安机关也可以立案侦查。[①]

在对2005年《公安机关办理经济犯罪案件的若干规定》修改完善的基础上，2017年《最高人民检察院公安部关于公安机关办理经济犯罪案件的若干规定》第20条到第24条对该问题作出了更加全面而细致的规定：涉嫌经济犯罪案件与法院正在审理或作出生效裁判文书的民事案件，属于同一法律事实或者有牵连关系，在法院因此移送、检察院通知立案或公安机关认为有证据证明有犯罪事实需要追究刑事责任且经省级以上公安机关负责人批准时，应当立案；公安机关侦查和检察院审查起诉过程中，发现案件属于同一法律事实或有牵连关系或者涉案财物已被有关当事人申请执行的，应当将相关文书及复印件抄送法院处理；案件有关联但不属同一法

---

① 参见公安部经济犯罪侦查局《公安机关办理经济犯罪案件的若干规定理解与适用》，中国人民公安大学出版社2006年版。

律事实的，公安机关可以立案侦查，但不得要求法院移送案件、裁定驳回起诉、中止诉讼、判决驳回诉讼请求、中止执行或者撤销判决、裁定、仲裁裁决；法院认为案件不属于民事纠纷而有经济犯罪嫌疑需要追究刑事责任，或者民事纠纷虽然不是同一事实但是有关联的经济犯罪线索、材料，并移送公安机关的，后者应立即审查并在 10 日以内决定是否立案，决定不立案的应及时告知人民法院。

三 "先刑后民"与刑民交叉案件中的财产权益保护

"先刑后民"并不是一种规范化的法律用语，而是基于长期以来的重打击犯罪、重公权力、重整体利益的国家本位主义传统而孕育的一种司法操作惯例，是对实践经验的总结和概括，它广泛地存在于刑民交叉案件的立案、公诉、审理和执行等各个阶段，与当事人财产权益的保护密切相关。

"先刑后民"的贯彻与执行，在司法实践中突出地表现为由于滥用而削弱民事交易的稳定性和法律的公信力等问题，从而严重影响当事人财产权益的保护。刑事案件的办理通常需要经过较长的时间，虽然各个诉讼阶段都分别规定有办案时限，但也存在基于被告人在逃、长期下落不明等案件事实的复杂性和特殊性而延长期限的规定。这就直接导致了相关民事纠纷的解决大为延迟，犯罪所得在此期间也很可能被转移、隐匿或挥霍殆尽，不仅使当事人的财产权益无法得到及时有效的保护，而且还往往导致其损失的进一步扩大。至于在刑事责任和民事责任执行竞合的情形下，一律优先执行《刑法》所规定的财产刑的做法，更是置法律规定和当事人的财产权益于不顾的严重违法甚至是犯罪行为。

"先刑后民"在司法实践中的绝对化，招致了理论界的严厉批评。例如，陈兴良教授认为：首先，某些公安机关在当事人要求或利益驱使下，恶意干涉经济纠纷，以"先刑后民"为由进行刑事立案，迫使正在进行的案件中止审理，还引致地方保护主义的滋生，这种情况非常普遍。其次，当事人恶意利用"先刑后民"，基于自身利益考虑来选择或刑或民的诉讼程序，使刑民交叉案件无法得到妥善处理。最后，某些当事人利用民事诉讼收费而刑事诉讼无偿的特点，恶意借助国家公权力，使司法资源成为实现个人目的的手段。①

综上所述，对刑民交叉案件，"先刑后民"只是一种案件处理方式而并非一项基本原则，应区别情形适用，不应一律采取中止审理、驳回起诉或移送侦查机关处理等绝对化和扩大化的做法。当然，在司法实践中，存在着《民事诉讼法》规定的"本案必须以另一案的审理结果为依据，而另一案尚未审结"的中止诉讼情形，但该情形不仅包括民事案件的审理以刑事案件审理结果为依据的情形，同样也包括刑事案件的审理以民事判决结果为依据的情形，即"先民后刑"。例如，在一些确权类、知识产权类或侵害商业秘密类案件中，首先需要确定民事法律关系的性质、权益受损主体、侵权主体、侵权行为成立与否及程度等事项，才能更好地处理刑事案件。《最高人民法院关于审理破坏森林资源刑事案件具体应用法律若干问题的解释》第5条第2款规定："林木权属争议一方在林木权属确权之前，擅自砍伐森林或者其他林木，数量较大的，以滥伐林木罪论处。"这就意味着，在司法机关认定是否构成滥伐林木罪之前，必须先通过民事诉讼程序确定相关林木的权属问题。

四 刑事附带民事诉讼与刑民交叉案件中的财产权益保护

出于对当事人财产权益的保护和节约司法资源的考虑，《刑法》和《刑事诉讼法》规定，因犯罪行为而遭受经济或物质损失的被害人有权提起刑事附带民事诉讼，从而运用国家公权力和司法资源无偿挽回自身损失。但不容忽视的是，刑事附带民事诉讼制度自身仍然存在着诸多设计缺陷，在司法实践中严重地影响了对当事人财产权益的保护。

现行的刑事附带民事诉讼制度并没有构建起相对独立的民事诉讼程

---

① 参见陈兴良等《关于"先刑后民"司法原则的反思》，《北京市政法管理干部学院学报》2004年第2期。

序,导致民事诉讼部分极度简化,成为不折不扣的附属。尽管在追究被追诉人责任方面,被害人与追诉机关的立场相同,但在司法实践中细化来看,却又各有侧重:被害人除了要求刑事责任的实现外,还往往要求自身民事赔偿需要的满足;追诉机关则通常更关注犯罪事实、犯罪情节等影响定罪、量刑的因素,而怠于查明被害人的损害情况和被追诉人的财产状况,漠视民事调解,致使判决中的民事赔偿部分常常落空。① 此外,刑事法律和民事法律的分界与审判工作的专业化和精细化,使得部分刑事法官可能存在着刑事审判的惯性思维以及并不熟悉民事法律的情形,也在一定程度上影响了对民事程序的关注和重视。因此,虽然根据《刑事诉讼法》及其司法解释的相关规定,在刑事部分的法庭调查和法庭辩论结束后分别进行民事部分的法庭调查和法庭辩论,但在司法实践中,民事部分的法庭调查多沦为被害人具体诉讼请求的查清和相关医疗单据、财产损失单据的审核,民事部分的法庭辩论则被并入刑事辩论,整体被过度简化了。

刑事附带民事诉讼制度剥夺了被害人的程序选择权,严重影响其财产权益的赔偿和救济。按照现行法律规定,在财产被犯罪人非法占有或处置的情形下,如果选择刑事附带民事诉讼,只能由人民法院判决追缴、责令退赔,如前所述,追缴和责令退赔往往无法充分满足被害人的损失。而且,《最高人民法院关于刑事附带民事诉讼范围问题的规定》(法释〔2000〕47号)所规定的"经过追缴或者退赔仍不能弥补损失,被害人向人民法院民事审判庭另行提起民事诉讼的,人民法院可以受理",被2012年刑诉法解释第139条和2013年《关于适用刑法第六十四条有关问题的批复》所改变,人民法院因而不再继续受理被害人提起的附带民事诉讼或另行提起的民事诉讼。另外值得注意的一个因素是,中国法律语境中的被害人在对刑事判决不服的情形下,只能请求检察院抗诉而并不具有单独的上诉权。域外立法在被害人的程序选择问题上主要存在两种解决模式:以美国和日本为代表的平行诉讼模式,由犯罪导致的民事赔偿原则上在刑事案件结束以后通过民事诉讼程序独立解决,例如,辛普森在刑事诉讼中被认定无罪,但在民事诉讼中却被判败诉;以法国、德国为代表的附带诉讼

---

① 参见陈瑞华《刑事附带民事诉讼的三种模式》,《法学研究》2009年第1期。

模式,所有的刑事诉讼均为公诉,对犯罪导致的民事赔偿问题,赋予被害人选择刑事附带民事诉讼或单独向民事法庭起诉的权利。这两种解决模式中体现出来的赋予当事人对刑事附带民事诉讼的选择权、肯定民事诉讼程序的独立地位以及重视私权利和个人利益的观念,值得我们吸收与借鉴。

刑事附带民事诉讼制度的赔偿范围狭窄,无法充分有效地救济被害人的财产权益。首先,该制度一律排斥精神损害赔偿,将赔偿范围严格限定在已经遭受的实际损失和必然遭受的"经济损失"和"物质损失",不仅带来"经济损失"和"物质损失"区分的困难,而且还存在着将本应由民事实体法认定的赔偿范围事项交由程序法认定的混淆程序法和实体法功能的问题。其次,刑事附带民事诉讼制度只承认"刑事被害人"而非"刑事受害人",前者一般是指犯罪行为直接侵害的人,范围比较狭窄;后者是指因犯罪行为而遭受人身、财产损失的公民、法人和其他组织,范围相对广泛。这就导致了司法实践中大量的刑事受害人的财产权益无法得到有效保护的现象:人身、财产权益因犯罪行为而遭受间接损失,例如故意杀人行为导致第三人财物毁损,无法就该损失提起附带民事诉讼;刑事法律中的近亲属范围小于民事法律的规定,仅包括夫、妻、父、母、子、女、同胞兄弟姐妹,因此,在被害人死亡或者无行为能力时,其非同胞兄弟姐妹、祖父母、外祖父母、孙子女、外孙子女无法提起附带民事诉讼。最后,基于"排除一切合理怀疑"的刑事证明标准和"优势证据"的民事证明标准的差异,附带民事诉讼的请求能否实现完全依赖于刑事定罪的是否成立,在因证据不足而无法认定犯罪的情形下,即便被告人认罪,被害人也无法得到赔偿;而在单独的民事诉讼中,在这种情形下,法院可以支持被害人的赔偿请求。

民事赔偿的现代刑法学意义及其拓展

张伟*

一 引言

"民事赔偿能够影响刑事责任轻重"这一命题已得到国内外大多数专家、学者认同。从立法层面看，国外诸如奥地利民法典、意大利刑法典及德国刑法典均明确规定了刑事案件中民事赔偿之于刑事责任的影响。在我国，最高人民法院在1999年10月至2010年2月发布的若干司法解释中也相继肯认了民事赔偿对承担刑事责任的影响，新修订的刑事诉讼法专章规定了公诉案件的当事人和解程序，确认了刑事和解的范围、民事赔偿对刑事责任的积极作用。

综观相关研究成果可知，现有研究基本沿下述五个进路展开：在限制死刑适用的向度上，研究民事赔偿对死刑的限制适用价值[1]；在刑事和解制度探讨中，研究民事赔偿之于恢复性正义的价值及其与刑事责任的内在关联性[2]；在完善或改革刑事附带民事诉讼制度过程中，研究民事赔偿与刑罚裁量的内在冲突与协调关系[3]；立足刑事习惯法角度，研究少数民族"赔命价"制度之于现代刑事立法、司法与法学研究的意义[4]；在刑事责任

---

* 华东师范大学法学院副教授，法学博士。
[1] 参见赵秉志、彭新林《论民事赔偿与死刑的限制适用》，《中国法学》2010年第5期。
[2] 参见马静华《刑事和解的理论基础及其在我国的制度构想》，《法律科学》2003年第4期。
[3] 参见廖永安、王春《我国民事予刑事交叉案件的协调处理》，《华东政法学院学报》2005年第2期。
[4] 参见苏永钦《国家刑事制定法对少数民族刑事习惯法的渗透与整合——以藏族"赔命价"习惯法为视角》，《法学研究》2007年第6期。

与民事责任比较中,研究民事责任与刑事责任的关联关系。① 整体来看,上述研究取得了丰硕成果,为进一步深入研究奠定了坚实基础。但与此同时,有关民事赔偿影响刑事责任的内在机理的研究相对比较薄弱,从规范刑法学角度影响刑事责任的民事赔偿的射程、民事赔偿影响刑事责任的适用范围方面的研究较为鲜见。在梳理民事责任与刑事责任关系演变基础上,探讨民事赔偿影响刑事责任的法理根据,研究民事赔偿影响刑事责任的射程与范围,对指导刑事司法、完善刑事立法大有裨益。

二 从报应走向恢复:刑事法治理念革新为民事赔偿影响刑事责任提供了契机

在刑、民有别的传统理念下,刑事不法与民事不法似乎泾渭分明、非此即彼;而刑事责任与民事责任不论在责任关系、责任方式抑或归责基础、归责要素方面均俨然有别,民事责任强调功利性补偿而刑事责任注重道义性惩罚。② 以此推演,刑事责任与民事责任自然不能相互转换、相互替代,不法行为人承担了民事责任,并不能免除其应负的其他责任。否则即严重背离了刑事责任承担必然性要求,不啻于对犯罪的放纵。③ 从法律发展史看,作为民事责任与刑事责任栖息之所的公、私法经历了诸法合体到刑民分野的过程,时至今日,在私法公法化与公法私法化背景下,公、私法的融合与刑法民法化似乎以"历史性玩笑"的形式成为当代公、私法关系演进的新动向与发展趋势。④ 与此同时,刑事法治领域也随之产生一系列重大变革,最典型者莫过于以恢复正义理论为基础的刑事和解制度。在恢复性正义观念指导下,刑罚目的、功能以及有关刑事责任的本质的理解随之发生重大转变,民事责任与刑事责任间的关系也随之由界分走向融合,这为作为民事责任主要实现方式之一的民事赔偿影响刑事责任提供了

---

① 参见刑事责任与民事责任功能的融合——以刑事损害赔偿为视角,《中国人民公安大学学报》2009年第6期。
② 参见孙笑侠《公、私法责任分析》,《法学研究》1994年第6期。
③ 参见杨忠民《刑事责任与民事责任不可转换》,《法学研究》2002年第4期。
④ 参见廖焕国、曾祥生《民刑互动:侵权责任法与刑法的冲突与协调》,《武汉大学学报》(哲学社会科学版)2010年第2期。

逻辑前提。

衍生于道义责任论基础上的传统刑罚观念认为，刑罚的本质为报应，即恶有恶报，并通过恶有恶报的示范效应实现刑法的特殊预防与一般预防目的。与传统的道义责任论、报应刑不同，在以恢复正义理论为指导的刑事和解制度下有关刑事责任、刑罚本质的理解悄然间发生了变化。恢复正义理论认为犯罪不仅是对法律的违反、对政府权威的侵犯，更是对被害人、社会甚至犯罪人自己的自我伤害。刑事司法应以弥补上述伤害为使命，为此应提升被害人在刑事司法中的地位，积极支持被害人和社会参与刑事司法过程。① 就刑事责任而言，恢复正义理论在赞成意思相对自由论的同时，将先前湮灭于意思自由观念中影响犯罪人意思决定的因素诸如社会与被害人原因重新找回并极力"放大"，在更为广阔的研究视域下重新认识刑事犯罪、刑事责任等刑法基本范畴，认为犯罪不单是对法益的侵犯或法规范的违反，更是通过对个人具体生活的侵害，破坏现实的、和平的人际关系的行为，属于人际交往中所发生的纠纷，在犯罪的认定上，被害人个人意思具有重要意义；在刑事责任问题上，主张人的意思本来就不是完全自由的，道义责任不足以完全说明刑事责任的本质，相反，社会责任论或许与刑事和解制度更为"亲密"；在责任的实现方式上，对行为人实施的犯罪行为并非一定要通过剥夺自由、打上犯罪烙印的方式来偿还，提倡应努力为行为人提供悔悟和宽恕的机会，通过恢复损害来消除犯罪行为造成的恶害，借此在加害与被害之间达成和解。②

申言之，刑事和解制度不强调纯粹的惩罚与抽象务虚的报应正义，毋宁应关注社会关系的修复与犯罪人的重新回归，体现对被害人和加害人双方均衡保护的思想，其核心精神即在于：恢复——既要恢复被害，又要恢复加害。③ 在恢复正义理论构建的宏大叙事背景下，刑事法领域发生了颠覆性变化，刑事责任不再是纯粹的道德谴责与道义责任，相反，应当在更为广阔的视野下、综合考虑犯罪与刑事责任问题，刑事司法的一切努力只

---

① Gehm, John R., Victim-Offender Mediation Programs: An Exploration of Practice and Theoretical Frameworks, Western Criminology Review 1 (1998).
② 参见黎宏《刑事和解——一种新的刑罚改革理念》，《法学论坛》2006年第4期。
③ 参见马静华《刑事和解的理论基础及其在我国的制度构想》，《法律科学》2003年第4期。

在于修复遭受破坏的社会关系,不应过分追求通过刑罚所达到的"恶有恶报"式的报应正义,或许比感官上的满足更为迫切也更为务实的是尽快恢复遭受犯罪侵害的社会关系。在此,"有罪必罚"不再被奉为圭臬,刑罚也不再是刑法的"宠儿",包括刑罚在内的一切不利益或不名誉只在于其在不同程度上有助于恢复社会关系、有益于犯罪人重新回归,与之相关,刑事责任的实现方式有必要且必须多元化。

在加害与被害双方达成谅解协议的情况下,加害方通过积极履行民事赔偿责任,向社会、国家及被害方表达其真诚悔悟的态度与改过迁善的决心,其"真诚"无疑有助于慰藉被害方因犯罪侵害而受到的精神创伤和引起的愤恨情绪,使遭受犯罪破坏的社会心态恢复平衡;与此同时,赔偿能够最大限度弥补被害方所受损失,在最不利的境况下实现了被害方利益最大化。作为恢复性正义另一极的受益者,行为人通过积极履行民事赔偿责任,在"尝试"了刑罚威慑与民事赔偿之苦后,不仅能最大限度获得从宽处理,而且切实强化了规范意识,有助于其重新回归。就此而言,在刑事案件中主张民事赔偿之于刑事责任的影响完全符合恢复正义理论的基本要求。

三 从界分走向融合:责任功能趋同为民事赔偿影响刑事责任奠定了基础

民事责任本质上为功利关系,与功利关系相适应的是补偿形式的责任后果;刑事责任本质为道义性关系,与道义性关系相适应的是惩罚形式的责任后果。① 上述分析无疑是精到的,但也必须指出,责任关系与责任实现形式虽然关系密切,但毕竟系不同的范畴,不应混淆;与此同时,上述对应关系在一般意义上是成立的,但并不意味着上述结论适用于一切场合。对此,立论者自己也承认,"道义责任并不一定以惩罚作为责任实现方式,功利责任也并不一定以补偿形式来实现,补偿中也会夹杂着一定的惩罚性,惩罚中也夹杂着一定的补偿性"。这恰恰为刑事责任实现方式多

---

① 参见孙笑侠《公、私法责任分析》,《法学研究》1994年第6期。

元化埋下了伏笔，也为民事赔偿作为刑事责任的实现形式反作用于刑事责任奠定了基础。

在此，有必要对民事责任与刑事责任的互动关系，尤其是作为民事责任主要实现方式之一的民事赔偿对刑事责任影响的实质进行分析，对相关争论作出回应。有论者在分析检讨相关司法解释的合理性时指出，刑事责任的承担不应以是否承担民事责任为转移，民事责任与刑事责任不可转换。① 大多数研究承认了民事赔偿对刑事责任的影响，但更多是立足刑罚目的性、法社会学、国外先例的借鉴及我国现行相关法律的规定②，从规范解释学角度分析并不多，有论者曾将上述影响厘定为"吸收关系"。③ 因同一不法行为同时引发民事责任与刑事责任时，两者虽然具有很强的关联性，此类案件中民事赔偿也确实能够影响刑事责任承担，但这并不意味着上述两种责任之间是吸收关系，更不能据此得出民事责任与刑事责任可以相互转化。如前所述，民事责任与刑事责任是依据不同的部门法分别进行的规范评价，两者在责任关系上存在重大差异，承认民事责任与刑事责任之间能够相互吸收或转化，无异于否认民事责任与刑事责任在责任本质上的区别，这是难以被接受的。但否认民事责任与刑事责任的相互转化，并不意味着反对民事责任承担对刑事责任的影响。作为民事责任的主要实现方式，损害赔偿不仅具有填补损害、预防损害的之功，更兼惩罚制裁之效。④ 换言之，损害赔偿的功能性拓展与强化使得其在很大程度上具备了刑罚的属性与功能。因此，笔者以为，民事赔偿对刑事责任的影响，本质上并非不同责任间的吸收或转化，毋宁是因责任功能趋同导致责任实现方式上的多元化。

从填补损害的角度看，民事赔偿一定程度上能够弥补因犯罪所造成的物质性损失，将犯罪所造成的恶害最大限度予以降低甚至消弭，修复被犯罪行为所破坏的社会关系，完全符合恢复性正义的基本理念。在恢复性正

---

① 参见杨忠民《刑事责任与民事责任不可转换》，《法学研究》2002 年第 4 期。
② 参见李云平《民事赔偿与刑事责任》，《人民检察》2008 年第 13 期。
③ 参见胡占新《刑事责任与民事责任之间的吸收》，《法学》1994 年第 6 期。
④ 参见王泽鉴《损害赔偿法之目的：损害填补、损害预防、惩罚制裁》，《月旦法学杂志》2005 年第 8 期。

义理论体系下，修复遭受侵害的社会关系、积极鼓励并支持犯罪人重新回归受到空前关注，刑事司法过程被作为被害人叙说伤害继而实现心理治疗的过程，激烈的对抗与报复性惩罚明显减少而共识与谅解渐行增多，这在很大程度上归因于犯罪人的真心悔悟，而积极赔偿被害方因犯罪所遭受的损失，无疑是最具说服力的证据。通过积极履行民事赔偿责任，犯罪人一方面向被害人、社会及国家表明其认罪悔过的态度与改过迁善的决心，标志着其人身危险性的降低；另一方面，民事赔偿一定程度满足了被害方的功利性需求，借此取得受害方的谅解，有助于缓和加害与被害双方的紧张关系。与此同时，伴随着私法公法化，惩罚性赔偿渐受"青睐"[1]，部分场合下，民事赔偿在填补损失之外，已经在逐渐强化其对违法行为的惩罚与制裁功能。在此，不得不承认，在责任关系上民事责任也有了道义性关系的味道，在责任实现方式上，民事赔偿也能够充满了惩罚性色彩。而通过对违法行为的严厉惩罚，同样能够实现预防再犯的目的。从刑法民法化角度看，尤其是在恢复性司法理念指导下，刑罚已失去昔日光辉，非刑罚处罚措施乃至刑罚替代措施渐受关注，赔偿损失、赔礼道歉在刑罚之外在修复社会关系、促进犯罪人重新回归方面发挥着举足轻重的作用。从这个意义上看，民事责任在责任实现方式与责任功能方面由界分走向趋同乃至融合，为民事赔偿影响刑事责任奠定了坚实的理论基础，也使得上述影响由可能走向现实。

四 影响刑事责任的民事赔偿的射程

通说目前主要以我国刑法典第61条作为民事赔偿影响刑事责任的法律依据，将民事赔偿作为酌定量刑情节，相关司法解释也基本在刑罚裁量层面考察民事赔偿的刑法意义。[2] 就此而言，民事赔偿影响刑事责任似乎仅限于刑罚裁量阶段，即民事赔偿仅限于影响量刑，而与行为是否构成犯

---

[1] 参见王利明《侵权法的若干疑难问题研究》，张民安主编《侵权法报告》（第1卷），中信出版社2005年版，第18页；魏振瀛《论民法典中的民事责任体系——我国民法典应建立新的民事责任体系》，《中国法学》2001年第3期。

[2] 参见赵秉志、彭新林《论民事赔偿与死刑的限制适用》，《中国法学》2010年第5期。

罪并无关联。上述诠释固然是忠于法律文本的体现，但立足应然、在立法层面作相关探讨，或许更有意义。

笔者以为，在恢复性正义理论背景下，应然层面的民事赔偿之于刑事责任的影响不仅限于量刑，同样应及于定罪。民事不法与刑事不法虽是基于不同法规范的判断，但对同一违法行为进行各自的不法性评价并不冲突；民事不法与刑事犯罪虽并行不悖，但对民事不法与刑事不法进行界分也有必要。不可否认的是，刑民不法界分中必然存在"模糊地带"，此处行为之不法性或刑或民、似刑似民，这正是刑民交叉案件的疑难、复杂之所在，此类案件之定性很大程度上恐怕不是合法而是合理与否的问题。在此，一方面突显了实质的刑法解释与实质不法论的必要与意义，另一方面也再次提示我们刑事法治领后果论与基于可欲后果的裁判是何等重要。"任何行动（或规则、策略等）的选择都要以挑选一种备选项为基础，而这种备选项不会产生比任何其他可获得的备选项更差的总体后果。"① "要对各种裁判可能进行仔细辨别，通过考量各种裁判规则可能引发的情势来决定做出哪一种判决。"② 基于恢复性司法的考虑，刑事司法过程中对涉嫌犯罪的行为在考虑其行为的不法程度时，有必要从修复社会关系、行为人再社会化角度考量涉嫌犯罪的行为如何定性更为合理。而民事损害赔偿很大程度上弥补了犯罪行为对社会尤其是被害人所造成的损失，体现了行为人事后的悔罪意向与再犯可能性的降低，借此在多数场合能够获得被害方的宽恕与谅解。在刑事犯罪与民事不法之间，选择后者也许更容易实现法律效果与社会效果的统一。

事实上，大量涉嫌刑事犯罪的案件并非都诉诸刑事司法，耳熟能详的"私了"虽然并不都是合法的，但却是客观存在的，而长期存在且在很大程度上能为社会民众所接受的往往有其合理性；冰冷的司法固然能彰显社会正义，但两败俱伤的正义却绝对不是人人希求的。因此，笔者以为，民事赔偿不仅影响刑事责任的轻重，还可能且应当能够影响刑事责任的有无，尤其是在刑民交叉案件的中间地带，应充分重视民事赔偿之于刑罚的

---

① ［印］阿马蒂亚·森：《后果评价与实践理性》，应奇编，东方出版社2006年版，第400页。
② ［英］尼尔·麦考密克：《法律推理与法律理论》，姜峰译，法律出版社2005年版，第99页。

替代意义，在犯罪嫌疑人积极赔偿损失的情况下，应倾向性考虑无罪判决。正如许乃曼指出的，刑事政策上应对某些危害性较低的犯罪行为除罪化，但也只有当国家参与刑事被害人的赔偿时才可接受。从根本上说，可以放宽刑法与民法之间的区别，对于发生在中间地带的案件，虽可启动刑事诉讼程序，但在结果上可以采纳某种民法的惩罚措施。① 最高人民法院审判委员会《关于审理交通肇事刑事案件具体应用法律若干问题的解释》对有关交通肇事性的定罪标准做了具体解释，其中涉及民事赔偿问题。与其他司法解释不同的是，该解释将"无能力赔偿数额"作为行为是否构成犯罪的判定标准之一，正面肯认了刑民交叉案件中民事赔偿对犯罪成立的决定性意义，有其合理性。

五　民事赔偿影响刑事责任的适用范围

（一）影响刑事责任的民事赔偿存在的范围

现行刑事诉讼法第277、279条规定了刑事和解案件的范围及效果，规定了民事赔偿之于刑事责任的影响。刑事和解制度下的民事赔偿影响刑事责任的适用范围，主要是刑法第四、第五章的轻微犯罪与过失犯罪。② 民事赔偿在刑事和解制度中占据重要地位、发挥重要作用，因积极赔偿，继而达成和解协议，必将影响刑事责任承担。但一般意义上的民事赔偿影响刑事责任与刑事和解制度各自的理论预设终有差异，刑事和解的适用范围与民事赔偿影响刑事责任的适用边界应当有所区别，不能以某类案件不适用刑事和解为由否认该类案件中民事赔偿影响对刑事责任的影响。③ 目前，该方面研究尚处于空白状态，有必要专门就民事赔偿影响刑事责任的适用范围进行探索。

---

① 参见伯恩特·许乃曼《刑事制度中之被害人角色研究》，王秀梅等译，《中国刑事法杂志》2001年第2期。
② （一）因民间纠纷引起，涉嫌刑法分则第四章、第五章规定的犯罪案件，可能判处3年有期徒刑以下刑罚的；（二）除渎职犯罪以外的可能判处7年有期徒刑以下刑罚的过失犯罪案件。犯罪嫌疑人、被告人在五年以内曾故意犯罪的，不适用本章规定的程序。
③ 有关刑事和解适用范围的研究可参见于志刚《论刑事和解视野中的犯罪客体价值》，《现代法学》2009年第1期。

笔者以为，民事赔偿影响刑事责任的适用范围应同时满足下述三方面的要求：首先，此类犯罪所侵害之法益必须包括个人法益。众所周知，根据犯罪所侵害之法益，可将犯罪区分为针对个人法益的犯罪、针对国家法益的犯罪与针对社会法益的犯罪。单纯侵害个人法益的犯罪，或者侵害公民的人身权利，或者侵害公民的财产权利，必将形成一定的损害结果，有必要通过损害赔偿予以弥补。此外，即使针对社会法益的犯罪，若其具体结果呈现为个人法益的损失，则应承认此类案件中民事赔偿对刑事责任的影响。例如，交通肇事罪虽是侵害公共安全的犯罪，但每一例交通肇事犯罪的损害结果都是通过具体的、单个的人身损害或财产损失体现出来的，存在具体的损害结果与受害人，其损失亦亟须通过民事赔偿予以填补。其次，因犯罪所侵害的个人法益必须以人身伤害或财产损失为内容，尽管有将精神损害纳入刑事附带民事赔偿的主张[①]，但刑事法学通说及刑事司法实务仍坚持在物质性损失的意义上厘定损害赔偿的范围。因此，作为影响刑事责任的民事赔偿仍以物质性损失与人身损害赔偿为妥。申言之，不以人身伤害或物质性损害为结果的犯罪，民事赔偿即失去依托与存在必要，若此时主张民事赔偿能够影响刑事责任无异于"以钱买刑"。就此而言，刑法第四章、第五章中诸如煽动民族仇恨、民族歧视罪，出版歧视、侮辱少数民族作品罪即被排除在外，而诸如生产、销售伪劣商品罪虽系针对社会法益的犯罪，但其危害结果依然能够通过具体个人损失体现出来，且此类案件中民事赔偿更为迫切。最后，纯粹针对国家法益的犯罪排除在民事赔偿影响刑事责任这一命题适用范围之外。国家利益通常无法用金钱进行衡量，更不能通过物质性赔偿来弥补，据此，在单纯侵害国家法益的犯罪如遗弃武器装备罪、遗失武器装备罪中，应否认民事赔偿对刑事责任的影响。

（二）重罪案件中民事赔偿亦可影响刑事责任承担

民事赔偿影响刑事责任的轻重甚至有无，这一点在学界基本达成共识，国内外相关立法对此也予以肯定，争议较大的是民事赔偿影响刑事责

---

① 参见刘德法《对精神损害纳入刑事附带民事赔偿的思考》，《中州学刊》2013年第3期。

任能否适用于重罪如因故意杀人、抢劫犯罪或可适用死刑的案件。在该问题上，我国司法实践已然先行，如广东东莞市的王某等抢劫致死案（2005）[①]、胡某等抢劫杀人案（2006）[②]、郑州市孟某故意杀人案（2009）、成都市孙伟铭以危险方法危害公共安全案（2009），上述案件的死刑判决均因行为人积极履行民事赔偿获得被害方宽恕，终以死缓告结。能够适用死刑的场合必然是重罪案件，而此类案件更容易引起社会各界广泛关注、刺激普通民众的道德神经。上述案件判决在社会上引起很大反响，与此同时，前述案例似乎也成为"赔钱减刑""以钱卖命"的象征。

民事赔偿能否影响重罪案件中行为人的刑事责任，对此，现有研究一般是在刑事和解的适用范围中加以探讨。虽有观点认为，刑事和解是有边际的，不应将生命作为砝码，控制死刑无需用和解来做脚注，重罪和解的形成实质上是国家对责任的推卸。[③] 但更多研究显示，重罪案件中民事赔偿同样可以影响刑事责任负担这一观点有向主流学说演进的迹象。高铭暄教授即明确指出，在常见的死刑罪名中，例如，故意杀人罪中，如果存在……犯罪后与被害人家属达成了赔偿谅解协议等酌定量刑情节，一般情况下，就可以不适用死刑立即执行。[④] 笔者赞成"重罪和解的形成实质上是国家刑事被害人补偿缺位所致"这一观点，但现实问题是，一方面在尚未确立被害人补偿法的我国，在包括重罪在内的刑事案件中如何最大限度保障被害方的合法权益，即在不足的现实中如何实现被害方利益最大化；另一方面，在保留死刑的背景下，在既要严厉打击严重犯罪、实现社会正义，又要严格控制死刑适用、为逐步废除死刑进行前期铺垫之间，必须寻找某种可能的路径。就此而言，重罪案件中的民事赔偿不仅在刑事被害人补偿制度缺位情况下能够较为充分地满足被害方的现实利益，而且通过民事赔偿有助于获得刑事被害方谅解、抚慰被害方受伤的情感、缓和被害方原始的报复情结，继而有益于限制死刑适用，不失为明智之举。再者，刑事案件中的损害赔偿恐怕不能理解为纯粹的物质性满足，加害方通过积极

---

① 《东莞杀人犯赔钱获减刑，法院称合慎杀原则》，《南国都市报》2007年5月25日。
② 《广东东莞尝试赔钱减刑，抢劫犯赔5万获轻判死缓》，《北京晨报》2007年1月31日。
③ 参见孙万怀《死刑案件并需要和解吗?》，《中国法学》2010年第1期。
④ 高铭暄：《宽严相济刑事政策与酌定量刑情节的适用》，《法学杂志》2007年第1期。

履行赔偿责任，更多折射出加害方对其行为危害性的认识，赔偿的真谛在于加害人的真诚致歉、真心悔悟，通过赔偿欲获得被害方的宽恕、谅解，也一再表明其人身危险性降低。更何况，以恢复正义理论为支撑的刑事和解制度与传统观念中的"以钱赎刑"不论在制度设置目的、被害方的自由度，还是司法机关在制度运作中的地位及赔偿的最终获益者方面均有本质区别。① 不问具体犯罪的性质、加害人与被害人的实际情况，一概对较为严重的刑事犯罪案件排斥适用刑事和解，这种做法似乎过于绝对。②

因此，笔者认为，即使在重罪案件中也可适用刑事和解制度，重罪案件中也不应否认民事赔偿之于刑事责任的意义。当然，承认重罪案件中民事赔偿之于刑事责任的积极作用，并不意味着"民事赔偿万能论"。重罪案件，尤其是可能适用死刑的严重犯罪中，民事赔偿在多大程度上能够影响刑事责任承担，需要综合犯罪的性质、行为人的自身情况以及其他案件情节综合考虑，损害赔偿仅是诸多量刑情节中的一个，不能因为加害方的高额赔偿，尤其是被动或迫于压力下支付了高额赔偿就在量刑时予以宽大处理；简单的高额赔偿或者被动赔偿缺乏"诚意"，不仅没有体现行为人认罪悔过的积极态度，也不能折射出其人身危险性的降低或消失，而且很有可能再次过度刺激被害方的情感，激化社会矛盾。诚如有学者所言，在死刑挤压下权利赔偿不等于积极悔罪，被动赔偿不能成为从宽量刑的理由。

---

① 参见姜敏《理性诘问：刑事和解是否是"以钱买刑"》，《北方法学》2010年第5期。
② 黄晓亮：《刑事和解制度的理论反思》，http://www.criminallawbnu.cn/criminal/Info/showpage.asp?pkID=15948。

附 录

超越刑法的刑法学
——"社会变迁与刑法学发展"学术研讨会综述

孙禹[*]

由中国社会科学院法学研究所主办的中国社会科学院刑法学重点学科暨创新工程年度论坛于 2019 年 11 月 2—3 日在北京举行，本次论坛的主题是"社会变迁与刑法学发展——庆祝新中国成立 70 周年"。来自全国各地 40 余所高校、科研院所的专家学者和全国人大常委会法工委、最高人民法院、最高人民检察院、公安部、司法部等实务界的领导和专家近百人参加了此次研讨会。

与会专家学者在回顾我国刑法发展的基础上，深入讨论了刑法扩张与刑法立法观、罪刑关系与刑罚结构完善、网络犯罪前沿问题、大数据人工智能与刑法、刑事一体化与立体刑法学、刑民交叉和行刑衔接等议题。

一 新中国成立 70 年来我国刑法的回顾

新中国成立至今，我国刑法和刑法学的发展大致经历了四个阶段：刑法起草与新中国刑法学的起步（1949—1978）、刑法学研究的复苏与繁荣（1978—1997）、刑法修改与刑法现代化（1997—2012）、新时代的刑法研究与理论自觉（2012 年至今）。在当前刑法快速发展的新时代回顾刑法发

---

[*] 中国社会科学院法学研究所助理研究员，博士后研究人员。本文原载《人民检察》2020 年第 5 期，发表时有删节。

展的历程、总结经验和教训,对指明刑法未来发展的方向具有重要意义。

(一) 70 年来刑法发展的成就与挑战

中国社会科学院法学研究所所长、研究员陈甦指出,新中国成立 70 年来刑法和刑法学的发展跌宕起伏,但从整体上看刑法和刑法学的发展对我国的法治建设作出了巨大的贡献。在新中国成立 70 年之际回顾刑法和刑法学的发展意义重大,我们不仅要看到成绩,坚定信心,怀着更高的热情付出努力;更重要的是总结经验、发现规律,从而可以对现行制度和与之相关的学问有更深刻的审视,知道我们的利弊在哪里,了解学术效益和制度效益。

最高人民法院副院长李少平指出,新中国成立 70 年来我国获得了举世瞩目的成就,经济持续发展和社会长期稳定是中国的两大奇迹,而后者与刑法理论研究和刑事审判工作密切相关。国家的变化和社会的变迁给我们提出的课题是十分艰巨的,如果浓缩到刑事法治领域,可以总结为三个方面:第一,维护国家主权和安全面临的任务还很艰巨;第二,在社会发展的过程中,刑事案件的类型变化非常大,各种新类型的犯罪层出不穷;第三,目前社会的热点、难点多,这些热点和难点很多表现在刑事领域且具有很大的影响力。

最高人民检察院副检察长童建明指出,新中国成立 70 年来,我国的法制建设取得了历史性的成就,可以说,刑法学的发展就是新中国法制建设成就的一个缩影。新时代我国社会的主要矛盾发生了深刻的变化,人民群众在民主法治、公平正义、安全环境等方面有了新的更高要求,法制工作领域在满足人民日益增长的美好生活需要方面肩负着重大的特殊使命。这些特殊使命对于刑法学研究和检察工作都提出了许多重大的课题。目前,检察机关在适用和研究刑法方面的情况主要如下:第一,是更加重视对于各类犯罪法律适用问题的研究;第二,更加重视运用司法理念和刑事政策来指导检察实践工作;第三,更加重视认罪认罚制度中刑罚的适用。

全国人大常委会法工委原副主任郎胜指出,今年是新中国成立 70 周年,也是我国第一部刑法颁布 40 年,回顾我们国家几十年刑法学和刑法实务的发展历程,对思考、谋划和展望刑法学的未来是十分有意义的。未来的刑法学研究应该注意以下两个方面：首先，刑法学的研究要紧扣时代脉搏，融入社会和时代发展的洪流。刑法学只有紧紧围绕时代主题，把握时代脉搏，不断研究和解决社会发展过程中遇到的理论和实践问题，才能使刑法学永葆青春、活力。其次，刑法学的研究要着力解决实践中的问题，迎接实践的挑战，避免刑法学的研究成为一种单纯的逻辑推演或脱离实际的理论研究。刑法学作为一门实践性很强的学科，其研究成果应该为实务部门大多数同志所掌握和接受。当然也不能完全照搬国外的制度，而是需要与国情紧密地联系在一起。唯有如此，刑法学的研究才能体现自身的价值。

北京师范大学刑事法律科学研究院特聘教授储槐植指出，社会变迁可以具体体现为"站起来、富起来、强起来"，"强起来"从经济上来说就是指钱多了，而钱多了往往会出事。刑法总是与"多"字有着密切的联系，比如说人多就事多，事多就涉及国家管理，因而刑法就需要介入。社会发展总要经历一个从少到多的过程，所以刑法的适用面也应该有所增加，刑法的关系也会变得更加复杂化。

中国社会科学院国际法研究所研究员陈泽宪指出，在新中国成立后的70年中，刑法学经历了前三十年的知识沉淀，才得以在后四十年飞速发展、走向繁荣。从过去一个通说走到底，到现在学派林立、论战不停，刑法学的繁荣发展是有目共睹的。那么刑法学以后如何能够发展得更好呢？首先，刑法学研究一定要为刑事法治实践服务；其次，刑法学的研究应该超越刑法学科，更加注重结合刑事诉讼法、刑事政策、犯罪学等方面的知识。最高人民法院审判委员会原副部级专职委员胡云腾认为，下一步的法学研究应该适应时代的需求，为全面推进国家治理体系和治理能力现代化服务。刑法学的研究要将刑法理论研究、刑法规范研究、刑法解释研究、刑法案例研究结合起来。

中国社会科学院法学研究所、国际法研究所联合党委书记陈国平指出，法学与社会的关系密切，刑法学者要有更强的社会责任感，为国家建设和社会进步付出真心。对外经济贸易大学法学院教授赖早兴也认为，刑法学者应该有担当。曾经以高铭暄老师为代表的学者，为废除死刑提出了很多建议。正是这些建议推动了我国死刑制度的完善。所以我们作为刑法学者应该多提出司法实践中存在的问题，这对于刑事法治的进步具有重要意义。

（二）70 年来刑法立法的回顾与总结

北京理工大学法学院教授曾粤兴指出，从立法法的角度来看，我国前三十年的立法并不是严格意义上的法律而是行政法规，因为这些"法律"都是中央人民政府而非全国人民代表大会制定的。后四十年刑法立法的进程表现出以下四方面特点：第一，法网由粗疏走向细密；第二，刑法立场从行为主义走向折衷主义；第三，刑罚由相对宽缓走向相对严厉；第四，限制死刑政策的法制化。对于前三十年立法的性质，中国人民大学法学院教授戴玉忠有着不同的理解，他认为中华人民共和国成立初期的"中央人民政府"与今天的"中央人民政府"不是同一个概念，当时的中央人民政府是国家最高权力机关，中央人民政府委员会就相当于目前的全国人大常委会，具有立法权。所以它制定的规范性法律文件也属于法律。

就刑法立法的态势而言，南昌大学法学院教授熊永明作出两点补充，即立法表述从模糊化到精确化以及立法过程从封闭化到民主化。但中国人民大学法学院教授黄京平认为，我们并没有实现真正的立法民主化。真正的立法民主化首先必须是因社会问题而引发的对公共政策的详尽讨论，然后再依据公共政策去指导立法。而我们在公共政策层面的讨论微乎其微，实际上跳过了公共政策的讨论而直接进入立法阶段。换言之，提供给公民的只有立法方案的选择，而没有公共政策的讨论。西南政法大学讲师秦宗川指出，目前我国刑法进入了一个活跃的"修订时代"，立法修正虽然推进了刑法的完善，但是也暴露出不少问题。刑法修正的情绪化特征凸显，持续扩罪化导致"僵尸罪名"不断涌现。而中国社会科学院法学研究所研究员屈学武认为，所谓的"僵尸罪名"在世界范围内都是存在的，因为有些罪名本来就是"视而不用"，其目的在于震慑。所以不能一概而论地认为这些"僵尸罪名"完全没有作用。

有学者从具体罪名出发，探索我国刑法立法的变迁。福建省委党校法学教研部副教授陈巧燕在梳理我国毒品犯罪立法历史的基础上指出，目前毒品犯罪立法还存在罪刑设置失衡、死刑设置泛化、财产刑设置粗化、非刑罚措施设置欠缺、程序法不健全等问题。所以未来的立法应该坚持宽严相济的刑事政策，进一步完善毒品犯罪的刑罚结构。江苏大学法学院副教授王刚指出，我国贪污贿赂犯罪采取了罪名分立、量刑标准合一的立法模式。为进一步完善贪污受贿罪的量刑标准，需要区分贪污罪和受贿罪的量刑标准，严控数额标准的涨幅，优化情节标准，并合理处理数额标准与情节标准的关系。吉林大学法学院讲师王若思分别从宏观和微观两个层面考察了妨害司法犯罪的立法变化，并指出目前还存在当宽不宽（死刑没有全部废除、罚金刑和管制刑设置比例低）和当严不严（规制的行为主体范围不严、规制的诉讼范围有待扩张）等问题。

（三）刑法扩张与刑法立法观

刑法罪名的增多也在一定程度上反映了刑法的扩张趋势，与会专家以刑法扩张为切入点，围绕刑法立法观和立法模式展开了讨论。中国政法大学刑事司法学院教授曲新久认为，刑法的扩张是符合中国实际需要的，而且这种扩张将会不可逆转地继续进行。我国近年来的刑法扩张本质上是针对过去的"补课"，20世纪六七十年代行政刑法和法定犯的扩张是全球范围的突出现象，而在那一时期我国并没有这种状况。辽宁大学法学院讲师范淼认为，有限度的刑法扩张是可以接受的，这种扩张能起到威慑社会公众和预防犯罪的作用。相较于立法扩张而言，华东政法大学法律学院教授杨兴培认为更应该注意司法扩张，司法扩张远远比立法扩张更严重。中国人民大学法学院教授付立庆认为，如果立法积极而司法消极，可能会中和立法上的过度扩张，但也可能在很大程度上消减积极的立法动向。所以更宜采取"立法积极、司法适当"的立场。只要行为在形式上符合刑法分则规定的构成要件，而且实际上具有法益侵害性，就应该按照实质刑法观来处理。

北京政法职业学院教授颜九红认为，目前预防主义刑法观处于主流地位，国家主义远胜个人主义。对此我们应该从浪漫主义刑法观回归到刑法理性主义，坚持刑法的谦抑性原则。西南政法大学法学院教授姜敏指出，对于预防性立法应从两个维度进行限制：宏观上，预防刑法应遵循科学、理性的立法原则，只能在特定的领域适用；微观上，至少应该要求行为人对重大风险存在认识、风险行为应具有重大的不法性且行为与严重结果至少具有规范联系。浙江大学光华法学院教授叶良芳指出，就风险刑法理论在刑法体系中的定位而言，风险刑法应该是刑法应对不确定风险的一种特殊规定，但这种特殊规定应该是理性的、受到限制的。新疆石河子大学政法学院讲师王胜华指出，对于预备行为实行化立法而言，可以借鉴国外立法中的减免、出罪规定来补充完善。虽然我国不必在立法上制定这种"悔悟"条款，但是可以通过司法解释或者指导性案例来明确，以防止预备行为实行化立法的打击范围过宽。九江学院副教授刘立慧以危险驾驶行为的刑法规制为例，指出刑法介入过于提前有违刑法谦抑性，应该先考虑行政处罚是不是已经充分发挥了作用。安徽大学法学院教授魏汉涛则认为，刑法谦抑性原则是古典学派在反对封建刑法的基础上建立起来的，在社会背景发生很大变化的今天我们不宜无条件地坚持谦抑性的原则。

中国社会科学院法学研究所副研究员焦旭鹏指出，我国刑法立法在较长时间内仍将采取适度犯罪化的立场，对此我国立法模式应从集中式立法转向分散式立法。北京大学法学院教授王新认为，由于大一统的立法惯性很难突破，附属刑法的实现需要一个漫长的过程，这也就需要我们坚持不懈地去呼吁。但北京师范大学刑事法律科学研究院教授阴建峰则认为，通过修正案的形式进行立法更具有科学性，这是几十年来刑法立法经验和教训的总结。而且，从立法的灵活性、社会生活的适应性以及刑法典的协调性和稳定性方面来看，修正案立法模式并不一定比单行刑法、附属刑法等分散式立法模式差。

二 社会变迁背景下刑法功能的转变

北京师范大学刑事法律科学研究院教授卢建平指出，随着社会和经济的发展越来越多的问题开始出现，刑法扩张是不争的事实，也是必然的趋势。从系统论的观点来看，要素的增多致使刑法的结构和功能变得更加复杂和全面。刑法偏重惩罚，现在还重视风险控制、犯罪预防、社会治理。

（一）新时期社会风险的刑法回应

在社会转型时期，环境污染、恐怖主义、食品药品安全等问题是舆论关注的重心，对于这些问题刑法在必要时应有所回应。天津大学法学院教授焦艳鹏指出，在环境污染治理领域中刑法的功能已经基本实现，下一步需要注意刑法成本的消耗以及思考刑法如何在这些领域如何进一步发展等问题。苏州大学王健法学院讲师蔡仙认为，由于体现单位独立人格的单位内部规章制度、文化对单位决策起到的作用越来越大，应突出强调独立于自然人的单位在预防单位犯罪方面的积极功能。换言之，自然人与单位刑事责任的认定应相互分离。上海交通大学凯原法学院副教授于佳佳指出，在《刑法修正案（九）》增设宣扬恐怖主义、极端主义等犯罪后，我们不能再根据通说认为我国煽动犯罪和目标犯罪保护的法益相同，而应将煽动犯罪的法益理解为共同体和平。对外经济贸易大学法学院助理教授冀莹指出，非法持有宣扬恐怖主义、极端主义物品罪的正当化基础包括：持有对象的特定性、附随犯罪行为的严重性、持有行为与法益侵害实害结果之间的关联的紧密性。就持有对象的特定性而言，多数被控该罪的被告人都以"没有认识到所持有物品性质"进行抗辩，因此需要进一步明确"宣扬恐怖主义和极端主义物品"的定义。然而，并不是在所有情况下刑法都应该积极回应。首都师范大学政法学院教授肖怡认为，对于当前出现的"精神传销"新型案件不应轻易定性为组织、领导传销活动罪，如果这类组织只是发展学员听课而不销售课程，则不符合该罪的构成要件。

（二）新型网络犯罪的刑法应对

伴随着网络代际更迭，网络犯罪也在不断发生演变。最高人民法院应用法学研究所副所长李玉萍将网络犯罪概括为两大类：一类是纯正的网络犯罪，另一类是传统犯罪的网络化。

纯正的网络犯罪主要涉及如何对新的网络犯罪立法进行解释。河南大学法学院讲师晋涛指出，侵犯公民个人信息罪所保护的法益是公民个人的信息权，识别性不是刑法中个人信息的必备要素。北京航空航天大学法学院副教授孙运梁认为，刑法第二百八十七条之二帮助信息网络犯罪活动罪是独立的罪名，而非帮助犯的量刑规则。该罪中的"明知"是指狭义上的"明知"，即明确知道；帮助的对象则是不法意义上的"犯罪"。山东大学法学院副教授李本灿指出，拒不履行信息网络安全管理义务罪存在两面性：从消极方面来看，"经责令而拒不改正"要件的设置缺乏必要性，主观构成要件的错误定位导致立法过剩；从积极方面来看，该罪确立了网络犯罪的合作治理模式，促使网络服务商谨慎履行内控义务。阿里巴巴集团安全部高级专家谢虹燕认为，"经责令而拒不改正"的前提条件以及关于责令改正合理性、互联网企业实际能力等方面的考量对于互联网企业是非常有意义的，这不但体现出刑法宽容的一面，而且实际也能发挥规制作用。

传统犯罪网络化的核心问题是如何对新的犯罪行为样态进行定性和应对。苏州大学王健法学院教授李晓明认为，依据是否开通网络信贷服务可将网络信贷下的冒用型侵财犯罪区分为合同诈骗罪（未开通）和诈骗罪（已开通）。由于服务商不属于"金融机构"，网络信贷服务产品亦不是刑法意义上的信用卡，所以不构成贷款诈骗罪和信用卡诈骗罪。对此，北京外国语大学法学院教授王文华指出，网络犯罪给刑法带来的挑战源于最前沿的商业模式和技术应用，如何理解这些商业模式和技术应用决定了我们如何认定犯罪。深圳大学法学院助理教授乔远认为，应从立体刑法学左顾右盼的角度去讨论非法集资相关的犯罪，回归到金融交易和集资交易模型本身，结合相关的金融法、金融知识对其进行解读，从而更好地研究此类行为的刑法规制问题。中国政法大学刑事司法学院讲师时方指出，目前互联网非法传销和非法集资呈现出相互交织的势态，对此应从正反两个方向进行规制，一方面要从整体上来认定传销组织并提高刑罚的惩治力度；另一方面要强化被害人的防范机制。

中央财经大学法学院教授李邦友认为，深入讨论当前面临的问题，对推动司法实践是很有意义的。但需要注意的一个问题是打击网络犯罪应把握好度，目前互联网是提升国家竞争力的重要战略支点，在互联网规制中刑法应该尽量保持谦抑性，以鼓励网络的发展。

（三）人工智能、大数据的刑法规制

人工智能、大数据等前沿技术的不确定性更加突出其风险性特征，这为刑法的介入提供了可能。围绕着刑法是否应该介入以及如何介入的问题，与会专家学者进行了讨论。西南政法大学法学院教授石经海指出，对

于人工智能风险的控制,我们过于依赖刑法,这可能会导致刑法干涉的扩大化。所以,在人工智能法律规制研究中,特别要注意避免阻碍新技术的研发和应用。在目前风险尚未明晰的情况下,可以让子弹飞一会儿,等现实的风险来了再考虑如何去面对。北京师范大学刑事法律科学研究院教授周振杰也认为,人工智能相关的法律问题不应过早地纳入刑法规制范围,应当平衡好鼓励技术进步和保护网络安全之间的关系。不能一味增加互联网企业在人工智能刑法调控方面的义务,而要为网络公司创建出罪路径。中国社会科学院法学研究所研究员王雪梅指出,超人工智能在未来或许可能具有类似人的判断能力和自由意志,但这只是一种假设。刑法是否需要这么早地介入有待进一步思考。上海大学法学院讲师王林林指出,虽然人工智能问题的研究具有前瞻性,但目前更重要的还是要关注已经在社会中产生风险的一些行为,比如说数据的采集、使用、交换以及算法问题等。

在数据治理方面,南京大学法学院教授单勇指出,技术治理的加剧导致纵向技术鸿沟出现,即数据利维坦与普通社会个体在使用数字技术之间的社会分层。这具体表现为治理主体机器化、治理体系算法化和民众隐私透明化。因此,技术治理权力应该遵循法治的指导,尽可能通过有力措施削弱这种不均衡性。蚂蚁金服集团安全协作部总监连斌指出,数据信息保护研究需要注意平衡三个方面的关系:第一,平衡好数字经济的发展与安全的关系;第二,平衡好平台与政府在治理网络空间中的关系;第三,平衡好个人、平台、企业、社会在权责利方面的关系。

此外,关于人工智能是否可以作为刑事责任主体的问题,多数学者持谨慎态度。湖南工商大学法学与公共管理学院教授刘期湘认为,就弱人工智能时代机器人转发诽谤言论而言,智能机器人不是适格刑事责任主体,转发行为的法益侵害性较低,而且智能机器人本身也缺乏可罚性。但自然人利用智能机器人进行的转发、点赞、评论行为仍具有可罚性。大连海事大学法学院副教授姜瀛指出,不应赋予人工智能体刑事责任能力,而应跳出"责任与刑罚"的路径依赖。对于强人工智能体在设计和编制程序范围之外实施的严重危害行为,可以将其视为一种危险并从社会防卫和保安处分的角度采取处分措施。湖南大学法学院助理教授周子实认为,强人工智能是具有行为能力但没有责任能力的"准主体"。在这种定位下,强人工智能实施的危害行为违法而无责,并不适用刑罚。但是对于强人工智能采取措施是必要的,这类似于建立在社会防卫论基础上的保安处分。此外,也应该保留研发者承担相应产品责任的可能性。中国社会科学院法学研究所副研究员樊文指出,人工智能的本质是智能代理,人工智能背后的人是始终脱离不开的。换言之,人的主体性并不会因为人工智能的出现而被颠覆。不法和罪责都是针对人而言的,这两个概念似乎都难以脱离人进行讨论。

云南大学法学院教授高巍指出,认为人工智能具有主体性的前提是预设它可以和人一样,但具体哪方面和人一样值得深思和讨论。如果将人工智能作为主体,似乎只有早期的因果责任论能给强人工智能提供责任依据。此外,人工智能主体化还需要面临他行为能力、期待可能性、预防必要性等一系列的检验。北京师范大学刑事法律科学研究院教授黄风指出,关于人工智能机器人的刑事责任,要澄清两个基本问题:第一,如果要把人工智能机器人纳为刑事责任主体,那首先应该赋予它法律地位,即至少享有民事上的法律地位,承担相应的责任。如果民法学者认为它并不具有行为能力和责任能力,刑法学者没有必要去考虑这个问题;第二,对人工智能进行惩罚能否实现特别预防和一般预防的目的,能否使被惩罚的机器人和其他机器人不再犯罪。

三 刑事一体化与立体刑法学思维

刑法学是一门相对独立、系统化的学科,但如果封闭地进行刑法学研究就可能存在研究的局限性甚至导致错误的结论。北京市社会科学院副研究员李会彬也发现,我国刑事实体法研究过于注重大陆法系国家,而刑事程序法过于关注英美国家,导致刑事实体法和程序法的研究存在一定脱节。进而根据三阶层犯罪体系中的构成要件符合性与犯罪本体要件相似、违法性和有责性与合法辩护事由相似的事实,错误地得出三阶层犯罪论体系也有证明责任分配功能的结论。所以,非常有必要打破学科壁垒进行交叉学科研究,提倡刑事一体化和立体刑法学的研究方法。

实际上,储槐植教授早在1989年就提出"刑事一体化"思想,强调刑法和刑法运行的内外协调。在此基础上，刘仁文研究员于2003年主张"立体刑法学"思维，进一步提倡把刑法置于整个法律体系中进行研究。"刑事一体化"和"立体刑法学"在本质上是一样的，如中国政法大学刑事司法学院教授王平所言，立体刑法学、关系刑法学以及刑事一体化的核心是指刑法学作为一门学科与其他学科之间的关系，或者刑法作为一种法律规范，在制定、理解、适用过程中和其他法律规范之间的关系。青岛大学法学院教授李瑞生指出，立体刑法学是一种非常重要的方法论，如果从犯罪学的角度来研究刑法，可能会赞成刑法扩展以及预防性刑法；但如果进一步拓宽视角从刑事诉讼法的角度来审视刑法，可能就会考虑到保护人权的问题并对预防刑法产生怀疑。所以说，立体刑法学也是检验刑法发展的一个标准。中国政法大学教授赵天红认为，立体刑法学研究方法有助于刑法解释以及刑法与其他部门法的衔接。从这一思路出发，西南交通大学公共管理与政法学院副教授邓君涛主张在对暴力危及飞行安全罪中的"危及飞行安全"进行判断时，要注重国际法和国内法的衔接、刑法和行政法的衔接以及相关的司法解释和行业标准。

清华大学法学院副教授王钢指出，交叉学科问题的讨论在一定程度上反映出这些年我们国家法治建设所取得的巨大成就和进步。正是在部门法规则越来越完善的情况下，刑法和其他部门法衔接的问题就越来越突出。现在我们处理法律漏洞的情况相对少一些，法律部门之间的衔接、冲突问题越来越多。

（一）前瞻犯罪学——一个屋檐下的刑法学与犯罪学

犯罪学可以向刑法学家提供源自现实的对于刑法立法必要的经验知识，只有基于这种知识的法规范才能符合实际而公正合理。因此，北京师范大学刑事法律科学研究院教授吴宗宪指出，刑法学研究应该更注重犯罪学思维，首先要准确衡量行为的危害性，考虑是否达到必须动用刑法的程度；其次要关注犯罪的原因，有针对性地处理问题；最后要尽可能地运用非刑法方法。司法部预防犯罪研究所副所长周勇对此进行了两点补充：一是要加强重新犯罪学研究，完善刑事政策和社会政策；二是要加强犯罪人格的研究，在决定刑罚时进一步考虑行为人的犯罪人格。

北京大学法学院白建军教授认为需要重新从二元的角度来理解罪刑均衡这一理念，犯罪的轻重不仅是一种客观事实，同时也是一种主观事实。换言之，我们需要投入更多的精力去研究定义犯罪的原因和过程，去回答一个行为为什么被说成是犯罪。安徽师范大学法学院副教授陈银珠则认为，被民众而非立法者或司法者认为是犯罪的行为才是犯罪。如果立法者在立法的时候没有充分参考民众的犯罪观念，也没有考虑民众的道德性评价，那么民众对于立法的认同就会很低，进而导致刑法规范的威慑效果减弱。

山西大学法学院教授李麒指出，犯罪特征可以影响和决定刑事程序的建构。北方工业大学文法学院副教授王海桥认为，犯罪特征属于事实范畴，而程序建构属于规范范畴，犯罪学只有走到刑法学当中，才能够涉及与刑事诉讼法衔接的问题。那么，问题的关键在于如何处理事实范畴与规范范畴的关系。

（二）后望行刑学——罪刑关系与刑罚结构的完善

北京师范大学刑事法律科学研究院教授王志祥指出，刑法的扩张导致微、轻、重的犯罪层次结构出现。在这种趋势下必须处理好两个问题，一是针对微罪建立实质的出罪机制；二是坚持并完善二元化的处罚机制，合理构建相关的体制机制，如治安法庭制度、前科消灭制度等。安徽大学法学院副教授李婕指出，轻微违法行为犯罪化对我国定质定量的犯罪成立模式提出了挑战，对此需要建立中国特色的轻罪制度以及与之对应的轻罪法庭。福州大学法学院副教授何群指出，随着犯罪圈的扩张我国的刑法体系也逐渐变得庞大，那么根据"严而不厉"的刑事政策，目前的核心任务就是撬动刑法的重刑结构，降低刑罚的整体严厉程度，实现轻罪轻罚。中国人民大学法学院副教授李立众认为，建立轻罪制度要求建立繁简分离的制度，这有利于提高处理相关犯罪的效率。但轻罪制度并不意味着拘留的刑法化。行政拘留刑法化具有它的优点，但也可能带来很多意想不到的问题。

中国人民公安大学法学与犯罪学学院教授陈志军也认为行政拘留不宜刑法化，因为行政拘留刑法化会导致犯罪圈的极度扩张，并使更多的人被贴上犯罪的标签，不利于社会的稳定。而且，刑法化并非司法化的合理途径，可以在保留拘留行政处罚性质的情况下把拘留的决定权由行政权转变为司法权。海南大学法学院教授阎二鹏指出，如果在目前前科制度的背景下将行政拘留刑法化，不仅会导致犯罪圈的扩大，还可能会导致违法行为与制裁后果之间的失衡。大连海洋大学法学院教授裴兆斌认为，虽然治安拘留刑法化是一个必然的趋势，但在现有的情况下确实有极大的困难。中国社会科学院法学研究所研究员屈学武也认为，目前将治安违法行为入罪还不太现实。如果考虑将治安违法行为入罪的话，首先，需要调整刑法第100条，前科制度的适用范围应受到限制，避免将过多的人推到社会的对立面；其次，公民的犯罪观念需要有所改善，淡化犯罪的标签效应。中国社会科学院法学研究所研究员刘仁文指出，将治安拘留纳入刑法体系是践行有关国际公约的要求，将剥夺人身自由的处罚措施纳入司法程序也是国际社会的通行做法。实际上，劳动教养和治安拘留的缺陷是一样的。当然，治安拘留刑法化并不是一个孤立的问题，必须同时推进相应配套措施的完善，解决刑罚附随后果、前科消灭制度、轻罪法庭、重罪轻罪划分等问题。

此外，西南科技大学法学院教授何显兵建议进一步完善我国的赦免制度，将赦免与减刑相结合，例如将赦免型假释作为一种中间过渡措施，从而解决假释率过低的问题。另外，赦免的类型也应该逐步丰富，在自由刑赦免的基础上补充生命刑、财产刑、资格刑的赦免。

(三) 兼顾其他部门法——刑民交叉与行刑衔接

中国社会科学院法学研究所研究员张绍彦指出，行刑衔接和刑民交叉首先是一个宪法问题，关乎公共权力和个人权利的关系；其次还是一个法理问题，涉及法律体系的构成和构建。

中国社会科学院法学研究所法律硕士石义认为，虽然民法和刑法的效力等级是相同的，但他们的规范目的不一样，且适用顺序也不相同。国际关系学院法律系讲师郭世杰指出，在法院的审判实践过程中，已经渐渐形成了刑民交叉案件的处理模式，但是没有形成法律层面的规范。"先刑后民"只是司法机关的探索，并没有形成固定的模式。具体到骗取贷款罪领域，北京大学法学院博士研究生符天祺认为，刑法如果在银行通过民事手段实现债权之前就介入是不合适的。"真实担保出罪说"在实践中可以对贷款银行和借款人起到恰当的约束作用，并有利于将刑民交叉中的一些争议正确划归回民事或者刑事范围，形成合理的审查顺序。河南韬涵律师事务所主任陈宁指出，单位犯罪涉案财物处置也涉及民法和刑法的综合知识，例如最高人民法院就认可在财产执行过程中的善意取得。

中央财经大学法学院博士后郭栋磊指出，整体法秩序是刑事一体化和立体刑法学的基点。那么，应该如何看待行政违法与刑事违法的关系，对此有必要进行讨论。上海师范大学哲学与法政学院讲师崔志伟认为，行刑关系中刑法的判断不应照搬行政认定的结论，也不应是从法条到案件的一个简单对接，而应该考虑立法者设立法条的应然意义上的目的。因为行政法意在确定行政性的管理秩序，而刑法的目的则是侧重保护这种秩序背后与人有关的具体权益。内蒙古大学法学院教授龙长海认为，在研究行刑关系时区分两者的保护目的是非常有意义的，但更重要的是坚持一个前提性的原则，即保持刑法的最后手段性和严厉性，保持民众对刑罚的传统理解。具体到涉枪规制的领域，西南政法大学硕士研究生金舟认为要坚持刑法内外体系的协调，一方面完善各部门法的分工，把一些普通的违法行为纳入行政法的处罚范围；另一方面是把刑法放在后置法地位，建立起一个刑法、行政法以及民法的多元治理体系。西南政法大学法学院讲师王登辉指出，监察法第66条的规定是联通监察法与刑法和刑事诉讼法的纽带，是监察时效与追诉时效衔接的法律依据。